THINK
新思

新一代人的思想

[美]苏珊·怀斯·鲍尔 —— 著　Susan Wise Bauer　徐彬 李庆庆 杨依霖 —— 译

世界史的故事

The History
of the Renaissance World

5

东西方文明的碰撞

11 世纪 —— 13 世纪

1100 A.D.

1300 A.D.

中信出版集团 | 北京

图书在版编目（CIP）数据

世界史的故事. 东西方文明的碰撞　旧世界的终结 /（美）苏珊·怀斯·鲍尔著；徐彬，李庆庆，杨依霖译. -- 北京：中信出版社，2023.4（2025.1重印）
书名原文：The History of the Renaissance World: From the Rediscovery of Aristotle to the Conquest of Constantinople
ISBN 978-7-5217-1933-8

Ⅰ. ①世… Ⅱ. ①苏… ②徐… ③李… ④杨… Ⅲ. ①世界史－通俗读物 Ⅳ. ① K109

中国版本图书馆 CIP 数据核字（2020）第 093261 号

The History of the Renaissance World: From the Rediscovery of Aristotle to the Conquest of Constantinople
by Susan Wise Bauer
Copyright © 2013 by Susan Wise Bauer
Simplified Chinese translation copyright © 2023 by CITIC Press Corporation
ALL RIGHTS RESERVED
本书仅限中国大陆地区发行销售

世界史的故事·东西方文明的碰撞　旧世界的终结
著者：　　［美］苏珊·怀斯·鲍尔
译者：　　徐彬　李庆庆　杨依霖
出版发行：中信出版集团股份有限公司
　　　　　（北京市朝阳区东三环北路 27 号嘉铭中心　邮编　100020）
承印者：　北京通州皇家印刷厂

开本：880mm×1230mm　1/32　印张：32.5　字数：736 千字
版次：2023 年 4 月第 1 版　　印次：2025 年 1 月第 4 次印刷
京权图字：01-2015-7853　　　书号：ISBN 978-7-5217-1933-8
审图号：GS（2018）5374 号（此书中地图系原文插附地图）
定价：398.00 元

版权所有·侵权必究
如有印刷、装订问题，本公司负责调换。
服务热线：400-600-8099
投稿邮箱：author@citicpub.com

献给

丹尼尔

目 录

前言 ix

01 北宋灭亡 1
中国、高丽 1032—1172

02 卡诺萨觐见 10
德意志、西法兰克、意大利 1060—1076

03 上帝的感召 19
拜占庭帝国、意大利、德意志、
突厥人的土地 1071—1095

04 为耶路撒冷而战 31
拜占庭帝国、突厥人的土地 1095—1099

05 余震 43
西班牙、耶路撒冷 1118—1129

06 逻辑和妥协 49
英格兰、罗马、神圣罗马帝国 1100—1122

07 十字军敌人 61
　　拜占庭、威尼斯、十字军诸王国　1100—1138

08 无序时代 69
　　英格兰、西法兰克、耶路撒冷王国　1120—1139

09 丢失的家园 78
　　中国、大越、高棉　1127—1150

10 十字军复兴 88
　　突厥人、十字军诸王国以及德意志和
　　法国的朝圣者　1128—1149

11 收复失地运动和再发现 100
　　伊比利亚半岛　1134—1146

12 对权威的质疑 109
　　法国、意大利　1135—1160

13 南宋 118
　　中国　1141—1165

14 平治之乱 126
　　日本　1142—1159

15 一支军队的覆灭 136
　　高丽　1146—1197

16	金雀花王朝新王 英格兰、西法兰克 1147—1154	144
17	腓特烈一世 德意志、意大利 1147—1177	151
18	西班牙的穆瓦希德王朝 北非和伊比利亚半岛 1147—1177	159
19	众多民族 非洲 12世纪	167
20	法蒂玛王朝末代哈里发 突厥人、十字军诸王国 1149—1171	178
21	僧人和婆罗门 南印度 1150—1189	188
22	意志的征服 北印度 1150—1202	200
23	主教之死 英格兰、法国 1154—1170	212
24	对外关系 拜占庭、匈牙利、巴尔干半岛 1153—1168	224
25	威尼斯的难题 拜占庭、意大利 1171—1185	234

26	怨怼	243
	英格兰、爱尔兰、法国　1171—1186	
27	萨拉丁	253
	突厥人、十字军诸王国　1171—1188	
28	源平合战	262
	日本　1179—1185	
29	国王的十字军东征	268
	英格兰、法国、突厥人、十字军诸王国　1189—1199	
30	君士坦丁堡的陷落	282
	拜占庭、欧洲　1195—1204	
31	大陆西侧	293
	中南美洲　1200	
32	蒙古人的战争	304
	中国、北亚与中亚　1201—1215	
33	约翰王	313
	英格兰、法国　1203—1213	
34	马里的松迪亚塔	320
	非洲　1203—1240	
35	承久之乱	327
	日本　1203—1242	

| 36 | 无人想要的皇位 | 335 |

拜占庭故地　1204—1225

| 37 | 第一个德里苏丹国 | 344 |

印度北部和中部　1206—1236

| 38 | 异端 | 354 |

法国　1209—1210

| 39 | 收复与失败 | 366 |

法国、西班牙　1210—1213

| 40 | 从布汶到《大宪章》 | 374 |

法国、英格兰、神圣罗马帝国　1213—1217

| 41 | 宗教法庭的诞生 | 386 |

法国　1215—1229

| 42 | 向西进发 | 393 |

中国、北亚与中亚、中东　1215—1229

| 43 | 南印度 | 403 |

印度、僧伽罗　1215—1283

| 44 | 第五次十字军东征 | 409 |

埃及、十字军诸王国　1217—1221

45 从金玺诏书到波罗的海远征 417
波罗的海十字军、匈牙利、波兰、
立陶宛人的土地 1218—1233

46 湖岸、高地、山顶 425
非洲 1221—1290

47 第六次十字军东征 433
神圣罗马帝国、十字军诸王国、
阿尤布王朝 1223—1229

48 陈朝 440
东南亚 1224—1257

49 年轻的国王们 447
英格兰、法国、西班牙诸王国 1227—1242

50 蒙古铁蹄 458
欧亚大部分地区 1229—1248

51 仇恨的债务 468
神圣罗马帝国 1229—1250

52 真主的影子 478
印度 1236—1266

53 第七次十字军东征 486
法国、埃及、叙利亚 1244—1250

54	分裂的蒙古汗国	495
	蒙古诸汗国　1246—1264	
55	埃及的马穆鲁克	504
	埃及、叙利亚、蒙古领地　1250—1268	
56	圣路易	513
	法国、耶路撒冷王国　1250—1267	

注　释	521
授权声明	546

前　言

　　1140年之后不久，意大利学者克雷莫纳的杰拉尔德（Gerard of Cremona）游历到了伊比利亚半岛，希望能找到被称为《天文学大成》（*Almagest*）的公元2世纪古希腊天文学著作的善本。

　　在这里，比在欧洲其他任何地方都更有机会找到这本书。伊比利亚半岛的南半部好几个世纪以来一直在阿拉伯人手里，统治西班牙的穆斯林王朝从欧洲带来了成千上万卷的古典文献，并将其翻译成阿拉伯文，这些古典文献使用的语言对于西方的世俗语言来说，已经无法解读。位于半岛中心的托莱多市的图书馆收藏了许多卷这样的宝贵图书——此时，托莱多已经被北方的一个基督教王国收复，这意味着西方学者来到这里也相对安全了。

　　杰拉尔德不仅找到了自己要找的文献，还找到了辩证法、几何、哲学和医学等方面的古典文献以及阿拉伯语的译本，包括不为世人所知的欧几里得、盖伦、托勒密和亚里士多德的专著；这里简直是藏有人类全部知识的宝库。杰拉尔德完全被这些藏书所征服，他在托莱多安顿下来，并开始学习阿拉伯语。他的一个学生写道："他对于拉丁人在这方面的贫乏感到遗憾，于是他学习阿拉伯语，以便能够翻译……。只要是他认为最好的书，他都尽量文辞准确、清楚地翻译为拉丁文（就像是传给自己心爱的继承人那样），直到生命终结。"[1]

文艺复兴开始了。

历史学家经常（不过并不是举世皆然）将这段历史和人们对古典学问兴趣的重生联系在一起。正如杰拉尔德的故事所显示的那样，这种复兴的开始，远早于14世纪。

对于人们对古希腊和古罗马的学问重新产生兴趣的现象，最早赋予其名称的人是诗人彼特拉克（Petrarch），他在14世纪40年代早期就宣布，诗人和学者已经准备好了，要引领意大利的城市回到古罗马的辉煌时代。彼特拉克坚持认为，古典学问已经衰落，沉入了幽暗之境。现在是重新发现这些学问的时候了——这是一种重生，一种复兴。

彼特拉克当时在四处游说，他谦恭有礼，秉持学者的风度，同时又有明确的目的，让人们关注正式的罗马诗人桂冠。在当时，这种桂冠大约相当于布克奖或国家图书奖，体现了公众的认可，承认他是一个重要的知识分子，人们应该注意他所说的话。作为他游说活动的一部分，他把自己置于一个已经存在的现象的风口。自克雷莫纳的杰拉尔德以来，西方学者——其中许多是意大利人——一直尝试遍阅阿拉伯国家的图书馆，让自己重新认识古希腊和古罗马的思想家。他们那时已经做了大量的这种学术方面的基础工作，所以现代史学家会讨论所谓的"12世纪的文艺复兴"。

换句话说，到了1340年，文艺复兴已经蓬勃发展起来，其势头已经可以明显地看出来了。任何历史时代在其肇始之际，都是若隐若现的，只有事后回顾，它们才变得明显可见。本书随后的章节会表明，文艺复兴根植于12世纪。12世纪，教会等级制度与亚里士多德逻辑之间的斗争真正开始，这个斗争后又转化为宗教与科学、创世论与进化论之间的斗争——在当代的美国仍然继续着。12世纪时，十字军运动结束，金雀花王朝兴起，日本受幕府统治，伊斯兰教传入非洲中部。

这是一个文艺复兴的时代，也是我的故事的起点。

这段历史的最后一章讲述的是1453年5月奥斯曼帝国对君士坦丁堡的进攻，当时土耳其人的胜利终结了古罗马的复兴之梦。

被称为"意大利文艺复兴"的文化现象在1453年后仍然持续了很久。在这本书中，我不会按时间顺序历数这一文化现象的那些尽人皆知的成就（马基雅弗利的政治哲学、米开朗琪罗和拉斐尔的绘画、达芬奇的发明，以及伽利略的天文观测等）。但是从世界范围来看，到君士坦丁堡陷落之际，文艺复兴已经开始转入新的时代。

像文艺复兴一样，这个时代直到很久之后才被史学家命名。但在那时，大地上已经播撒下了宗教改革的种子，并且种子也已开始萌芽。英国学者约翰·威克利夫（John Wycliffe）和波希米亚神父扬·胡斯（Jan Hus）的追随者已经组织教众起来反对罗马教廷的权威。大航海时代也已开始。在这之前20年，葡萄牙船长吉尔·埃阿尼什（Gil Eannes）就带领船队向南航行到达了博哈多尔角（Cape Bojador）。在埃阿尼什开创性的旅程之后10年，葡萄牙的亨利王子赞助建立了欧洲的第一个奴隶市场——这是一个经过精心策划和宣传的活动，意在激发进一步探索非洲的热情。

土耳其征服拜占庭帝国这一事件改变了整个世界。正如历史学家卡罗琳·芬克尔（Caroline Finkel）指出的那样，连土耳其人都对君士坦丁堡的陷落不知所措。奥斯曼的编年史家图尔松·贝（Tursun Bey）是唯一描述了君士坦丁堡之战最后一场战役的土耳其人，他称这是一场"不折不扣，从天而降的大雨和灾难，就好像是上帝亲自裁定的那样"。

君士坦丁堡变成了伊斯坦布尔，这既是一个结束，也是一个开始，是世界大事中的一个感叹号，也是一个新的段落的开端。

但是，或许在一年前的事件中，能更明显地看出人类历史从文艺复兴走向了下一个阶段。意大利的教皇尼古拉五世发布一道训谕（Dum Diversas），鉴于葡萄牙人为探索非洲海岸所付出的代价和努力，教会正式批准葡萄牙王室可以奴役和出售非洲人。3年后，《罗马教皇训谕》（Romanus Pontifex）再次确认了这一点。

为了争取强大的葡萄牙国王的忠诚和支持，教皇已经把奴隶制改造成了一个所有欧洲人都可以从中获利而无须感到罪恶的机制。历史学家通常不会谈到奴役时代（Age of Enslavement），但事后看来，15世纪50年代的几个教皇训令塑造了三大洲的未来，并开始了一个全新的故事。

/ 01

北宋灭亡

> 1032年至1172年,女真族从北方席卷而下,宋朝被赶出了黄河流域。

宋朝对外族来说仍然有很强的吸引力。1032年,宋朝周边的外族人中最强大的当属西夏,他们盯上了大宋的财富与文化。

西夏人以前曾是从南方北上的游牧民族,1004年至1032年间,他们的伟大首领李德明成功地将部落联盟组织成了一个国家。他雄心勃勃地想要把儿子李元昊教育成一位真正的君主。1032年,李德明死前送给宋仁宗70匹马当作礼物,向他求一份佛经,以完成对李元昊的培养。[1]

宋仁宗显然是无视了他的请求,因为1035年,已成为西夏国统治者的李元昊再次求赠佛经。这一次,他派去的使臣带回了经文。一卷卷佛经帮助李元昊成长为一个文明国家的皇帝,而不是部落联盟的军事首领:要成为一位像古代中国圣王那样伟大的君主,就必须要接受中国帝王信仰的宗教(虽然大宋朝中所推崇的佛教并不能追溯到那些半神的圣王的年代）。

一将佛经拿到手中，1038年，李元昊就举行了公开的登基典礼。他的臣子们宣布他为文化圣人和战争英雄，就像中国远古时候的那些帝王一样。这些称号之所以能够流传下来，是因为李元昊花大力气，命人为本族的西夏语创制了一套文字。这套文字体系十分繁杂，结构模仿汉字，但笔画和字形与汉字不同。他的史官就是用这种文字记录了他登基的细节。李元昊知道，如果他们的民族没有留下自己的著作，他的人民就没有历史，而没有历史，西夏就永远不能与大宋平起平坐。[2]

1039年，他派人上表给宋仁宗，要求大宋正式承认他西夏国王的新地位。表中罗列了李元昊在西夏土地上进行的所有改革措施，其中包括他为西夏语创制文字一事，然后就直奔主题。表中写道："衣冠既就，文字既行，礼乐既张，器用既备……遂以十月十一日郊坛备礼，为世祖始文本武兴法建礼仁孝皇帝，国称大夏，建元天授礼法延祚。伏望皇帝陛下，睿哲成人，宽慈及物，许以西郊之地，册为南面之君。"[3]

礼貌请求的掩盖之下，是他钢铁般的决心。30多年前，宋仁宗的父亲曾被迫承认辽国的统治者是与他平起平坐的皇帝，现在西夏的统治者也想要得到同样的待遇。与中国过去的伟大朝代不同，宋朝并未称霸东方。在众多国家中，大宋仅为其中之一，并不比邻国强大。但宋朝皇帝拥有某些北方辽国和西方西夏国的君主所没有的东西，他的身上闪耀着上千年传统的光环。大辽和西夏的君主也想拥有这样的光环。

如果宋朝皇帝不肯让步，那么他们时刻准备为此动用武力。结果宋仁宗拒绝将皇帝的称号授予西方这位新贵，于是在1038年，西夏军队入侵大宋。30多年的和平生活已经削弱了宋朝戍边部队的战斗力。有一位史家指出，仍然能够在战斗中使用重型弩的士兵只有不到一半，而且几乎所有官兵都没有过实战经验。[4]

1039年至1042年间，西夏沿着大宋西部边境不断袭击其各个要塞。李元昊率领部下谨慎前进，在这片岩石嶙峋、崎岖不平的土地上，他并不试图夺取超出自己防卫能力的土地。宋朝西部的疆域逐渐被蚕食，到1042年，北方的辽国又要求得到宋朝的一大片领土，局势进一步恶化。宋仁宗提出代之以增加每年对辽的岁币，这虽使宋朝避免了两线作战，但也进一步抽干了宋朝国库。[5]

到了1044年，宋仁宗决定求和。他仍然拒绝承认西夏统治者是一位真正的皇帝，但他同意支付更高额度的岁币以换取一纸停战协定。李元昊同意和解。6年的战斗使他自己的军队也已精疲力竭，尽管他未能得到渴望已久的合法地位，但金钱补偿也使他受伤的自尊得到了有效的慰藉。

而与此同时，宋朝则已将注意力转回到军事上来。显然，与西夏的战争迫使宋朝将领努力获取各种军事情报和知识，到1044年，也就是战争的最后一年，一群受命总结战争技术的学者们完成了任务，编纂出《武经总要》一书。书中描述了一种火焰喷射器"猛火油柜"，可以用来喷射燃烧的油，与君士坦丁堡守城时所使用的"希腊火"类似。书中还说明了如何用煤炭、硝石和硫黄制作可爆炸的黑色粉末，这是历史上首次出现火药配方的书面记载。

宋朝花钱买来的停战在北方和西方都维持了一段时间，宋朝因此有时间重建自己的军事力量。为支付岁币，并供养新扩编的军队，宋仁宗提高了税收。他还下令在招募新兵时采用新的标准。应征入伍的时候，兵员除了需要测试跑、跳和射击之外，还需要通过视力检测。这一次，宋朝要利用暂时的和平来为下一场战争做好准备。[6]

和平持续了将近 50 年的时间。辽国得到了大宋皇帝的正式承认，同时还得到了用现银支付的岁币；西夏只得到岁币，但也很满意了。

12 世纪初，北方还有另一个部落，也正在经历着从四处游牧到定居下来建立帝国的转变，这个部落也开始席卷南下，不断骚扰诸定居王国，他们就是女真人。他们大多居住在中国东北部林木茂盛的平原上，这里后来被称作满洲。西边的一些部落接受辽国的统治，他们被称作"熟女真"；东边的部落则仍处于自由状态，尚未开化，被宋和辽称为"生女真"，他们四处游牧，不受两国皇帝的控制。[7]

11 世纪末，生女真的一个部落——完颜部——开始征服邻近的女真部落，这是游牧民族在建国之路上迈出的第一步。有些女真人遭受袭击之后南逃到了高丽。

高丽王国自从创始人王建建国以来，就一直屈尊追求宋朝的认可。它与辽国之间曾爆发过冲突，当时辽国不时侵扰高丽边境，试图攻入高丽领土，但 1018 年，在两国之间一场更大规模的边境战争中，辽军被彻底击溃，此后两国一直算得上是和平共处。直到此刻，对高丽来说，北方的游牧民族女真人只能说是一个麻烦，还算不上什么军事威胁。当时的编年史家崔承老说过："西北边民每被女真蕃骑往来侵盗。"为了将他们挡在外面，11 世纪的几位高丽国王命人建了一道长长的城墙，从鸭绿江河口一直向内陆延伸，长达 500 多千米。[8]

这道墙有效地阻挡了那些零散前来的劫掠者，但无法阻挡从野心勃勃的完颜部手中逃脱的其他女真部落的难民如洪水般涌入。当完颜部要求高丽遣返女真难民时，高丽将军尹瓘率领一支精锐部队——"别武班"，北上与他们对战。

高丽的常规军多数由步兵组成，"别武班"却有整整一个师的骑兵部队，因此他们对付起马上民族女真人来更加得心应手。1107年，"别武班"推进至女真境内，建了一系列被称为"九城"的防御要塞，打算借此保卫高丽北方边境。[9]

1113年，女真完颜部的统治权落到首领的弟弟阿骨打手中，他们的命运才开始有所转变。阿骨打意识到需要确立正式的王权、建立官僚制度、记录民族的历史——所有那些一次次将游牧部落转变成定居国家的必要条件。他像北方平原上每个满怀抱负的国王一样，也想得到宋朝的认可，但是他愿意一步步实现自己的目标。1115年，阿骨打自称皇帝，建国号为金，随后开始发兵攻辽，辽军节节败退。阿骨打派人送信给辽国皇帝，要求辽国正式承认阿骨打是"大圣皇帝"并希望辽国也向他缴纳岁币，数额几乎与宋付给辽的一样大。[10]

辽拒绝了他的要求，于是女真继续向辽进攻。宋朝皇帝徽宗目光短浅，他满怀热情地同意与女真结盟，共同对抗宿敌辽国。宋徽宗并不是一个尚武之人，他自1100年登基为帝，与捐助道观、钻研道教教义相比，他花在治国上的时间和精力要少得多。

有一个利己主义的道士林灵素对宋徽宗的这种做法阿谀奉承、大加赞赏，他信誓旦旦地保证说宋徽宗是天上最高的神明"长生大帝君"下凡。宋徽宗因此更加确信自己是真命天子，于是他终日沉湎于绘画、诗歌、茶道和各种道教仪式。[11]

他之所以被说服与女真结盟，是因为阿骨打许诺说在两国联合灭辽之后，宋朝可以重新收回原来辽国的南部地区。这块土地是曾经属于中原政权的"燕云十六州",已被契丹人占据了百年之久。若能重新收回燕云十六州,这将是一场足以证明天命所在的真正胜利。因此,宋徽宗派兵协助金国灭辽,而对女真本身势力的扩张没有放在心上。1125 年,辽帝被金军俘虏,辽军残余向西逃亡。[12]

但事成之后,女真拒绝交还全部燕云十六州,还向宋朝索要大量金钱。此时阿骨打已经辞世,继任王位的是他的弟弟金太宗,但很有可能兄弟二人都没打算要恪守承诺。不仅如此,女真很快就找借口对宋兴兵,方向直指宋都开封。

在宋徽宗的统治下,原来精心打造的训练有素的地方民兵体系已支离破碎,女真轻而易举地突破了宋朝的防线。到 1125 年末,他们已经渡过黄河,宋都城开封已近在咫尺。

宋徽宗的盲目自信被击得粉碎,失败已经迫在眉睫,他为了逃避责任,自己假装中风,宣布将帝位禅让给太子——他 25 岁的儿子宋钦宗。钦宗拒绝接受这份吃力不讨好的差事,当龙袍披到他的肩上时,他坚决推辞,告诉父亲说,若自己同意龙袍加身,将是不忠不孝之举。宋徽宗假装自己右侧半身不遂,因此就用左手亲笔写下诏书,下令让儿子承接天命。史书记载道:

> 太子犹力辞,上皇乃命内侍扶拥就福宁殿即位,太子固不肯行,内侍扶拥甚力,太子与力争,几至气绝。既苏,又前拥至福宁殿西庑下,宰执迎贺,遂拥至福宁殿,太子犹未肯即位。[13]

女真人对开封的征服分成几个阶段(第一次进攻、要求割地赔款、撤退；第二次进攻、要求人质、再次撤退），到了1127年，整场游戏结束，开封城被金军突破，他们开始劫掠珠宝、食物、牲畜和妇女。

宋钦宗的统治既无勇气又无节操，为了乞和，他大肆搜刮民间财富以献给侵略者，但女真人还是没有放过他。整个城市被洗劫一空、焚烧殆尽，完全落入了敌人的手中。宋钦宗和父亲宋徽宗均被俘获，与众多皇亲国戚一起被带回北方关押起来。宋徽宗1135年即在囚禁地死去，钦宗则在被囚禁中又度过了近30年的余生。[14]

北宋就此结束。钦宗同父异母的弟弟赵构被拥戴称帝，不久后便逃至遥远的南方城市杭州（后改称临安），北方的领土很快沦于女真人之手。这个朝代又在南方统治了100多年，后来被称为南宋，但这只是之前辉煌时代的残余而已。

更糟糕的是，现在落入女真人手中的北方领土是中华文明的摇篮，古代最伟大的圣王们就是在这片河谷生活的，使古老的中华帝国备受其周边游牧民族艳羡的丰功伟绩也都是在这里实现的。在南宋的诗词中充满了对收回沦丧国土的渴望。诗人张孝祥如此写道：

> 长淮望断，关塞莽然平。
> 征尘暗，霜风劲，悄边声。
> 黯销凝。
> ……
>
> 静烽燧，且休兵。
> ……

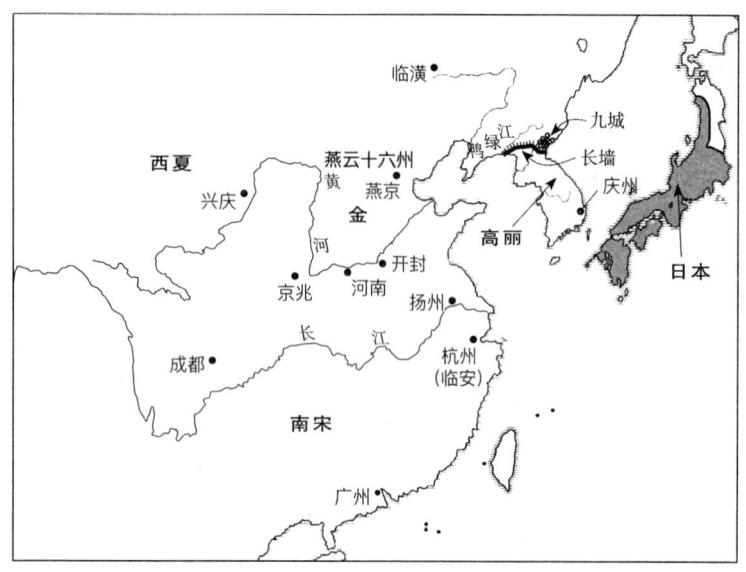

地图 1-1　南宋与金、西夏并立形势图

闻道中原遗老，
常南望、翠葆霓旌。[15]
……

但他们日夜盼望的"翠葆霓旌"却再也未能归来。南宋仍然自称是天命所归，但天命最初降临之地已经丧失。古代帝王的基业如今已落入敌人之手。

拜占庭	保加利亚	罗斯人	突厥人	中国宋朝	中国北部/西部	高丽
				时间线 1		
巴西尔二世（976—1025）				太宗（976—997） 宋统一中原（979）		
	罗曼（977—991）					
		弗拉基米尔（980—1015）			辽圣宗（982—1031）	
瓦兰吉亚守卫兵成立（989）						
	撒母耳（997—1014）		（喀喇汗王朝）哈桑副汗（约998—1017）	真宗（997—1022）		
				澶渊之盟（1005）	西夏李德明（1004—1032）	
				仁宗（1022—1063）		
君士坦丁八世（1025—1028） 佐伊（1028—1050） 罗曼努斯三世（1028—1034） 帕夫拉戈尼亚人米海尔四世（1034—1041） 米海尔五世（1041—1042）			图格里勒（1038—1063）		西夏李元昊（1032—1048）	
君士坦丁九世（1042—1055） 狄奥多拉（1055—1056） 米海尔六世（1056—1057） 伊萨克·科穆宁（1057—1059） 君士坦丁十世（1059—1067） 罗曼努斯四世（1068—1071） 米海尔七世（1071—1078） 尼基弗鲁斯三世（1078—1081）			占领巴格达 阿尔普·阿尔斯兰（1063—1072） 曼济科特战役（1071） 征服耶路撒冷（1077）	与西夏停战（1044） 神宗（1067—1085）		文宗（1046—1083）
				徽宗（1100—1126)	"别武班"攻入女真人的领土（1107）	
				金太祖阿骨打（1115—1123） 辽国灭亡（1125） 金太宗（1123—1135）		
				钦宗（1126—1127） 南宋开始 高宗（1127—1162）		

/ 02

卡诺萨觐见

> 1060年至1076年,亨利四世拒绝服从教皇,结果被逐出教会,被迫赤脚站在雪地里乞求宽恕。

1060年,西法兰克卡佩王朝的国王去世,将王冠留给了8岁的儿子腓力一世(Philip Ⅰ),腓力还是个孩子,没有能力阻止法兰克领土上波涛汹涌的私斗浪潮。"邦国啊,你的王若是孩童,你的群臣早晨宴乐,你就有祸了!"当时的史家用《旧约》中《传道书》上的话,对古老的法兰克大地上如今一片混乱的景象发出了哀叹。[1]

而在德意志,统领国家的是另一位尚未成年的国王,他就是亨利四世(Henry Ⅳ),此时年仅10岁。他的母亲其实宁愿当个修女,而不是当什么太后,为儿子摄政。于是,为了避免德意志的贵族们找她的麻烦,她干脆将权力下放,让这些贵族自行统治他们的独立小公国,而他们在执政时也像通常小国的国王一样,防卫心很重。1062年,复活节刚过,在两个有权有势的德意志伯爵的支持下,德意志科隆大主教安诺二世(Anno Ⅱ)邀请年幼的国王前来视察一艘专门为他配备的船只。但亨利刚一踏上甲板，船上的桨手就解开缆绳，船载着他沿莱茵河飞速驶走，国王就这样被绑架了。

12岁的亨利试图跳河逃跑，但冰冷的河里水流湍急，他差点被淹死，后来还是一个绑架者将他拉回船上才救了他的命。他们把他带到科隆城里，软禁在安诺二世富丽堂皇的大主教宅邸中，让他在那里过着安全而奢华的生活，大主教和伯爵们则接掌了德意志的统治权。[2]

之后大主教及其追随者一直在彼此争夺对国家及国王的控制权。这样的情形持续了3年，直到1065年，亨利四世已年满15岁，能够以国王之名对任何有可能帮他重新独立的人许以重诺。亨利观望着，等待着自己成年的日子早日到来。随着时间的流逝，他变得更加强大、更加成熟，也更加无情了。

没有什么支配一切的法规可以解决基督教与遥远的东方穆斯林军队之间的争斗，不过在西方，有一个组织是对各怀心思、明争暗斗的各方都有号召力的。尽管在基督教的教会内部也有少数人野心勃勃地插手政治，但教会依然还在宣扬基督徒之间的兄弟情谊和对上帝的忠诚，仍然要求西方所有的国王和士兵都向教会臣服。

1063年，德意志北部城市泰鲁阿讷（Terouanne）的神父们又为"神赐和平、神谕休战"运动制定了另外一套规则。"在名为'神谕休战'的和平时间里，你们必须遵守下列条件，"文件的开头这样写道，"和平时间始于每周三的日落时分，一直持续到下周一太阳升起之时。在这四日五夜之中，任何人，无论男女，都不得袭击、伤害或杀害他人，也不得使用诡计或暴力进攻、夺取或毁坏任何城堡、市镇或村庄。"[3]

此外，在每年的基督降临节和大斋节期间，以及从耶稣升天到圣灵降临日之间，也必须遵守和平规定。这样一来，一年中有四分之三的时间是禁止战争活动的。这是一个十分美好的想法，但有些不切实际，几乎不可能被实际执行。不过，从特鲁阿纳和平规定中，可以更清楚地看到，在西方各王国，形势正变得越来越紧张。这种紧张关系存在于理想中的天国与人间的王国之间，存在于神父规范基督徒行为的权力和国王及战士们为所欲为的权力之间。

当亨利四世厌倦了妻子的时候，这种紧张关系就变得更加清晰可见了。

他5岁的时候就与都灵的贝尔塔（Bertha of Turin）订婚了，贝尔塔当时只有4岁，是意大利一位显赫贵族的女儿。尽管亨利本人反对这门婚事，但是在他16岁时，二人仍然举行了婚礼。亨利从未喜欢过他的未婚妻，因为她虽然似乎也曾美丽迷人，但过于羞涩娴静，对当时正值青春年少、活力充沛的亨利并没有什么吸引力。但当时亨利的谋臣们告诫他说，他若取消婚礼，很可能会严重损害意大利对他的支持，因此国王决定婚礼如期举行。[4]

然而，到1068年，亨利四世已经得出结论，他的婚姻是一个错误。他宣布自己打算与贝尔塔离婚，因为他就是无法与她圆房。他也想表现出一些绅士风度（尽管有些于事无补），说她并无任何过错——这虽然无法减轻她所承受的屈辱，但至少可以保护她免遭不贞的非议。

德意志的教士们聚众商议之后，认为这个问题过于复杂，他们无法做出裁决，于是将其上报罗马。而罗马教皇亚历山大二世（Alexander Ⅱ）则坚决拒绝批准亨利四世离婚。他派教皇特使送来回信，信中说："一个背叛基督教信仰，做出如此伤风败俗之事的人，教会永远不会奉其为皇帝。"[5]如今，罗马教会不再期望从德意志国王那里获得保护，而是转向意大利的诺曼人，希望从他们那里寻求保护，但是教皇并不打算放弃自己选择下一任神圣罗马帝国皇帝的权利。

在这种情况下，年仅18岁的亨利四世也只好让步了。他撤回了离婚的请求，几年之后，贝尔塔为他生育了一儿一女。但他仍无法淡忘自己所遭受的被公开斥责之痛。亨利动荡不安的青春期造就了他咄咄逼人、不肯妥协的脾气，他对自己的权利十分坚持，从未忘记过自己不能得偿所愿所遭受的挫折。

1073年，亚历山大二世死后，枢机主教团选举了一位才华横溢、严厉苛刻的副主教——格列高利七世（Gregory Ⅶ）——继任教皇，他决心不让教皇之位受到腐化侵蚀，而且打算从此不再依赖世俗的国王及其手中的武力。他坚决反对平信徒可以任命教会职位的观念，就算是皇帝也不行。他认为，这种做法必然会导致腐败，圣职将被人用来买卖，而教皇也将因此受到皇帝的支配。1075年3月，他签署27条训令，明确表达了教皇的权威乃上帝所赐的观点。其中规定，教皇可独自任免主教，召集宗教会议，颁布新的教会法规。罗马教会"从无任何过错，而且以后也绝不会犯错，直至永远"。作为教会的领袖，教皇也有权利废黜皇帝："所有君主、王侯，都应对教皇行吻脚礼以示顺从。"[6]

亨利四世对此当然不以为然，不过自格列高利七世任职以来，亨利一直在忙着镇压萨克森公国发生的严重叛乱。到1075年秋，叛乱已被暂时平息了下来，他这才有时间考虑格列高利在意大利日渐增长的权力，他用行动而非言语对此做出了回答：他在米兰、费尔莫和斯波莱托这几个主教辖区分别任命了新的主教，他所行使的正是格列高利在《教皇训令》（Dictatus papae）中宣称属于教皇的权力。[7]

格列高利对亨利此举的反应十分慎重，这说明他至少还是希望亨利四世能够重新考虑一下的。1075年12月底，他给国王写了封信，提出可以批准国王为米兰选择的主教，并建议用一种转弯抹角的方式让亨利四世承认教皇的精神权威，这样双方都能保全面子。他建议国王将他手下的5位因参与买卖圣职而被逐出教会的谋臣也逐出德意志宫廷。基督教会的忠实信徒不应与那些已被逐出教会而仍不知悔改的罪人来往，因此，如果亨利愿意将这些人逐出宫廷，就说明他仍然承认格列高利是他的属灵之父。[8]

教皇格列高利七世后来对此事留下了亲笔记录，记录中说，他派了3位教皇特使将这封有理有据的信带给亨利四世，同时还给他递了个语气重得多的口信。这几个人"暗中告诫他应当忏悔自己的罪孽"，并威胁说，如果他不服从于神圣法律的权威，那么"他将不仅会被开除教籍，直到他赎清自己的罪孽为止，而且他还会被剥夺作为国王的全部尊严，没有任何挽回的希望"。[9]

亨利四世受不得威胁，即使是私下里的威胁也是一样。因此，受到教皇的威胁之后，他将被逐出教会的那几个谋臣叫到一起，在他们的建议下，他召开了一次大会，与会者包括他朝中的官员、几个最有权势的德意志王公，以及三分之二的德意志主教。会议于1076年1月在沃尔姆斯（Worms）召开，此时距格列高利七世发出警告还不到一个月。在亨利的指示下，会议决定以国王的名义写两封信。第一封信送去罗马，信中指责格列高利七世未经正当选举夺取教皇之位，践踏了主教们的权利，并且（另外又加上一击）说他还引诱了一个名叫玛蒂尔达（Matilda）的意大利贵族妇女。"你的就职涉及大量造假，因而是无效的，"信中写道，"上帝的教会因为

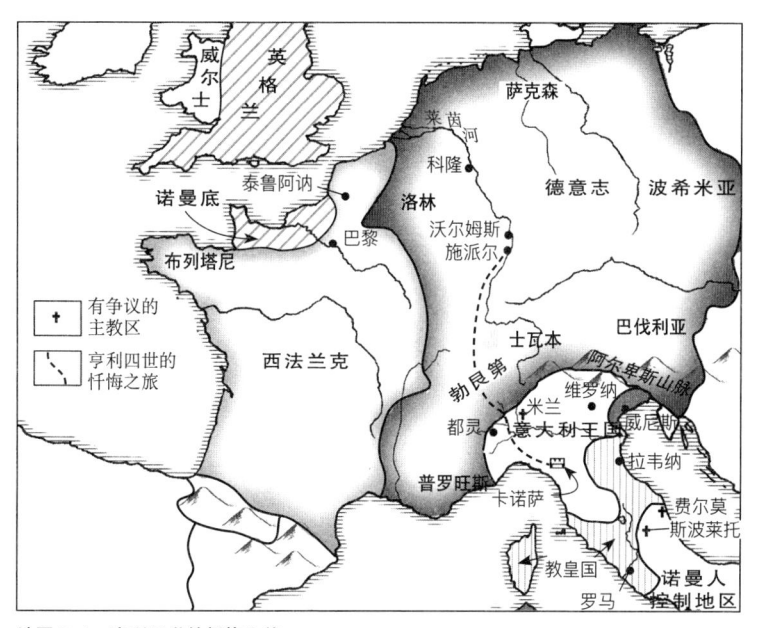

地图 2-1　亨利四世的忏悔之旅

你的罪行而面临巨大的危险……你的生命和行为因为你自己的斑斑劣迹而蒙受了玷污。因此，我们宣布决不顺从于你，我们以前从未答应过，以后也永远不会顺从于你。"[10]

第二封信篇幅更长，写得更详细，读起来甚至像小报一样，这封信在德意志境内广为流传，亨利四世将其作为一种皇室的宣传，说明他对教皇的蔑视是正当合理的。"亨利，承蒙上帝保佑的国王，致希尔德布兰特（Hildebrand），"信的开头使用了格列高利七世的本名而非正式的教皇名来称呼他：

> 你用邪恶的阴谋诡计试图从我这里将意大利王国夺走……

你胆敢反抗我，你的首领，事情你也很清楚：用你自己的话来说，除非你死，否则你将会剥夺我的灵魂和我的王国……你的教皇之位所带给你的每项权利，我都不承认；这个城市蒙上帝恩赐和罗马人宣誓而理所应当属于我，就在这个主教辖区，我说——你给我下台！[11]

1076年2月中旬，格列高利收到了第一封送往罗马的信。他和亨利四世有一个共同之处：他也不喜欢受人威胁。于是，2月22日，教皇作为圣彼得的继承者，以圣彼得之名宣布，亨利国王不再是基督教教会的一员——这一行为会对亨利的世俗权力产生严重的影响。他宣布："我免除所有基督徒因曾经或将要对他许下的誓言所受的束缚，而且禁止任何人奉他为国王。"[12]

这一次，亨利四世对自己的力量估计过高了。萨克森的那些贵族们本来就是在国王和教皇之间的争执爆发时刚刚才被镇压下来的，这时有了教皇的正式许可，他们再次叛乱了。而这一次，亨利四世已经压制不了他们了。因为许多曾经在上次叛乱时支持亨利的德意志贵族，这次都慑于格列高利七世的声明而不敢全力支持国王了。到1076年10月的时候，亨利四世已经看清，在他面前只有两条路可以选择：要么向格列高利七世赔罪，要么准备打上几年的内战，而且这场内战极有可能以他被赶下王位而告终。

最后国王决定，长痛不如短痛。于是，亨利四世带着他的妻子贝尔塔和他们两岁的儿子兼继承人康拉德，踏上了南下翻越阿尔卑斯山的请罪之路。在路上，他们经受了山区恶劣天气的考验：当时是1077年1月份，正值隆冬季节，据某些史家所说，那年冬天是百年一遇的严寒天气，路上到处都被冰雪覆盖。"有时他们必须手脚并用地向前爬行，有时全靠向导扶持，有时他们在结冰的路面上摔一跤就会滑出去很远……马匹被用专门的机械运下山去，要不然就得将它们四条腿都绑在一起拖着走。尽管如此，下山的时候还是有许多马匹死了。"[13]

格列高利七世听说亨利国王快要到了，以为他是率军前来找自己算账的，于是他躲进了卡诺萨要塞（fortress of Canossa），那里三面都有围墙。然而亨利四世现身之时，却是一副乞求宽恕的忏悔者模样。格列高利在自己的信中描述了国王到来时的样子，说他打着赤脚，身穿麻布衣服，哀哀哭泣着，他的自我羞辱使要塞之中的每个人都深受感动。"他激起了那里所有人的恻隐之心，他们为他说了许多好话，流着眼泪为他求情，"教皇写道，"甚至有人抱怨说我们所展现的，不是宗族权威的严格，而是一种残忍的行为，会让人联想到专制暴君的残酷无情。"[14]

既是迫于公众压力，同样也是出于他自己的意愿，格列高利七世宽恕了亨利四世，同意恢复他国王的地位。作为回报，亨利四世则许诺承认教皇的权威，不再擅自做主任命主教。紧接着举行了一场盛大的和解宴会。亨利坐在桌旁，沉默寡言，什么也不吃，只是不断地用手指敲击着桌子。[15]

他设法保住了头上的王冠，但他忏悔的行为向整个西方世界十分清楚地表明了一件事：当世俗统治者与属灵统治者发生冲突之时，首先让步的是世俗权威。

时间线 2

中国宋朝	中国北部/西部	高丽	西法兰克	德意志	意大利	罗马皇帝
澶渊之盟 (1005)				亨利二世 (1002—1024)		
					教皇本笃八世 (1012—1024)	亨利二世 (1014—1024)
仁宗 (1022—1063)				康拉德二世 (1024—1039)	教皇约翰十九世 (1024—1032)	
						康拉德二世 (1027—1039)
	西夏李元昊 (1032—1048)				教皇本笃九世 (1032—1044/1045)	
与西夏停战 (1044)		文宗 (1046—1083)		亨利三世 (1039—1056)		
					教皇西尔维斯特三世 (1045) / 教皇格列高利六世(1045—1046)	
					教皇克雷芒二世 (1046—1047)	
					教皇本笃九世 (1047—1048)	亨利三世 (1046—1056)
					教皇利奥九世 (1049—1054)	
				亨利四世 (1056—1105)	东西方教会大分裂(1054)	
					教皇尼古拉二世 (1059—1061)	
			腓力一世 (1060—1108)		教皇亚历山大二世 (1061—1073)	
神宗 (1067—1085)					教皇格列高利七世 (1073—1085)	
					亨利四世被开除教籍 (1076)	
徽宗 (1100—1126)	"别武班"攻入女真人的领土(1107)			亨利五世 (1105—1125)		
	金太祖阿骨打 (1115—1123)					
	辽国灭亡(1125)					
	金太宗(1123—1135)					
钦宗 (1126—1127)						
南宋开始						
高宗 (1127—1162)						

/ 03

上帝的感召

> 1071年至1095年,突厥人从埃及法蒂玛王朝的手中夺走了耶路撒冷,亨利四世迫使教皇将其加冕为神圣罗马帝国皇帝,拜占庭皇帝阿历克塞为赶走突厥人而寻求帮助,教皇乌尔班二世则发起了十字军运动。

君士坦丁堡的皇帝正面临着国内叛乱和突厥人进攻的内忧外患。这两件事虽然不像亨利四世的问题那样具有神学上的复杂性,但对皇权同样具有很大的破坏性。

罗曼努斯四世在曼济科特战役中失利的同一年,拜占庭在意大利也吃了一场同样大的败仗。1071年,当拜占庭军队正在小亚细亚努力奋战时,罗伯特·吉斯卡尔(Robert Guiscard)率领诺曼人攻克了拜占庭在意大利的最后一个堡垒。拜占庭帝国现在背靠黑海,其西侧的王国不断扩张,东侧的突厥势力也在膨胀,它夹在中间,版图缩得越来越小。

新上台的"大皇帝"米海尔七世(Michael Ⅶ)是个书呆子,一心只读圣贤书,对国事很不上心。"再没有什么事情比读书更令他感到喜悦了。"他的老师米哈伊尔·普塞洛斯赞赏地写道。但其他史家对此却有些不以为然："他将时间都花在追求无用的修辞上，将精力都浪费在写作抑扬格和抑抑扬格的诗歌上（而他的作品也实在是乏善可陈），就这样带着他的帝国走向了灭亡。"约翰·斯基里泽斯（John Skylitzes）这样嘲笑他道。1074 年，米海尔七世的叔父约翰·杜卡斯（John Doukas）领兵叛乱，多亏米海尔的将军阿历克塞·科穆宁（Alexius Comnenus）雇用了塞尔柱突厥人来支援所剩无几的保皇派军队，叛乱才得以平息。[1]

这需要拜占庭与突厥人达成某种协议，而这样做确实非常危险。

1072 年，阿尔普·阿尔斯兰在审讯一名犯人的时候被其刺杀身亡，他的儿子马利克沙（Malik Shah）接手对突厥人进行统治。马利克沙时年仅 18 岁，刚一继位就发现强敌环伺，东有实力雄厚的伽色尼王朝，西有摩拳擦掌要求独立的鲁姆苏丹，南则有重整旗鼓的法蒂玛势力。之前 6 年的饥荒和管理不善已严重削弱了埃及的法蒂玛哈里发帝国的实力，1070 年，叙利亚北部地区又被突厥人夺走。但此后，法蒂玛王朝已经在一位名叫巴德尔·贾马利（Badr al-Jamali）的将军的领导下开始了缓慢复兴，这位将军以哈里发的名义掌握了政府的控制权，对国家进行军事独裁统治。[2]

马利克沙努力战斗，目的是保住塞尔柱帝国的强国地位，他在很多方面都获得了胜利。君士坦丁堡方面已经迫不得已暂停了与突厥人的敌对；现在马利克沙又威逼利诱地稳住了鲁姆苏丹，并且加强了与伽色尼接壤的边境地区的防御。在将军阿齐兹·伊本·阿巴克（Atsiz ibn Abaq）的指挥下，突厥军队一路向南推进，直抵耶路撒冷，该城在此之前一直都控制在埃及的法蒂玛王朝手中。

阿齐兹领兵围攻耶路撒冷，迫使法蒂玛守军于 1073 年弃城投降。但法蒂玛人仍在城里坚持反抗，直到1077年，阿齐兹大为光火，一下子屠杀了城里的3000多名居民——多数是法蒂玛阿拉伯人和犹太人。这才让法蒂玛人断绝了守住耶路撒冷的念头，这座城市现在被牢牢地掌握在马利克沙的统治之下。[3]

而在君士坦丁堡，米海尔七世就没有这么成功了。小亚细亚的军队对他的软弱感到气愤，他们在尼西亚拥立自己的将领尼基弗鲁斯·波塔尼阿提斯（Nikephoros Botaneiates）为皇帝。尼基弗鲁斯率军向君士坦丁堡挺进，米海尔七世意识到自己召集不到足够的军队抵抗对方的军队，于是迅速退位，躲进了修道院，将妻子玛丽亚抛在宫中。尼基弗鲁斯·波塔尼阿提斯进城之后，就娶了玛丽亚，自己则被加冕为皇帝尼基弗鲁斯三世（Nikephoros Ⅲ）。[4]

这不仅带来了更多的麻烦，而且是向西一直影响到意大利的麻烦。

米海尔七世在退位之前，已为自己4岁的儿子君士坦丁订下了婚约，对方是诺曼冒险家，人称"狐狸罗伯特"的罗伯特·吉斯卡尔之女。米海尔七世此举本是出于无奈，因为当时吉斯卡尔已经夺取了拜占庭的意大利领土，米海尔这样做是为了阻止他继续向东航行，侵犯拜占庭更多的土地。与此同时，米海尔七世还把一支庞大的军队交给了手下大将阿历克塞·科穆宁来指挥（就是替他击败了他的叔父约翰·杜卡斯的那位将军），目的就是为可能发生的诺曼人入侵做好准备。

如今，尼基弗鲁斯三世不顾他新婚妻子的反对，剥夺了她儿子的继承权，也撕毁了这孩子与吉斯卡尔之女的婚约。吉斯卡尔闻讯之后，立即准备发动一场大规模入侵以示报复。而皇后玛丽亚此时则因为儿子被剥夺了继承权而感到焦虑不安，于是她向将军阿历克塞·科穆宁求助，请他前来帮她恢复儿子的权利。

科穆宁此时约 30 岁，是一名精力充沛的军人，也是帝国最有权势的人，而尼基弗鲁斯三世则比他年长好几十岁，以前都是靠他支持。当阿历克塞·科穆宁接受了玛丽亚的请求，向君士坦丁堡而来的时候，尼基弗鲁斯向他的前任学习，也迅速退位，趁阿历克塞·科穆宁尚未带兵入城，匆忙躲进了修道院。1081 年，阿历克塞·科穆宁被加冕为君士坦丁堡的皇帝，过了不到一年，尼基弗鲁斯就在修道院里他自己的床上寿终正寝了。

阿历克塞·科穆宁信守了自己对玛丽亚的承诺，恢复了君士坦丁共治皇帝的身份。但他无视"狐狸罗伯特"的威胁，并没有恢复君士坦丁与诺曼人之间的婚约。相反，他将自己的小女儿安娜（Anna）许配给了这个小男孩，从而确保了继承皇位的既是君士坦丁家族，又是科穆宁家族的后人。

这一举动，导致罗伯特·吉斯卡尔率领意大利的诺曼人与拜占庭军队展开了为期两年的战斗。"对权力的热爱鼓舞着罗伯特，使他从不感到疲惫"，阿历克塞·科穆宁的女儿安娜这样写道，她给自己的父亲写了传记。安娜很难做到不偏不倚，但毫无疑问，吉斯卡尔确实希望将全部拜占庭领土都纳入自己帝国的版图。当他来到拜占庭边境时，身边带着一名修士，自称是被废黜的米海尔七世。

在君士坦丁堡，人们普遍认为这是个冒牌货，但吉斯卡尔仍然继续进攻。据安娜所说，"阿历克塞·科穆宁知道帝国已是奄奄一息，东有突厥人的蹂躏摧残，西则有罗伯特竭尽所能想将那个冒牌米海尔扶上皇位，情况也不容乐观。"阿历克塞的确指挥有方，但诺曼军队更加强大，正在稳步向拜占庭领土推进。与此同时，马利克沙也威胁着要从另一个方向入侵。[5]

阿历克塞急需帮助，于是他向德意志的亨利四世求援。

从1077年到1081年，亨利四世一直在忙着镇压萨克森的另一场叛乱。士瓦本公国的鲁道夫公爵设法让萨克森和巴伐利亚的德意志贵族宣布支持自己竞争国王之位，随后便爆发了国王和对立国王之间的3年内战。

起初，教皇格列高利七世在这场战争中宣布中立，但到了1080年，格列高利七世认为让鲁道夫来当德意志国王更好，因为他更有可能会将教会的最终控制权让给教皇。于是，在复活节的庆祝活动中，他再次将亨利四世逐出教会，并宣布鲁道夫为德意志的合法国王。[6]

这个决定明显出于政治上的考量，因此大部分德意志主教，甚至包括上次在教皇与亨利四世的冲突中曾支持教皇的主教，都拒绝接受教皇将亨利逐出教会的决定。许多意大利主教也持同样的态度。1080年5月，就在复活节教皇将其逐出教会之后不久，亨利四世召开了他自己的宗教会议。忠于国王的主教们要求格列高利七世下台，他们选举意大利的大主教拉韦纳的维伯特（Wibert of Ravenna）来接替他的教皇之位。

亨利四世计划向罗马进军，用武力将维伯特扶上教皇的宝座，但首先他必须结束自己王国的内战。10月14日，亨利的部队败给了萨克森的叛军，但鲁道夫在战斗中受了重伤，右手被砍断。两天后，他因伤而死，群龙无首的叛军随即作鸟兽散。[7]

亨利又花了几个月的时间肃清叛军余孽。罗伯特·吉斯卡尔则在几个月之中在拜占庭的乡间大肆劫掠。阿历克塞急欲摆脱诺曼人的纠缠，以便集中力量对付突厥人。他派人去见亨利四世，请求他尽快向意大利进军，因为若是亨利入侵，就能迫使罗伯特回国保卫他的意大利领土。"虽然在其他方面我诸事皆顺，"皇帝写信对德意志国王说,"但由于罗伯特的行动,事情还是有一点点偏差。"措辞虽然漫不经心,但后面的内容说明了他有多么焦急:阿历克塞愿意向亨利四世提供36万枚金币的巨款,以支持他向意大利开战。[8]

亨利四世接受了提议,于1081年3月率军前往意大利。1081年至1082年,他对罗马发动了3次进攻,虽均未能攻破城墙,但一次比一次接近成功。格列高利七世绝望地向远在拜占庭的罗伯特·吉斯卡尔求救,但吉斯卡尔不愿意因为回来救他而让自己的进攻半途而废。

因此,亨利四世最终攻破了这座圣彼得之城,他于1083年6月进驻罗马,格列高利七世则带着他仅剩的支持者们躲进了台伯河西岸的一处堡垒。亨利四世用了将近一年的时间,努力争取罗马人的效忠。他慷慨地四处撒钱,逐渐将格列高利的追随者们都拉拢到自己这一边来。1084年3月,他终于说服了罗马的神父们支持他废黜格列高利七世。3月24日,圣枝主日这天(Palm Sunday,即复活节前的星期日),维伯特宣布成为新教皇;一周之后,复活节当天,他加冕亨利四世为神圣罗马帝国皇帝。[*] 亨利此时34岁,他已为这一刻奋斗了将近20年的时间。[9]

现在,罗伯特·吉斯卡尔终于不情不愿地回到了意大利,留下儿子博希蒙德(Bohemund)负责拜占庭的战事。亨利四世听说他要回来,决定避免与之交战。于是,5月21日,在吉斯卡尔抵达的3天前,他和拉韦纳的维伯特一起离开了罗马。

吉斯卡尔以解放者的身份入城,没想到立刻就被迫面对一场反

---

[*] 维伯特的教皇名为"克雷芒三世"(Clement III),但通常被称为"对立教皇克雷芒三世"(Antipope Clement III),因为后来的另一位教皇保利诺·斯科拉里(Paulino Scolari)也采用了"克雷芒三世"(1187—1191年在位)这个教皇名。

对他回来的叛乱。他对此进行了野蛮镇压，罗马城再度回到他的控制之下，但残酷的镇压手段使他颇遭记恨，因此他决定带着格列高利七世一起退回到诺曼人控制的南部意大利。教皇格列高利七世再也没有回过罗马，1085 年，在临终之前，他赦免了这一生所有被他逐出教会的教徒，"除了所谓的国王亨利和拉韦纳的大主教之外"。[10]

罗伯特·吉斯卡尔正准备回拜占庭去（在他走后，他的儿子博希蒙德立刻就开始打败仗了），却在两个月后死于发烧，享年 70 岁，身后留下许多征服者的传说，几百年后仍传唱不衰。约 200 年后，诗人但丁将他与查理曼以及其他伟大的征服者们一起划入战神之列，并对那些拜占庭士兵进行了描写：

> 当他们与罗伯特·吉斯卡尔奋力苦战时，
> 感到被痛击的苦楚……
> 他们的尸骨仍然堆积在切帕拉诺（Ceperano）。[11]

吉斯卡尔死后，对拜占庭西部边界的严重威胁终于随之解除。

但东边来自突厥人的威胁仍在继续。马利克沙的军队攻克了安条克，然后继续向小亚细亚稳步推进。随着突厥人蔓延到穆斯林的领地，他们也逐渐接受了伊斯兰教。在马利克沙统治的最后几年，他也皈依了伊斯兰教的什叶派，这是突厥人转变成穆斯林的最后一步。[12]

马利克沙死于 1092 年，虽然突厥对拜占庭的威胁并没有随之解除，却也使突厥联盟分裂成了一系列的独立国家。他身后留下四个儿子和一个野心勃勃的弟弟，他们对马利克沙的领土展开了争夺，导致国家四分五裂。鲁姆苏丹国在马利克沙以前的封臣基利杰·阿尔斯兰（Kilij Arslan）的领导下宣布独立；叙利亚、波斯、克尔曼（Kirman，即波斯南部）和呼罗珊全都彼此脱离，每个都宣称自己是具有独立主权的突厥王国。

阿历克塞·科穆宁看到有机会夺回自己在小亚细亚的部分沦丧领土，于是再次派人向西方求援。但他的老战友亨利四世此刻也遇到了困难：他仍然是德意志国王和神圣罗马帝国皇帝，但意大利北部的伦巴第掀起了一场叛乱，原因或许是亨利与教皇之间的仇隙总是使他们遭受战争的痛苦。亨利四世在意大利的权力日渐减弱，这意味着由他亲手挑选的教皇，拉韦纳的维伯特也逐渐丧失了权威。1088年，罗马又选出了一位新教皇乌尔班二世（Urban II）。

亨利四世没有多余的精力去帮助君士坦丁堡，而拉韦纳的维伯特则缺乏权威。因此阿历克塞派遣使臣去找了乌尔班二世。他们请求教皇派意大利士兵到东方来帮助阿历克塞赶走突厥入侵者。这个请求其实很简单，就是阿历克塞需要雇佣兵，但乌尔班二世却将其赋予了新的意义。

他当时正在周游意大利和西法兰克，目的是向人们证明，作为圣彼得的继承人，他这个教皇与威信扫地的前任不同，权威再次遍及整个基督教世界。[13] 收到阿历克塞的求救后，乌尔班二世认为可以借此进一步证明教皇的权威是遍及全世界的。

1095年11月，乌尔班二世在西法兰克的克莱蒙宣布，现在不仅应该（应阿历克塞之请）帮助拜占庭对抗突厥人，而且也到了从穆斯林手中夺回耶路撒冷的时候了（这是阿历克塞未曾提及的）。据法兰克编年史家沙特尔的富尔彻（Fulcher of Chartres）记载，他宣布道：

地图 3-1 突厥的征服

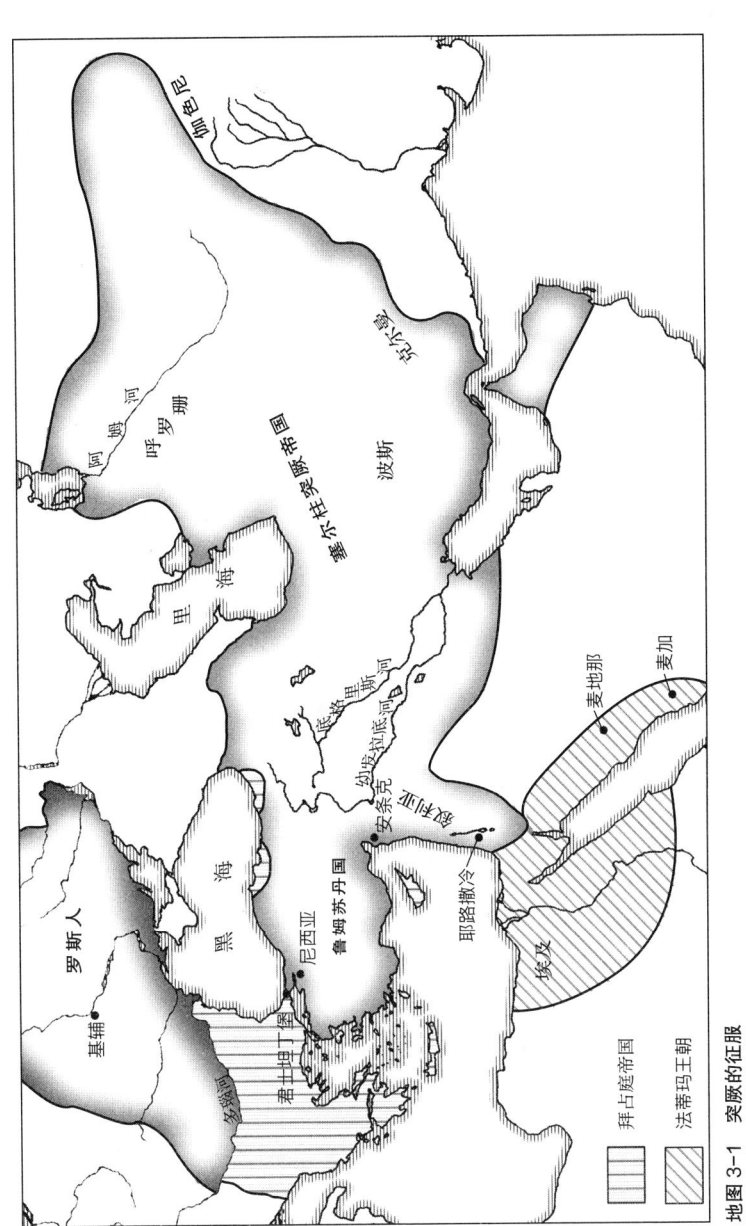

就像你们大多数人已经听说的那样，突厥人和阿拉伯人……占领了基督徒越来越多的领土，而且赢得了七场战役。许多基督徒战死或被俘，他们摧毁我们的教堂，蹂躏我们的帝国。如果你们容许他们继续如此坏事做尽，上帝的信徒将受到他们更加广泛的迫害。因此，我，或者更准确地说，是上帝，恳求你们作为基督的信使，将此信传遍天下，并敦促所有人，无论地位高下，无论贫富，无论是步兵还是骑兵，都立刻行动起来，对那些基督徒施以援手，将那个邪恶的种族从我们友邦的领土上消灭。我这番话既是说给在场的诸位，同时也是说给不在场的那些人。此外，这也是基督的指示。

一直苦于受到"神赐和平、神谕休战"禁令限制的所有法兰克贵族，现在终于有机会将满身的精力发泄出来了。乌尔班二世这样对信众说道："那些惯于对信徒行不义之私战的，现在都与异教徒作战；那些长期以来一直为匪的，现在都成为骑士；那些一直与兄弟亲人作战的，现在都去名正言顺地打击野蛮人……那些将去之人，切勿推迟行程，当冬去春来，让他们在上帝的指引下即刻上路。"

那些满怀热情上路之人将可能得到最大的奖赏，乌尔班二世承诺："所有那些为此献身之人，无论是在陆地还是在海洋，或者是在与异教徒的对战中，都将立即被赦免一切罪孽。"[14] 经过几十年的努力奋斗，教皇作为圣彼得的继承人，终于重申了自己的权威——不仅是在尘世的权威，而且是死后彼岸世界的权威。

时间线 3

西法兰克	德意志	意大利	罗马皇帝	拜占庭	突厥人
	康拉德二世（1024—1039）	教皇约翰十九世（1024—1032）		君士坦丁八世（1025—1028）	
			康拉德二世（1027—1039）	佐伊（1028—1050）	
				罗曼努斯三世（1028—1034）	
		教皇本笃九世（1032—1044/1045）		帕夫拉戈尼亚人米海尔四世（1034—1041）	
	亨利三世（1039—1056）				图格里勒（1038—1063）
				米海尔五世（1041—1042）	
		教皇西尔维斯特三世（1045）/ 教皇格列高利六世（1045—1046）		君士坦丁九世（1042—1055）	
		教皇克雷芒二世（1046—1047）	亨利三世（1046—1056）		
		教皇本笃九世（1047—1048）			
		教皇利奥九世（1049—1054）			
		东西方教会"大分裂"（1054）		狄奥多拉（1055—1056）	
	亨利四世（1056—1105）			米海尔六世（1056—1057）	
				伊萨克·科穆宁（1057—1059）	
腓力一世（1060—1108）		教皇尼古拉二世（1059—1061）		君士坦丁十世（1059—1067）	
		教皇亚历山大二世（1061—1073）			阿尔普·阿尔斯兰（1063—1072）
				罗曼努斯四世（1068—1071）	
		罗伯特·吉斯卡尔控制意大利南部（1071）		米海尔七世（1071—1078）	曼济科特战役（1071）

时间线 3（续表）

西法兰克	德意志	意大利	罗马皇帝	拜占庭	突厥人
		教皇格列高利七世（1073—1085）			马利克沙（1072—1092）
		亨利四世被开除教籍（1076）			征服耶路撒冷（1077）
		亨利四世第二次被开除教籍（1080）		尼基弗鲁斯三世（1078—1081）	
		拉韦纳的维伯特（对立教皇）（1080—1100）		阿历克塞·科穆宁（1081—1118）	
		亨利四世征服罗马（1083）	亨利四世（1084—1105）		
		教皇乌尔班二世（1088—1099）			
					突厥帝国分裂（1092）
		教皇乌尔班二世召集第一次十字军东征（1095）			（鲁姆）基利杰·阿尔斯兰一世（1092—1107）

/ 04

为耶路撒冷而战

> 1095年至1099年,来自西方的基督教战士出发进行第一次十字军东征。

"当冬去春来",教皇乌尔班二世是这样对信众说的。因此,在1095年末到1096年初的寒冬时节,争吵不断的贵族们开始为东征进行准备。进天堂的希望激励了许多人,不过另外一些人则是受到赢取功名的驱使踏上东征之路的:"第一个卖掉土地动身前往耶路撒冷的是戈弗雷(Godfrey),"安娜·科穆宁娜写道,"一个十分富有的人,他对自己的贵族出身、勇气和家族的荣耀感到极为自豪。"[1]

戈弗雷是一位德意志贵族,是下洛林的公爵。他的兄弟鲍德温(Baldwin)和尤斯塔斯(Eustace)和他一起参加了十字军东征,紧随其后的有罗伯特·吉斯卡尔的儿子博希蒙德,他离开父亲在意大利的诺曼领地,带着一支小部队前来响应号召;还有法兰克公爵,图卢兹的雷蒙(Raymond of Toulouse),他带来了1万人马;还有诺曼底公爵罗伯特(Robert)。罗伯特是征服者威廉的长子,在父亲于

1087年死后继承了诺曼底，他弟弟威廉则成为英格兰的第二位诺曼人国王。

还有许多人也都朝着君士坦丁堡前进，一队队互不关联的武装人员全都汇聚到一起来了。第一个到达君士坦丁堡的，根据12世纪的编年史家推罗的威廉（William of Tyre）的记载，是"穷汉瓦尔特"（Walter the Penniless），就像他的名字所显示的，他是个法兰克贵族，但穷得没钱为自己雇用一支大军。1096年初夏时分，他带着一小队人马横穿以前保加利亚王国的领土，他们身无分文、忍饥挨饿，于是开始进入途经的村庄行窃。保加尔人的回敬是将其中一伙强盗赶进了附近的一座教堂，然后放火把教堂烧了。对于第一次十字军东征，这可以说是出师不利。[2]

"穷汉瓦尔特"带着剩下的人马于7月中旬抵达君士坦丁堡。皇帝阿历克塞为他们提供食宿，让他们在此等候更有钱的公爵们及其更大规模的军队抵达。但图卢兹的雷蒙和其他人都比他们落后了很远。第二支到达君士坦丁堡的军队有数千人之众（当时的记录说有4万人以上，但这个数字很可能是夸大其词），领头的是一个绰号"小人物彼得"（Peter the Little）的神父。在之前去耶路撒冷朝圣时，彼得遭受了"突厥人诸多虐待"。他回乡之后就在法兰克境内四处布道，说"所有人都应离开家乡，为解放耶路撒冷而努力奋斗"，当"小人物彼得"听到同样的话从乌尔班二世的口中说出的时候，他简直是欣喜若狂。[3]

后来的史家将彼得的军队称为"平民十字军"（People's Crusade），听上去似乎队伍里都是农民和家庭主妇，但实际上，这支部队完全由士兵组成，只是缺乏一个知名度高的贵族出面率领而已，因为这样的贵族往往更愿率领他们私人的军队。彼得于8月1日前后率军抵达君士坦丁堡,他们也受到了皇帝的欢迎。皇帝建议他们继续向前越过博斯普鲁斯海峡,在靠近拜占庭边境的地方扎营,在那里等待其余十字军部队前来。显然阿历克塞不怎么想让成千上万焦躁不安的武装人员在君士坦丁堡长住。[4]

这两支部队在距离突厥人占领的尼西亚城大约40千米的临时营地驻扎下来,很快,一支支新来的军队纷纷加入他们的行列,他们都缺乏经验丰富且强有力的领导者。这些十字军都没有遇到过真正的对手,他们在等待中百无聊赖,于是开始袭击突厥人的领土,营地的气氛变得越来越富有攻击性。没过多久,整支群龙无首的军队开始向尼西亚城进军。

鲁姆苏丹基利杰·阿尔斯兰派了一支小分队出来教训这些乌合之众。"在拔营前进的这2.5万名步兵和500名骑兵中,"推罗的威廉写道,"只有极少数人逃脱了死亡或被俘的下场。""穷汉瓦尔特"战死,"小人物彼得"则逃往海峡对岸,乞求皇帝施以援手。阿历克塞派一支拜占庭小分队跨海而来,当时突厥军队正在前往组织不善的十字军营地,打算将其余部一举歼灭,闻讯之后,他们就掉头回撤了。[5]

此时,阿历克塞或许有些迷惑,不知道自己到底是在做些什么。但很快博希蒙德、雷蒙及其他贵族各自率领训练有素的私兵部队,于1096年底至1097年初陆续抵达,他们的到来又使阿历克塞恢复了信心。不过,皇帝已经见识过了十字军任性顽固的行事作风,因此他采取了防范措施。每来一位公爵,阿历克塞都要求他发誓说:"无论我将来征服了哪一座城市、哪一个国家或是哪一支势力,只要它原来是属于罗马帝国的,都会将其交由皇帝所任命的官员来掌管。"阿历克塞提醒他们,首次十字军东征是为拜占庭的利益而战,

而不是为了个人的私利。⁶

1097年春，十字军联合部队越过海峡，涌入鲁姆苏丹国。5月中，他们围攻尼西亚城，6月底以前，就迫使该城投降了。接着，十字军部队与阿历克塞的亲信大将泰提修斯（Taticius）指挥下的拜占庭部队一道，南下进军耶路撒冷。一路上，他们逐个攻克之前被突厥人占领的城市：士麦那（Smyrna）、以弗所、菲拉德尔斐亚（Philadelphia）、萨迪斯（Sardis）。

但是，这一路凯歌在安条克城外却戛然而止。

10月21日，在戈弗雷、博希蒙德和图卢兹的雷蒙率领下，十字军开始围攻安条克城。这是叙利亚境内最为坚固的城池，古老的城墙紧临着奥龙特斯河（Orontes river），因此守军不缺水用，城里的食物和武器补给也很方便。反观十字军，虽然他们连战皆胜，却毕竟已是转战数月，因而人人疲惫不堪。军中多数人以前从未来过安条克，这里牢不可破的城防把他们全都吓了一大跳："我们发现安条克城面积广阔，铜墙铁壁、固若金汤。"法兰克贵族布卢瓦的斯蒂芬（Stephen of Blois）在给妻子的信中这样写道。

城市久攻不下，夜晚的寒气变得越来越难以抵挡。到12月的时候，十字军已经踏遍了周围的村庄，将食物和燃料洗劫一空。给养日益缺乏。被派到远处去搜寻粮草的小分队与突厥兵遭遇，只得空手而归。马匹食不果腹，纷纷倒地毙命。到了1098年1月，从尼西亚出发时的7万匹马只剩下不到2000匹了。"饥荒的状况一天天恶化，"推罗的威廉写道，"不仅如此，营地里的大小帐篷也都破烂不堪。因此，有些人虽然还有食物可吃，却由于无处躲避严寒而死。漫溢的洪水使衣食物品都潮湿发霉，朝圣者们找不到一块干燥的地方歇脚……军营中暴发了瘟疫，死亡率极高，死者甚至无处安葬。"⁷

"小人物彼得"一直跟着这支部队走到这一步，这时也当了逃兵，打算回家去，可是被一位军官拖了回来，逼他发誓留下。到了1098年2月，拜占庭将领泰提修斯突然带着手下离开营地，打算回君士坦丁堡去。留下来的人则听到了穆斯林军队正在逼近的消息，军心大乱。[8]

十字军在安条克全军覆没的可能性越来越大。城里的情况比十字军营地要好一些。据当时叙利亚穆斯林史家伊本·卡兰尼西（Ibn al-Qalanisi）的记载，油、盐和其他生活必需品都通过水路大量运进安条克城里，甚至在这个被敌人围攻的城里买这些东西反而比在城外买更便宜。而且与此同时，那些已经放弃圣战的十字军也都诸事顺遂。戈弗雷的弟弟鲍德温已经离开十字军的队伍，去了独立城市埃德萨（Edessa），那里的城主先是雇他为佣兵，后来又收他为养子和继承人；布卢瓦的斯蒂芬则宣布自己身体不适，必须离开，然后就带着手下去了地中海沿岸条件更好的地方。[9]

3月4日，十字军的境况略有起色，当时一支英格兰舰队在地中海沿岸距离攻城的军营大约15千米的地方停泊。这支舰队曾在君士坦丁堡暂时靠岸补充给养，皇帝阿历克塞下令将攻城用的物品、工具和工匠都装到船上，让他们带到安条克去。舰队的指挥官不是别人，正是显贵者埃德加（Edgar Atheling）——15岁时向征服者威廉投诚的英格兰王位继承人。现在显贵者埃德加已年过40，至少参加过两次以失败告终的战争。他不到20岁的时候去了苏格兰，与苏格兰叛军并肩作战，反对征服者威廉，结果徒劳无功；10年后，他又参加了一场反对威廉的儿子兼继承人的短暂叛乱。

现在就是他的船停泊在地中海岸边，准备援助十字军征服安条克。图卢兹的雷蒙和博希蒙德一起带人将攻城物资运回了营地，十字军用这些物资又额外修了些工事，阻止船只从河道将补给品运入安条克，因此城里的防守开始有了破绽。[10]

安条克城内的守军终于开始丧失信心了。博希蒙德一向以诡计多端著称（安娜·科穆宁娜说他"惯于欺诈"），他成功说服了城里的一名突厥守军跟他达成了一项私下交易。"博希蒙德让人给他传话，说自己将使他名利双收，"书名为《法兰克人史》（Gesta Francorum）的一部编年史中写道，"那名守军禁不住这些诱惑，回话说：'他什么时候想来，我随时准备迎接。'"[11]

就这样，6月2日深夜，博希蒙德的内应打开了一扇边门，博希蒙德带人进城，杀死了把守主要城门——桥门（Gate of the Bridge）——的卫兵，从里面打开了城门。城外其他的十字军战士如洪水般涌入安条克。他们尽情发泄着长期围城、久攻不下积累的怨气："胜利者在以前让他们可望而不可即的地方随心所欲地四处扫荡，"推罗的威廉如此写道，"在浑身杀意和满心贪婪的驱使下，他们杀红了眼，不分男女老少，见人就杀……当天就有1万多名市民被杀，街上到处都是无人掩埋的尸体。"[12]

然而，尽管十字军获得了胜利，他们还是很快就陷入了可怕的困境之中。巴格达的突厥大苏丹（Great Sultan）派出一支穆斯林大军，由突厥大将卡布卡（Kerbogha）率领，于十字军攻克安条克3日后抵达城外。十字军赶紧将城门紧闭，感谢上苍自己现在已经不在城外的营地里了。但他们很快就发现，城里的状况要比城外糟糕得多。安条克城内本就已经断粮，现在又因为遍地死尸而散发着阵阵恶臭。疾病开始蔓延。十字军沦落到不得不将几周前就死掉并被掩埋的、肉都已经开始腐烂的动物尸体再挖出来充饥。[13]

博希蒙德不顾一切地想要让十字军重振雄风，于是他宣布，上帝赐予了保证大家得到解救的启示("他特别爱胡闹",安娜又加上这一句评价)。他解释说,图卢兹的雷蒙有个随从农夫彼得·巴塞洛缪(Peter Bartholomew),他得到了上帝的启示:命运之矛(Holy Lance),即耶稣基督被钉上十字架时刺穿了他的侧腹的那支长矛,就在这座城里。彼得·巴塞洛缪将此事告诉了雷蒙和代表教皇与图卢兹军队同行的主教阿德马尔(Adhemar)。雷蒙相信了他的话。

阿德马尔却认为这"不过是说说而已",但他也愿意看看命运之矛是否真能在城中被找到。博希蒙德带着彼得·巴塞洛缪、图卢兹的雷蒙和其他几个人一起去了安条克的圣彼得教堂,他们在巴塞洛缪所说的地方挖了个坑,但坑里什么都没有。雷蒙垂头丧气地正要离开教堂之时,彼得·巴塞洛缪却跳进坑里,当他爬出来时手里抓着一支矛尖。[14]

图卢兹的雷蒙是个虔诚而正直的人,显然他认为别人也都像自己一样,因此他毫不怀疑这一发现的真实性,而主教阿德马尔则选择保持沉默。消息很快在十字军中传开,战士们看到上帝赐予的这个恩典,都重新振作了起来。1098年6月28日,十字军带着"命运之矛"冲出安条克城,打得穆斯林军队节节败退。

安条克如今掌握在十字军手中,但这座城市从未被交给皇帝阿历克塞。博希蒙德当初发誓的时候就根本没打算信守诺言。现在他声称,由于该城是在他的安排下才克复的,城市是向他本人投降,因此就应该归他所有。他打算留在安条克称王了。他这样做是效法戈弗雷的弟弟鲍德温。鲍德温现在继承了埃德萨的统治权,正在此地治理着一个独立的基督教国家——埃德萨伯国。博希蒙德也想成为安条克的君主,做一个叙利亚基督教王国的统治者。

但是图卢兹的雷蒙坚决不同意他这么做,两人为此争执起来。最后，雷蒙放弃了留在安条克的决定。他向诺曼底的罗伯特（此时已不名一文）和博希蒙德的亲侄子坦克雷德（Tancred）支付金币，让他们陪他一起走。在雷蒙之后，戈弗雷也带着手下离开了安条克，只有博希蒙德留了下来，安条克的城墙上飘扬着他自己的旗帜。[15]

剩下的十字军在图卢兹的雷蒙率领下，向耶路撒冷进军。这次东征开始的时候，有5万余名十字军战士越过博斯普鲁斯海峡进入小亚细亚，现在只剩下不到1.4万人了。跟在军队后面的，是一群3年来一直盼着能到圣城朝拜的朝圣者——"一群无助的人，"推罗的威廉写道，"病弱不堪。"途中，军队中领头的贵族要求彼得·巴塞洛缪证明他口中上帝的启示所言不虚，他们逼他经受火的考验，让他手持"命运之矛"穿过火焰。巴塞洛缪显然也开始对自己的故事信以为真了。结果他被严重烧伤，忍受了12天的痛苦折磨之后死去，"命运之矛"的故事也随之悄然散去。

十字军继续向着耶路撒冷前进。为了圣战这个神圣的使命，他们可以忍受精疲力尽、敌众我寡、病饿交加，但他们不能接受被人操纵。

1099年6月初，十字军抵达耶路撒冷。那里的情况与安条克一样令人望而生畏。夏季天气炎热，水源稀缺。突厥人有的是时间将耶路撒冷附近的泉眼堵住，向水井投毒，让十字军没有水喝。树木、房屋，以及城墙周围所有可能找到木料的地方都被夷平。驮东西的牲口没有水喝，都渴死了，"可怕的恶臭……从它们正在腐烂的尸体上散发出来"。[16]

但耶路撒冷这座城市本身并不具备安条克那样惊人的防御力量，于是十字军战士们顽强地开始准备攻城。他们围着耶路撒冷建起了攻城的营地，一队队士兵被派到远处的田野上去寻找木材。6月13日，

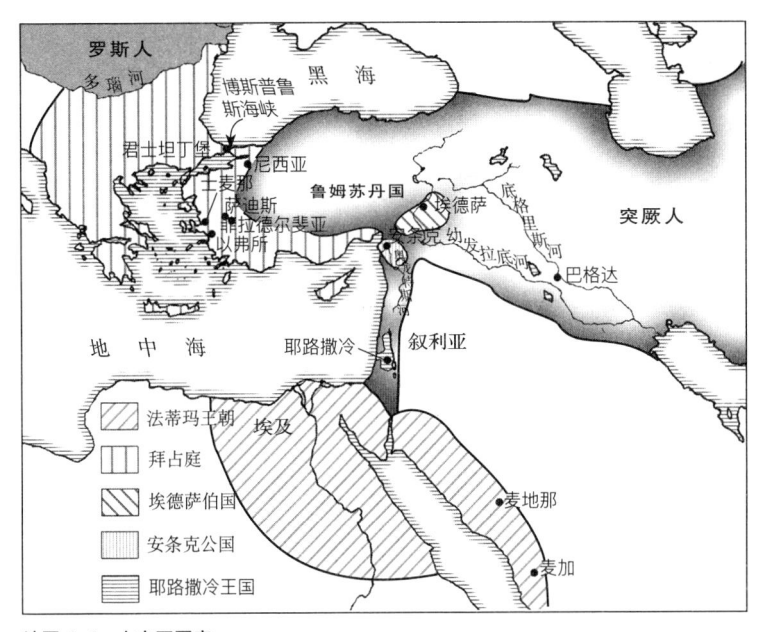

地图 4-1 十字军国家

对耶路撒冷的进攻开始了。在开始的 3 个星期，十字军用灌木树枝制作的简陋攻城器械进攻耶路撒冷的城墙，但都没有什么效果。

这时又有一支新的十字军从海上驾船赶来，图卢兹的雷蒙下令将他们的船只拖上岸来，全部拆掉。他们以被海水浸泡过的船板为材料搭建成攻城塔，还在火焰箭的掩护下将北护城河填平。然后他们将攻城塔推到城墙近前，推罗的威廉写道："攻城塔上的战士们将一包包稻草和棉絮点燃，北风一吹，烈火熊熊燃烧起来，滚滚浓烟飘进城里，熏得城墙上的守军睁不开眼、张不开嘴。守军被黑烟熏得头晕目眩，只得放弃了守卫城墙的任务。"攻城的十字军将木桥架到城墙上，由此冲进城去。攻克安条克用了 7 个月的时间，而耶路撒冷则只用了 30 天就被拿下了。[17]

接着就是另一场屠杀。推罗的威廉写道："尸横遍野的悲惨景象甚至让胜利者也感到毛骨悚然、难以忍受，他们对任何人都毫不手软，到处都血流成河，到处都是人类的残肢断臂。"幸存者被从他们藏身的小巷、壁橱、地窖里硬拉出来，之后被一剑捅死或从城墙上推下去摔死。

十字军一路上经历了酷暑、饥荒、疾病，在攻城的营地里受苦受罪，他们进行这场屠杀，部分原因是为了发泄压抑了将近两年的这种挫败感，还有部分原因则是为了将所有的反对派斩草除根。十字军听说法蒂玛王朝已经派遣一支军队从埃及出发，他们是突厥人搬来的救兵，要向耶路撒冷进攻，把这座圣城再夺回去。[18]

当法蒂玛军队于 8 月 12 日来到耶路撒冷城下时，这座城市已完全处于十字军的控制之下。戈弗雷率军出城，没花多大力气就赶走了埃及军队。埃及人就此撤退，没再发动第二次袭击。十字军占领了耶路撒冷，第一次东征的目标已经达成。在东方穆斯林的土地上，现在出现了三个由十字军贵族统治的基督教王国：埃德萨伯国、安条克公国和耶路撒冷王国。

图卢兹的雷蒙显然是统治耶路撒冷的不二人选。与安条克不同，耶路撒冷在被突厥人占领之前并不归拜占庭所有，因此他们没有义务将其交还给阿历克塞。但雷蒙拒绝接受国王之位，因为大屠杀让他感到很不是滋味。

他有可能是希望别人将这个位置改个称呼再交给他，比如"伯爵"或是"总督"之类。然而，就像许多好人一样，他也不是特别受欢迎，所以也没人对他一请再请。相反，他们请戈弗雷出山，而戈弗雷则欣然接受，当上了耶路撒冷的公爵和保护者。

时间线 4

德意志	诺曼底	英格兰	意大利	罗马皇帝	拜占庭	突厥人	十字军国家
亨利三世 (1039—1056)	哈瑟卡纽特 (1040—1042)				图格里勒 (1038—1063)		
					米海尔五世 (1041—1042)		
		忏悔者爱德华 (1042—1066)			君士坦丁九世 (1042—1055)		
				亨利三世 (1046—1056)			
		教皇利奥九世 (1049—1054)					
		东西方教会"大分裂"(1054)			狄奥多拉 (1055—1056)		
亨利四世 (1056—1105)					米海尔六世 (1056—1057)		
					伊萨克·科穆宁 (1057—1059)		
					君士坦丁十世 (1059—1067)		
						阿尔普·阿尔斯兰 (1063—1072)	
		哈罗德二世(1066)					
		征服者威廉 (1066—1087)			罗曼努斯四世 (1068—1071)		
			罗伯特·吉斯卡尔控制意大利南部 (1071)		米海尔七世 (1071—1078)		
						曼济科特战役 (1071)	
		教皇格列高利七世 (1073—1085)				马利克沙 (1072—1092)	
亨利四世被开除教籍 (1076)						征服耶路撒冷 (1077)	
					尼基弗鲁斯三世 (1078—1081)		
亨利四世第二次被开除教籍 (1080)			拉韦纳的维伯特 (对立教皇) (1080—1100)		阿历克塞·科穆宁 (1081—1118)		

时间线 4（续表）								
德意志	诺曼底	英格兰	意大利	罗马皇帝	拜占庭	突厥人	十字军国家
亨利四世征服罗马（1083）				亨利四世（1084—1105）			
	罗伯特（1087—1106）	威廉二世（1087—1100）					
			教皇乌尔班二世（1088—1099）				
						突厥帝国分裂（1092）	
						（鲁姆）基利杰·阿尔斯兰一世（1092—1107）	
			教皇乌尔班二世召集第一次十字军东征（1095）				
							埃德萨的鲍德温一世（1098—1100）
							安条克的博希蒙德一世（1098—1111）
							耶路撒冷的戈弗雷（1099—1100）

/ 05

余震

> 1118年至1129年，十字军东征的理想被写进了法律。

在西班牙，"斗士阿方索"与穆斯林穆拉比特王朝一直战斗了20年的时间。对他来说，这也是一场圣战。为阿拉贡-纳瓦拉夺回西班牙就意味着为基督收复失地，这是一场艰苦持久的战争，而且由于他与妻子长期不和，情况变得更加复杂。

1118年，在图卢兹召开的一次宗教会议宣布，夺取穆拉比特最北端的萨拉戈萨（Zaragoza）王国的战争可以被看作圣战。这意味着帮忙将穆拉比特人逐出萨拉戈萨将是正义之举，是可以得到上帝恩典的。法兰克有一份史料中说，教皇亲口承诺赦免所有愿意围攻该城之人的罪孽。[1]

阿方索试图夺取萨拉戈萨至少已有4年了，这次宗教会议给他加了一把劲，最终打破了僵局。来自西法兰克南部的贵族也带着他们的私人武装前来助阵。1118年秋，这个地方回到了基督徒手中。

第一次十字军东征的影响向西一直辐射到西班牙，打破了那里的权力平衡，重心再次向基督教国王们倾斜，西班牙的穆拉比特势力则开始衰退。穆拉比特的统治者阿里·伊本·优素福，仍然待在马拉喀什——他只将西班牙当作一个遥远的前哨而已，而驻扎在那里的穆拉比特士兵则越来越不愿意誓死守卫那块土地了。

与此同时，"斗士阿方索"成立了一系列军事修会（military orders），借此将基督教军队的十字军身份写入了教会法。士兵只要参加军事修会，就可以自动获得修士身份，成为上帝全职的仆人。1122 年，为了保卫埃布罗河以南地区，成立了贝尔奇特修会（Confraternity of Belchite），"斗士阿方索"在修会的章程中宣布："蒙上帝的恩典，由皇帝出面在西班牙贝尔奇特的城堡中建立了一支基督教骑士团和基督徒兄弟军……他们可以在这里侍奉上帝，并从此终生以征服异教徒为己任。"之后又另有几个基督教骑士团相继成立，都致力于把穆拉比特人挡在已征服的土地外面。[2]

在此期间，军事修会在东方也纷纷涌现，其中最早最强的一个出现在耶路撒冷。戈弗雷在该城统治刚满一年就得伤寒死了，仍留在耶路撒冷的法兰克十字军邀请他弟弟鲍德温来担任耶路撒冷的国王。这个位置比埃德萨伯爵之位要高一级，因此鲍德温将埃德萨交给一位远房堂兄弟（名字也叫鲍德温），然后就出发前往耶路撒冷了。[3] 之后他四处征战 18 年，大大扩张了耶路撒冷王国的领土。当他于 1118 年去世之后，那位接管了埃德萨的远房堂兄弟又被加冕为耶路撒冷的国王鲍德温二世（Baldwin II）。

如今圣城耶路撒冷已经脱离了突厥人的控制，因此前来朝圣的基督徒就更多了。但这三个十字军国家都经常受到袭击，朝圣之路上危险重重。1119 年，法兰克贵族雨果·德·帕英（Hugues de

地图 5-1　阿方索的十字军

Payens）来到耶路撒冷，寻求灵魂向善之法。他认为保护那些手无寸铁的朝圣者渡海前来圣城是正义的使命，于是他接下来用几年的时间吸收了一些志同道合的人来帮助他。他们过着修道士一样的生活。根据12世纪的安条克牧首、叙利亚的米海尔的记载："他们不娶妻，不洗澡，没有任何私人财产，一切都归大家共同所有。"

与修道士一样，他们也发誓守贫、守贞、顺从；但与修道士不同的是，他们随身携带武器。朝圣者们十分感激他们的帮助，因此国王鲍德温二世决定为他们提供支持。据推罗的威廉所说，他"在自己的宫中辟出一角让他们暂时驻扎，就在所罗门圣殿的北侧"[4]。他们之所以被称为圣殿骑士团（Knights Templar），就是因为这处居所。[*]

1129年1月，雨果·德·帕英前往特鲁瓦（Troyes）的教会理事会，请求教会正式承认他的修会。理事会对该修士会的目标表示认可，之后伟大的修道院改革者，克莱尔沃的贝尔纳（Bernard of Clairvaux）主动为其撰写规章。他写的《圣殿骑士团规章》开头是这样的：

> 我劝诫你们，那些直到现在仍然只接受世俗的骑士身份，只为世人，而不为基督的事业献身之人，抓紧加入我们的骑士团，将自己与修会永远联在一起……在此骑士团中，曾经鄙视正义，不曾努力保护穷人或教会（其职责所在），而是抢劫、掠夺和杀戮之人，皆已重获新生。[5]

这正是教皇乌尔班二世所希望的：引导暴力走上"正义的道路"。成立军事修会是君士坦丁大帝在米尔维亚桥开始上演的那出戏的最后一幕。他举着十字架军旗进军罗马，他使一种强大而神秘的宗教体系，使其为己所用。这种宗教承诺团结，他需要团结；它承诺最终的胜利，他则需要尘世的胜利，而且立刻就要；它承诺一种超越国家和语言的身份，他也需要克服民族主义；最重要的是，他需要说服他的士兵、罗马人民和对他造成威胁的敌人，支持他的是

---

[*] 虽然十字军和他们的编年史常提到"圣殿"，但其实这座毁于公元70年的犹太圣殿并未得到重建。所谓"圣殿"，有时指的是圆顶清真寺附近的清真寺，有时指的就是圆顶清真寺本身。

/ 05 余震

时间线 5

拜占庭	突厥人	十字军国家	穆拉比特	基督教西班牙
狄奥多拉 （1055—1056）				
米海尔六世 （1056—1057）			艾布·巴克尔 （1056—1087）	
伊萨克·科穆宁 （1057—1059）				
君士坦丁十世 （1059—1067）				
	阿尔普·阿尔斯兰 （1063—1072）			（卡斯提尔） 强者桑丘二世 （1065—1072）
罗曼努斯四世 （1068—1071）				
米海尔七世 （1071—1078）	曼济科特战役 （1071）			
	马利克沙 （1072—1092）			（莱昂-卡斯提尔） 勇士阿方索六世 （1072—1109）
尼基弗鲁斯三世 （1078—1081）	征服耶路撒冷 （1077）			
阿历克塞·科穆宁 （1081—1118）				
			塔什芬（1087—1106）	
	塞尔柱突厥 帝国分裂（1092）			
	（鲁姆）基利杰·阿尔斯兰一世（1092—1107）			巴伦西亚的熙德王国 （1094—1102）
		埃德萨的 鲍德温一世 （1098—1100）		
		安条克的 博希蒙德一世 （1098—1111）		
		耶路撒冷的戈弗雷 （1099—1100）		
			优素福 （1106—1143）	（阿拉贡-纳瓦拉） 斗士阿方索一世 （1104—1134）
				夺取萨拉戈萨 （1118）
约翰二世·科穆宁 （1118—1143）				贝尔奇特修会 建立（1122）
				圣殿骑士团得到 承认（1129）

某种比单纯的野心更高、更尊贵的力量。

或许他也需要让自己相信这一切。基督教使君士坦丁从征服所带来的罪恶感中得到解脱，同时也赋予了他追求征服所需要的热情。700多年后，军事修会为参加者也做到了同样的事情，而且还给了他们一份规章，将他们会有什么样的收获说得一清二楚。这种精神收获与政治权力的结合将会塑造之后的5个世纪，而两者之间痛苦而漫长的分离则将决定再之后几个世纪的发展。

/ 06

逻辑和妥协

> 1100年至1122年，神圣罗马帝国皇帝和英格兰国王先后将矛头指向了教皇，而一位大主教则利用亚里士多德的理论予以反击。

第一次十字军东征的结束开启了一个时代。

罗马皇帝君士坦丁高举十字架，率军与自己的同胞刀剑相向的800年之后，信奉基督教的士兵在统一的教会领袖的指挥下，凭借共同的信念，组成了一支统一的军队，跨越博斯普罗斯海峡，抵御从东部进犯的突厥人。可十字军东征刚一取得胜利，凯旋的基督教骑士就背弃了他们原本的信念，摇身一变，从教会的子民一跃成为自己的小王国的君主。

在基督徒信奉的诸多教义中，有一条在接下来的四个半世纪都居于统领地位：信仰上帝便会拥有权力。

第一次十字军东征的余波从叙利亚传播出去，其影响向着东方和西方不断扩散。

在英国，本不应该做国王的人却继承了王位。自1087年开始掌权的威廉二世（William II）在沃尔特·蒂勒尔（Walter Tyrrell）的陪同下外出打猎，沃尔特本是一位经验丰富的猎人，可这一次本应该射向牡鹿的箭却射中了国王。威廉中箭倒地，当场身亡。沃尔特并没有留在现场并对此做出解释，而是"一跃上马，猛踢马刺，迅速逃离了现场，而且也并没有人奋力去追他"。[此处描写来源于英国历史学家马姆斯伯里的威廉（William of Malmesbury）。]威廉二世的弟弟亨利也参与了这次打猎，在一众人返回伦敦后，亨利被拥为英格兰国王亨利一世（Henry I）。这一天是 1100 年 8 月 5 日。[1]

事实上，亨利不是威廉的继承人。英格兰王位应该属于亨利的哥哥诺曼底公爵罗伯特，但彼时他正在第一次十字军东征归来的路上。可还没等他夺回属于他的王位，亨利就已经入侵诺曼底。

两兄弟在临近诺曼底的村庄坦什布赖（Tinchebray）展开了战斗。诺曼底公爵的军队战败，罗伯特被俘，在监禁中度过了他漫长的余生，直到他以 80 多岁的高龄在监狱中去世。而亨利一世在战胜之后，又将诺曼底的爵位据为己有，像他的父亲征服者威廉那样，身兼英格兰国王和诺曼底公爵两个权位。

他的统治始于武力夺权，之后他又向法律开刀。亨利对法律采取的第一步措施就是发布《自由宪章》（Charter of Liberties）。宪章中的第一个条款就承诺王室既不会控制"天主的圣洁教会"，也不会没收属于教会的土地。但声明中余下的 13 个条款都直指他的子民，尤其针对英国的一众男爵。

男爵是英国新晋的贵族阶层。征服者威廉将刚刚征服的土地划分成多个区域，作为奖励授予诺曼底骑士。在盎格鲁-撒克逊的贵族中，大乡绅（thegn）的权力和影响力曾经仅次于王室。但对诺曼底的征服战争大大削弱了这个阶级的力量。战争之后，那些幸存下来的乡绅发现他们的土地已被剥夺,所剩的只有少量的私有财产。[2]

与这些乡绅不同的是,诺曼底的男爵们并没有把自己看成是土地的所有者(owner),而是土地的持有者(holder)。征服者威廉将英格兰带入了一个新的王权时代。作为君主,他拥有整个王国:所有英格兰和诺曼底的土地都是属于国王的财产。各男爵便是国王的"首席租户",而为了回报国王赐予他们的土地,男爵们要储备一定规模的武装力量以供国王调遣,这被称作"应负之役"(servitium debitum)。[3]

这一体系起源于10世纪的法兰克帝国,那时法兰克社会混乱,缺乏法制约束,穷人们只得出卖劳动以换取富有邻居的庇护。这便是为大家所知的封建主义,在这一体系下,人们要出卖劳动或支付财物(包括钱和农作物)才能谋得生存、耕作,以及持有一定土地的权利。英格兰封建领主及其所持有的财产都由征服者威廉的文官记录在长达两卷的《末日审判书》(*Domesday Book*)中。这是一部野心大到荒谬的账簿,企图将英格兰每一寸领土的状况和所有者都记录在案。名字记录在案的封建领主中,仅有1%是盎格鲁-撒克逊人。其余的人都是从别处来到英格兰为威廉服役的。*

这些男爵需要为亨利一世提供"应负之役",但他们也要极力保护自己的贵族特权。《自由宪章》同时也向他们保证,新一任国王既不会强求他们额外上交钱财,也不会妨碍他们根据自己的意愿对财产进行处置。

作为一个成长于诺曼王朝的国王,这一系列对于王权的限制着实奇怪,但这也标志着12世纪的英格兰迎来了一个新时代。《自由

---

* 参见第4册,第37章。

宪章》实际上在无形之中帮助亨利握紧了王权。其开头这样写道："我深知，我被拥为国王，是因为上帝仁慈，因为整个英格兰王国众位男爵的拥护。"亨利一世是一名篡位者，他是在众男爵的支持下上位的。《自由宪章》的制定便是为了巩固王权，将男爵们始终拉拢在亨利一侧。

事实上，亨利打算在民众允许的范围内行使更多的权力。当然结果也日渐明晰：相比于教皇，民众更倾向于将更多的权力授予亨利。

对此，教皇帕斯夏二世（Paschal II）像他的前任们一样，坚持维持教皇的主教叙任权（investiture）——任命整个国家基督教主教的权力。主教叙任权可是非同小可的事情。一个城市的主教掌管着整个城市所有的教会资源——土地、资金和人员。在建筑、税收和组建雇佣兵方面，主教所拥有的权力不亚于任何一位伯爵或是贵族。但与伯爵和贵族不同的是，主教不能结婚，遗产也不能传给儿子。每一位主教的去世对于教皇和国王来说都是一次新的机会，他们可以借此安插亲信，来为自己提供大量（并持续增长的）资源，供自己调度。亨利一世声称他是上帝选定和认可的英格兰君主，他拒绝放弃这一特权。

英格兰教会的首席主教——坎特伯雷大主教不同意这项要求。

坎特伯雷的安瑟伦（Anselm of Canterbury）在第一次十字军东征时就已年近70岁了，他是一位革新者，智慧超群。他曾就读于位于诺曼底的"著名学问中心"——贝克修道院（Bec Abbey），这是一所修道院学校，知名教师朗弗朗（Lanfranc）在此任教。朗弗朗曾对12世纪英格兰历史学家马姆斯伯里的威廉描述过学校里学习的情景："学生们围坐在一起，面对面激烈地对辩证法进行讨论。"[4]

辩证法是由亚里士多德提出的系统地进行思考和探究的方法。教授这种内容是12世纪才有的一个新现象。大多数神职人员对亚里士多德所知甚少。这位伟大的希腊人的著作仅有少量被翻译为拉丁语，都是由6世纪的罗马哲学家波伊提乌（Boethius）翻译的。可他刚翻译到逻辑学的部分时，就因为与东哥特王狄奥多里克（Theoderic）发生冲突而被砍了头。* 狄奥多里克只是打算除掉一个叛徒，可是，如此一来却让西方失去了了解亚里士多德哲学的机会。由于没人接手继续翻译剩下的内容，在接下来的500年里，欧洲的僧侣学者们只把亚里士多德看作一名逻辑学家。甚至连他的逻辑学都不被大多数神父所看重。他的逻辑学向那些认真的思考者许诺，无须参考《圣经》，他们就可以获得适用于全世界的真理。亚里士多德提供了这样的可能性——真理无须上帝，因由无须信念。

　　9世纪时的爱尔兰神学家约翰尼斯·司各脱·爱留根纳（Johannes Scotus Erigena）和11世纪时的教师图尔的贝伦加尔（Berengar of Tours）已经利用亚里士多德的范畴论来反对物质转换（trans-substantio）学说。该学说断言圣餐上的面包和酒，虽然在外观上没有变化，但却发生了物质的改变，变成了基督的血肉。** 两人都因为敢于将亚里士多德的理论用于神学而遭到了来自四面八方的痛斥。爱留根纳的观点惹怒了特鲁瓦（Troyes）的主教，主教斥责他是"集错误之大成者"，竟敢在"不完全信奉《圣经》……对上

---

* 东哥特王狄奥多里克在5世纪的最后10年成了意大利国王。有关他的事迹可以参见第3册，第27章。
** 根据亚里士多德学派关于本质和偶性区别的理论，需要对物质转化进行彻底的反思。中世纪的神学家开始发展出"一种引申自亚里士多德的《范畴篇》的新理论，该理论承认，虽然根据定义，偶性可能会改变（因为这是偶性的性质），但是实体却不会"。感兴趣的读者可以在 G. R. 埃文斯（G. R.Evans）编的《中世纪神学家》（*The Medieval Theologians*）中找到更全面的解释。

帝的真理妄下论断"；而图尔的贝伦加尔的文章也受到了一系列宗教会议的谴责，尽管他力辩自己没有违背教会的正统。[5]

即便如此，亚里士多德的思想仍旧存活了下来。安瑟伦的老师朗弗朗在进入贝克修道院教学之前，曾在意大利学习过逻辑学。马姆斯伯里的威廉这样写道："朗弗朗不仅将意大利的人文学科（Liberal arts）带到法国……他还用智慧将这些知识加以润色。"在贝克修道院，他教导学生们把辩证法当作工具，更加清晰地去理解真理；在其导师的教导下，安瑟伦将亚里士多德的逻辑学和他自己的思考方式自然地融合在一起。[6]

安瑟伦在贝克修道院从学生成长为教师，他还在这段时间里把亚里士多德逻辑学一点一点地渗透进自己的神学理论当中。他敢于提出在那个时代（G.R. 埃文斯认为，那个时代是一个"近乎全民信仰"的时代）没人敢提出的问题：为什么上帝应该存在；也敢于仅仅通过理性去寻求答案。安瑟伦在他的《论道篇》的序言中写道："我开始问自己，（我们）能否不依靠其他论据，而仅靠其本身就能证明上帝真实存在且至真至善，这一论证是否有可能找到？"[7] 不依其他论据的论证，是将亚里士多德的辩证法应用于基督教信仰最核心的信念。安瑟伦得益于几代学者严谨治学的传统，大胆地向既有的神学理论发起挑战。*

安瑟伦继续向未知领域进发，他解决了上帝的存在问题，仅用理性就解释了基督教教义中的"道成肉身"和"救赎"等概念。（他

---

* 安瑟伦在《论道篇》中的推论被称为上帝存在的"本体论论证"，他对上帝的著名定义是"人类所能想出最伟大的东西"，他试图证明，上帝之所以必须存在，在于我们能够对他加以想象。普兰丁格（Plantinga）在《上帝和其他思想：从理性的角度证明对上帝的信仰》[*A Study of the Rational Justification of Belief in God* (Cornell University Press, 1990), pp. 26ff] 中为非专业人士做出了相当实用的总结。

在《神为何为人》的导言中写道:"接下来要做的是用理性来证明,如果基督没有进入人们的视线,人们从来不知道他——那么任何人都无法获得救赎。")[8]

安瑟伦在进行这些论证的同时,还近乎盲目地坚持主张主教叙任权只能归教皇所有。

在外人眼中,他一定是在灾难边缘度过了自己的学术生涯:他总是愿意对已经获得的事物发出质疑,坚信真理不会被逻辑、希腊三段论或是亚里士多德的范畴论所动摇。夜深人静,独处一隅时,他一定也曾担心自己是否走得太远,是否有一天,自己拼尽全力所坚持的真理,也会在自己所提出的问题面前分崩离析。但他始终坚持写作,坚持使用理性分析。

而且,也许是为了确保自己始终都是教会的好子民,他将自己的一生都献给了教皇。1093年,征服者威廉的继承人威廉二世任命安瑟伦为坎特伯雷大主教。安瑟伦接受了这项任命。但他拒绝从威廉二世手中接过象征他主教身份的斗篷,而是坚持让人把斗篷放在祭坛上,由他自己捡起来。因为根据他头脑中的三段论,这样做意味着他是由教皇任命的,而非国王。[9]

安瑟伦对教会的忠诚使他坚决维护教皇的主教叙任权。最终,在这一问题上他和亨利一世的分歧过于尖锐,为了保命,他逃到了罗马,在那里得到了庇护。此时,亨利继续要求拥有主教叙任权,而帕斯夏二世则继续拒绝这一要求。"我们肩负重压,因为您似乎要求我们放弃一些我们无论如何也绝不能放弃的东西,"教皇在给国王的回信中写道,"……或许您会因此说,'这本就是我的权力'。但事实却是,这一权力不属于任何帝王,它属于上帝,且仅属于他一人。"他在信中警告道:"对此,我们希望您反思一下您将因此而失去的东西。"[10]

这就是救赎。帕斯夏二世有将亨利一世开除教籍的权力，他能够宣布将亨利逐出教会，使他无缘圣礼和教会的救赎。他甚至能够对整个英国下禁行圣事令。禁令一下，教堂关闭，十字架将被蒙上黑布，死者会被埋在不圣洁的土地里；民众不能聚会做弥撒，也不再有婚礼和教堂钟声。禁行圣事令是神学上的"大规模杀伤性武器"，触发禁令的国王很有可能招致人民对他的厌恶。[11]

彼时，亨利一世正艰难抗击着诺曼底造反的贵族们，最终，他认识到，自己无法同时与主教和诺曼底的贵族作战。1107 年，他同意妥协；虽然只有帕斯夏二世能够任命英格兰主教，但每一任主教在接管其所服务的土地之前，都需要觐见国王，以表效忠。

尽管这仍然给予了亨利对主教人选一定的决定权，但帕斯夏二世同意了这项要求，因为很明显，这是英王所愿意做出的最大的让步。但教皇还是通过在正式协定——《伦敦协定》上的附加条款保留了一些颜面。如果信众的"祈祷之雨"软化了亨利的心，他就会自愿放弃主教觐见向其效忠的要求。[12]

亨利同意了这项条款。可能相比于帕斯夏二世，他并不对众人祈祷的效力抱有信心。

但这一条款暂时调和了教皇和英格兰的关系，安瑟伦回到坎特伯雷，继续担任两年多的主教后便去世了。但在英格兰，政教之间的权力争夺只是被暂时搁置，并没有就此结束。

1105 年，意志坚定的神圣罗马帝国皇帝亨利四世（Henry IV）退位，这让他 19 岁的儿子兼共治者亨利五世（Henry V）成为神圣罗马帝国的唯一统治者。此时，帝国是在一顶皇冠下的不稳定联盟，其背后的势力一方为德意志的公爵，一方为意大利的北部城市。

但是，这并没有让年轻的亨利五世成为皇帝。在过去的三个世纪，一个未成定制的传统已现出雏形：帝国继承人可以以皇室继承人的权利获取皇权，但是只有教皇同意在罗马举行加冕礼后，他才能真正拥有神圣罗马帝国的皇位。

但是一旦得到权力，亨利五世的表现就像他传奇的父亲一样，极有主见，意志坚强。他并不打算通过罗马教皇的认可换取皇位，他甚至愿意推迟他的加冕仪式，直到叙任权问题得到彻底的商讨。他越来越激烈地在帝国内争取皇室指定神职人员的权力；而帕斯夏二世起先为了能和新晋帝王和平共处还愿意让步，之后就开始持续地表态拒绝。

亨利五世虽然年轻，城府却颇深，他酝酿着极深的阴谋。环顾四周，他发现自己最自然的盟友是英格兰国王，后者仍然没有被"祈祷之雨"感化。1110年，他与英王8岁的女儿玛蒂尔达（Matilda）订婚，这桩婚姻为他带来了丰厚的嫁妆。然后，他用亨利一世的钱组建了一支军队，进军意大利的教皇国，以解决这场纷争。

眼见兵临城下，帕斯夏二世同意做出让步。亨利五世让出任命主教的权力，准许教皇决定谁有资格来获得神职。但作为回报，帕斯夏二世要归还所有领土，以及几个世纪以来跟主教区纠缠在一起的政治特权。

这样一来，神权和世俗权力就分割开了。在帝国之内，主教要受到教皇的管辖，但他们不能再拥有大片土地，而这曾经让他们的实际权力无比巨大。亨利五世赢得了这场斗争，帕斯夏二世也明白这一点——他竭力主张，要对这些条款保密，越久越好。[13]

而亨利五世则继续动用未婚妻的嫁妆，他于1111年初出访罗

地图 6-1　英格兰和神圣罗马帝国

马，2月11日晚上签署协定，并于第二天早上前往圣彼得大教堂接受加冕。加冕仪式开始之前，要宣读他和教皇签订的条约。对于大部分参加仪式的主教来说，这是一个不受欢迎的意外，他们怎么也想不到教皇居然愿意将这么多的特权拱手相让。当条约宣读到中间部分时，（在开除教籍条款下）一条关于禁止主教从"帝国的城市、公国、藩侯国、伯国、铸币权、货币储备权、设立市场权、民兵以及城堡"中牟利的内容，引起了众主教的喧哗和抗议，宣读条款被迫终止。[14]

在众人的喧哗抗议声中，帕斯夏二世表示拒绝执行协定。对此，亨利五世也马上宣布，因为帕斯夏无法践行自己做出的让步，那么他无论如何也不会放弃主教叙任权。帕斯夏马上反驳亨利，称不会为亨利举行加冕礼，于是，亨利命令手下对教皇"保护性拘留"，以防主教们做出不利于他的举动。

他将帕斯夏二世从罗马掳走，将他关押了两周，直到他发布了新的训谕。帕斯夏在训谕中写道："您的国家与神圣的罗马教会以一种奇特的方式紧密相连，因此……我们向你的爱做出让步……决定授予你任命你国主教和修道院院长的权力。"[15]

亨利五世也让帕斯夏二世加冕他为神圣罗马帝国皇帝，而后便返回了自己的国家。亨利赢得了这场斗争，但这个通过逼迫才达成的协议却招致教会人士和本国德意志贵族的不满，他们越来越忌惮亨利的权力会与日俱增。接下来的10年里，亨利需要不断镇压德意志境内各地的反叛，连续不断的战乱严重削弱了他的实力。

帕斯夏二世于1118年逝世，这让他得以体面地谢幕。1122年，在德意志的沃尔姆斯，亨利五世与新任教皇卡利克斯特二世（Calixtus II）进行了一系列的谈判，最终达成了一致。亨利五世最

时间线 6			
教皇	英格兰	神圣罗马帝国	十字军国家
		亨利四世 （1056—1105，1084 年加冕）	
	征服者威廉 （1066—1087）		
乌尔班二世 （1088—1099）	威廉二世 （1087—1100）		
	坎特伯雷大主教 安瑟伦 （1093—1109）		第一次十字军东征 （1095—1099）
帕斯夏二世 （1099—1118）	亨利一世 （1100—1135）		
	《伦敦协定》 （1107）	亨利五世 （1105—1125， 1111 年加冕）	
卡利克斯特二世 （1119—1124）			
		《沃尔姆斯协定》 （1122）	

终同意放弃主教叙任权，而卡利克斯特二世也同意，仅在德意志境内的新晋主教就任之前要觐见亨利五世，以表对国王的忠心——如此一来，就能保证在整个帝国的核心地带，仅有效忠于国王的人才能够戴上主教法冠。

《沃尔姆斯协定》和《伦敦协定》一样，是非常现实的解决方案：协定文本简洁，用五段列出了亨利的让步，另有四段列出了卡利克斯特放弃的权利。它不涉及任何神学问题，亦没有解决那些隐藏在暗处的冲突。世俗权力与神权之结尚未解开，它只是被暂时隐藏在了一纸简单的协议之下。

/ 07

十字军敌人

> 1100 年至 1138 年,君士坦丁堡的皇帝和十字军之间相互杀伐。

君士坦丁堡的基督教皇帝——阿历克塞·科穆宁,从一开始就不信任十字军。

当德意志、意大利和法兰克的贵族带领各自的军队集结于君士坦丁堡,准备跨越博斯普罗斯海峡抗击敌人时,阿历克塞要求他们正式起誓:"无论我将来征服了哪一座城市、哪一个国家或是哪一支势力,只要它原来是属于罗马帝国的,都会将其交由皇帝所任命的官员来掌管。"毕竟他们是为基督教而战的,而基督教在东部的统治者是阿历克塞·科穆宁。[1]

但正如阿历克塞所担忧的,在圣地建立私人王国的机会实在是太具诱惑力了。

第一个咬苹果的人是诺曼人博希蒙德,他在第一次十字军东征的队伍抵达君士坦丁堡,并很快成为十字军中最重要的指挥官之一。

1098年，博希蒙德作为先锋，攻陷了伟大的城市安条克，他立即自封为君主，并断然拒绝履行自己的誓言。1100年，又有两个十字军国家——耶路撒冷王国和埃德萨伯国，加入了安条克的行列，而博希蒙德自己则忙着挑动小亚细亚的基督徒反对拜占庭。到了1103年，博希蒙德开始计划对君士坦丁堡发动直接攻击。[2]

要想发动这一攻击，博希蒙德需要招募更多的士兵。最有可能增援他的是意大利；博希蒙德已故的父亲罗伯特·吉斯卡尔，曾征服了意大利南部，建立了一个公国（名为"阿普利亚和卡拉布里亚公国"），而博希蒙德自出兵参加十字军以来，虽然离开了该公国，但已经在理论上继承了父亲的爵位。同博希蒙德一样，阿历克塞也知道这一点，于是他派拜占庭的战船徘徊在地中海，等着拦截任何从安条克王国前往意大利的船只。

博希蒙德只能悄悄行事。安娜·科穆宁娜（Anna Comnena）在记载中说，博希蒙德到处散播谣言：

"博希蒙德已经死了。"等他觉得故事已经传得够广了，便命人造了一口木棺材，又让人准备了一艘快艇。博希蒙德命人把棺材放置在船上，而他——一个还有呼吸的"尸体"，则躺进了棺材里。他们的船自安条克的港口出发，驶往罗马。每停靠一个港口，随行的士兵就会把头发弄乱，大声地哀号。而博希蒙德则平躺在棺材里，通过留在棺材上的通气口呼吸……考虑到尸体会腐烂变臭，他们便杀死了一只公鸡，把它也放进了棺材里。到了第四天，最多第五天，恶臭便弥漫得到处都是。而假装死人的博希蒙德却开心得要命。[3]

博希蒙德是个无赖和机会主义者,但他几乎总是能得到他想要的东西。他到了意大利之后,又上演了一出胜利的复活,借此唤起了公众反抗拜占庭的热情。其实,他在东部征服安条克之举,已经让意大利人把他当作英雄看待。一名当时的历史学家记载道,人们都挤到了大街上,想要一睹他的风采,"那情形就好像他们见的人是基督本人"。[4]

博希蒙德和他新招募的军队在1108年信心满满地朝拜占庭的海岸起航。可他们刚一到达希腊海岸的都拉基乌姆(Dyrrhachium),就被驻守的拜占庭军队打败了。博希蒙德长期以来一直享有的好运用光了。他被迫投降,向阿历克塞称臣。他还抓着安条克不放,不过承诺死后会将安条克交由阿历克塞统治。

但是,尽管博希蒙德失败了,十字军的势力在东部继续扩张,消耗着阿历克塞的军费。1109年,耶路撒冷的国王攻下了的黎波里,使十字军控制了那里的海岸线。*两年后,安条克的博希蒙德死了,但他的继承人拒绝依据承诺把安条克交给拜占庭统治。阿历克塞·科穆宁忙于对付突厥人,没有尝试重新攻打固若金汤的安条克。但他一刻也未曾忘记这一损失。

此时在意大利,又一次出现了基督徒对皇帝地位的威胁。

历史上从未有过"意大利王国"。(奥地利政治家梅特涅在1814年曾说过:"意大利"仅仅是个"地理称谓",这一点在12世

---

* 的黎波里能够继续以独立国家的形式存在,但是自此,其由向耶路撒冷国王称臣的伯爵统治。第一任伯爵是图卢兹的伯特兰(Bertrand of Toulouse),在位时间为1109年至1112年。耶路撒冷的国王管辖着多个低一级的领主。13世纪的作家伊贝林的约翰(John of Ibelin)提到,这一级的贵族当中,最有实力的四位是加利利(Galilee)的王、雅法(Jaffa)和亚实基伦的伯爵、西顿(Sidon)的领主,以及外约旦(Oultrejordain)的领主。这些人头衔各不相同,但是他们都服从耶路撒冷的王权。

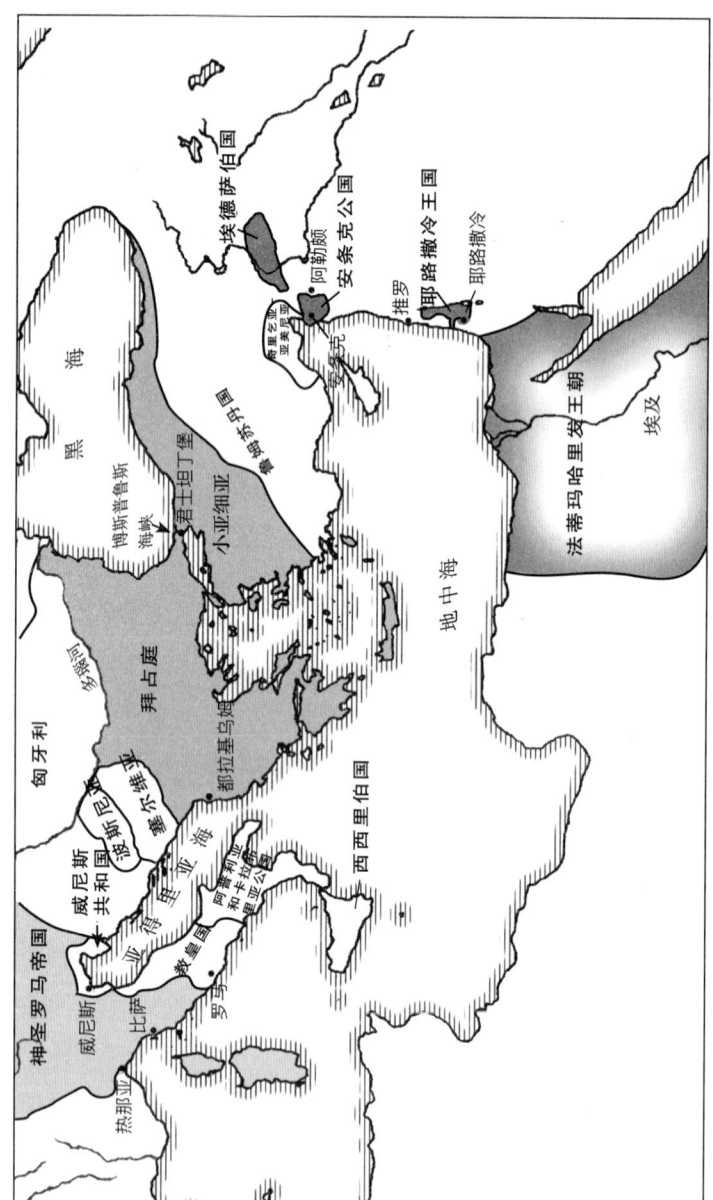

地图 7-1 十字军东征经过的土地

纪时也同样适用。）亚平宁半岛北部的统治者是神圣罗马帝国皇帝亨利五世；岛的中部在教皇帕斯夏二世的控制下，他是整个西方基督教会的领袖；南部的统治者则是诺曼人的国王；沿着半岛海岸线散布着一些"海上共和国"。这些意大利城邦控制着海岸和港口，行使事实上的自治。这些城邦中势力最为强大的是位于西海岸的热那亚和比萨，以及坐落在亚得里亚海最北端的威尼斯。

这三个城市均派兵参与了十字军。此时，这三个城邦都是十字军诸王国的同盟国。在十字军诸王抗击突厥人的战争中，比萨、威尼斯和热那亚三城均参与支援，为十字军提供海军支援，而且为围城和其他战役提供军需。作为回报，十字军各王国允许这些意大利的城邦在东部设立贸易港口，胡椒、肉桂、肉豆蔻以及藏红花等的交易在这里不断增加。这些港口不受当地政府的管辖，而是实行自治。[6]

第一次东征之前，君士坦丁堡和西方骑士还站在同一条战线上，此时阿历克塞·科穆宁与这些海上共和国单独缔结了条约。在1081年，即其统治的第一年，他在君士坦丁堡为威尼斯人划定了区域，威尼斯人可以在这里建起自己的教堂，并免税进行交易。但随着十字军国家慢慢获取权力，这些海上共和国也慢慢地开始与拜占庭的基督教皇帝唱起了反调。[7]

1118年，阿历克塞·科穆宁在君士坦丁堡去世，死于因肺部和食管肿瘤导致的窒息。他的长子约翰二世（John Ⅱ）继承了皇位。登基之初，约翰最先要解决的就是威尼斯对拜占庭皇权一日胜过一日的蔑视。为了削弱威尼斯的嚣张气焰，约翰·科穆宁废除了他父亲于1081年与威尼斯缔结的和约。这一做法激怒了威尼斯人。为了报复，他们派船突袭属于拜占庭帝国的小岛，大肆劫掠岛上的财物。[8]

通过这种敌对行为，威尼斯大大提升了自己在十字军国家中的影响力。1123年，威尼斯舰队协助耶路撒冷国王围攻推罗城（Tyre），当时该城处于法蒂玛王朝的控制下，这个阿拉伯王朝曾控制了耶路撒冷，而且此时仍然统治着埃及。1124年，威尼斯和耶路撒冷的联军攻陷推罗。作为答谢，耶路撒冷国王决定让威尼斯人在耶路撒冷享受到更多的特权：一条属于威尼斯人的街道、一座教堂、一个面包店，以及免除各种税负的优待。[9]

约翰·科穆宁的做法使得十字军与威尼斯的联系越发紧密；在意识到此举于君士坦丁堡不利之后，约翰又打了退堂鼓。1126年，约翰宣布重新承认威尼斯在君士坦丁堡的特权。

此举暂时缓解了威尼斯和拜占庭之间的紧张局势。不过，威尼斯已经清楚地表明了自己的目的。十字军已经将在基督教十字架之下统一起来的信念打破，为的是在东部岛屿上建立自己的政治力量的机会；威尼斯人也打破了这一信念，为的是在同一土地上建立商业帝国的机会。

和平并没有持续多久。1136年，拜占庭和十字军国家之间的敌对行为再次触发战争。

这一次，挑起战火的是安条克君主，他依然是拜占庭皇帝的眼中钉。这时统治安条克的雷蒙一世（Raymond I）完全控制了自己的王国，他还想兼并王国北边的奇里乞亚-亚美尼亚（Cilician-Armenia）基督教王国。

他的实力不足以发动直接攻击，但雷蒙一世也是一个阴谋家。他假意邀请奇里乞亚的君主利奥一世（Leo I）到安条克做客，却将其关押了起来，声称他得拿亚美尼亚南部的国土来换取自由。利奥一世同意后得到了释放，但他马上便试图夺回失去的领土。

双方之间的混战引起了约翰·科穆宁的注意,他觉得自己的机会来了。约翰·科穆宁暂且把位于小亚细亚的宿敌突厥人苏丹放在一边,率军入侵正全力对抗安条克的奇里乞亚,兼并了其西部的国土。如此一来,利奥和雷蒙捐弃前嫌,一起对付他们共同的敌人。基督教十字军和东部的基督教皇帝之间开战了。

战争非常短暂。形势越来越明朗,拜占庭军队很快就能打败奇里乞亚,雷蒙一世再次改变立场,同意宣誓效忠约翰·科穆宁。这让本已遭受重创的奇里乞亚军陷入孤立无援的境地,困守在已经大大缩小的东部国土上。拜占庭军队没费多大力气便彻底吞并了这个国家,俘虏了利奥一世和他的家人,把他们投进了君士坦丁堡的监狱。[10]

约翰·科穆宁以胜利者的姿态进入安条克,雷蒙一世耀武扬威地骑马与其并行。约翰正式宣称成为安条克高一级的领主。一位宫廷诗人这样写道:"凡热爱基督之人,因上帝而朝圣之人,抑或是陌生人,欢呼雀跃吧,你们不必再畏惧有杀戮之手;热爱基督的皇帝已经把他们用锁链锁起来,也已砸碎了他们手中不义之剑。"[11]

可是实际上,那些行杀戮之事的人本身就是基督徒。而当约翰·科穆宁忙于对付十字军的时候,阿勒颇的突厥人已磨刀霍霍,准备征服这些信奉基督教的敌人。

时间线 7

教皇	英格兰	神圣罗马帝国	意太利	十字军国家	拜占庭	奇里乞亚-亚美尼亚
		亨利四世（1056—1105，1084 年加冕）				
			罗伯特·吉斯卡尔，阿普利亚和卡拉布里亚公爵（1059—1085）		君士坦丁十世（1059—1067）	
	征服者威廉（1066—1087）					
格列高利七世（1073—1085）					米海尔七世（1071—1078）	
	威廉二世（1087—1100）				阿历克塞·科穆宁（1081—1118）	
乌尔班二世（1088—1099）						
	坎特伯雷大主教安瑟伦（1093—1109）			第一次十字军东征（1095—1099）		
				安条克公国和埃德萨伯国建立（1098）		
				安条克的博希蒙德一世（1098—1111）		
帕斯夏二世（1099—1118）				耶路撒冷王国建立（1099）		
	亨利一世（1100—1135）					
		亨利五世（1105—1125，1111 年加冕）				
	《伦敦协定》（1107）			占领的黎波里（1109）		
				安条克的博希蒙德二世（1111—1130）		
				耶路撒冷的鲍德温二世（1118—1131）	约翰二世·科穆宁（1118—1143）	
卡利克斯特二世（1119—1124）						
		《沃尔姆斯协定》（1122）		占领推罗（1124）		
						利奥一世（1129—1137）

/ 08

无序时代

> 1120年至1139年，安茹伯爵于耶路撒冷称王，神圣罗马帝国的皇后与安茹伯爵结为夫妻，而此时的英格兰内乱频频，国之将倾。

神圣罗马帝国皇帝亨利五世，在他生命最后的5年里步步为营，终于成为当时世界上权力最盛的君主。

英格兰国王亨利一世的女儿玛蒂尔达8岁便与亨利五世订婚，1114年，在男方28岁，女方12岁的时候，两人于德意志美因茨举行了一场奢华的婚礼。[亨廷顿的亨利（Henry of Huntingdon）在其1129年的著作中说，她父亲为了支付其嫁妆，专门征收了一种特别税。]6年后，英格兰王室横遭劫难。英格兰储君，比玛蒂尔达小一岁的威廉，酒醉之后和朋友们乘船出海。在喝得醉醺醺的情况下掌舵，危险程度堪比当今的醉酒驾车；马姆斯伯里的威廉这样描写当时的情况："这些青年喝酒喝得晕乎乎的，头脑一热，趁着夜色就驾船驶离了海岸。船如飞箭一般在海上疾驶……结果，由于船员疏忽，船撞在了岸边不远处突出的一块石头上。"[1]

11月下旬在英吉利海峡落水很难获救，即便是靠近岸边也于事无补。船上的年轻人都被淹死了，大多数人连尸体都没找到。

17岁的威廉是亨利一世唯一享有正统继承权的儿子，玛蒂尔达则是他唯一的女儿。马姆斯伯里的威廉对亨利一世的描述充满了赞誉，说他"沉迷在女性的怀抱中……不是为了满足欲望，而只是出于对孩子的喜爱，在他看来，作为王子，如果没有履行自己传宗接代的职责，那么沉迷于欲望只会有损他的尊严"。这些无非是国家荣誉感驱使下的无稽之谈。与其他英格兰国王相比，亨利一世的私生子最多，而他的合法婚姻却没带来多少子嗣。威廉去世后，他很快再婚，想要再生一个儿子，可惜天不遂人愿。而亨利五世的妻子玛蒂尔达成为英格兰王室第一顺位继承人；因此，亨利五世除了要当德意志国王、意大利国王以及神圣罗马帝国皇帝，还即将成为英格兰国王。[2]

可是，亨利五世在还不到40岁的时候突然得了急症，很有可能是某种癌症。他死于1125年，当时马上就要满40岁了。在亨利五世去世之前，玛蒂尔达只产下过一个死婴，如此一来，也就没有孩子可以继承皇位；随着亨利五世去世，萨利安王朝就此覆灭。德意志的贵族选出了另外一名皇帝［最终他们推举萨克森公爵上位，也就是洛泰尔三世（Lothair Ⅲ）］，而玛蒂尔达则回到了母国英格兰。

而英格兰的亨利一世在感到得了无望之后，便努力为女儿争取英格兰的王位。在亨利五世去世3年之后，亨利一世为玛蒂尔达安排了一桩新的婚姻，让她嫁给15岁的"英俊的若弗鲁瓦"（Geoffrey the Handsome）；而对于此时26岁的玛蒂尔达，前方等待着她的将是不幸的命运。

这桩婚事是一次巧妙的政治安排，但对个人来说，则是一场灾难。

若弗鲁瓦是安茹伯爵的儿子，而安茹在西法兰克的政治格局中占据重要位置。西法兰克王国和德意志一样，是9世纪时查理曼帝国分裂出来的一部分。但两者还是有不同之处：德意志在"捕鸟者亨利"（Henry the Fowler）的领导下，于919年开始了建立民族认同感的征程，而西法兰克王国却仍旧是一个东拼西凑出来的王国。只有巴黎周边的一圈领土才被看作法兰西，剩下的西法兰克都由当地的贵族所统治，是通过宣誓效忠于卡佩王室的形式组成松散的共同体。*

安茹伯爵是法兰克的贵族之一，他表面上忠于法兰西王室，实际上却是自己领地上的国王，只是没有国王的名号罢了。他坐拥大片土地，一边在诺曼底与亨利一世的领土接壤，另一边与法兰西王室的领土接壤。他权力很大，这部分归功于他的曾祖父"黑色的富尔克"（Fulk the Black）。富尔克是一名好战的贵族，因为妻子通奸，他竟让妻子穿上婚纱，然后活活烧死了她；他还和自己的儿子展开了一场恶战，在打败儿子后，他强迫他系上缰绳，背上马鞍，让他在地上爬行以示羞辱；他还对周围的土地肆意抢掠。由于担心死后会因为自己的所作所为而下地狱，他在晚年去耶路撒冷朝圣，传言他在那里用自己的牙咬下了圣墓大教堂的一块石头，当作圣物带回了家。[3]

相比于先人，现在的安茹伯爵富尔克五世（Fulk V）更温和一些，但是野心不减。对于英格兰未来的王后玛蒂尔达来说，与安茹

---

* 卡佩王室于987—1328年在巴黎统治法兰西，由"捕鸟者亨利"的外孙休·卡佩建立。当时，卡佩王朝的统治者是路易六世，绰号为"胖子路易"（Louis the Fat, 1108—1137年在位）。

伯爵的小儿子的婚姻对她助益颇丰，从此她便有了法兰西最具实力的领主的支持。对安茹伯爵来说，这意味着他的孙辈以后能够进入英格兰王室。而且，英王还会对安茹伯爵给予保护。

富尔克五世急需这一保护他儿子的力量，因为他正计划离开自己的国家，接过另外一个王位。1120 年，在前往圣地朝圣的途中，他结识了耶路撒冷的国王鲍德温二世（Baldwin II）。鲍德温二世有四个女儿，但没有儿子。他想保证他的大女儿梅丽桑德（Melisande）能够继承耶路撒冷的宝座，而富尔克正好是一个鳏夫。因此，富尔克刚把若弗鲁瓦和玛蒂尔达的婚事安排好，就将安茹公爵的位置交给了儿子，而后便启程前往耶路撒冷。推罗的威廉写道："在他抵达耶路撒冷几天后，国王便把大女儿嫁给了他。"1131 年，鲍德温二世去世，富尔克和梅丽桑德成了耶路撒冷的国王和王后。[4]

可在此时，他的儿子和新婚的儿媳却发生争执，分手了。

若弗鲁瓦可谓一步登天，小小的年纪就成了伯爵；但是玛蒂尔达却从王后跌落成了伯爵夫人。玛蒂尔达的前夫曾是西方权力最大的男人，她在丈夫死后还统治过意大利；可现在她却被绑在了一名少年身边，更别说他在婚礼的一个星期前才封爵。仅仅一年以后，她便抛开小新郎，回到了英格兰。

夫妻俩争执的原因无从证实［但达勒姆的西米恩（Simeon of Durham）记载说，若弗鲁瓦"毫不客气地"将玛蒂尔达"休"了］，但最后，玛蒂尔达还是在父亲的劝说下回去了。后来夫妻俩应该也找到了共同生活的方法；1133 年，玛蒂尔达为年轻的丈夫生下了一个儿子，那时玛蒂尔达 31 岁，而若弗鲁瓦 20 岁，之后的 3 年里，玛蒂尔达又给他生了两个孩子。[5]

1135 年，亨利一世在他的诺曼底领地与边界另一边的女儿见面。英格兰编年史学家亨廷顿的亨利写道：亨利一世"推迟"了回英格兰的时间，"因为他和外孙玩得很开心"。有一天，他打猎回来，享用晚餐上的七鳃鳗鱼。亨廷顿写道："他特别喜欢吃这个，可其他人不这么觉得……这道菜引发了身体功能的突然紊乱，在这把年纪下，亨利一世的身体承受不了，彻底垮掉了。"他死在12月1日，享年67岁。[6]

不等玛蒂尔达渡过英吉利海峡，戴上属于她的王冠，英格兰的贵族出于对英格兰将由女王统治这一情景的抗拒，以及对她将带来的法兰西影响的抵触，将她的表兄斯蒂芬（Stephen），也就是征服者威廉的外孙推上了英格兰的王位。

刚一开始，并没有人反对斯蒂芬登上王位。但在登基4年之后，他慢慢变得不受欢迎了。他的土地被威尔士人侵占；威尔士人是罗马人、爱尔兰人和布立吞人的后裔，他们在9世纪建立了独立的王国，曾在10世纪尊奉英王，并在11世纪抵抗诺曼人入侵。他竭力对抗苏格兰人，这是一支北方的凯尔特人；苏格兰国王大卫一世（David I）曾经不情愿地向英格兰效忠，但是如今违背了誓言，向英格兰北部进军。斯蒂芬击退了苏格兰的入侵，战争十分惨烈（据亨廷顿的亨利记载，约有1.1万人死亡），他还抓住了两名位高权重的英格兰主教，没收了他们的土地，并与坎特伯雷大主教彻底决裂。他的统治演变成了一场灾难。[7]

1139年，斯蒂芬登基4年之后，玛蒂尔达率领来自安茹和诺曼底的军队入侵英格兰。玛蒂尔达和斯蒂芬的这场战争留下了一片焦土；他们二人谁也没能控制这个国家，反倒是英格兰的贵族们抓住时机扩充了自己的势力。据《盎格鲁-撒克逊编年史》记载：

地图 8-1　混乱时期的英格兰和法兰西

每一个有权势的人都建造并坚守自己的城堡，不分白天黑夜，不管是男是女，只要是他们觉得有钱的人，就会被他们抓进城堡，投进监狱，通过拷打迫使其交出金银……可怜的人们有的饥饿而死，还有一些曾经有钱有势的只能靠救济维生，还有的人想方设法逃离英格兰……土地颗粒无收，因为无人耕种。[8]

这是无序时代（The Anarchy）的开端，随后15年的内战让无数城镇衰败，成千上万人丧生，英格兰乡间民不聊生，人人都无比绝望。《盎格鲁-撒克逊编年史》中这样写道："人们公开宣称，基督和他的圣徒都睡着了。"

时间线 8

教皇	苏格兰	英格兰	神圣罗马帝国	意太利	西法兰克	十字军国家	拜占庭	奇里乞亚-亚美尼亚
			亨利四世 （1056—1105， 1084 年加冕）					
				罗伯特·吉斯卡尔，阿普利亚和卡拉布里亚公爵 （1059—1085）			君士坦丁十世 （1059—1067）	
		征服者威廉 （1066—1087）			腓力一世 （1060—1108）			
格列高利七世 （1073—1085）							米海尔七世 （1071—1078）	
							阿历克塞·科穆宁 （1081—1118）	
		威廉二世 （1087—1100）						
乌尔班二世 （1088—1099）								
		坎特伯雷大主教 安瑟伦 （1093—1109）				第一次 十字军东征 （1095—1099）		
						安条克公国和 埃德萨伯国 建立（1098）		
帕斯夏二世 （1099—1118）						安条克的 博希蒙德一世 （1098—1111）		
		亨利一世 （1100—1135）				耶路撒冷王国 建立（1099）		
			亨利五世 （1105—1125， 1111 年加冕）					
		《伦敦协定》 （1107）			路易六世 （1108—1137）			
					富尔克五世，安茹伯爵 （1109—1129）	占领的 黎波里 （1109）		
						安条克的 博希蒙德二世 （1111—1130）		

08 无序时代

时间线 8（续表）								
教皇	苏格兰	英格兰	神圣罗马帝国	意太利	西法兰克	十字军国家	拜占庭	奇里乞亚-亚美尼亚
						耶路撒冷的**鲍德温二世**（1118—1131）		
卡利克斯特二世（1119—1124）							**约翰二世·科穆宁**（1118—1143）	
	大卫一世（1124—1153）	《沃尔姆斯协定》（1122）				占领推罗（1124）		
			洛泰尔三世（1125—1137,1133年加冕）					
						耶路撒冷的富尔克（1131—1143）		利奥一世（1129—1137）
						耶路撒冷的**梅丽桑德**（1131—1153）		
		斯蒂芬（1135—1154）						
		无序时代（1139—1154）						

/ 09

丢失的家园

> 1127年至1150年,金人入侵,宋室南渡;大越上承天命,而高棉国王建造了世界上最大的寺庙。

1127年,女真大举入侵,诗人李清照和她的丈夫不得不抛家舍业,逃往他乡。他们带着满满十余车的古籍善本和古青铜器南下,这是他们穷毕生精力和财力所收藏的书籍和艺术品。不等他们到达南方城市江宁(今称南京),女真军队已将他们的家园夷为平地。从960年开始,黄河流域就一直由宋朝统治,如今宋朝被赶出都城开封;宋徽宗和宋钦宗被金军俘虏,监禁至死;宋朝对中原的统治从此中断。[1]

李清照哀伤地写道:"永夜恹恹欢意少。空梦长安,认取长安道。为报今年春色好。花光月影宜相照。随意杯盘虽草草。酒美梅酸,恰称人怀抱。醉里插花花莫笑。可怜春似人将老。"*但是她再也未能

---

* 李清照:《蝶恋花·上巳召亲族》。——译者注

09 丢失的家园

踏上"长安道",开封永远不能归返了。[2]

对于宋朝来说,失败既出乎意料,也令人感到耻辱。宋朝自诩中国的正统传承者,乃是承天命而统治中国。* 另一方面,入侵的女真人在不到一代人之前还是纯粹的游牧民族。仅仅12年前,他们才开始拥有自己的国家,当时聪明过人、野心勃勃的完颜部领袖阿骨打采用一个汉字作为自己国家的名字(金),计划征服南方的富饶帝国。

对于宋朝人来说,女真人仍只是蛮族。"万里腥膻如许。"诗人陈亮在诗词中抱怨道。** 他也因女真入侵而被迫南迁。但是,尽管宋朝对北方蛮族不屑一顾,女真人仍连续不断地进攻。宋钦宗的弟弟赵构躲过金军追杀,逃往南方,在南京应天府(今称商丘)继承大宋皇位,后迁都临安。不过即使在那里他也经常受到女真入侵的威胁。女真骑兵南下越来越远,经常进入中原地带烧杀抢掠。1129年,扬州沦陷;1130年,女真横渡长江,攻陷长江南岸城市明州(今称宁波)。[3]

开封沦陷时,宋高宗刚满20岁,他登基后一直在到处逃亡。出于绝望,他派使臣到女真人那边谈判,提出如果女真人停止侵袭,宋可以作为金的附庸国,向金国纳贡,要求金"见哀而赦己"。他写道:"以守则无人,以奔则无地。"[4]

但女真人不想要附庸国。宋朝对女真人的蔑视并不是完全没有道理;女真人的马上将军都是没有治国经验之人,也不具备管理所征服国家的制度。他们只是想要征服中原,而不打算管理被占领的土地。

---

* 参见第4册,第40章。
** 陈亮:《水调歌头·送章德茂大卿使虏》。——译者注

女真人拒绝了宋高宗的请求，战争仍在继续。然而这拯救了宋朝。随着战争的拖延，女真士兵不得不对抗南方酷热的天气。南方河渠纵横，减缓了他们前进的步伐。他们没有水战经验，但现在却面临着长江天堑。由于一路掠夺和抢劫，女真士兵变得懒散骄纵，他们不愿意再继续这艰难而遥远的征程。而南宋政权在逐渐稳定之后，组建了一支日益强大的水军。[5]

和之前的朝代一样，宋朝总是通过水军来补充陆军力量的不足。他们建造了越来越多的船只在长江上游弋。一名宋朝官员指出，长江是抵御蛮族的新的长城。1132年，皇帝批准建立一个新的政府机构——沿海制置司，负责管理舰队。至此，南宋成了世界上第一个建立常备海军的国家。[6]

海军让南宋抗金拥有了一点优势。10年来，双方力量此起彼伏，谁都没能取得太大的进展。慢慢地，南宋朝廷开始接受现状：至少就目前而言，北方已经失去了。1141年，宋金达成和议。14年的战争让宋高宗别无选择。他再也没有能力负担耗费无尽的北上征伐；南方的耕地还未开垦，农民都应征入伍；南宋面临着另一条通向贫困和饥荒之路。

《绍兴和议》对南宋是一个耻辱。它称金国为"上国"，而宋朝是一个"藩方"，宋向金称臣，宋高宗被迫接受了作为金国附庸国的地位，每年向金纳贡。但是，和议让双方的战争停止了20年。尽管南宋的领土比北宋已大大缩小，不过它慢慢地开始复兴了。[7]

在黄河以南很远的中南半岛，有一群在大国阴影下建立的小王国。

中国人曾将长江中下游及以南地区各民族统称为"百越"。宋以前的一千年,中国已经开始统治其中最靠北的一些民族。汉朝军队进入后,北部湾周围的土地变成了交趾,是汉朝官员统治下的一个郡,到唐朝时称为安南。[8]

但在10世纪,安南脱离了中国的控制独立建国。经历了早期的战乱后,李朝取得了统治权,后定国号为"大越"(Dai Viet)。

和宋朝的领土争端问题仍然困扰着大越北部的州府。1076年,其中的一个小争端升级为全面战争,招致宋军征讨。在富良江江口,宋军被将军李常杰击退。李常杰曾赋诗《南国山河》:

南国山河南帝居,
截然定分在天书。
如何逆虏来侵犯?
汝等行看取败虚。[9]

这首诗用中文写成,如今它被视为越南的第一个独立宣言而被人们铭记。

中国统治越南达1000年之久,这使得越南在各方面都受到中国文化的影响,宋朝的软弱和越南的独立都无法改变这一现状。1078年,李朝向宋朝遣使议和,双方商定了一条分界线,该分界线位于越南都城升龙城(今称河内)以北,至今仍是中越两国的分界。但是这条边界仍然没有阻止越南继续受到宋朝的影响。李朝国王像中国皇帝一样,建造佛塔并且资助佛教寺院。汉语仍然是越南朝廷的官方语言;想要成为政府官员,越南人也得参加科举考试,考试的内容基于孔子的教诲。在宋朝被金所迫,逃离古代中国文明的摇篮中原时，越南的李朝也开始推崇天命论。他们称自己的君王为"南帝"，上承天命，凭借自己和南部的力量统治"南部王国"；宋朝皇帝的天命止于升龙以北，而上天的力量保护了两国的边界。[10]

宋朝的国都在开封，而且还要不断对付来犯的辽军和金军，所以难以对大越用兵。在未来的两个世纪，对于大越军队来说，最大的威胁将来自其南部。

在大越以南，还有两个王国——高棉和占婆，这两个王国更多受到经过孟加拉湾与印度贸易的影响。高棉国王苏耶跋摩二世（Suryavarman II）于1113年击败对手登上王位。他一登基就发动了战争。

首先，他将矛头对准国内。在上一任国王统治期间，高棉已经开始处于混乱和分裂的状态；苏耶跋摩二世发动了一系列的内部战争，平定叛乱，统一了国家。然后，他把目光转向了国外。一本当时的编年史中写道："他看到了自己渴望征服的国家的国王……他孤身一人去了敌国。"征服世界是他的责任。同前任国王一样，苏耶跋摩二世也信奉印度神王（Devaraja）；作为高棉国王，他就是神的化身，与神同在。他是转轮圣王（Chakravartin），世界之王。[11]

他的第一个目标是沿海的占婆王国（Champa），该国紧靠着高棉王国的东部。他对占婆的一系列侵袭令使用梵文的占族人惊慌失措；很多人北上逃到大越，这里给了他们避难之所。1128年，苏耶跋摩二世以此为借口，对大越发起了攻势。他派遣了2万人的大军，却遭到惨败。[12]

即便如此，他还是毫不收敛，经常派军队侵袭周边国家，既从陆上也从海上。但是对大越的进攻一直没有大的进展。此时在升龙，一位新的国王刚刚继承王位。他便是李神宗，虽然即位时只有11岁，但却有大将辅佐。高棉军队一次又一次被击败。

占婆就没有那么幸运了。大越军队曾经为了对抗宋朝军队而团结起来,因而作战有方;但是占婆王国却没有这种经历。名义上,该国由国王统治,都城在毗阇耶(Vijaya),但实际上,它是由一些地方统治者组成的不稳定的联盟。每个统治者的地盘都被自西向东的河流分隔开。他们虽然可能会共同对抗高棉的欺凌,但也可能相互对抗。[13]

占婆国王阇耶因陀罗跋摩三世(Jaya Indravarman III)既没有军队也没有足够的资源来抵抗苏耶跋摩二世。1132 年,在万般无奈之下,他同意和苏耶跋摩二世联合起来,共同对抗大越。但是占婆-高棉联军也被大越军队打败了。[14]

根据史书记载,占婆国王阇耶因陀罗跋摩三世性情懦弱、缺乏计谋。经此失败,他认为自己选错了盟友,于是转而向大越求和。这下子高棉便成了孤军奋战。面对敌军,据说大越将领杜英武(Do Anh Vu)非常不屑,说道:"天子大军乃是来平息叛乱,尔等不配做我的对手。"他又一次重创了高棉军队。[15]

要是换成比苏耶跋摩二世野心和毅力弱一些的人,可能早就放弃征战了。苏耶跋摩二世没有放弃,他再次将目标转向占婆王国。1145 年,高棉军队洗劫了美山圣地的寺庙;无能的阇耶因陀罗跋摩三世从此在历史记载中消失,再也没有被提到过。苏耶跋摩二世将占婆北部地区并入自己的领土,并任命他的妹夫管理该地区。[16]

不过,这是他最后一次大胜。1150 年,对大越的入侵又一次失败了,这一次失利是因为翻越通往升龙的山脉时,高棉军队患上了热病,几乎全军覆没。到 1150 年底,史书中也没有了对苏耶跋摩二世的相关记载,他的真正结局无人知晓。多年的战争使他的国家一贫如洗，只留下了成千上万的尸体以及亚洲最壮观的坟墓。

高棉首都吴哥（Angkor）是9世纪初由苏耶跋摩二世伟大的先王阇耶跋摩二世（Jayavarman II）建成的，经过3个多世纪，吴哥已经发展成为一个巨大而成熟的都市。吴哥建于低洼的沼泽地带，四周没有城墙，占地面积约320平方千米，它比12世纪的任何城市都大，是现代曼哈顿的5倍大。吴哥的人口达到了100万，饮用水来自巨大的运河和水库体系。最大的水库是人工湖西池（Western Baray），在11世纪已经修建完成，它有8千米长，2千米宽，蓄水量7000万立方米，足以为整个佛罗里达州提供长达一周的饮水量。[17]

在他发动的战争期间，苏耶跋摩二世还监督了寺庙吴哥窟（Angkor Wat）的修建。这座小城约1千米见方，仅仅比中世纪的整个伦敦城小一点。他计划让吴哥窟作为他最后的安息之地。吴哥窟四周有护城河和城墙围绕，寺庙之中有许多同心广场和耸立的高塔。这是一座人工建造的石山，以神秘的须弥山为蓝本，而须弥山是传说中印度众神居住的世界中心。上千幅浅浮雕展现了战争场面、宫廷生活、宗教仪式和印度史诗的场景，以及极乐世界中正直人士的来生，反叛者被粉碎的场景，还有很多苏耶跋摩二世自己的形象。吴哥窟是敬献给毗湿奴的，这个神就住在这里。苏耶跋摩二世曾经是尘世的神；现在这座神庙将会变成他的坟墓，这样他就可以永世住在这里。[18]

建筑吴哥窟耗费了难以想象的金钱和人力。它的设计和建造都非常严谨：在年初时，阳光会落到世界诞生的场景上，而接近年底时，它会照亮世界末日的场景。人们对未来日食和月食的观测点也进行了计算并且建在了寺庙中。修建寺庙用的石头超过200万

图 9-1　柬埔寨吴哥窟的主塔
图片来源：Kevin R. Morris/Corbis

块，有的甚至重达 8 吨，这些石头都是从 30 多千米之外的采石场运来的。然而，整个寺庙只用了不到 35 年便建成；相比之下，巴黎圣母院有 128 米长，69 米高，却耗时一个多世纪。[19]

此时的高棉，可以自豪地夸耀自己拥有世界上最辉煌的寺庙建筑群。但是连续不断的战争和建造奢华的建筑，耗尽了这个国家的财富。苏耶跋摩二世的继承者放弃了在占婆占领的土地并撤兵，退回到之前的分界线以内；这个王国的崛起迅速而辉煌，但它几乎随即就走向了终点。

图 9-2 吴哥窟浅浮雕

图片来源：John R. Jones；Papilio/Corbis

09 丢失的家园

时间线 9

教皇	英格兰	神圣罗马帝国	西法兰克	十字军国家	宋	金（女真）	大越	占婆	高棉
							富良江战役（1076）		
					李清照（1084—约1151）				
				安条克的**博希蒙德一世**（1098—1111）					
帕斯夏二世（1099—1118）				耶路撒冷王国建立（1099）					
	亨利一世（1100—1135）								
		亨利五世（1105—1125，1111年加冕）							
	《伦敦协定》（1107）		富尔克五世，安茹伯爵（1109—1129）						
				占领的黎波里（1109）	徽宗（1100—1126）				
				安条克的**博希蒙德二世**（1111—1130）				苏耶跋摩二世（1113—约1150）	
				耶路撒冷的**鲍德温二世**（1118—1131）		太祖阿骨打（1115—1123）			
卡利克斯特二世（1119—1124）									
	《沃尔姆斯协定》（1122）			占领推罗（1124）	钦宗（1126—1127）南宋开始	太宗（1123—1135）			
洪诺留二世（1124—1130）		**洛泰尔三世**（1125—1137，1133年加冕）			高宗（1127—1162）宋朝建立海军		李神宗（1127—1138）		
英诺森二世（1130—1143）				耶路撒冷的**富尔克**（1131—1143）				阇耶因陀罗跋摩三世（1129—1145）	
				耶路撒冷的**梅丽桑德**（1131—1153）					
	斯蒂芬（1135—1154）无序时代（1139—1154）				《绍兴和议》（1141）				
									吴哥窟修建的高峰

/ 10

十字军复兴

> 1128年至1149年，穆斯林为抵御外敌入侵而团结一致，作为回应，基督徒宣称将进行一次毁灭性的十字军东征。

在吴哥窟遥远的西方，突厥人的阿勒颇总督正在努力寻找自己的"吉哈德"（jihad，圣战）之路。

1127年，43岁的赞吉（Zengi）继承了阿勒颇的统治。按照穆斯林史学家伊马德丁·伊斯法哈尼（'Imad al-Din al-Isfahani）的说法，他雄心勃勃、精力充沛，但是残暴好斗；还有一部伊斯兰史料中记载，赞吉脾气暴躁，即使自己的士兵犯了小错，如踩到了道路两旁的庄稼，他也会把犯错误的人钉在十字架上；基督教编年史家推罗的威廉说他是"一条永远闲不住的蠕虫，因为成功而变得极其傲慢"。[1]

从理论上讲，赞吉王朝是其他突厥王国的盟友。突厥王国在半个世纪前由伟大的征服者马利克沙建立。他去世后，这个国家几乎立即就分裂了。到了12世纪中叶，突厥王国分别由巴格达、克尔曼、叙利亚、呼罗珊和鲁姆的苏丹统治。接下来，另一个突厥苏丹国达尼什曼德苏丹国（Danishmends）也从鲁姆独立出来。独立的总督，或称阿塔贝格（atabeg），管理着大马士革和阿勒颇。

最显赫的突厥家族的长老是马利克沙的直系后代，他保留了"大塞尔柱"（Great Seljuk）苏丹的称号，并宣称统治全体突厥部族。但是这种权力只是假象，其他突厥统治者的忠诚不过是嘴上说说而已。第一次十字军东征结束后，大马士革和阿勒颇的穆斯林士兵可能会和十字军国家并肩作战，共同抵抗其他的苏丹，也有可能联合起来反抗基督徒。[2]

赞吉打算扩大自己的权势。起初，他并不打算忠诚于穆斯林同胞。1130年，他开始侵袭突厥人管辖的大马士革的边远地区；1137年，他对大马士革发动了全面围攻。

大马士革军队虽受到重创，仍奋力抵御敌军入侵。赞吉被迫撤军重新制订策略。然后，1138年10月，一场地震发生了，震中就在阿勒颇，城市遭到严重破坏。十字军城堡哈里姆（Harim）的城墙裂开；穆斯林堡垒阿萨莱伯（Athareb）坍塌，里面的人无一幸免；阿勒颇的堡垒和城墙也发生了坍塌。房屋倒塌，落石如雨，惊慌失措的人们拥向大街，地面也出现了裂痕。伊本·艾西尔（Ibn al-Athir）记录说余震持续了两周之久，也许多达80余次。根据当时史家估计，死亡人数惊人，共计约23万人。[3]

阿勒颇位于断层地带，经常发生地震；事实上，整个阿拉伯地区都处在地震活跃地区。据说穆罕默德诞生的时候就发生过一次大地震，震撼了整个世界，《古兰经》第99章提到人要忠于真主给他们安排的位置：

> 当大地猛烈地震动，抛出其重担……在那日，人们将纷纷地离散，以便他们得见自己行为的报应……[4]

对于经历过地震的穆斯林来说，地震并非偶然的地质事件；震动是一种信号，一种判断，抑或一种预示。

阿勒颇地震发生后，圣战的言论便开始在赞吉周围传播开来，将他的雄心壮志转化成一种信仰。伊本·艾西尔写道："真主没有看到任何……（比赞吉）更有指挥能力的人……目的更明确或者更敏锐的人……无信仰者的士气被削弱，他们意识到一些始料未及的事情在他们的领土上发生了。"[5]

赞吉重新开始了战斗，这一次他将矛头对准了基督徒。到1144年，他有了足够的实力围攻十字军城市埃德萨。没有基督教军队来援助埃德萨。一年前，耶路撒冷国王（富尔克，前安茹伯爵）从马上跌落而亡，耶路撒冷由一个毫无影响力的孩子掌管。拜占庭皇帝约翰·科穆宁在狩猎时受伤，因医治无效去世。曼努埃尔一世（Manuel I）是他的儿子和继承人，但是由于拜占庭皇权易主，各方势力蠢蠢欲动，故而他忙于镇压反叛者。安条克的君主雷蒙（他本是一个法兰克贵族，21岁的时候娶了博希蒙德二世8岁的女儿，由此获得了安条克君主的头衔）拒绝帮助十字军兄弟，仅仅是因为他和埃德萨君主有着深仇大恨。[6]

在短短四个星期内，埃德萨沦陷。入侵者"遇人便杀"，不论男女老幼，格杀勿论；很多好不容易逃走的人，在逃往避难城堡的途中也被挤压踩踏致死。[7]

随着埃德萨的陷落，"吉哈德"的宣传——为保卫伊斯兰而进行抵抗，再一次甚嚣尘上。现在赞吉第一次有了王家头衔，由一长

地图 10-1　阿勒颇和十字军诸国

串荣誉称号组成：伊斯兰世界的珠宝、信徒的帮助者、神助的国王。"明天他就会进军耶路撒冷！"诗人伊本·穆尼尔（Ibn Munir）写道，他道出了信徒的希望。[8]

在西方，埃德萨陷落的消息引发了新一轮十字军的组建。

组建新十字军的号召是教皇尤金三世（Eugene III）发起的，1145 年，他发布了《十字军教令》（Quantum praedecessores），目的是重新赢得往日的辉煌。"我们的前辈罗马教皇为东方教会的解放付出了巨大努力！"它再次做出并一再重申第一次十字军东征时的承诺。那些参加东征、去夺回埃德萨的十字军战士的罪孽将会被赦免，其世俗的债务将会被免除，他们还会获得永恒的荣光。[9]

此时，第一次东征已经成了传奇。正如历史学家托马斯·马登（Thomas Madden）所言："整整一代欧洲人出生、成长于第一次东征期间，他们聆听着这段伟大的史诗故事长大……几乎每一个基督教骑士都……渴望有机会模仿他们的事迹。"最终，模仿成为可能；受基督教英雄主义熏陶而长大的骑士们，终于可以摆脱过去40年的争吵和各种政治手腕，加入他们的英雄当中去。[10]

尤金三世由于离不开罗马（此时正处于混乱与骚动之中，而这对罗马来说几乎已是常态），把给东征的十字军布道的任务交给了贝尔纳，他是克莱尔沃修道院的院长，高级教士。当时的历史学家弗赖辛的奥托（Otto of Freising）说："他的经历和性格都值得尊敬，在其教团中地位显赫，睿智而博学，有很多传奇。"贝尔纳是法兰克人，他在整个西法兰克王国周游，招募骑士。[11]

他甚至还让法国国王加入了东征队伍。卡佩王朝的路易七世（Louis VII）于16岁时在巴黎继承了王位。在1146年他只有25岁，但是他的良心深深感到不安。4年前，为了对抗叛乱的香槟伯爵，路易攻打了维特里镇（Vitry）。乡民逃亡到维特里的木构教堂，路易的军官未等国王下令，就火烧了教堂。里面避难的人都死了，包括成百上千名手无寸铁的男子、妇女和儿童。那时路易刚刚20岁出头，他无助地站在那里，听着里面人发出惨叫。现在，他欢迎这种能为自己犯下的错误忏悔的机会。[12]

1146年3月，他宣布加入十字军东征，而他的妻子埃莉诺（Eleanor，强大的阿基坦公爵的女儿）也会陪他去圣地。埃莉诺嫁给

地图 10-2　路易七世的王国

路易的时候只有 15 岁，现在 24 岁了。尽管结婚已经 9 年，她才怀孕两次，而唯一活下来的孩子是个女儿；也许她希望朝圣会让她得到上帝的庇佑，可能上帝还会赐给她一个男孩以继承西法兰克王位。[13]

其实，她不能怀孕可能得归咎于其他因素。路易七世之前曾为成为神父而非国王受过专门的教育。他哥哥的去世，使他意外地离开修道院继承了王位，但是他早期受到的教育给他留下了深刻的印象。教堂里是没有女性的；路易被教导说，性行为会使人失去判断力，而且会扭曲对上帝的看法。即使是跟合法配偶进行过于热烈的性行为也被认为是有罪的。神学家警告说，过度纵情于婚姻的快乐生活中会"减弱男性的推理能力"。[14]

在 12 世纪的西法兰克教会中，处女处于道德等级的最上层。而且，由于路易七世是意外被拉回到俗世的，他似乎很不情愿去履行婚姻义务，生儿育女。这种态度将很快对好几个国家产生影响。

1147年，当路易七世和埃莉诺到达君士坦丁堡时，赞吉已经死了。他于1146年9月的一天在熟睡时被他的一个奴隶刺死。赞吉的儿子努尔丁（Nur al-Din）接过了父亲的权力，埃德萨也仍在穆斯林手中。

第二次十字军东征尚未靠近目的地便已惨遭重创。路易的盟友，德意志国王康拉德三世（Conrad III，洛泰尔三世的继承人，但未经教皇加冕），抢先他一步来到东方。康拉德没有等待与法国军队会合，就自行进攻安条克，结果在多里莱乌姆（Dorylaeum）被一支突厥军队彻底消灭了。"包括7万名锁甲骑士和不计其数的步兵，"推罗的威廉说，"只有1/10的人逃脱。"幸存者撤退到尼西亚（Nicaea），等待法国人到来，康拉德三世本人也身受重伤，当路易七世抵达会合点时，康拉德仍无法投入战斗。[15]

受伤的德意志国王回到君士坦丁堡疗伤；而路易七世统率西法兰克和德意志联军沿海继续前进，慢慢靠近埃德萨。可是他的运气更差。1148年1月，经过两个月的艰苦行军后，西法兰克十字军战线拉得很长，首尾难顾。他们在行军穿过劳迪西亚（Laodicea）附近的卡德摩斯山（Mount Cadmus）的时候遭到突厥军队的突袭。路易七世独自逃出，他是抓着树根爬出的峡谷。但他手下的人则全军覆没。推罗的威廉写道："我们的军队只剩下极少的士兵……那一天，法兰西名誉扫地……军队的士气也丧失殆尽。"[16]

幸存者跟跟跄跄地用了很长时间才返回安条克避难，该地区由埃莉诺的叔叔普瓦捷的雷蒙（Raymond of Poitiers）统治。他们人手太少，根本就无法围攻埃德萨。然而，忍辱回国是不可想象的，尤其对于路易七世来说，因为最终他将承担所有失败的责任。于是乎，雷蒙建议对附近的阿勒颇发动攻击，因为这个地方更小，防御工事

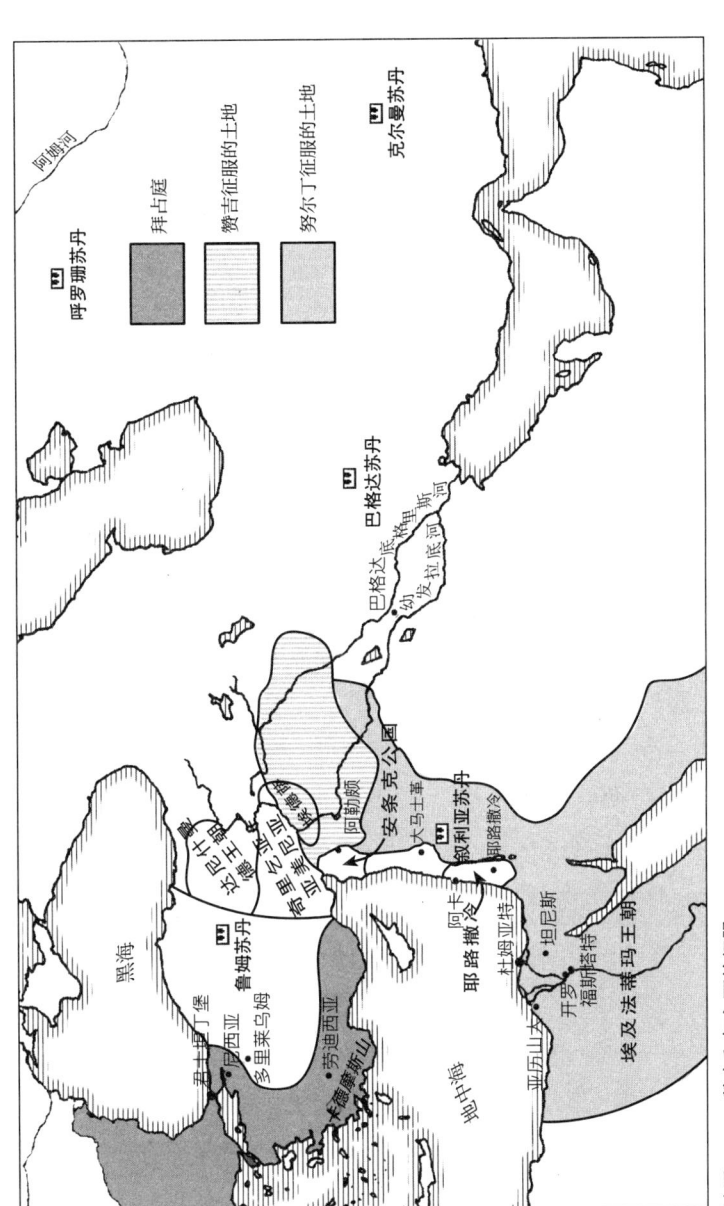

地图 10-3　赞吉和努尔丁的征服

更差,但恰好是努尔丁的总部。路易七世对这一建议嗤之以鼻。他想前往耶路撒冷朝圣,这样,至少可以减轻他进军东部失利的罪责。

雷蒙采取了一个至关重要的策略:他决定说服年轻的侄女,让她劝丈夫按照他自己的计划行事。埃莉诺很快被说服,并立即为了雷蒙的利益去劝说路易。

不管这是出于她政治上的敏锐精干,还是因为更复杂的事情,我们都不得而知。当然,安条克的大部分十字军都认为是雷蒙诱骗了他的侄女;他当时只有30多岁,并且(根据推罗的威廉的描述)"非常高大帅气……相貌远远超过世界上所有的国王和王子……他是一个迷人而优雅的君主"。威廉哀伤地补充道,"可惜,他运气不佳",后面的事会证明这一判断。[17]

虽然受到妻子和收留他的东道主的压力,路易七世固执地不愿意去考虑攻击阿勒颇的计划。最后,埃莉诺宣布,如果路易拒绝实施雷蒙的计划,她会让教皇尤金三世解除他们的婚姻;毕竟,她和路易是第三代的表亲(如果看一下族谱,你会发现大多数欧洲王室之间几乎都有堂表亲关系)。毫无疑问,这种威胁对于处理阿勒颇这件事情来说毫无用处,但是却凸显出作为丈夫的路易的无能。据传言,埃莉诺曾抱怨说,她以为她嫁给了一个国王,没承想却嫁给了一个修士。

一怒之下,路易七世用武力强行将他的妻子从安条克带到了耶路撒冷。他在那里完成了朝圣之旅;而她也别无选择,只得陪同丈夫到了圣地。随后,他带妻子来到阿卡(Acre)。此时康拉德三世的伤势也已痊愈,带着增援部队到达,于是在这里召开了十字军首领和战士的大会,确定下一步的行动。(引人注目的是,安条克的雷蒙没有到场。)[18]

经过长时间的讨论后，十字军决定攻打大马士革，该地区由努尔丁的岳父管辖。围城之战于1148年7月24日开始，仅用了不到5天的时间就结束了。努尔丁派兵支援该城，十字军很清楚对手的人数远远超过己方，所以匆忙撤军。在回去的路上，康拉德三世特意经过君士坦丁堡，以巩固与拜占庭皇帝曼努埃尔·科穆宁的友谊；其他的十字军战士都四散回去了。

但是，尽管远在巴黎的官员们请求他速速返回，路易七世还是在耶路撒冷一直待到1149年的复活节才返回。他不愿把妻子带回家，因为到了法国，她有可能真的解除他们的婚姻。最终，由于囊中羞涩，而且回去是早晚的事，再也无法拖延，他和埃莉诺上路了，不过是分别乘坐不同的船只。

最后一批十字军一走，努尔丁就入侵了安条克。雷蒙带兵去驱逐他们。在随后的战斗中，一直不走运的雷蒙战死。据推罗的威廉记载，努尔丁下令将雷蒙的头颅砍下，作为战利品送到巴格达；据传言，他的首级是用一个银箱子装的。[19]

第二次十字军东征就这样难堪地结束了。克莱尔沃的贝尔纳曾热情洋溢地布道说，上帝是眷顾十字军的，此时他开始责备他们缺乏圣洁心和信念。他后来写道："主啊，我们犯下的罪惹怒了您……他既不宽恕他的子民也不宽恕自己……他们不论什么时候出发，都不断地掉转头，这样他们又怎能前进？"但无论失败的原因是什么，结局都是灾难性的；推罗的威廉遗憾地写道："此后，只有极少的人，还有那些精神上缺乏热情的人，还会进行这种朝圣。"进行东征的冲动，在历经磨难之后，最后终于遭到了致命的打击。[20]

时间线 10

宋	金（女真）	大越	高棉	占婆	拜占庭	教皇	突厥王国	神圣罗马帝国	西法兰克	十字军国家
							马利克沙 （1072—1092）			
		富良江战役 （1076）								
李清照 （1084—约1151）					阿历克塞·科穆宁 （1081—1118）					
										安条克的 博希蒙德一世 （1098—1111）
						帕斯夏二世 （1099—1118）				耶路撒冷 王国建立 （1099）
								亨利五世 （1105—1125， 1111年加冕）		
徽宗 （1100—1126）								富尔克五世， 安茹伯爵 （1109—1129）		
										占领的黎波里（1109）
			苏耶跋摩二世 （1113—约1150）							安条克的 博希蒙德二世 （1111—1130）
	太祖阿骨打 （1115—1123）				约翰二世·科穆宁 （1118—1143）					耶路撒冷的 鲍德温二世 （1118—1131）
					卡利克斯特二世 （1119—1124）					
	太宗 （1123—1135）							《沃尔姆斯协定》 （1122）		占领推罗 （1124）
南宋开始 高宗 （1127—1162）						洪诺留二世 （1124—1130）		洛泰尔三世 （1125—1137， 1133年加冕）		
		李神宗 （1127—1138）						赞吉 （1127—1146）		
宋朝建立海军										
			阇耶因陀罗跋摩三世 （1129—1145）							耶路撒冷的 富尔克 （1131—1143）

时间线 10（续表）

宋	金（女真）	大越	高棉	占婆	拜占庭	教皇	突厥王国	神圣罗马帝国	西法兰克	十字军国家
						英诺森二世（1130—1143）				耶路撒冷的**梅丽桑德**（1131—1153）
	熙宗（1135—1150）									安条克的**雷蒙**（1136—1149）
							阿勒颇地震（1138）		路易七世（1137—1180）	
								康拉德三世（1138—1152，未加冕）		
《绍兴和议》（1141）			吴哥窟修建的高峰		**曼努埃尔一世·科穆宁**（1143—1180）		埃德萨陷落（1144）			耶路撒冷的**鲍德温三世**（1143—1163）
					尤金三世（1145—1153）					
						苏丹努尔丁（1146—1174）				第二次十字军东征（1147—1149）

/ 11

收复失地运动和再发现

> 1134年至1146年,基督教国王、穆拉比特勇士和穆瓦希德的哈里发在伊比利亚半岛激烈交战;同时期,越来越多的阿拉伯书籍传到西方。

1134年,阿拉贡-纳瓦拉国王阿方索一世〔Alfonso I,人称"斗士阿方索"(Alfonso the Battler)〕驰骋沙场一生,最终战死。

他与享有女王桂冠的妻子乌拉卡(Urraca)一起将西班牙4个基督教王国——阿拉贡(Aragon)、纳瓦拉(Navarre)、莱昂(León)和卡斯提尔(Castile)联合在一顶王冠下。但他从来没能控制伊比利亚半岛南部地区。400年以来,该地区一直由穆斯林王朝统治。

约50年前,一个被称作穆拉比特的北非王朝渡过直布罗陀海峡到达伊比利亚半岛。仅仅不到3年,它就统治了伊比利亚半岛南部。北方的基督教王国奋力抵抗入侵者,于是半岛的中心就成了各方的必争之地。1118年,在图卢兹召开的宗教会议认定这一战争也是十字军运动的一部分,这让抵抗者士气大增。如此一来,拥有私人武装的西方的贵族就无须向遥远的东方进军,而是可以选择路程较短的西方，也能赢得同样的精神上的回报。军事修会——佩剑的僧侣——也参加了这一征讨。*

但战场非常广阔，敌人也意志坚定。在东方，十字军东征的时间是以年来计的。但是西班牙的十字军运动，即收复失地运动（the Reconquista），却延续了几个世纪。

到1134年，西班牙的穆拉比特的势力减弱了。穆拉比特的统治者阿里·伊本·优素福（Ali ibn Yusuf）从北非地区进行统治，相比跨地中海地区而言，他更看重非洲。与此同时，基督教的力量已经壮大。阿方索一世由于不断击退穆拉比特人，赢得了"斗士阿方索"的称号。由于阿方索一世的努力，西班牙不再仅仅是一个政治王国，它已经成为基督教对抗"邪恶势力"的圣地。所以他去世后，将王国留给了圣殿骑士团、医院骑士团和圣墓骑士团：这是为了培养圣战士的三个骑士团。

可是他的臣民没有理会他这个奇怪的遗嘱。这4个王国很快分裂了：莱昂和卡斯提尔由他的继子阿方索七世（Alfonso VII）统治，** 阿拉贡则在阿方索一世的弟弟拉米罗二世（Ramiro II）的统治下（他本是个修士，后来他为了成为国王，就放弃了誓约，因为他发现当国王和当修士二者是互斥的）。纳瓦拉在阿拉贡人的统治下已有将近60年，现在他们倒向了传奇般的武士熙德（El Cid）的外孙加西亚·拉米雷斯（Garcia Ramirez）。后者将统治新独立的纳瓦拉长达16年，赢得"复兴者"（Restorer）的称号。

---

* 更多详细描述参见第5章。
** 自1109年莱昂和卡斯提尔一直由乌拉卡统治，尽管该地区是阿方索一世统一国土的一部分，但这对夫妻非常疏远。1126年，乌拉卡去世，阿方索七世（乌拉卡和第一任丈夫勃艮第的雷蒙之子）继承了王位，但仍在继父阿方索一世的控制之下。

曾经统一的王国四分五裂，这原本可以给穆拉比特提供收复失地的机会，但是腐朽已经越来越深入这个国家。在非洲，一个挑战穆拉比特势力的新势力已经出现了。一个名为伊本·图马特（Ibn Tumart）的北非先知是个虔诚的穆斯林，他曾离开故乡前往巴格达学习信仰，回来后他获得了启示：时间的尽头将至，伊本·图马特受到召唤，去净化伊斯兰的习俗，并联合信徒严格执行伊斯兰的律法。

到了 28 岁那年，他已是魅力非凡的人物，善于打动人心，充满激情。13 世纪的历史学家马拉古希（al-Marrakushi）记述说，他买了返回北非的船票，在船上他不厌其烦地向船员布道，最终船员将他扔到海里（他跟着船尾的波浪奋力游泳，直到船员改变了主意，把他拉回到船上）。1130 年，他英年早逝，不过此前他已经赢得了大量的追随者：穆瓦希德（Al-Muwahhidun），意为"信仰独一神的人"。[1]

穆敏（al-Mu'min）是伊本·图马特的一名追随者，他是个士兵。他在伊本的神学基础上，将宗教运动转变成了一场征服行动。到 1134 年，穆瓦希德人已开始大举侵入北非的穆拉比特王朝的领土。在穆瓦希德人眼里，穆拉比特和更靠北的基督徒都是敌人：他们虽然是穆斯林，但却是不洁的、腐败的违犯律法者。

由于两线作战，穆拉比特很快发现自己腹背受敌，在两边都打不过对手。

在伊比利亚半岛，基督徒作战的前线已经推进到托莱多（Toledo）南部。托莱多历来是兵家必争之地，充满危险，阿方索七世就曾任命一个他极其不信任的贵族担任那里的总督，期望置他于死地，因为以前的托莱多总督都死于战事。托莱多附近的奥雷哈（Oreja）城堡是穆拉比特的一个军事基地，1139 年春，阿方索七世包围了该城。阿方索七世在位期间的官方编年史记载道："该城堡坚不可摧，里面配有各种武器和弓弩。尽管如此，皇帝仍命令工匠建造攻城塔和很多攻城用的机器，（而且）他还命令哨兵防守在河岸，以使敌人丧失水源，从而渴死他们。"[2]

一支来自马拉喀什（Marrakesh）的穆拉比特军队前来增援，抗击阿方索七世。但围城战旷日持久，最后，奥雷哈又一次派遣信使前往马拉喀什寻求增援。根据编年史的记载，这些信使到了之后"惊慌失措，因为事情不像他们所期望的那样"，他们没有从马拉喀什得到好消息；他们被告知，马拉喀什没有援军可派。他们被迫返回奥雷哈，告诉城里的人"不要抱有任何希望，而且应该放弃城堡，向国王投降"。[3]

奥雷哈于 10 月投降。对于阿方索七世来说这是一个重大的胜利。现在，他将目光转到了科尔多瓦（Córdoba）和塞维利亚（Seville）。与此同时，穆拉比特在更靠西的地方遭受了更为严重的挫败。阿方索七世之弟阿丰索·恩里克（Afonso Henriques）一直统治莱昂的一个名为葡萄牙的伯国。他一直在自己领土的南部战斗。7 月，他击败穆拉比特军队，赢得第一次重大战役的胜利：欧里基（Ourique）战役，该战役发生在离海岸不远的山顶。

关于这次战役，同时代人记录的详细信息完全没有留存下来；其实它可能只是对穆拉比特人的一次较大规模的偷袭。[*]随后，阿丰索·恩里克在部下的拥护下，宣称自己为葡萄牙国王。理论上讲，

---

[*] 随后的岁月里，恩里克在葡萄牙人的心目中形象越来越高大：穆拉比特军队的伤亡人数不断增加，葡萄牙人的英雄气概越来越高涨，胜利被不断夸大。到了 16 世纪，阿丰索·恩里克被描述成像君士坦丁一样，见到了耶稣基督，耶稣保证他能战胜异教徒；他一共打败了五个穆斯林国王。可是，这些情节都不是被同时代的人记录下来的。

这使他从表兄的王权下独立出来,葡萄牙成了一个独立的王国。

阿方索七世拒绝承认阿丰索·恩里克自立为王,但是他并没有立即进攻这个反叛的伯国,因为他太忙了。1144 年,他的军队正在逼近科尔多瓦和塞维利亚。编年史书这样写道:

> 他们摧毁所有的葡萄树、橄榄树和无花果树。他们摧毁所有的果园,焚烧所有的城镇和村落,还将那里的城堡付之一炬。他们俘虏当地的男人、妇女和儿童,掠夺各种战利品,包括马、驴、骡、骆驼、耕牛、奶牛等各种牲畜,黄金、白银,以及人们家里所有有价值的东西……整个地区都被摧毁了。[4]

这一系列毁灭性的征伐使西班牙被更加牢固地控制在基督徒手中。

大约在同年,意大利学者克雷莫纳的杰拉尔德前往伊比利亚半岛,希望能在托莱多图书馆中找到被称为《天文学大成》的公元 2 世纪古希腊天文学著作的副本。

他并不是前往托莱多的第一个西方思想家。一个半世纪之前,后来成为教皇的西尔维斯特二世(Sylvester II)曾前往穆斯林控制区边界附近的一个修道院;在那里,他学会了使用阿拉伯数字,这是阿拉伯人在进军印度时发现并引入的。不同于烦琐的罗马数字,这些数字(现在一般称为印度–阿拉伯数字)所代表的数值跟它们所在的位置有关。[后来,10 世纪时的修道士维吉拉(Vigila)充满崇敬地说道:"印度人有着非常敏锐的天赋,这一点从他们发明 9 个数字,并赋予每个数字相应的值就能看出来。"] 在他之后,还有一

地图 11-1　1144 年的伊比利亚半岛

大批欧洲大陆的人，偶尔还有几个英国人，也对印度人的这一发明不吝溢美之词，其中包括凯顿的罗伯特（Robert of Ketton）和卡林西亚的赫尔曼（Hermann of Carinthia），他们最早将整本《古兰经》翻译成拉丁文，还有蒂沃利的柏拉图（Plato of Tivoli），他将阿拉伯语的天文学和数学著作翻译成了拉丁文。[5]

现在，随着克雷莫纳的杰拉尔德的到来，阿拉伯语文本的重新发现又向前推进了一步。在托莱多，杰拉尔德发现了之前从未听说过的书籍宝库。他在托莱多图书馆布满尘土、久无人至的书架上，发现了一批从希腊语翻译成阿拉伯语，但之前说拉丁语的西方人从未读到过的书：亚里士多德的《物理学》，书中包含了亚里士多德有关逻辑的著作所未曾触及的哲学探索；欧几里得的《几何原本》；伟大的古希腊医生盖伦（Galen）的《秘密》。

他的一个学生后来写道："在发现几乎每一个领域都有着大量的阿拉伯语书籍后，他学习了阿拉伯语，为的是能够翻译……直到他生命的最后时刻，他都在不断地用最精确、最朴素的文字，向拉

图 11-1　13 世纪早期的阿拉伯手稿，表现的是亚里士多德在教授突厥天文学者
图片来源：Bridgeman-Giraudon / Art Resource, NY

11 收复失地运动和再发现

时间线 11								
拜占庭	教皇	突厥王国	神圣罗马帝国	西法兰克	十字军国家	基督教西班牙	穆拉比特	穆瓦希德
					安条克的**博希蒙德一世**（1098—1111）			
	帕斯夏二世（1099—1118）				耶路撒冷王国建立（1099）			
			亨利五世（1105—1125，1111年加冕）			（阿拉贡-纳瓦拉）**斗士阿方索**（1104—1134）		
				路易六世（1108—1137）		阿里·伊本·优素福（1106—1143）		
				富尔克五世，安茹伯爵（1109—1129）		（莱昂-卡斯提尔）乌拉卡（1109—1126，附庸国王）		
					占领的黎波里（1109）			
					安条克的**博希蒙德二世**（1111—1130）			
约翰二世·科穆宁（1118—1143）					耶路撒冷的鲍德温二世（1118—1131）	图卢兹宗教会议（1118）		
	卡利克斯特二世（1119—1124）						伊本·图马特（1121—1130）	
	洪诺留二世（1124—1130）		《沃尔姆斯协定》（1122）		占领推罗（1124）			
		赞吉（1127—1146）	洛泰尔三世（1125—1137，1133年加冕）			（莱昂-卡斯提尔）**阿方索七世**（1126—1134，附庸国王）		
	英诺森二世（1130—1143）				耶路撒冷的**富尔克**（1131—1143）			**穆敏**（1130—1163）
					耶路撒冷的**梅丽桑德**（1131—1153）			
						（阿拉贡）**拉米罗二世**（1134—1157）		

时间线 11（续表）								
拜占庭	教皇	突厥王国	神圣罗马帝国	西法兰克	十字军国家	基督教西班牙	穆拉比特	穆瓦希德
						（纳瓦拉）加西亚·拉米雷斯（1134—1150）		
					安条克的雷蒙（1136—1149）	（莱昂-卡斯提尔）阿方索七世（1135—1157,西班牙皇帝）		
				路易七世（1137—1180）				
			康拉德三世（1138—1152,未加冕）		阿勒颇地震（1138）	欧里基战役（1139）		
						（葡萄牙）阿丰索·恩里克（1139—1185）		
曼努埃尔一世·科穆宁（1143—1180）			埃德萨陷落（1144）		耶路撒冷的鲍德温三世（1143—1163）	克雷莫纳的杰拉尔德到达托莱多（约1144）		
	尤金三世（1145—1153）							
		苏丹努尔丁（1146—1174）			第二次十字军东征（1147—1149）			

丁世界传递（就像传递给他心爱的继承人）各学科他认为最好的著作。"到他去世时（在他前往托莱多大约30年后），杰拉尔德已经翻译了至少71本著作，内容涵盖辩证法、天文学、哲学、数学、医学等方面。过去和现在之间的一堵高墙被推倒了，越来越多的思想家将会踩着瓦砾，找到新的思维方式。[6]

/ 12

对权威的质疑

> 1135年至1160年，皮埃尔·阿伯拉尔展示了亚里士多德逻辑学的威力，系统神学诞生。

约1135年前后，神学家皮埃尔·阿伯拉尔（Pierre Abélard）润色了自己的最新著作：《神学》（*Theologia Scholarium*），这是一部讨论上帝本质的论著。

这本书的第一版被人们指责为危险的错误。14年来，他一直在润色、修改这本书。14年前，苏瓦松（Soissons）宗教大会迫使阿伯拉尔亲手烧掉自己的书。现在，他希望捍卫自己的信念。

结果事与愿违，他发现自己面临另一次宗教会议；而这一次，处罚会更加极端。

40多年来，阿伯拉尔都在体会和琢磨语言。青少年时期，他曾在巴黎学习亚里士多德的著作，磨砺自己的语言技巧。提到自己的青少年时期，阿伯拉尔写道："相比其他的哲学理论，我更喜欢辩论的武器，有了这些，我宁愿选择论战，而不是通过战争获取战利品。"1102年，刚刚23岁出头的阿伯拉尔就在法国的默伦（Melun）开办了学校。他一边教书一边写作，同时与人探讨和辩论；他作为逻辑学大师的声名鹊起。到1114年，他已成为巴黎圣母院学校的主管，这是西法兰克最负盛名的学校。[1]

只有一件事曾经使阿伯拉尔从辩论中分神：巴黎的神父富尔伯特（Fulbert）美丽的侄女爱洛伊丝（Heloise）。经过精心策划，阿伯拉尔从爱洛伊丝的叔叔那里租了一个房间，并提出为她辅导，用讲课费抵租金。他告诉我们："就这样，以教课作为借口，我们完全沦陷在爱情中。她的学习使我们能够有更多的私人空间，这正是爱情所需要的……我的双手不是去翻书，而是更频繁地去碰触她的胸部……我们的欲望让彼此初尝禁果。"[2]

不可避免的事情发生了：爱洛伊丝怀孕了，阿伯拉尔将她送往他的家乡布列塔尼（Brittany），她在家人照看下产下一子。

一直被蒙在鼓里，对此毫无察觉的富尔伯特勃然大怒。阿伯拉尔向富尔伯特卑躬屈膝地道歉，并向他保证，会尽最大的努力将功补过，但是对于最简单直接的解决方法——结婚——却只字未提。从理论上讲，大教堂学校的主管是教士，禁欲日益成为教士要遵守的规定，结婚会彻底结束阿伯拉尔的职业生涯。

阿伯拉尔无法安抚有权势的富尔伯特，最终提出了一个解决方案。他愿意娶爱洛伊丝，但是婚姻必须保密，这样才不会断送他在学校的前程；爱洛伊丝会回到她巴黎的家，而阿伯拉尔要在其他地方找房子住。富尔伯特同意了这一提议，但是当爱洛伊丝将孩子留给阿伯拉尔的家人照顾，自己返回叔叔的住所后，富尔伯特却让她的生活陷入苦难。据阿伯拉尔记载："富尔伯特在盛怒之下不断虐待她……我一发现便将她带到了巴黎附近的女修道院……"

修道院只是保证爱洛伊丝安全的一个中转站，阿伯拉尔努力给她另寻安身之地；但是修道院传统上就是被丈夫抛弃的女子的栖身之所，因此富尔伯特以此作为借口，对阿伯拉尔展开了报复。他召集了一批恶棍，半夜来到阿伯拉尔的住所。他们把阿伯拉尔打倒，阉割了他。阿伯拉尔写道："第二天早上，全城的人都聚集在我屋前，而且……他们的悲叹和哭泣声让我难以忍受，深受折磨。"[3]

也许实际人数要比阿伯拉尔回忆中的要少，但是他是一位备受欢迎的老师，因此这次袭击事件一时颇为轰动。当袭击事件平息之后，阿伯拉尔和爱洛伊丝都进入修道院，她来到附近的阿让特伊（Argenteuil）修道院里修行，而阿伯拉尔则到圣但尼（St. Denis）修道院做了一名僧侣，两地距离约40千米远。在接下来的20年里，他们可能只见过两次面；但是两人一直有书信往来，他们的婚姻只靠文字维持。

在圣但尼，阿伯拉尔继续学习并传授教义，将希腊逻辑学运用到基督教教义中。他所著《神学》的第一个版本认为柏拉图哲学所谓的"世界灵魂"实际上指的是圣灵；通过逻辑，任何人都可以掌握三位一体的精髓；《圣经》只是外壳（involucrum），其真意是不易解读的，且是比喻性的，在某种程度上是"大有神益的晦涩"，会迫使读者在尝试理解意义的时候使用理性和辩证法。[4]

这一切都不是为了摧毁人的信仰。和安瑟伦一样，皮埃尔·阿伯拉尔相信真理能经受住亚里士多德的思维方法的检验。但是这一思想惊动了他那些思想更为传统的弟兄。那些人指责他危害教会的教义，而他主动解释自己的结论为何是正确的。其中一个反对者反驳道："我们不考虑理性的解释，也不考虑你针对这种问题所给的解释，我们只承认权威的言论。"[5]

地图 12-1 皮埃尔·阿伯拉尔所处的法国

1121年，教皇使节出席了苏瓦松的宗教会议，命令阿伯拉尔烧掉他的著作《神学》。他服从了，但他并没有改变对理性和逻辑的价值的看法。在后来的十几年中，阿伯拉尔继续写作、授课，他坚持捍卫自己的正确信仰，批评教会依赖过于简单的教条。他两次修订了《神学》，于1135年完成终稿；他从多位神父那里收集了一套相互辩驳的语录，并将其编纂成一本名叫《是耶非耶》(Sic et Non)

的书；他写了一系列发生在一个基督徒、一个犹太教徒，以及一个被称为古代哲学家的角色之间的关于伦理的对话录；这个对话录就是《会谈集》(Collationes)，其中的古代哲学家显示出其对于至善有着清晰的认识——尽管他只是以自然律作为指导。[6]

他经常被指控为异端，即有潜在的偏离正统——被广泛接受的对基督教信仰的理解——的危险。至少有一次，他被短暂监禁了起来。但在一些支持他的有权势贵族的帮助下，以及在他很多学生的积极奔走下，他得以免遭教会彻头彻尾的审判——但这种局面只延续到了1141年。到了这一年，《神学》的修订引起了克莱尔沃修道院的贝尔纳的注意——贝尔纳德高望重、学识渊博，并且是第二次十字军东征的随军传教士。

这两个人势不两立：阿伯拉尔决心把信仰和逻辑联系到一起，贝尔纳认为教会的权威高于一切。弗赖辛的奥托说道："他（贝尔纳）厌恶那些信仰世俗智慧且过于坚持与人争辩的教师。"1140年，当地的一名教士送给贝尔纳一封信，信中强调了阿伯拉尔最新的教义探索，贝尔纳认为此事需要调查。[7]

他要求阿伯拉尔亲自来解释这件事情；而阿伯拉尔则向桑斯（Sens）的主教求情，然后又向教皇求情。也许他认为他在辩论方面的技巧会帮助他获胜，但正是这个技能使那些因循守旧的对手感到害怕。贝尔纳在他给教皇的陈请信中写道："皮埃尔·阿伯拉尔认为他能通过人类理性理解上帝的一切。"[8]

让阿伯拉尔过关，就等于接受亚里士多德的哲学；而接受亚里士多德的思想很可能使整个基督教会的权威结构受到质疑。1141年，教廷同意了贝尔纳的建议：阿伯拉尔应当被监禁，并永远保持沉默。此次宣判使他下半生注定与辩论无缘：他被监禁在修道院，不允许说话，只能通过打手势传达意图。

在阿伯拉尔的追随者眼中，他的沉默恰恰不言而喻地承认了亚里士多德的哲学思想既强大又真实。他的学生普瓦捷的贝伦伽尔（Berengar of Poitiers）引用《新约·约翰福音》来比喻贝尔纳和教廷："祭司长和法利赛人聚集公会，这人行好些神迹，我们怎么办呢？若这样由着他，人人都要信他。"但对于克莱尔沃的贝尔纳来说，这一判决使权威得到了重申，旧的信条受到保护，旧的原则得到强调。[9]

惩罚从未被真正执行过。阿伯拉尔早已开始遭受疾病的折磨（而且他最终也死于这种病），他在克吕尼修道院（Monastery of Cluny）得到庇护。他去世时，还在写作长篇文章为自己辩护。克吕尼修道院院长，人称"尊者皮埃尔"（Peter the Venerable），利用自己所处职位带来的权威，宣布赦免阿伯拉尔所有的罪。他将阿伯拉尔的棺材交给爱洛伊丝，她当时已经是圣灵女修道院（Paraclete Convent）的院长。

她将阿伯拉尔埋葬在那里；20年后她过世之后，人们将她安葬在他的旁边。[10]

克莱尔沃的贝尔纳并不知道，自己其实已经是在做最后的挣扎了，他注定要失败。

在沙特尔大教堂学校，造诣颇深的大师沙特尔的贝尔纳（Bernard of Chartres）正处于执教生涯的巅峰期，他让学生熟读柏拉图和亚里士多德的作品，以此作为继续学习基督教教义的基础。"贝尔纳会尽最大努力让学生模仿他们学习过的（诗人和演说家），"曾在沙特尔学习的索尔兹伯里的约翰（John of Salisbury）写道，"在某些情况下，他靠规劝，另外一些情况下……则用鞭笞惩罚……

(他)过去常常将我们比作站在巨人肩膀上的小矮人。他指出,我们比自己的前辈更有远见卓识,不是因为我们的视野更敏锐或高度更高,而是因为我们站在他们高大的身躯之上。"[11]

在意大利,一个名为格拉提安(Gratian)的法律学者已经将逻辑学运用到教会的诉讼中去。他编纂了一部庞大的教会法律全集,他将相互矛盾的教会判决放在一起,然后用辩证法解决这些矛盾。他的鸿篇巨作《教会法整理汇编》(*Concordance of Discordant Canons*)成为天主教传统信仰的核心经典(直到1918年之前一直是教会法的一部分)。对于古代哲学来说,这是一个胜利;尽管它在《汇编》中只是为了使教会决策理性化。它通过把教会权威当作一种简单的人类体系而带来了秩序。[12]

在巴黎,教士皮埃尔·隆巴尔德(Peter Lombard)已经开始辛勤讲学和写作,并建立了一个最终成就他最著名的著作《四部语录》的神学体系。隆巴尔德比阿伯拉尔小近20岁,他在1136年就来到兰斯的教堂学校,当时带着克莱尔沃的贝尔纳的一封充满溢美之词的推荐信。1145年,皮埃尔·隆巴尔德开始在巴黎圣母院学校任教;15年之后,《四部语录》已成为每一所有名气的神学院的教科书。[13]

隆巴尔德同时代的编年史家特鲁瓦方丹的阿培利克(Alberic of Trois Fontaines)评论道:"这是一部极为优秀的作品。"历史学家推罗的威廉(他曾与隆巴尔德一起学习过6年)评论道:"理智的学说,广受赞誉。"《四部语录》是西方神学家的第一次伟大尝试,它将基督教教义联结成一个连贯的、富有逻辑的整体。皮埃尔·隆巴尔德运用《圣经》和教父们的作品,用逻辑学和辩证法解决互相矛盾的观点,创立了神学的四个基本门类:基督论、救赎论、教会论、末世论(分别是对基督、救赎、教会和末世的研究)。《四部语录》

不仅仅为神学提供了一种体系，而且也提供了一种方法论：讨论、辩论和系统化。

毫无疑问，这不是贝尔纳希望他的得意门生去做的事情。贝尔纳在谴责阿伯拉尔时曾写道："虔诚信仰，不容讨论。"但隆巴尔德的作品已经催生出了系统神学的新原则。在接下来的一个世纪中，《四部语录》将会成为神学学生的经典文本，它用贝尔纳曾担心的工具，改变了整整一代的神职人员。[14]

12 对权威的质疑

时间线 12

基督教西班牙	穆拉比特	穆瓦希德	西法兰克	教皇
（阿拉贡-纳瓦拉） 斗士阿方索 （1104—1134）				
	阿里·伊本·优素福 （1106—1143）		路易六世 （1108—1137）	
（莱昂-卡斯提尔） 乌拉卡（1109—1126）			富尔克五世，安茹伯爵 （1109—1129）	
			皮埃尔·阿伯拉尔成为 巴黎圣母院学校 的主管（1114）	
图卢兹宗教会议（1118）				卡利克斯特二世 （1119—1124）
		伊本·图马特 （1121—1130）	阿伯拉尔的著作在 苏瓦松被烧毁（1121）	
（莱昂-卡斯提尔） 阿方索七世 （1126—1134，附庸国王）				洪诺留二世 （1124—1130）
		穆敏 （1130—1163）		英诺森二世 （1130—1143）
（阿拉贡） 拉米罗二世 （1134—1157）				
（纳瓦拉） 加西亚·拉米雷斯 （1134—1150）				
（莱昂-卡斯提尔） 阿方索七世 （1135—1157，西班牙皇帝）			阿伯拉尔完成 《神学》（1135）	
欧里基战役 （1139）			路易七世 （1137—1180）	
（葡萄牙） 阿丰索·恩里克 （1139—1185）			阿伯拉尔被谴责 为异端（1141）	
克雷莫纳的杰拉尔德 到达托莱多（约1144）			皮埃尔·隆巴 尔德在巴黎圣 母院学校执教 （1145）	尤金三世 （1145—1153）

/ 13

南宋

> 1141年至1165年,南宋朝廷颠沛流离,而金则竭力统治一个大帝国。

《绍兴和议》订立后的20年中,宋高宗没有获得任何好处:没有得到土地,没有收复被金割走的任何城池,也没有与别国签订其他和约。他在临安建立朝廷,面对诸多无法解决的内忧外患。

一方面,他在1127年被金掳走的哥哥宋钦宗,当时还在金人的看押下苟活。他的存在意味着宋高宗的皇位不稳,金可以随时使出杀手锏——将宋钦宗送还,对宋朝的权力体系造成致命的破坏。

另一方面,朝廷内部对于接下来该如何做有很大的分歧。宋高宗的许多谋臣鼓动全面北上抗金,还有的谋臣主张求和,谨慎行事。大多数臣僚都严厉批评宋高宗之前的几位皇帝在失去开封之前的做法。

面对如此复杂的时局,宋高宗找了一条出路,优先考虑一件事:维护宋王朝的安全和稳定。他拒绝挑起与金的战争。他行事保守谨慎,力图和解。可能正是由于这样,他竟然活到了 80 岁高龄。

他的政策完全改变了宋朝。在南宋,主题不再是打仗,而是研究儒学;不再是克复失地,而是醉心诗歌书画;不再是与金人对抗,而是贸易通商;不再是关注外部世界,而是关注自身。南宋虽然无法在对金作战中取胜,其社会经济却迅速发展起来。[1]

关注内部的做法促进了宋朝境内的繁荣。市场和集市在农村发展起来。最早于一个世纪前出现的纸币,在这个时期大量流通。南方的城市生产大量的绸缎;事实上,英语中表示"绸缎"的 satin 这个词是由法语词 zaituni 变化而来的,这个法语词本是巴格达商人对"泉州"的称呼,南宋时期,绸缎织造业集中在泉州。农业生产更加系统化,南宋的一些士大夫开始把注意力转向如何提高作物产量。陈旉著有《农书》,该书成书于 1149 年前后,在土地利用、作物轮作和系统施肥等方面,颇有独到见解。宋高宗命人在临安郊区重建了许多烧制精美青瓷的官窑,这些是为了代替已经沦陷的开封附近的官窑。[2]

宋高宗时期绘画和诗词蓬勃发展,部分原因是高宗在 1144 年禁止私人撰写史书。这是为了压制舆论,不让人们批判宋面对金入侵时的软弱,但是这只阻止了文章这种形式。绘画和诗词很快成了最安全、最犀利的表达异议的方式。[3]

陆游的诗句,表达了他对宋朝北伐收复失地的期盼:

> 幽人枕宝剑,殷殷夜有声。
> 人言剑化龙,直恐兴风霆。
> 不然愤狂虏,慨然思遐征。
> 取酒起酹剑,至宝当潜形。

岂无知君者，时来自施行。
一匦有余地，胡为鸣不平？⁴

山水画也比较安全。繁盛的梅花曾是春天和希望的象征，在这时却成为表达南宋人的避世思想，以及表现流离失所者的不幸的象征。

哲学家以另一种方式面对丧失北方国土的现实；由于无法抗争，他们就试图跟现状达成妥协。

传统的儒家思想指导儒家弟子恪守伦常、崇尚礼法，以此来培养自身的美德。孔子曾经说过："不知礼，无以立也。"儒家书院传授正统的礼法秩序、个人由于身份和地位而应尽的职责，以及礼的重要性。儒家学说长期以来一直被用来训练和培养国家官员，也被用作治国理政的工具；但是儒学对抽象概念的探讨一直较少。[*]

南宋理学家朱熹开始将儒家思想从一个治理虚弱国家的工具转变成每个人都能践行的哲学。他把儒家思想与对终极现实的思索结合起来，他的教学和谈话涉及事物的本质规律（理）与事物的客观存在（气）之间的关系。理没有具体的可触碰的形式；气赋予理外在形式，同时将理蕴含在内。每个人的本质，即理，从根本上说是善的；而气经过一番修炼和磨砺，会变得透彻，人的美德便得以完善。而这修炼和磨砺并不是通过对政府的忠诚服务，而是通过个人的沉思和自我教育实现的，用朱熹的话来说，即"半日静坐，半日读书"。[5]

这位圣人告诉一个苦苦思索真理的学生说："大抵观书，先须

---

[*] 参见第1册，第6章。

图 13-1 王岩叟,《墨梅图》
图片来源：史密森尼学会弗瑞尔美术馆和亚瑟·M.萨克勒美术馆

熟读，使其言皆若出于吾之口，继以精思，使其义皆若出于吾之心，然后可以有得尔……古人云，'读书千遍，其义自见'。谓读得熟，则不待解说，自晓其义也。"在遥远的西方，皮埃尔·阿伯拉尔在研究辩证法时也提出了同样的观点：他在《会谈集》中写道："不管什么理论，无论它多么错误，也会包含一些真理；不管什么争论，无论它多么琐碎，也会包含值得学习的东西。"阿伯拉尔的观点来自亚里士多德，是基于哲学的探讨；而朱熹观点的产生更多是受政治因素的影响。宋代理学是国家宗教顺应南宋偏安一隅的现状的产物，它在南宋广泛传播，或许成了南宋理解世界的主要方式。[6]

同时，金也在适应新的形势。女真族的部落生存方式，最适合四处游荡的武士，并不适合统治一个拥有大量百姓和古老城市的庞大复杂的国家。为了维护新帝国的统一，金人越来越多地效仿被自己打败的对手宋人。

1150 年，完颜阿骨打的一个孙子领导了反对金熙宗（一位不受爱戴、酗酒、越来越偏执且恶毒的皇帝）统治的宫廷政变，事成后即皇帝位。但在他死后，金国朝廷拒绝给他上皇帝的谥号，而是降其为海陵郡王。

海陵王崇尚汉文化，能诗善文，又喜品茶弈棋。他一朝掌权，便废除了由女真贵族世袭万户官的制度，并开始长达数年的迁都行动，将都城由位于女真族旧家园中心的北方城市上京，迁到一直属于中原王朝的燕京，并改其名为中都，意为"中央都城"。迁都后，他拆掉了上京的宫殿庙宇，把过去一笔勾销。[7]

单单是按照宋朝的模式重建金国的政府还不够，他要的不仅是像宋朝，而是要把宋朝吞并。1159年，随着迁都中都基本完成，他开始准备大规模入侵宋朝。他调集了50多万匹马，征召中原人和女真人组建新的军队，建造一支船队用于横渡长江。只要有人批评他的计划，或质疑入侵是否妥当，就会被他杀掉。[8]

入侵开始于1161年10月，然而几乎从第一场战役开始，整个战争就呈现出一边倒的态势。海陵王拼凑起来的水军不习水战，远远不如训练有素的宋朝水军，也无力对抗宋朝的小型快速攻击船和巨大的（长约100米）由大量船员脚踏推进的"车船"。宋军朝海陵王的船上投掷"霹雳炮"，这是一种将火药和石灰、硫黄包在纸和竹管里的武器，金军战船陷入一片爆炸和火海之中。[9]

在建康附近的长江上遭遇大败之后，12月初，海陵王下令撤退，谋划发动新的进攻。但是他为人多变，对持不同政见者残酷镇压，且领军无能，这些导致部将产生异心，一些将军于12月15日在中军大帐里谋杀了他。他的堂弟金世宗控制了金国，并立即与宋进行和谈。[10]

但金此次入侵壮大了宋朝朝廷里的主战派力量；宋高宗没有主张议和，而是最终决定让位于他的养子宋孝宗。35岁的宋孝宗立志

地图 13-1 宋金议和

光复中原，第二年，即 1163 年，宋的反击开始了。但随着宋军攻入金的领土，金国新即位的统治者派出 10 万大军应战，宋军立即被赶回。

此时，即使是主战派也看得出来，两个帝国谁都无法灭掉另一个。1165 年，宋朝遣使与金议和，订立《隆兴和议》，两国议定以淮河为界。[11]

时间线 13

西法兰克	教皇	宋	金	大越	占婆	高棉
皮埃尔·阿伯拉尔成为巴黎圣母院学校的主管（1114）			太祖阿骨打（1115÷1123）			苏耶跋摩二世（1113—约1150）
	卡利克斯特二世（1119÷1124）					
阿伯拉尔的著作在苏瓦松被烧毁（1121）						
	洪诺留二世（1124÷1130）		太宗（1123÷1135）			
		南宋开始 高宗（1127—1162） 宋朝建立海军		李神宗（1127÷1138）		
	英诺森二世（1130÷1143）					阇耶因陀罗跋摩三世（1129÷1145）
阿伯拉尔完成《神学》（1135）			熙宗（1135÷1150）			
路易七世（1137÷1180）						
阿伯拉尔被谴责为异端（1141）		《绍兴和议》（1141）				吴哥窟修建的高峰
皮埃尔·隆巴尔德在巴黎圣母院学校执教（1145）	尤金三世（1145÷1153）					
		陈旉著成《农书》（约1149）	海陵王（1150—1161）			
		孝宗（1162—1189）				
		《隆兴和议》（1165）				

得之不易的休战将持续数十年，但仍有遗憾萦绕在一些人的心头。陆游在弥留之际写道：

> 死去元知万事空，
> 但悲不见九州同。
> 王师北定中原日，
> 家祭无忘告乃翁。[12]

/ 14

平治之乱

> 1142年至1159年，日本多位天皇与藤原氏争夺权力，平氏和源氏也参与其中。

1142年，一名2岁多的男孩被确立为日本天皇。

他就是近卫天皇，没人希望他能真正统治国家。并且两位退位天皇早已为大权争斗不休。事实上，日本饱受天皇内斗之苦。

在11世纪，藤原家族很多野心勃勃的成员挖空心思挤入了日本政府的上层。一代接一代，皇太子们均是迎娶来自藤原家族的新娘。藤原氏的朝中大臣通常是皇后的近亲，这样他们就可以控制弱势的天皇或是幼主。每一位天皇登基后，除参与政治仪式和祭祀之外，都沉湎于风雅之事和奢靡生活。*

---

* 887年，藤原家族的大臣藤原基经被册封为"关白"。"关白"对于成年天皇的权威，比起"摄政"对于幼年天皇的权威还要大得多。到了12世纪，"摄政"和"关白"这些头衔似乎常常被交替使用，但是政府的最高职位，几乎总是掌控在一位藤原氏大臣手中，其权力比天皇更大。实例可见于伊万·莫里斯（Ivan Morris）所著：*The World of the Shining Prince: Court Life in Ancient Japan* (Alfred A. Knopf, 1964), pp.48ff。

1068年，一位年轻的皇子在他哥哥早逝后出人意料地即位，打破了惯例，这就是后三条天皇。

与之前的天皇们不同，后三条的母亲不是藤原氏。多半是为私利而将全日本玩弄于股掌之间的藤原氏大臣对此愤恨不已，他们为此谋划了数十年。天台座主慈圆所作的日本13世纪史书《愚管抄》记载道："后三条天皇的统治在经历剧烈转折后进入末期。如果摄政和关白们继续统治国家，如果天皇只关注自己的荣华富贵，他会觉察到人民不再安于平静……"[1]

藤原氏不是日本和平的唯一威胁。一个世纪以前，本州中部的各大贵族纷纷培植私人势力。东北部的源氏和西南部的平氏组织起私人武装，以土地换取当地人为其服役：这些效忠于地主的勇士就是"武士"（samurai）。*

到后三条天皇加冕时，各地武士组织的武装实力大增，其实力可以与天皇调遣的士兵相匹敌。而且，其他的军阀也能随时参加到战争中。自10世纪以来，京都和奈良佛寺的丰厚资产都被当地的军阀拿去充公。作为回应，佛教团体开始从日本雇佣兵阶层和罪犯中征募和尚，即僧兵，他们之所以进入寺庙修行，是因为擅长使用武器。[2]

这是一个由好战分子组成的强大团体，所以后三条天皇必须小心翼翼地推行他的改革。他从组建新的政府部门开始，新部门称为"记录庄园券契所"，所有的贵族被要求必须登记其所拥有的土地。这个举动是为了遏制藤原氏将公共土地作为赏赐招募私人武装的不

---

* 斯蒂芬·特恩布尔（Stephen Turnbull）给出了一个精准的定义："武士的真正定义在其历史上发生了极大的改变，我建议读者先将武士看作为地主服务的高级士兵。将日本武士视为骑士是一个有用的类比。"参见 The Samurai: A Military History（1977），p.ix。

正之风。(《愚管抄》中说日本"整个国家"一度看起来像藤原氏大臣的私有财产。)他提拔了大批源氏高官进入宫廷。他尽最大努力安排继承顺序,使由非藤原氏母亲所生的儿子继位。他自己的皇后就姓藤原,是皇长子白河的母亲,不过皇后出自藤原氏一个没什么名望的分支。皇次子是一名妃子所生的儿子,这个妃子是源氏家族之女。[3]

后三条天皇在位仅4年就退位了,时年38岁。即便如此,他并没有打算放弃自己的影响力。他让白河迎娶来自源氏家族的新娘,在白河19岁继位后,后三条就把没有藤原氏血缘的次子推向前台,封为亲王并确立为皇太弟。而他继续待在幕后,给儿子们提供建议并挫败藤原氏大臣的种种夺权阴谋。*

他仅这样做了几个月,便意外地在39岁生日之前死去。但是他给日本权力结构带来的剧烈转折却存续了下来。白河追随父亲的脚步,拒绝服从大臣,并且支持源氏和平氏诸大臣对抗藤原氏。像父亲那样,白河在权力顶峰期退位,33岁时让出皇位并立誓隐修。但他继续从寺院不断地发号施令,尽可能地控制年幼的天皇,起先是他的儿子堀河,后来是孙子鸟羽,跟藤原氏摄政曾经做的事如出一辙。据他的臣民说,只有三件事情是退位的天皇控制不了的,那就是:迅猛的贺茂川洪水、比睿山上制造麻烦的僧兵和名为"双六"的掷骰子赌局。[4]

这是200年上皇传统的开端,在此期间,天皇们在权力顶峰期

---

* 白河的弟弟在他继位之前去世,于是白河将自己的儿子立为皇太子。其子于1087年继承皇位,即堀河天皇。因为堀河的母亲是源氏,于是后三条天皇的愿望还是实现了。堀河天皇于1107年逝世,年仅28岁,还没来得及退位并扶持幼子鸟羽登基。当鸟羽天皇登基后,白河继续担任法皇。

14 平治之乱

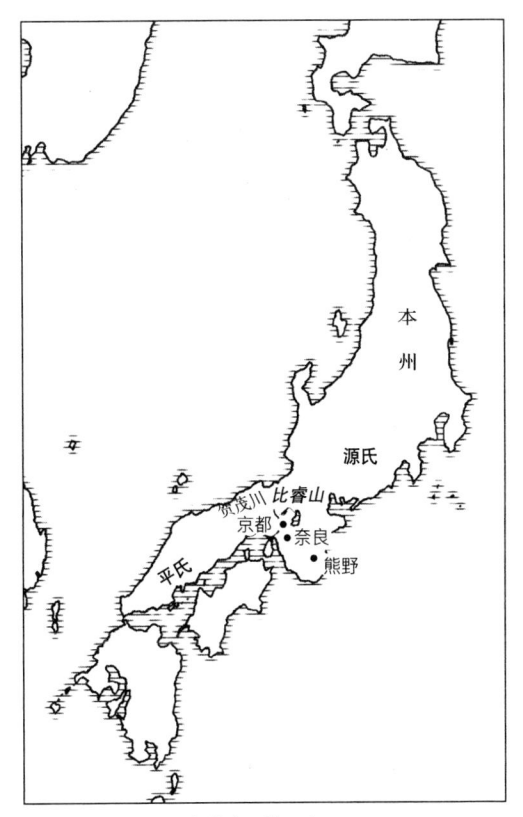

地图 14-1 白河上皇统治下的日本

退位,把皇位留给年幼的继承人,待在幕后进行统治。谁都知道何人掌握实权,《愚管抄》中记载道:"白河天皇退位后,国家在很长一段时间内仍由上皇进行统治。"[5]

这并不是完全不切实际的体制。上皇政体将耗时的仪式职责(从礼仪规制上讲很重要,但于政治毫无意义)从同样耗时的实际治理职责中分割出来。在位君主负责礼仪,寺院里的上皇负责政治。

它还保留了天皇和藤原氏大臣的一种合作表象，然而天皇和藤原氏的实权斗争则在背地里继续进行。

但是上皇政体也不可避免地加剧了皇族内部的争权夺势之乱。

当 2 岁的近卫天皇在 1142 年登基时，内廷早已危机四伏。

敌对行动持续了三代。早在 1107 年，日本天皇是 4 岁的鸟羽天皇，在寺院行使实权的是鸟羽天皇那专横而长寿的祖父白河法皇。鸟羽十几岁时，白河安排他迎娶美丽的少女藤原璋子，这是他的养女。朝廷上下对此议论纷纷，称璋子不仅仅是白河的养女。璋子诞下的皇子随后在 1119 年被确立为皇太子。即使鸟羽声称孩子是他的，但人们还是一致认为孩子可能是白河的。[6]

1123 年，白河强逼鸟羽退位，立 4 岁的皇太子为君，就是后来的崇德天皇。这等于是皇家确认了民间的流言。这件事使鸟羽彻底落入了一个完全无能为力的境地，可他当时只有 20 岁。他成为上皇，在强势的祖父面前却抬不起头，在继位的儿子面前也没有地位。鸟羽敢怒不敢言，直到白河最终于 1129 年去世，情况才出现转机。

鸟羽执掌了上皇的真正权力，同时允许名义上的儿子继续享有天皇大位。但是在 1139 年，鸟羽最爱的妻子藤原得子终于生下了一位皇子，即后来的近卫天皇。这才是他鸟羽的亲骨肉。3 年后，鸟羽强迫崇德让位给近卫，就同他 19 年前被迫让位给崇德那样。

这使得崇德落入了鸟羽曾经的境地：上皇尚在壮年，自己则无权无势，只能隐忍满腔的愤怒。近卫天皇统治了 13 年，终因体弱多病而亡，年仅 16 岁。

1155 年，在近卫死后，鸟羽打算让他的次子（当然不是崇德）登基；崇德极力反对，提出他或他的长子才是合情合理的继承人。

14 平治之乱

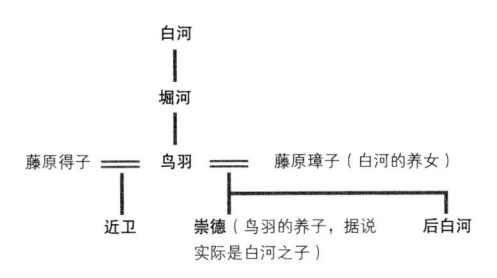

```
        白河
         |
        堀河
         |
藤原得子 ═ 鸟羽 ═ 藤原璋子（白河的养女）
     |      |_____|
    近卫   崇德（鸟羽的养子，据说    后白河
          实际是白河之子）
```

图 14-1　近卫和崇德家系

然而军事实力更强的鸟羽赢得了争论，他的儿子雅仁继位，是为后白河天皇，皇室实现了短暂的和平。《愚管抄》记载说："没有叛乱或战争爆发。"[7]

但是鸟羽又过了不到一年就死了。在鸟羽的葬礼上，朝臣、家主和武士分别站在对立的兄弟两边。后白河和崇德上皇占领两处皇宫作为大本营，首都即将陷入战争。

两派的家族关系并不是截然分开的。双方军队里都有平氏和源氏家族的成员。崇德的右将军是源氏家主源为义，辅佐他的还有他的儿子源为朝。在写于13世纪的战争故事集《保元物语》一书中，源为朝是一个身高2米多的大英雄："为朝擅长箭术，生得虎背熊腰，手臂比马缰绳还长五寸……（他所使用的）弓箭长度则超过了七尺半。"尽管如此，在为敌军阵营效力的哥哥源义朝看来，为朝的能力不过如此。义朝曾是第一批表态支持后白河的朝臣之一，而且亲自挑选400名精兵听凭天皇驱使。[8]

1156年7月，双方最终兵戎相见，这场短暂而激烈的冲突史称

"保元之乱"。*源为朝杀退许多敌军,但是他的哥哥源义朝棋高一着,派人潜入崇德的大本营纵火,将其付之一炬。当上皇的人从大火中连滚带爬地逃出时,后白河的弓箭手们将他们逐一射杀。《保元物语》记载:"上皇的人怕极了箭矢和疯狂燃烧的大火,人群下部的人很快被淹死,中间的人被同伴踩死,上面的早已被火活活烧死。"[9]

崇德的势力被瓦解了,上皇本人被逮捕并被流放。《愚管抄》中记载道,源义朝处死了自己的父亲,这个冷酷而恶毒的决定引起了"举国骚动"。源为朝得以活命,但是他的手臂肌腱均被割断,从此无法拉弓射箭。

源义朝自认为是后白河胜利的缔造者,但是当政府重新开始履政时,一位名叫平清盛的平氏家族成员在朝中谋取了高位,也获得了天皇的明显支持(他在源义朝之后站在了天皇这一边)。没过多久,义朝和清盛就产生了矛盾,一名叫藤原信赖的藤原家族成员觉得自己不受天皇重视,就在两人之间煽动仇恨。《愚管抄》记载道:"他注意到源义朝和平清盛在较劲,由此认定两者交战的胜利方将会控制国家,于是联合源义朝……直接发动叛乱。"[10]

这场不可避免的战乱于1160年初爆发,史称"平治之乱"。

后白河于1158年传位给自己年幼的儿子,也就是二条天皇,源义朝和藤原信赖一直按兵不动,直到对手平清盛离开京都去熊野参拜神社,此地距京都有280多千米的山路。当他走远了之后,500名源氏武士包围了后白河上皇的宫殿,捉拿了上皇,并烧毁了他的

---

* 保元之乱和3年后的平治之乱因发生的年代而得名。在日本,新天皇即位后通常会采用新年号(保元元年始于后白河登基,平治元年则始于二条天皇),但是在一场大灾祸、胜利或新发现之后,也可能更换新年号。

图 14-2 《平治画卷：火烧三条宫殿》(局部)
图片来源：Werner Forman / Art Resources, NY

宫殿。其他人绑架了年轻的天皇。

他们的目的是迫使两个统治者宣布远走的平清盛为国家的敌人，从而使整个平氏家族失宠。但是平清盛听说了政变的消息后，迅速返回京都，集结了 1000 名武士，这些人全部效忠于平氏的事业。政变者很快就被打败了。年轻的二条天皇获救，上皇出逃，源义朝和藤原信赖的队伍像秋叶般凋零，最后在与平氏的对决中溃散。

藤原信赖被俘虏，清盛下令把他拉到附近的河边斩首。在战斗中，源义朝和他的忠仆镰田正清赤脚往南方逃跑。但是很快源义朝就意识到最终还是不免被捕，就要求镰田正清将他斩首。镰田正清不情愿地服从了他的命令，随后就自杀了。当追捕者赶到时，只看到两具尸体，他们把义朝的头颅带回到京都，挂在天牢旁边的树上示众。[11]

平治之乱后，平清盛处死或流放了两个竞争对手家族的几乎所

时间线 14

西法兰克	教皇	宋	金	大越	日本
				富良江战役 （1076）	后三条天皇 （1068—1073） 白河天皇 （1073—1087）
		李清照 （1084—约1151）			堀河天皇 （1087—1107） 鸟羽天皇 （1107—1123）
富尔克五世， 安茹伯爵 （1109—1129） 皮埃尔·阿伯拉尔 成为巴黎圣母院学 校的主管（1114）			太祖阿骨打 （1115—1123）		
	卡利克斯特二世 （1119—1124）				
阿伯拉尔的著作 在苏瓦松被烧毁 （1121）					
	洪诺留二世 （1124—1130）		太宗 （1123—1135）		崇德天皇 （1123—1142）
		南宋开始 高宗 （1127—1162） 宋朝建立 海军		李神宗 （1127—1138）	
	英诺森二世 （1130—1143）				
阿伯拉尔完成 《神学》（1135） 路易七世 （1137—1180） 阿伯拉尔被谴责 为异端（1141） 皮埃尔·隆巴 尔德在巴黎圣 母院学校执教 （1145）			熙宗 （1135—1150）		
		《绍兴和议》 （1141）			近卫天皇 （1142—1155）
	尤金三世 （1145—1153）				
		陈旉著成 《农书》 （约1149）	海陵王 （1150— 1161）		
					后白河天皇 （1155—1158） 保元之乱（1156） 二条天皇 （1158—1165） 平治之乱（1160）
	亚历山大三世 （1159—1181）				
		孝宗 （1162—1189） 《隆兴和议》 （1165）			

有重要成员。在近 20 年的时间里，藤原氏的势力崩溃了。现在平氏家族势力上升，但上皇仍然控制着朝廷，而其他家族则等待着复仇的机会。

/ 15

一支军队的覆灭

> 1146年至1197年，朝鲜半岛上，国王轻视武官，因此军队叛乱推翻了国王，其后国王和军队都屈从于权臣。

朝鲜半岛位于中国东面、日本西面，半岛上民族单一，由一个王族统治。在200多年中，整个高丽一直统一于同一王朝之下。人们讲同样的语言，在同样的佛寺朝拜，遵从着同样的法律。

但这并非意味着高丽时期的朝鲜半岛很和平。

12世纪前期的几十年间，两场叛乱威胁到了高丽王室。国王的外祖父领导了第一场叛乱，一个和尚领导了第二场叛乱。这个和尚率领其信徒成立了一支军队，名曰"天遣忠义"。这两场叛乱被在位的君主仁宗平息，但是叛乱的根源在于民众深深的不满，对此仁宗未采取任何措施加以解决。[1]

高丽虽然当时处于统一状态，但国内已经存在严重分化。望族的家谱可以追溯到高丽统一之前，他们只跟其他的望族通婚，各自拥有自己的乡间庄园，还把持了政府绝大多数的文官位置。12世纪

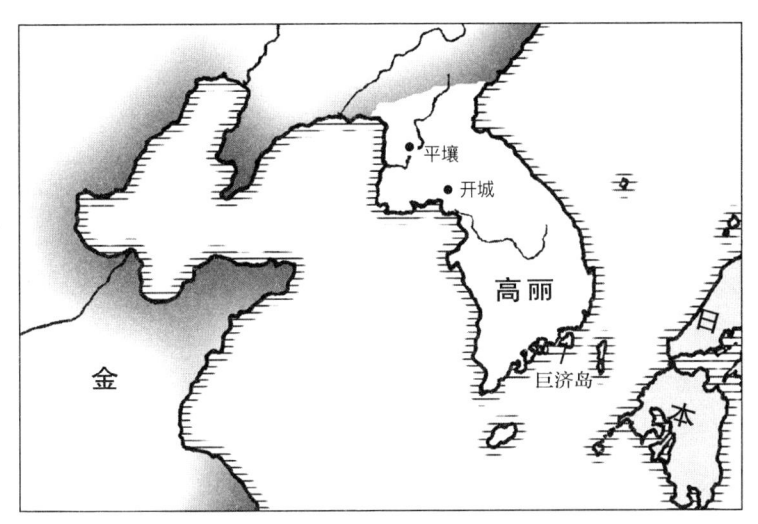

地图 15-1　高丽

的诗人李奎报说过，看到贵族身佩的笏板，就能知道他的身份。²

而另一方面，武官总是被授予最低等的官位。军队在平定叛乱时坚定地站在王室一边，并长期保护着北方边境，对抗着徘徊在外、意图侵略的游牧民族。但贵族却不愿让军人获得更多权力。军人若想获得重要的文官职位，就必须通过科举考试，而仁宗政府甚至停办了该考试。这样一来，军人就失去了任何通过正常晋升而获得朝廷官位的途径。³

但是军人并不是贵族野心的唯一受害者。到了12世纪初，大型私人庄园不断扩张——一方面来自王室的赐予，另一方面则是通过兼并穷人的土地，这导致农民离失所，越来越多的高丽农民放弃耕种，在乡间游荡，成为流寇。⁴

1146年仁宗逝世，其长子加冕为王，是为毅宗。毅宗是高丽王朝的第18位国王，他继位时国家动荡不安。要想坐稳王位，须圆滑又有智慧，但毅宗两者皆无。他的父母曾公开表示他们更看好二王子王晫，他们认为毅宗游手好闲，没有管理国家的能力。后世史家也持同样的观点。毅宗更偏爱建造雄伟的花园和创作诗歌，而非治理国家。后世史书《高丽史》中记载，他"游幸无度，每至佳境，辄驻辇吟赏风月"。另一则记载则说他每天带着宫廷侍从在花园里喝到大醉。[5]

毅宗继位时只有19岁，但他深深地意识到，家人都不喜欢他。1151年，毅宗继位5年后，朝中谣传王晫意图谋反，毅宗以此为借口将王晫贬为庶人并罢免了王晫的同党，不过这个谣言毫无依据。然而王晫仍然有很多支持者，在他母系家族中更是如此。毅宗一直十分担心王晫发动政变。6年后，由于仍担心王晫过于受到人们的尊重，毅宗放逐了王晫和他的亲信，命令他们离开首都开城。[6]

自此时起，王晫和他的同党从历史中消失了。但他们的影响仍在。他们在后来的几十年中就像镜中若隐若现的鬼魂一般存在着。

蔑视、不尊重高丽武官的人越来越多。而毅宗假装有教养、爱好和平的行为更强化了这种蔑视。毅宗修建佛寺，并将佛寺命名为"安宁""喜乐"之类的名字。他对军事丝毫不关心。他挖掘池塘种植莲花，周游各地，救济穷人。同时，他还命令士兵们参与挖沟渠、垒城墙等公共设施建设，修建过程中还强迫武官充当文臣们的保镖。但军人们还是经常发现他们的军饷会被意外停发，或属于他们的大片土地突然被重新划分。国王出游的时候，军人被要求在一旁等候，他们又冷又饿，直到文官吃得饱饱的才能吃饭。[7]

在1144年的一场王家宴会上，一个名叫金敦中的文官（性格不羁，其父金富轼曾任宰相，也是正史《三国史记》的主编）对军队出身的将军郑仲夫开了一个十分不当的玩笑，而这个玩笑暴露出了武官地位的低下。38岁的郑仲夫将军军事经验丰富，他差不多有2米高，非常不好惹。金敦中趁着酒意，向郑仲夫扔了一支蜡烛，点燃了将军的长胡子。郑仲夫勃然大怒，打了金敦中。金富轼则要求仁宗降罪于郑仲夫。仁宗表面答应，但暗中告诉郑仲夫消息，郑仲夫出逃，躲过了一劫。毅宗即位后，郑仲夫官复原职。然而在1167年，毅宗巡幸奉恩寺时，金敦中的坐骑不慎冲撞到一名骑兵，导致一支箭矢飞向了毅宗的御辇。毅宗误以为有人行刺，而金敦中却将过失归咎于郑仲夫疏于护驾。[8]

郑仲夫将军恰巧同王暻的两个被贬的朋友有姻亲关系，他的部下李高和李义方与王暻的另一位被贬的朋友来自同一宗族。经过金敦中和郑仲夫的一系列矛盾后，高丽文武两班矛盾日益激化，人们对于毅宗霸道的不满暗流涌动，这种情绪围绕着这三个人开始凝聚成怨恨。

3年后，积怨终于爆发。

在一次文臣武官随同毅宗出游的过程中，他们之间的差距已经变得十分明显，李义方和李高向郑仲夫抱怨道："文臣得意醉饱，武臣皆饥困，是可忍乎？"郑仲夫仍记得金敦中的侮辱，他对此也十分恼怒。《高丽史》中记载道："仲夫曾有燃须之憾，乃曰：'然。'遂构凶谋。"[9]

他们的机会来得很快。次日，国王举办了一场比武，胜者将获得丰厚的赏赐。比赛时文臣韩赖嘲笑了一个落败的武官，还将该武官推倒在地以证其孱弱。《高丽史》记载道："王与群臣抚掌大笑。"

这场比赛激化了本已十分严重的矛盾。当天黄昏，郑仲夫率领他的同党在宫门处发动攻击。卫兵受到突袭，抵挡不住；而武官们喊着"凡戴文冠者，虽胥吏杀无遗种"的口号，开始了一场屠杀。韩赖藏在国王床下，被拖出后刺死于国王寝宫外。在这场血洗之中，金敦中也丧命了。[10]

叛乱结束之后，高丽朝廷中一整个阶层的人消失了。据《高丽史》记载："凡扈从文官及大小臣僚宦寺皆遇害，积尸如山。"毅宗将所有的权力移交给郑仲夫和他的同僚，换得活命。郑仲夫没有杀他，而是把他流放到了一个靠近南部海岸的闭塞小岛——巨济岛。叛乱者拥立他的弟弟为新王，是为明宗。明宗此时年近40岁，软弱且无主见，执政的27年间没有获得任何实权。[11]

前朝对军人的轻视、撤职、驱逐等一系列行为引起了武臣的不满，因此在接下来的近100年里，高丽进入了武臣统治时代。

这一时期并不太平。一方面，郑仲夫将军也有反对者。他年轻的盟友李高和李义方助他组成武臣政府，接管了原本属于文臣的政府管理工作。包括李高、李义方在内，每个属于武臣政府的人都希望争得更多掌控权。

另一方面，毅宗虽然被流放，但他仍有支持者。他虽然对军人并不好，但他一直是一位虔诚的佛教徒，十分大手笔地修建了许多寺庙。他也曾降低税赋，救济穷人。[12]

1173年，任职于高丽东北的官员金甫当组织了一支起义队伍，该队伍对朝廷构成了实质威胁。起义者主要由仍对毅宗忠诚的军人和文臣们组成。金甫当虽然是个军人，但他在郑仲夫政府掌权后被贬，与武臣政府无任何关系。相比之下，在旧政府下他活得更好。

这次起义惨败，金甫当被杀。他在临死时大喊："凡其文臣孰不与谋！"这句话又掀起了另一场灾难。许多没在1170年叛乱中遇害的文臣遭到了新一轮的清洗，一些平民曾对武官处境表示同情，而现在他们开始反对新政权。这时李义方派出的人已暗杀了被监禁在小岛上的毅宗。

1174年,一位被贬文臣在北部城市平壤又组织了一支更大的义军,再次起事。这次起义又失败了。但高丽北部叛军迭起,两年后,武臣政府派来的军队才抓到了义军的头目,打散了义军。[13]

但武臣政府仍动荡不安。长达25年的血腥权斗开始了。先是李高和李义方陷入争斗,李义方于1171年杀掉李高。李高死后李义方成了无可争议的第二领导人,他将自己的女儿嫁给了明宗的儿子,成为太子妃。这一举动透露出他的野心,因此郑仲夫将军在李高死后又干掉了李义方。郑仲夫之后独掌武臣政府5年,但臣民们很快觉得他执政过于严苛。1179年,一位年轻的武官发动政变,将郑仲夫及其子杀死。

国家陷入混乱。1196年时,崔氏兄弟崔忠献和崔忠粹谋害了他们最大的敌人,宣布接管武臣政府。

哥哥崔忠献接管政权长达20余年。崔忠献是一名老兵,经历了25年内战,时年47岁,是当时的崔氏家主。崔忠献不同于他的前辈们,他的政治眼光更为长远。他不打算通过难以约束的高丽军队来统治国家,那些死掉的人证实了这个政策并没有用。

他也没有想要称王。

让自己的子孙继承王位,会打破高丽王朝君权神授的统治合法性,该举动可能会引发民众对军事独裁的新一轮抵抗。夺权一年后,因明宗年老,身体每况愈下,他建议明宗退位。大概是因为可以活着退位而松了一口气,明宗很快答应了。崔忠献立明宗的弟弟为王,是为神宗。神宗更加依附于崔忠献。《高丽史》记载道:"神宗为崔忠献所立,生杀废置皆出其手。徒拥虚器立于臣民之上,如木偶人耳，惜哉。"[14]

神宗继位后不久，弟弟崔忠粹决定将自己的女儿嫁给神宗的儿子，成为太子妃。但崔忠献强烈反对这个做法。崔忠献否决了弟弟的要求，他说："今我兄弟虽势倾一国，然系本寒微，若以女配东宫，得无讥乎！"崔忠粹不理会他，仍打算将女儿嫁给太子。两兄弟间爆发了激烈的冲突，他们的支持者分裂成了两股力量，甚至开始在街头械斗。这场斗争最后以崔忠粹的死告终。[15]

此时国王只听命于崔忠献，而崔忠献的目的愈加昭然。他并不想成为军队首脑或是王室一员，他想成为这个国家的幕后控制者。他有私人侍卫，外加忠诚于他的军队，这些成了首都内一股独立的军事力量。起初，他们只保护崔忠献家。但随着时间的推移，军队不断扩张，雇佣兵、王家军队逃兵、新盟友不断加入，最终崔忠献控制了 36 支训练有素的武装部队。《高丽史》记载道："凡文武官闲良军卒强有力者，皆招致，分为六番，更日直宿其家，号都房，其出入合番拥卫，如赴战阵焉。"[16]

在接下来的几十年中，崔忠献慢慢掌握了包括税收权、刑事权在内越来越多原本属于政府的权力。同时，他认同高丽王室存在，认同传统政府存在，也认同军队存在。武臣政府不再拥有任何管理国家的权力，他们只能执行仪式性的任务：举办大型佛教庆典，制作国家地图等。这次军事叛乱不仅摧毁了高丽的文官系统，也伤害到了军队本身。[17]

15 一支军队的覆灭

时间线 15					
宋	金	大越	日本		高丽
			鸟羽天皇（1107—1123）		
	太祖阿骨打 （1115—1123）				
	太宗 （1123—1135）		崇德天皇（1123—1142）		仁宗（1122—1146）
南宋开始 高宗 （1127—1162） 宋朝建立海军		李神宗 （1127—1138）			
	熙宗 （1135—1150）		近卫天皇（1142—1155）		
《绍兴和议》 （1141）					
					毅宗（1146—1170）
陈旉著成 《农书》 （约1149）	海陵王 （1150—1161）				
			后白河天皇 （1155—1158） 保元之乱（1156） 二条天皇（1158—1165）		
	世宗 （1161—1189）		平治之乱（1160）		
孝宗 （1162—1189） 《隆兴和议》 （1165）					
					郑仲夫领导兵变 （1170） 明宗（1170—1197）
					金甫当起义（1173） 郑仲夫被刺杀 （1179） 崔氏家族掌权 （1196）

/ 16

金雀花王朝新王

> 1147 年至 1154 年,英格兰结束了无序时代。

英格兰内战不断。

在内战期间,布卢瓦的斯蒂芬一直担任英格兰国王。亨利一世的女儿玛蒂尔达一直带兵驻扎在英格兰乡下,不断要求获得王位。国王的军队控制着英格兰东南部和首都伦敦,玛蒂尔达的军队控制着英格兰西南部。中间地区一片荒芜。《盎格鲁-撒克逊编年史》里写道:"这里一片荒芜,你走一天也不会看到村子里有人居住、田间有人耕种。"[1]

1147 年,玛蒂尔达的 14 岁的儿子亨利从西法兰克的大学[他的导师是受人尊敬的哲学家孔什的威廉(William of Conches),威廉著有一部旨在将希腊自然哲学与基督教正统思想融合在一起的巨著]退学,前往英格兰。他召集了一小支军队,或许是通过向士兵许诺可以分得战利品。他在英格兰刚一登岸,谣言就随之传播开来。

有人说，亨利带来了一支大军，或是两支。他已经准备好了摧毁对手，而他的后台可能是法国国王。

但这都不是真的。在几次与斯蒂芬的小股部队的战斗中，亨利的军队都失利了，而且这些士兵很快就意识到，他们并没有什么战利品可得。这些士兵抛弃了他，将这个14岁的少年留在了敌方领土上。亨利给母亲发出了一条绝望的求救消息，但她的财富也早已耗尽。最后，斯蒂芬本人出钱让亨利回家。[2]

亨利十分屈辱地回到了学校。但很快他又放弃学业，重新参与到战争中来。亨利在英格兰的尴尬失败4年后，他的父亲金雀花若弗鲁瓦五世（Geoffrey V Plantagenet）死于一场发热。18岁的亨利继位成为新的安茹伯爵兼诺曼底公爵。

一年之内，他将自己的领地又扩张了一倍。

亨利的领主是卡佩王朝国王路易七世，当时的路易刚结束了第二次十字军东征返回。从耶路撒冷回来的路上，他在意大利逗留了一段时间，与教皇讨论他与阿基坦的埃莉诺的离婚问题。但教皇不仅不同意他离婚（索尔兹伯里的约翰写道，教皇"拒绝以后再谈论"这件事，他感觉自己"受到了痛苦的诅咒"），还把这对纠结的夫妻关到了一个只有一张单人床的房间（"床上装饰上了他自己那无价的帷幕"），以鼓励他们相处。[3]

这个策略适得其反。埃莉诺怀孕了，但她的第二个孩子仍是女儿。直到此刻之前，路易七世都强忍着对埃莉诺的不满。而王后没有生出一个男性继承人，意味着路易不用自己费劲就可以结束他们的婚姻。在无所不在的克莱尔沃修道院的贝尔纳（他从未赞成路易娶埃莉诺）的帮助下，路易再次向罗马教皇申请离婚。这一次，教皇意识到了他们婚姻不可避免地要破裂，于是同意他们离婚。他们

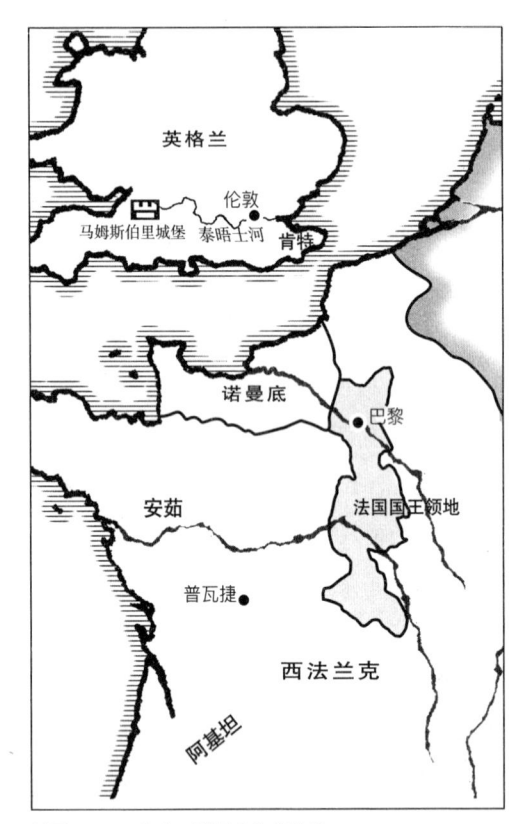

地图 16-1 安茹、诺曼底和英格兰

的婚姻结束于 1152 年 3 月 11 日。

30 岁的埃莉诺留下两个女儿给路易七世照料,离婚后她立刻来到了法国小镇普瓦捷。在普瓦捷她结识了年轻的亨利,并在离婚仅仅两个月后的 5 月 18 日与亨利结婚。

多位当时的历史学家认为,他们是因相爱而闪婚的。亨利和埃莉诺在这一年年初时曾见过彼此,当时若弗鲁瓦和亨利拜访法国宫廷，觐见国王。亨利的母亲玛蒂尔达比他的父亲若弗鲁瓦大11岁（若弗鲁瓦去世时她49岁），因此亨利和埃莉诺的年龄差对于这个年轻的公爵来说似乎非常正常。而且这段婚姻在14年中最终孕育出了八个孩子（而她与路易七世15年的婚姻只生了两个孩子），性明显是他们爱情的一部分。通过婚姻，亨利获得了阿基坦一大片富饶的土地，这扩大了他原本已广阔的领土，埃莉诺也获得了西法兰克王国最强大贵族的保护。

这场联姻也削弱了路易七世的实力：他原来一半的领土落入了敌人之手。

路易七世非常愤怒，他在深思熟虑后［据史学家文多弗的罗杰（Roger of Wendover）记载："他十分不满亨利公爵。"其实路易七世可不仅仅是不满］，决定立刻对新婚的安茹伯爵宣战。但亨利不再是1147年那个毫无准备的14岁少年，他击退了路易七世的进攻，并反攻到路易七世的王室领地，逼得路易七世被迫休战。路易休战的条件是：只要亨利发誓效忠于法国王室，他将承认亨利对阿基坦的所有权。[4]

亨利同意休战。他的领地比路易七世的领地大7倍多，因此他在西法兰克王国的权力是安全的。而且他一直觊觎着英格兰。他的母亲玛蒂尔达在10年徒劳无功后返回诺曼底，亨利打算继续母亲未竟的征战，夺取英格兰。

1153年1月，亨利再次登陆英格兰海岸，这次他带了3000人来。几乎刚一登岸，他就从斯蒂芬手中夺下了马姆斯伯里城堡，并将其当作深入英格兰乡间的基地。到了8月的第一个星期，亨利的军队已到达泰晤士河边。[5]

几天后，斯蒂芬的儿子、继承人尤斯塔斯（Eustace）死于突发癫痫，斯蒂芬无心再战。他提出休战，并提出了条件：他将继续统治英格兰直到去世，亨利也须发誓效忠斯蒂芬。作为交换，亨利将获得英格兰的继承权。

斯蒂芬已年过花甲，而亨利刚满 20 岁。年轻的亨利同意了这个条款，两人在 1154 年 1 月签署了《沃灵福德条约》(Treaty of Wallingford)，此时亨利到达英格兰刚刚一年。

在 10 个月的时间里，斯蒂芬作为英格兰无可争议的国王统治这个国家。纽堡的威廉（William of Newburgh）写道："他……就像一位新王那样认真治理国家。"但是到了 10 月份，他在主持肯特教堂会议时旧疾发作——他得了严重的"心绞痛"和"感染"。他可能感染了阿米巴痢疾——这病在当时英国很常见，因为到处都是死水，而肥皂却不够用。他卧床几天后就去世了。[6]

斯蒂芬去世时，亨利正因恶劣天气和糟糕的后勤运输而滞留在诺曼底。但他最终在 12 月 7 日到达了英格兰海岸，饱受战争之苦的人们对他的到来致以欢呼。纽堡的威廉说："上一个统治者给他们带来了太多痛苦，在这种统治下，很多罪恶得以滋生。他们希望新的统治者能带来好的转变。"亨利和埃莉诺于 12 月 19 日在威斯敏斯特大教堂加冕为国王和王后。一周未过，亨利二世（Henry II）已经开始清理饱受战火摧残的英格兰王国。[7]

国家需要明君，而亨利二世恰有此素质。这是一个皆大欢喜的巧合。亨利天生是个坐不住的人。14 岁入侵英格兰是他能力的第一次展现，这种能力影响了他身边的每一个人。他的秘书布卢瓦的皮特（Peter of Blois）说：

> 如果国王说要在某地待一天，他肯定很早就会起床……你

可能会看到人们疯了一样地跑来跑去，催促驮货物的马匹，驾驶着战车往来穿梭，一切都处于混乱状态……他除了在马背上坐着，就只有吃饭的时候坐着了。必要时，他会一天赶普通人四五天的路程……他不像其他国王那样在宫殿里徘徊，而是四处考察，看各处都在做些什么。[8]

他一直都很好动。他每天都在宫殿里听弥撒，但他发现自己根本坐不住，所以在弥撒进行中，他也要低声对他的官员发号施令；而当必须保持安静的时候，他就通过画画来传达指令。他最喜欢的神父是那些做弥撒做得最快的神父，这样他就可以尽快去做下一件事。当他无法去做想做的事情时，总是会极度愤怒。他曾因护卫玩忽职守而怒不可遏地将身上的衣服撕烂，在屋子里四处乱扔。他不断地旅行，不经常与妻子同房，但埃莉诺在他加冕前给他生了个儿子，并很快再次怀孕。而这如果发生在路易七世身上，他一定会欣喜若狂。[9]

亨利二世加冕后第六天刚好是圣诞节，亨利下令驱逐在无政府状态期间蜂拥进英国的外国雇佣军。他还下令拆除了没有得到王室准许所建的城堡——这些城堡竟有1000多座。这两项指令解决了他的心头大患：一些贵族在无政府状态下修建城堡、雇用雇佣军，他们的力量不断壮大，强大到能跟王室抗衡。

少数几个贵族抗拒执行这两项削夺他们权力的命令。亨利二世立即下令围攻不服从的贵族，抄没其家产。亨利的快速反击使得他人不敢仿效。男爵们放弃抵抗，服从于金雀花国王的统治。无政府状态结束，英格兰（至少在一段时间内）重归和平。[10]

时间线 16

日本	高丽	英格兰	西法兰克
		亨利一世（1100—1135）	
鸟羽天皇（1107—1123）		《伦敦协定》（1107）	
			皮埃尔·阿伯拉尔成为巴黎圣母院学校的主管（1114）
崇德天皇（1123—1142）	仁宗（1122—1146）		阿伯拉尔的著作在苏瓦松被烧毁（1121）
		斯蒂芬（1135—1154）	阿伯拉尔完成《神学》（1135）
			路易七世（1137—1180）
近卫天皇（1142—1155）		无序时代（1139—1154）	阿伯拉尔被谴责为异端（1141）
	毅宗（1146—1170）		皮埃尔·隆巴德在巴黎圣母院学校执教（1145）
			路易七世和阿基坦的埃莉诺离婚 & 埃莉诺和安茹的亨利结婚（1152）
后白河天皇（1155—1158）		《沃灵福德条约》（1154）	
保元之乱（1156）		亨利二世（1154—1189）	
二条天皇（1158—1165）			
平治之乱（1160）			
高仓天皇（1168—1180）	郑仲夫领导兵变（1170）		
	明宗（1170—1197）		
	金甫当起义（1173）		
	郑仲夫被刺杀（1179）		
	崔氏家族掌权（1196）		

/ 17

腓特烈一世

> 1147年至1177年，神圣罗马帝国在战争中失去了意大利，但加强了对德意志的统治。

皮埃尔·阿伯拉尔去世后不久，教会被迫将其权威地位让给了权力不断扩张的德意志。

1147年3月，克莱尔沃修道院的贝尔纳经过德意志腹地时，试图说服德意志骑士参加当时战事不利的第二次十字军东征。在法兰克福，德意志十字军代表团向他提出了一个特殊要求：他们想履行自己的誓言，但他们不打算东征。德意志北部的斯拉夫部落被统称为温德族（Wends），他们认为可以通过袭击该部落而扩张神的王国。*

不同于几个世纪前的斯拉夫部落，温德族主要都是定居的农

---

* 温德族由五个部落联盟组成，分别是 Wagrians、Abotrites、Polabians、Rugians 和 Liutizians。请参阅：John France, *The Crusades and the Expansion of Catholic Christendom, 1000—1714* (Routledge, 2005), pp.111ff.

民。但他们中的大部分人都不是基督徒。对贝尔纳来说，征服这一地区是十字军东征符合逻辑的扩展。毕竟他几个月来一直宣称十字军东征是为了使异教徒归顺上帝。他与德意志士兵达成一致：他们应当进攻温德族，并且应该"战斗不息，在神的帮助下，使他们皈依，或是将他们消灭"。教皇尤金三世表达了他对此事的祝福，于是十字军对温德族的征服开始了。[1]

贝尔纳期望日耳曼人占领整个温德族的土地，让温德族接受洗礼或选择死亡。但对温德族的战争没有明确的领导者。原本加入德意志军队的丹麦人很快分离出来，独立行动；德意志人对于战略也有不同意见。几个月过去了，整个进攻以失败告终。十字军只获得了很少的战利品，且没有一个温德族人皈依基督教。[2]

作为一场圣战，对温德族的征服是失败的。

但作为一场政治运动，它是成功的。德意志十字军中，有一支是由时年18岁的"狮子亨利"（Henry the Lion）领导的，他对德意志国王心怀仇恨。亨利的父亲（巴伐利亚公爵、萨克森公爵），曾反对选举康拉德三世为王（那时他仍在东部领导十字军东征），康拉德三世刚一加冕德意志国王，就没收了亨利家族的土地。亨利的父亲被剥夺了爵位，在其去世之后，康拉德三世将萨克森公爵的爵位重新赐给年轻的狮子亨利；但是他却没有还给他巴伐利亚公爵爵位，而亨利却想要回来。

在征服温德族的过程中，狮子亨利与温德族人领导者中最有权势的一位签订了条约。有了盟友的支持，他立即宣布自己为巴伐利亚公爵。他建立自己的政府，拉拢盟友，招兵买马。到1152年时，他已经成了德意志最强大的贵族之一。

同年，康拉德三世去世。在亨利的煽动下，德意志的贵族们没有选择将王冠交给康拉德6岁的儿子，而是给了狮子亨利的表兄腓特烈。他来自士瓦本，时年30岁。

弗赖辛的奥托是这样描述腓特烈的："他热爱战争……尤其热爱扩张领土、征服其他民族。"他也是一个很有计谋的政治家。作为对狮子亨利支持的回报，他正式宣布恢复狮子亨利的巴伐利亚公爵爵位。他对宗教非常审慎，打猎时兴致昂扬，饮酒节制，长着褐色胡子［人们因此称他为"巴巴罗萨"（barbarossa），意为"红胡子"］。腓特烈将要统治德意志近50年，其中有一半时间会与狮子亨利争斗不断。[3]

腓特烈即位时写了一封信给教皇尤金三世，告知自己被选为德意志国王，并向教皇说明了德意志的权力分配。他引用5世纪时的教皇杰拉斯一世（Gelasius I）的名言，写道："管理这个世界的有两种权力，即教皇的神圣权力和王权。"换句话说，是上帝赐予了他王位，而非教皇。他非常乐意与教会合作，甚至为其提供保护；但他希望在自己的领地上拥有自主权。他总结说："我们认真地请求，天主教会应因其高贵而受人尊敬，罗马帝国皇帝也应在上帝的帮助下回归其最初的无上权威。"[4]

尤金三世清晰无误地读到了这封信的内容。他答应加冕腓特烈为神圣罗马帝国皇帝（这一称号康拉德三世终其一生都没有获得），条件是腓特烈帮助他解决一系列烦琐的世俗问题，如：西西里岛的诺曼王国从南方侵占教皇的土地；罗马事务官员（"罗马公社"，即处理城市事务的元老院成员）煽动群众抗议，以便从罗马教皇处获得更多自主管理罗马城的权力。[5]

等腓特烈带着一支声势浩大的德意志军队来到罗马时，尤金三世却不巧去世了。他的继任者阿德利安四世*（唯一一位来自英格兰的教皇）履行了承诺，于是腓特烈在 1155 年 6 月被加冕为神圣罗马帝国皇帝腓特烈一世。

但是，强行管理意大利是一个长期任务。罗马人并不接受德意志国王的领导。弗赖辛的奥托说，事实上他们"非常愤怒……因为腓特烈成为国王并没有经过他们的同意"。腓特烈加冕之后，意大利出现了街头暴动。腓特烈的部下杀死了上千罗马人，才突围出城，回到自己的营地。[6]

教皇国的北部也不友好。

弗莱辛的奥托指出，神奇的是，意大利北部地区发展出了一种非常奇特的社会。意大利人并不忠于国王，而是忠诚于他们的城市。他写道："实际上，这片地区有好几个城市，而周边领地的几乎所有贵族都服从于其城市的权力机关。"因此腓特烈一世发现自己并不是在征服一个国家，而是要征服一座又一座城市。热那亚人建了好几道新城墙，公然反对神圣罗马帝国皇帝。米兰的执政官说服了其他几个城市加入反帝国联盟。阿德利安四世意识到了半岛上民众普遍的反腓特烈情绪，于是他背叛了腓特烈，与南部的敌人诺曼人签订了和约。没过多久，还没等到腓特烈返回罗马惩罚他，阿德利安四世就去世了。这之后出现了两位教皇：由枢机主教按照基督教章程选出的合法教皇亚历山大三世（Alexander III）和由腓特烈任命的对立教皇维克托四世（Victor IV）。维克托四世在腓特烈军队的支持下在罗马即位。亚历山大三世逃到西法兰克王国，并宣布将对立教

---

* 尤金三世去世于 1153 年，继任者阿拿斯塔斯四世（Anastasius IV）在位不到一年即过世，阿德利安四世（Adrian IV）于 1154 年 12 月 3 日当选教皇。

皇维克托四世逐出教会，然而维克托四世对此置之不理。[7]

与此同时，狮子亨利基本上单独统治着德意志北部、东部地区，就像是统治着神圣罗马帝国中的小王国。1156年，他继续向东侵占斯拉夫人的土地。次年，为控制伊萨尔河（Isar）上的食盐贸易，亨利建立了慕尼黑城。1159年，他为吸引商船又在吕贝克城建立了港口。

但是他与腓特烈一世继续保持盟友的关系。他陪同腓特烈一起前往意大利，助他镇压意大利的反抗力量。1162年，在狮子亨利和比萨军队的帮助下（比萨后来觉得支持皇帝所获得的比反对他得到的要多），腓特烈一世终于征服了顽强的米兰。自腓特烈加冕后，米兰一直与其处于敌对状态，是腓特烈的心腹之患，让他耗费了很多金钱和人力。米兰被包围近8个月才屈服；最后，不堪饥饿的民众终于投降，腓特烈要求城内数百名精英赤脚出城，身上抹上灰烬，上来亲吻他的脚。然后他让手下洗劫米兰，烧毁房屋，掠夺教堂。一番洗劫之后，米兰已不复存在。人们都被强行带离，安顿在其他村庄。[8]

东方三博士（Magi，他们曾在耶稣出生时为其带来礼物）的遗骨是米兰最神圣的圣物，腓特烈一世为使其臣民意识到他的皇位是由上帝授予的，将东方三博士的遗骨带回德意志的科隆。腓特烈将东方三博士的遗骨安置在了当地教堂里，以庇护这座城市；这象征着他们承认腓特烈是比他们还要伟大的国王。维克托四世去世后，帕斯夏三世（Paschal III）在腓特烈的支持下在罗马成为对立教皇。3年后，腓特烈命令帕斯夏三世将查理大帝封为圣人。于是乎，他可以宣称，他的皇室血统是双重的：既是上帝之赐予，又是圣人之血脉。[9]

但这些都没有帮助他守住意大利。这些北方城市已经处于独立的状态太久了，古老的皇权权威对意大利北部从维罗纳到帕尔马、

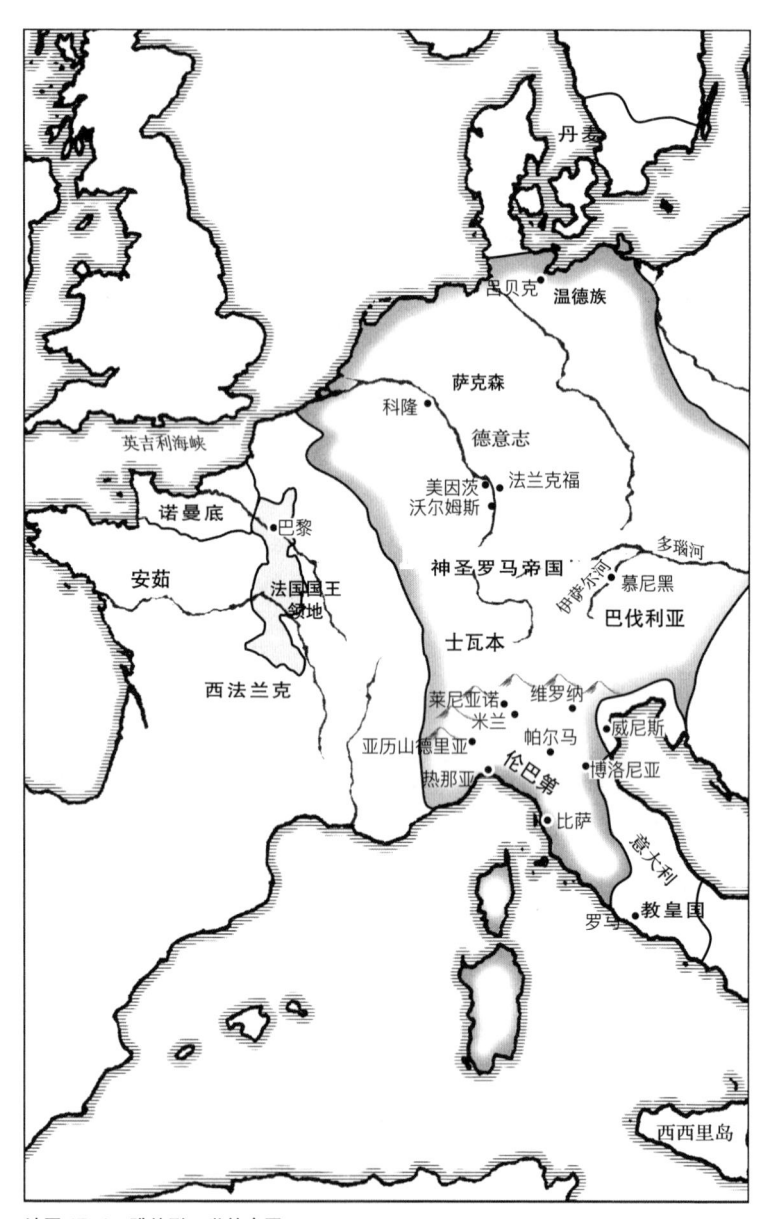

地图 17-1　腓特烈一世的帝国

从博洛尼亚到威尼斯的那些商人、同业公会会员、艺术家等人来说，没有什么影响。1167年腓特烈宣布统一意大利，北方城市成立伦巴第联盟（Lombard League）反抗这一做法。

腓特烈一世的回击终止于一场毁灭性的疟疾暴发。意大利编年史学家维泰博的戈弗雷（Godfrey of Viterbo）这样诗意地写道："风携着雷电自南部而来。天气寒冷，每个人都湿透了。士兵们发热严重……他们头痛欲裂……他们腹痛难忍、四肢无力。"[10]

疲弱的帝国军队撤退了，伦巴第联盟巩固了其统治。联盟城市开始合力重建米兰。它们还联手打造了一个新城市，封锁了德意志人进入意大利的山口。为了纪念流亡的教皇，新城市被命名为亚历山德里亚（Alessandria）。[11]

军中暴发疟疾是腓特烈一世运气不好，但是当腓特烈终于带着新的军队回到意大利的时候，他发现伦巴第联盟的力量已经超出了他的控制范围。1176年，联盟的联合军队在决定性的莱尼亚诺（Legnano）战役中击败了帝国军队。腓特烈识时务地决定停战。

1177年，他与联盟城市及合法的教皇亚历山大三世在威尼斯握手言和。联盟城市赢得了毫无争议的自治权。罗马的对立教皇帕斯夏三世死于1168年。腓特烈放弃支持对立教皇的继任者卡利克斯特三世，并承认亚历山大三世是唯一的教皇。

不过这对腓特烈一世来说也不全是坏消息。腓特烈与伦巴第联盟决战前，狮子亨利没有答应跟他一起去。回到德国后，他没收了狮子亨利的领地，流放了他。亨利的土地原本覆盖了德意志北部和东部的大部分，如今这些土地被重新分给一些贵族。这些人的权力有限，又都欠了腓特烈的人情。腓特烈失去了意大利北部，但现在他对德意志的掌控比以往任何时候都更坚实。

时间线 17

高丽	西法兰克	英格兰	教皇	神圣罗马帝国	意大利
				洛泰尔三世（1125—1137，1133年加冕）	
	阿伯拉尔完成《神学》（1135）	斯蒂芬（1135—1154）	英诺森二世（1130—1143）		
	路易七世（1137—1180）				
		无序时代（1139—1154）		康拉德三世（1138—1152，未加冕）	
	阿伯拉尔被谴责为异端（1141）				
	皮埃尔·隆巴尔德在巴黎圣母院学校执教（1145）		尤金三世（1145—1153）		
毅宗（1146—1170）			温德十字军（1147）		
	阿基坦的埃莉诺和安茹的亨利结婚（1152）			腓特烈一世（1152—1190，1155年加冕）	
		《沃灵福德条约》（1154）	阿拿斯塔斯四世（1153—1154）		
		亨利二世（1154—1189）	阿德利安四世（1154—1159）		
			亚历山大三世（1159—1181）	维克托四世（对立教皇）（1159—1164）	
			帕斯夏三世（对立教皇）（1164—1168）		腓特烈一世占领米兰（1162）
					伦巴第联盟（1167）
郑仲夫领导兵变（1170）			卡利克斯特三世（对立教皇）（1168—1178）		
明宗（1170—1197）					
金甫当起义（1173）					
郑仲夫被刺杀（1179）					
崔氏家族掌权（1196）					

/ 18

西班牙的穆瓦希德王朝

> 1147年至1177年，穆瓦希德王朝推翻了穆拉比特王朝，但他们没能控制伊比利亚半岛。

1147年，莱昂-卡斯提尔王国的阿方索七世曾向南发动进攻，将原先穆拉比特超过一半的土地纳入基督教掌控范围。同年，葡萄牙的阿丰索一世从穆斯林的手中夺取了里斯本，而这也成了他称王的资本之一。同一年，穆拉比特王朝陨落。穆瓦希德王朝大军在阿卜杜勒·穆敏的领导下冲进马拉喀什，结束了疲弱不堪的穆拉比特王朝最后的统治。[1]

穆拉比特王朝的残存势力徘徊在西班牙，漂泊无依。格拉纳达从马拉喀什的统治下独立出来，但仍处于穆斯林的控制之下。在没有非洲其他力量的干预下，格拉纳达城开始掌握自己的政治命运，而这也成为格拉纳达与阿方索七世联盟的前奏。巴伦西亚和穆尔西亚组成了一个由伊本·马丹尼什（Ibn Mardanish）统治的小国，马丹尼什决定与基督教国家莱昂-卡斯提尔讲和，愿意成为阿方索七世

的附庸，以此换取和平。²

但是他的国家只获得了暂时的独立。历史学家马拉古希说："穆敏占领摩洛哥所有的省份后，开始进攻北非的东部地区，并很快将矛头指向了西班牙。"1155年，格拉纳达被迫向穆瓦希德的军队投降，并承认穆敏的统治。两年后，穆瓦希德王朝向格拉纳达的北部拓展，从阿方索七世手中拿下了乌韦达（Ubeda）、巴埃萨（Baeza）和阿尔梅里亚（Almería）。³

阿方索七世在阿尔梅里亚一战中失利后撤回自己的领地，在回去的路上他病倒了。他于1157年8月去世，其领土由两个儿子继承。卡斯提尔王国留给了桑丘三世（Sancho III），莱昂王国留给了斐迪南二世（Fernando II）。

分割王国使两兄弟和他们的继承人陷入敌对关系，把四个基督教王国最后的统一也给割裂了。桑丘三世在位一年后去世，他3岁的儿子阿方索八世（Alfonso VIII）继承了卡斯提尔王国，王国内的贵族们随即为摄政权争斗不断；纳瓦拉国王，复辟者加西亚之子，趁机占领了卡斯提尔王国的一些边境城市。⁴

但是，南部伊斯兰国家的情况并不比北部的基督教国家更好。西班牙仍是穆瓦希德哈里发王朝的第二大目标，穆瓦希德王朝仍然不断加强对北非的控制。格拉纳达投降后，巴伦西亚和穆尔西亚的领主伊本·马丹尼什拒绝服从穆瓦希德的统治，而选择继续与卡斯提尔的基督徒联盟。虽然格拉纳达投降了，但它在穆瓦希德的统治下始终处于暴动的边缘。⁵

生活在这片混乱、充满斗争的地区的许多人离开了。犹太拉比迈蒙·本·约瑟夫（Maimon ben Joseph）也是其中一人，他1160年时带着妻子和成年的孩子们离开了半岛。像许多犹太人那样，

地图 18-1　西班牙诸王国

本·约瑟夫一家的生活水平不断降低。1146年，穆瓦希德王朝颁布了一条法令，规定所有的犹太人（包括生活在伊斯兰地区的基督徒）必须改信伊斯兰教。但法令规定人们改变信仰后也必须穿一种不同的黑袍，戴一顶不同的黑帽，以区别于他人。穆瓦希德王朝在西班牙境内的势力越来越强大，该法令也越来越得到严格的执行。本·约瑟夫在背井离乡之前写道："就像溺水一样，我们要被淹没了，被羞辱、指责、鄙视淹没。生活中充满了束缚，而我们深陷其中。"[6]

基督教国家的情况仅仅是略好一些。和许多其他人一样，本·约瑟夫一家越过地中海来到北非海岸。最终他们到达埃及并安顿下来，当时埃及的统治者是更为温和的萨拉丁。在埃及，本·约瑟夫的长子迈蒙尼德（Maimonides）开始行医为生。同时他还开始撰写一部14卷的内容详尽的犹太律法总结。他希望这部书可以给乱世中漂泊四散、精神迷惘的犹太人以生活上的指导。

与此同时，穆瓦希德王朝对北非的统治也加强了。

穆瓦希德哈里发穆敏曾将整个北非都纳入了自己的控制范围。穆瓦希德历史学家马拉古希写道："真主在他的帮助下，扑灭了伊菲里基亚（Ifriqiya）的不信真主的思想。"为了全面进攻基督教世界的反抗力量，他计划进行大规模的调动，将军队运送至伊比利亚半岛。[7]

但1163年，他在发动入侵前去世了。他有15个儿子，这些年他的儿子兼继承人优素福一世（Yusuf I）一直在为国王地位和兄弟们争斗不断。伊比利亚半岛上的斗争仍在继续，小型对抗频发，边境冲突、游击战不断。动乱的年代为佣兵和冒险者们提供了机会。

"无畏的杰拉德"（Gerald the Fearless）是其中的佼佼者。杰拉德是一名富有的葡萄牙战士，他组织了一队强盗在埃斯特雷马杜拉地区（Extremadura）英勇战斗。埃斯特雷马杜拉在葡萄牙边境之外，深入穆瓦希德帝国的领土。1165年前后，他袭击了埃武拉城（Evora）。后来的史学家们认为，当他的士兵在城墙下裹足不前时，杰拉德将矛插在城墙的石缝中搭成梯子登了上去。下来时他带下了好几颗首级。埃武拉的盾徽中记录了这件事，就像路易·瓦

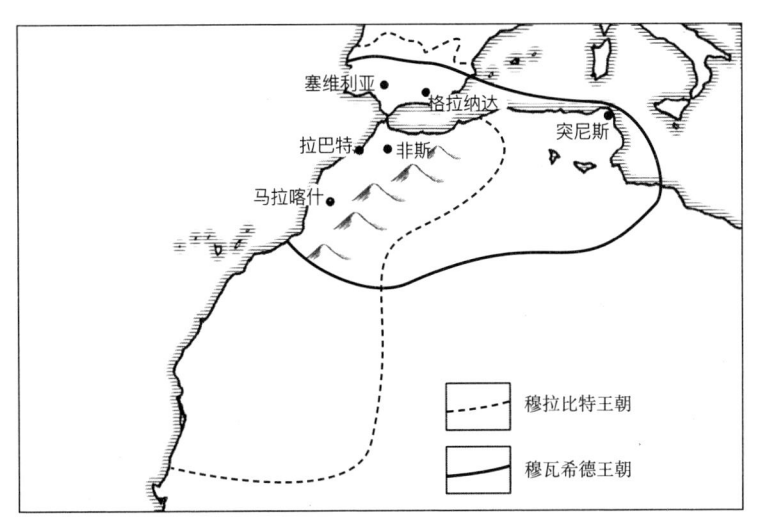

地图 18-2　穆瓦希德王朝

兹·德·卡蒙斯（Luis Vaz de Camões）写于 16 世纪的史诗《卢济塔尼亚人之歌》(*Os Lusiadas*) 中吟诵的那样：

> 他的枪闪闪发光，
> 他带着敌人的头颅回到战士身旁。
> 两个门卫已被他杀死，他是如此有勇有谋。
> 就这样，他攻下了埃武拉。[8]

拿下埃武拉是"无畏的杰拉德"和他军队的第一场胜利，这也开启了接下来的一连串成功。他紧接着至少夺取了四座城镇。

杰拉德的一连串胜利惊动了穆瓦希德王朝，但更不安的是基督教国家。杰拉德似乎要成立一个属于自己的王国。当杰拉德在 1169

年进攻穆瓦希德城市巴达霍斯（Badajoz）时，葡萄牙的阿丰索·恩里克和莱昂王国的斐迪南二世联合起来赶走了他。

杰拉德此时发现自己无处可去。他向葡萄牙国王提出和谈。但阿丰索·恩里克在巴达霍斯一战中摔断了腿，只要一骑马就会感到疼痛，因此他不肯原谅他，没有接受和谈。因此，杰拉德在1172年提出向穆瓦希德的哈里发优素福一世俯首称臣。

哈里发接受了他的效忠，但派他驻守在摩洛哥沙漠。这意味着哈里发不信任杰拉德。果然，几个月后杰拉德第二次与阿丰索·恩里克展开秘密谈判，提出交出新领地，将该地提供给葡萄牙作为攻击穆瓦希德帝国的基地。优素福一世听到消息后立即发兵征讨杰拉德；不知道是否是刻意设计好的，这些士兵在行动中杀死了杰拉德。[9]

巴达霍斯一战将穆瓦希德王国派驻巴达霍斯城的统治者和两个基督教国王逼到了同一战线。结盟变得混乱，这给优素福一世带来了很大麻烦。终于在1171年夏天，他派2万名士兵横跨直布罗陀海峡，意图稳固其在伊斯兰世界的统治。一年之内，他将大部分穆斯林城市纳入自己的控制范围。[10]

1172年，他第一次尝试进攻基督教的领地。他围攻了韦特城（Huete），但失败了。

失败的原因有很多。人们普遍认为可能是由于优素福一世低估了对手，对于这场围城之战不是特别上心。他没有亲自出战，而是留在了帐篷里，与他的谋士大谈哲学问题。穆瓦希德王朝的军队由西班牙人、阿拉伯人和北非人混合而成，队伍并不稳定。他们也没有统一的指挥，每支队伍都有自己的指挥官，所以很难步调一致。而且他们还被迫到越来越远的地方搜寻粮草。教皇给韦特城传来了

时间线 18

西法兰克	英格兰	教皇	神圣罗马帝国	意大利	基督教西班牙	穆瓦希德
			洛泰尔三世（1125—1137，1133年加冕）			
		英诺森二世（1130—1143）				穆敏（1130—1163）
					（阿拉贡）拉米罗二世（1134—1157）	
					（纳瓦拉）加西亚·拉米雷斯（1134—1150）	
阿伯拉尔完成《神学》（1135）	斯蒂芬（1135—1154）				（莱昂-卡斯提尔）阿方索七世（1135—1157，西班牙皇帝）	
路易七世（1137—1180）			康拉德三世（1138—1152，未加冕）		欧里基战役（1139）	
	无序时代（1139—1154）				（葡萄牙）阿丰索·恩里克（1139—1185）	
阿伯拉尔被谴责为异端（1141）						
皮埃尔·隆巴尔德在巴黎圣母院学校执教（1145）		尤金三世（1145—1153）			克雷莫纳的杰拉德到达托莱多（约1144）	
				温德十字军（1147）	葡萄牙占领里斯本（1147）	穆瓦希德摧毁穆拉比特（1147）
阿基坦的埃莉诺和安茹的亨利结婚（1152）			腓特烈一世（1152—1190，1155年加冕）			
	《沃灵福德条约》（1154）	阿拿斯塔斯四世（1153—1154）				
	亨利二世（1154—1189）	阿德利安四世（1154—1159）				
					（卡斯提尔）桑丘三世（1157—1158）	
					（莱昂）斐迪南二世（1157—1188）	

时间线 18（续表）							
西法兰克	英格兰	教皇	神圣罗马帝国	意大利	基督教西班牙		穆瓦希德
		亚历山大三世（1159—1181）	维克托四世（对立教皇）（1159—1164）		（卡斯提尔）阿方索八世（1158—1214）		
		帕斯夏三世（对立教皇）（1164—1168）		腓特烈一世占领米兰（1162）			优素福一世（1163—1184）
		卡利克斯特三世（对立教皇）（1168—1178）		伦巴第联盟（1167）			
							韦特战役（1172）
					基督教五国联盟（1177）		

消息：教皇感动于士兵们努力守城，决定赦免他们的罪恶。这更加强了他们守城的决心。而正当居民们开始干渴难耐时，一场大暴雨为城市的储水池提供了充足的水。[11]

当莱昂王国的阿方索八世（时年17岁，已亲政）率领军队来解围的消息传来时，穆瓦希德王朝的军队放弃了围攻，撤兵了。虽然这场失败并不致命，但令优素福一世大失颜面；不过他会很快重整旗鼓，再次发动战争。

韦特一役对北部基督教国家来说是一个转折点，它们开始重新调整对彼此的态度。到1177年时，所有五个基督教国王都已宣誓结盟或彼此联姻。"斗士阿方索"的政治联盟现在有了统一的目标；基督教国家编织的联盟网络，使得穆瓦希德王朝几乎不可能渗透进去。

/ 19

众多民族

> 在12世纪，穆斯林国家占领了非洲大陆的中部和东部地区，其文化与很多当地的古老传统文化并存，直至两者间发生冲突。

曾横跨非洲北部的穆瓦希德帝国并不是非洲大陆上唯一的伊斯兰国家。在非洲的中部，也就是乍得湖（Lake Chad）的西边，一个名为杜纳马（Dunama）的穆斯林君主统治了加奈姆（Kanem）的领土。

正如10世纪的地理学家穆赫拉比（al-Muhallabi）所说，加奈姆是一个由众多民族混合而成的国家。* 大约400年前，游牧的扎格

---

* 中世纪非洲的历史因为每个非洲人对于非洲的身份都有不同的认知而变得越发复杂。在本书中，我使用"民族"（people）这个词来指使用同一语言的群体［扎格哈瓦人都讲同一种撒哈拉语言，这种情况有时被称为"族群性"（ethnicity），有时也被称为"种族同一性"］；用"部落"（tribe）指靠血缘关系联合起来的群体，不管有时候它们内部的关系多松散；用"宗族"（clan）指独立的家族群体；而用"王国"（kingdom）指政治单位。一个加奈姆王国的居民可能同时属于扎格哈瓦或者萨奥（Sao）语言群体，也可能拥有独立的部落或宗族身份。在非洲历史上，"部落"这个术语特别难以被定义，不同的学者用它来表示不同的概念：比如血缘关系、政治单位或者语言单位等。在本书中，"部落"总是包含着血缘关系。

哈瓦人（Zaghawa）从生存环境日益恶劣的撒哈拉沙漠南迁，定居在乍得湖附近，并接纳了当地村民的一些习俗；在加奈姆，农民和半游牧民似乎是并存的。穆赫拉比指出，他们的财富"由诸如绵羊、牛、骆驼和马这样的牲畜组成。他们的农作物大部分是高粱、豇豆，然后是麦子……他们的谋生手段是种植这些作物，以及饲养牲畜"。[1]

在 10 世纪，加奈姆仍然坚持着自己的民族习俗，穆赫拉比指出："他们的宗教是崇拜他们的王，因为他们相信君主可以带来生命和死亡，疾病和健康。"但是在杜纳马统治时期，穆斯林已经到了乍得湖边。杜纳马的父亲胡麦（Humai）曾经师从于一位穆斯林学者，从而学到了伊斯兰教的基本教义；加奈姆统治者的官方编年史《戈尔盖姆》（*Girgam*）中提到，杜纳马自己完成了两次成功的哈吉（hajj，即麦加朝觐）。

加奈姆的编年史有些不寻常。绝大多数非洲国家的早期历史都是口口相传的，许多国家甚至直到 16 世纪欧洲人到达之前都没有文字记载的历史。但是像绝大多数国王年表一样，《戈尔盖姆》不是一个中立的记录。它所记录的，似乎是一个更为古老的口口相传的国王年表，至少比胡麦皈依伊斯兰教早 11 代。但是，这些王中，有《圣经》中的亚伯拉罕，这很明显是穆斯林为土著人的过去添加的内容；而且国王年表同时也显示出，阿拉伯人希望将加奈姆的君主描述为阿拉伯人，而不是非洲人。加奈姆的第八位国王是 13 世纪的统治者杜纳马二世（Dunama Ⅱ），国王年表言之凿凿地说，他"像洁白的丝绸一样"，并说第一位国王是"一个黑人，一个比火更热的战士"。[2]

但是杜纳马一世毋庸置疑是一位黑人，而且其祖先极有可能是扎格哈瓦人。他的塞富瓦（Saifawa）王朝的首都是恩吉米（Njimi），其确切的位置仍然不得而知。胡麦的穆斯林导师，以及塞富瓦人皈依的伊斯兰教，都是沿着通往北非的贸易路线而来的。

这些穿越撒哈拉沙漠的贸易路线，从公元前 600 年就已经存在了。从公元 1 世纪开始，人们开始使用骆驼，但是穿越沙漠的旅程依然要花 3 个多月甚至更久。非洲大陆西部和中部出产金子、咖啡、象牙、铜等，此外还有盐，这是非洲数百年来最有价值的出口物品，是从塔阿扎（Taghaza）和比尔马（Bilma）等沙漠城镇开采而来。后来的旅行者伊本·白图泰（Ibn Battuta）把塔阿扎描述为"苍蝇成群的地方"，那里的房屋和清真寺都是用盐块堆砌而成，房顶则用骆驼皮覆盖。

> 那里没有树木，除了沙子什么都没有。沙漠里有一个盐矿；那里的人挖盐，盐都是厚厚的一层一层的……除了在那里挖盐的美苏法（Mesufa）部落的奴隶，没有人住在塔阿扎；他们依靠从德拉（Dar'a）和西吉尔马萨（Sijilmasa）运来的椰枣、骆驼肉和谷子维生。[3]

塔阿扎的奴隶很有可能是战俘，他们在战争中被抓，然后被所有者卖给非洲的买家。自古以来，失败者都是被奴役或者出售，不仅仅是在非洲如此。奴隶是非洲另一种主要的出口商品，被卖给沿着贸易路线经商的阿拉伯商人。由于伊斯兰教禁止奴役穆斯林同胞，伊斯兰世界之外的非洲部落就为其提供了劳动力的重要来源。[4]

有三条主要的贸易路线为在非洲进行贸易的商人提供货物和奴隶。西线穿过塔阿扎一直到达尼日尔河边，中线从突尼斯开始向南

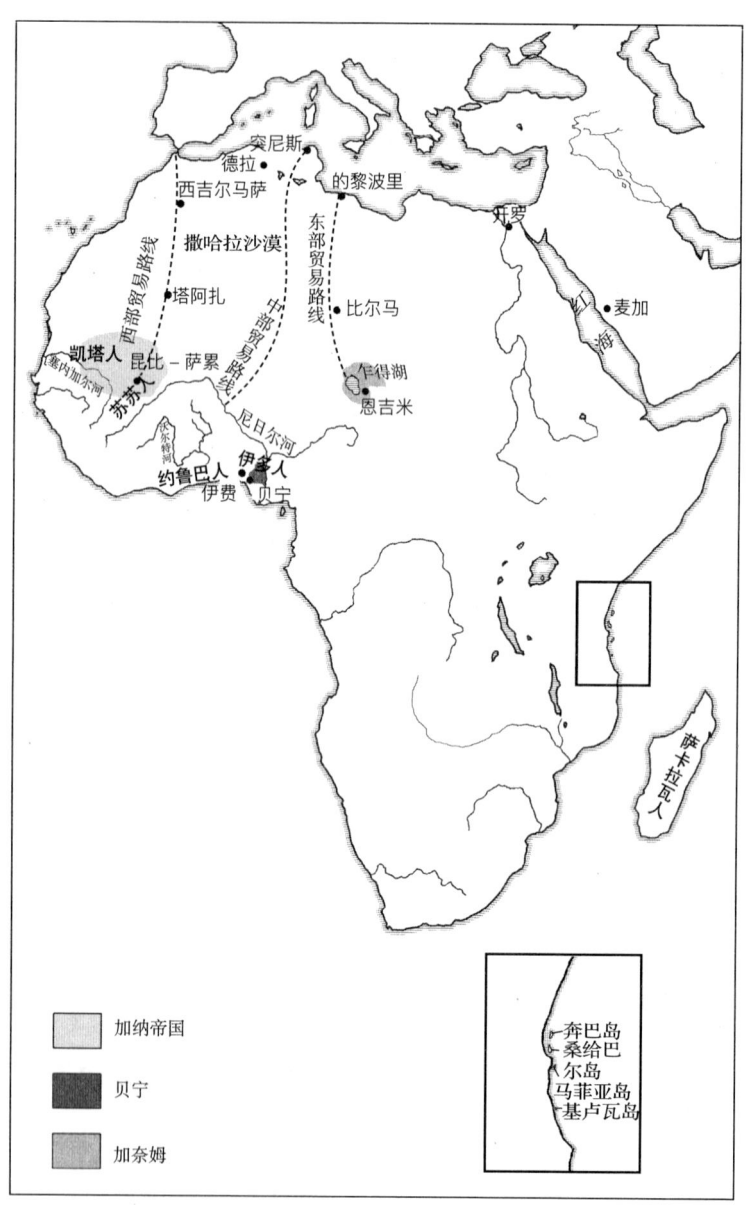

地图 19-1　非洲的多民族国家

19 众多民族

到达尼日尔河转弯处的内陆地区。在杜纳马一世的统治下,加奈姆王国控制着最东边的贸易路线,该线路经过乍得湖,向北穿过比尔马,最终到达的黎波里。

该贸易路线使加奈姆地区变得更加富裕,而杜纳马一世更是依靠活跃的奴隶贸易增加了自己的财富——这长期以来就是国王的特权。11 世纪的巴克里(al-Bacri)写道:"他对于臣民有着不受限制的权力,并且他可以奴役他们中间任何一个人。"一个穆斯林国王不能奴役穆斯林臣民,但显然,虽然加奈姆皈依了伊斯兰教,但是伊斯兰教的信仰还没有从宫廷传到农民那里;杜纳马有大量的非穆斯林臣民可供奴役。《戈尔盖姆》中提到,在第一次和第二次前往麦加朝圣时,他带上了 300 个奴隶在开罗出售。第三次朝圣时他想如法炮制,但是在过红海的时候他的船沉没了,他自己也被淹死了。[5] 加奈姆直到杜纳马之后的第三代,12 世纪末萨尔玛玛一世(Salmama I)统治的时期,才完全皈依伊斯兰教。

而在更远的东边,岛国基卢瓦(Kilwa)已经彻底是伊斯兰国家了。

和加奈姆一样,基卢瓦也有一个文字记载的国王年表。根据《基卢瓦编年史》(*Kilwa Chronicle*)的记载,大约在 10 世纪左右,一个名为阿里·伊本·哈桑(Ali ibn al-Hassan)的阿拉伯王子从他的家乡,波斯湾东面的繁华城市设拉子(Shiraz)而来。他和他的六个兄弟以及他的父亲率领七艘船的船队来到基卢瓦。斯瓦希里人(Swahili)生活在这个岛上和附近的岸上;阿里用布匹从他们手中买下了基卢瓦,然后在那里定居,当上了岛上的国王,建立了设拉子王国。[6]

想要知道这个故事中有多少成分来自基卢瓦的早期历史已

经是不可能的了，因为现存最古老的编年史版本是16世纪时若昂·德·巴洛斯（João de Barros）翻译的葡萄牙语译本。阿里·伊本·哈桑的硬币仍然留存于世，但是没有任何证据证明他是从其他地方来到斯瓦希里的。就像加奈姆国王年表上的细节一样，这个故事源于阿拉伯人的一种假设，即一个有组织的、开化的穆斯林王国不可能由当地的非洲人建立起来。考古研究显示，阿里很可能生活在更接近12世纪的时期，而不是10世纪。但是清真寺和祈祷室的废墟确实表明，在10世纪，阿拉伯商人已经不仅仅是跟基卢瓦岛和附近岸上的斯瓦希里人贸易了，而是已经在此定居。[7]

虽然设拉子苏丹的纪年很难确定，但大约在1150年左右，基卢瓦地区可能是由达乌德·伊本·苏莱曼（Dawud ibn Suleiman）统治，他有个名号叫"贸易大师"（Master of the Trade）。他控制的王国涵盖奔巴岛（Pemba）、桑给巴尔岛（Ianzibar）和马菲亚岛（Mafia），以及基卢瓦本身，并延伸到非洲大陆的海岸。[8]

基卢瓦依靠贸易繁荣了起来。沿着其海岸能找到散落的宋朝瓷器，这证明它与中国南宋有海上贸易；从南方来的象牙则穿过基卢瓦地区一路向北。达乌德·伊本·苏莱曼最伟大的成就是打破了索法拉市（Sofala）对黄金贸易的垄断。从12世纪中叶开始，来到非洲东海岸进行黄金贸易的商人，都是通过基卢瓦日益富裕的港口城市交易的。[9]

在非洲西部，其他的王朝统治着尚未被伊斯兰文化所触及的王国和部落。但是由于文字记载的历史都是随着伊斯兰教而出现的，对于这些王朝的历史，我们所知道的部分依然属于传说的范畴，这些传说带着神话的痕迹，成为历史中难以被察觉的因素。

19 众多民族

在沃尔特河（Volta）东面和尼日尔河西面之间坐落着一座名叫伊费（Ife）的城市，当时它是非洲最繁华的地方之一。伊费曾经是一个小村庄，可能从公元前4世纪开始就存在了，已经存在了几百年。大约从公元7世纪起它开始发展壮大。到了公元9世纪，伊费变成了一个有围墙的城市，城内有一座宫殿和庭院，街道铺着红陶砖，装饰着青铜雕塑。[10]

约鲁巴人（Yotuba）称伊费不仅是他们的文明，并且是全世界各民族的源头。口头传承的故事保留了他们有关创世的传说：有一天，造物主欧鲁都马勒（Ólodùmarè）从天堂向外望去，看到下面无尽的海水，于是决定要创造大地。他随身携带一撮土、一只小公鸡，通过铁链爬下来，来到水面上。他把泥土撒到水面上，并把那只鸡放在上面；小公鸡用爪子一扒，土就在水面上扩散开来，这样创造出了大地。然后欧鲁都马勒把创造生命的能力授予另一个名叫奥巴塔拉（Obatala）的神［是一个奥瑞莎（orisha，意为普通的神），是欧鲁都马勒的众多面目之一］。奥巴塔拉造了个人，并给了他力量，然后这个人的16个儿子散开到了地球上的各民族中，建立了16个王国。[11]

像所有的人类起源的故事一样，这一个故事（有许多变种版本）讲到了世界的创造者。约鲁巴人是因为使用共同的语言而联系在一起的，但他们却从来没有形成单一的国家；这里有很多的统治者，很多的首领，很多的约鲁巴权力中心。伊费在约鲁巴人所有的城市中占据第一的位置，但从来没有成为约鲁巴人政治生活的主导。

在约鲁巴人土地的东侧，约鲁巴人与伊多人（Edo）混居在一起。这个民族有猎人和农民，生活在小村落里，村落慢慢扩大、延伸，村与村最终挨到一起，形成了一个庞大的蜂巢状的城市。这个城市就是贝宁（Benin），它被一个有着奥基索（Ogiso）头衔的国王统治着，通过和北方进行棉布、盐、陶器和铜的贸易变得繁荣。伊多人的口头传说保留了 38 个奥基索的名字；最后的奥基索国王，即奥基索·奥沃多（Ogiso Owodo），在位时间大约在 1100 年至 1200 年之间。*他的统治是一场灾难，在位 41 年之后，他被臣民从自己的国家中驱逐了出去。在七八十年的时间里，贝宁四分五裂，分裂成许多迷你王国，由当地贵族统治。[12]

最后，贝宁人终于受够了王位空缺和封建领主的暴政，派使者到达伊费，请求约鲁巴人的一个王子来统治他们。一个名叫奥然密亚（Oranmiyan）的年轻王室公子回应了请求；他抵达贝宁后娶了当地一个贵族豪强的女儿，生了一个儿子，并试图去管理这个城市。然而他的努力最终徒劳无功。据说他曾愤怒地说，这是一片"让人烦恼的土地"——在约鲁巴语中是 Ile-Ibinu，"贝宁"这个名称就是源自这个短语。[13]

他安排儿子埃瓦赖（Eweka）作为贝宁的统治者，然后离开了这个城市，回到了他在伊费的家。如此一来，约鲁巴人的血液中就融入了伊多人王室的血统，埃瓦赖成为贝宁第二王朝的创始人，他将贝宁城作为首都，并在这里建造了宫殿。他为自己加上了一个新的王室头衔：奥巴（Oba），一个与神相联系的王。根据传说，埃瓦赖的王朝直到今天从未间断，贝宁的奥巴［2011 年时是勒蒂奥瓦一世（Erediauwa I），他是剑桥大学的毕业生，也曾经是海湾石油公司

---

* 贝宁的早期历史不可能确定精确的日期。很多事件的还原仅仅是基于贝宁历史学家雅各布·艾哈勒夫巴（Jacob Egharevba）的记录。他在 20 世纪时收集并记录下口头传说，那时距离事件的发生已经太久太久了。斯特凡·艾森豪夫（Stefan Eisenhofer）在《非洲的历史》一书中的"贝宁王表：纪年的一些问题"中提供了一些有用的综述和讨论。请参阅：*History of Africa* 24（1997）：pp.139—156。

的一名员工，在1979年继位］声称他代表所有的伊多人。

贝宁第二王朝开始后，索宁克人（Soninke）的家园加纳王国已经开始衰落。

加纳没有文字记载的历史，但至少从10世纪开始，关于该王国的故事就已经沿着贸易路线向北传播。1068年，科尔多瓦学者阿布·阿卜杜拉·巴克里（Abu Abdulluh al-Bakri）把阿拉伯地理学家和旅行者的故事汇集起来，编写了《贸易路线与王国》（*Highways and Kingdoms*）一书。他把加纳描述为一个处于伊斯兰文化和本土习俗之间的王国，在那里，伊斯兰信仰和传统的非洲祭司共存：

> 加纳的首都［昆比-萨累（Kumbi-Saleh）］由两座城镇组成，坐落于平原上。其中一个居住着穆斯林，该城镇很大，拥有12座清真寺，人们在其中一座清真寺里做星期五的礼拜。这里有拿薪水的伊玛目和报告祷告时间的人，以及法官和学者……王城距这里有10千米……王城周围有圆顶建筑，还被小树林以及灌木丛围绕着，巫师和负责宗教祭祀活动的人居住在这里……信奉同一宗教的人们，在国王接近他们时，要一齐双膝跪地并将尘土撒在自己头上，因为这是他们朝见国王的礼节。而穆斯林迎接国王的礼节只是拍手。[14]

但是在国家遭遇困难之时，加纳基本上还没有进入有文字史料的年代。1076年，为了抢夺利润丰厚的西部贸易路线的控制权，穆拉比特的军队入侵加纳，并占领了其首都昆比-萨累；加纳国王首先丧失了国家的边境地区，然后失去了国家腹地的控制权，最后被驱

时间线 19							
神圣罗马帝国	意大利	基督教西班牙	穆瓦希德	加奈姆	基卜瓦	苏苏	贝宁

神圣罗马帝国	基督教西班牙	穆瓦希德	加奈姆	基卜瓦
			阿里·伊本·哈桑到来（约950）	
	（莱昂-卡斯提尔）阿方索六世（1072—1109）		胡麦（1086—1097）	
			杜纳马一世（1097—1150）	奥基索·奥沃多（约1100—1200年间）
亨利五世（1105—1125，1111年加冕）《沃尔姆斯协定》（1122）洛泰尔三世（1125—1137，1133年加冕）	（阿拉贡-纳瓦拉）斗士阿方索（1104—1134）			
		穆敏（1130—1163）	达乌德·伊本·苏莱曼（1131—1170）	
	（阿拉贡）拉米罗二世（1134—1157）（纳瓦拉）加西亚·拉米雷斯（1134—1150）（莱昂-卡斯提尔）阿方索七世（1135—1157，西班牙皇帝）			
康拉德三世（1138—1152，未加冕）	欧里基战役（1139）（葡萄牙）阿丰索·恩里克（1139—1185）			
温德十字军（1147）	葡萄牙占领里斯本（1147）	穆瓦希德摧毁穆拉比特（1147）		
腓特烈一世（1152—1190，1155年加冕）	（卡斯提尔）桑丘三世（1157—1158）			

时间线 19（续表）						
神圣罗马帝国	意大利	基督教西班牙	穆瓦希德	加奈姆	基卢瓦 苏苏	贝宁
		（莱昂）斐迪南二世（1157—1188）				
		（卡斯提尔）**阿方索八世**（1158–1214）				
	腓特烈一世占领米兰（1162）伦巴第联盟（1167）		优素福一世（1163—1184）			贝宁第二王朝建立（约1170）
			韦特战役（1172）			
		基督教五国联盟（1177）			迪埃拉·坎特（1180—1200）	
					萨尔玛玛一世（1194—1203）	
					苏芒古鲁·坎特（1200—1235）	

逐。索宁克人开始从敌人控制的中心地带向外迁移，索宁克贵族在加纳的边缘地带建立了自己的小王国。

其中一个王国由马林凯人（Malinke）部落的苏苏家族（Sosso）控制。甚至在昆比-萨累陷落之前，苏苏家族就已经抵抗过伊斯兰教和本国国王的控制。穆拉比特的介入使他们有机会宣布独立，然后迫使周围的部族服从他们。到了1180年，苏苏家族的领导者迪埃拉·坎特（Diara Kante）集结起足够规模的军队侵入昆比-萨累，赶走了穆拉比特人。在1200年，迪埃拉·坎特的儿子苏芒古鲁·坎特（Sumanguru Kante）继位，他同时继承了父王的王冠和他的剑。[15]

在接下来的一个世纪里，苏芒古鲁将证明自己是奴隶贸易和伊斯兰教的一个强劲的反对者，他担心，这两者将威胁到非洲自己的道路。

/ 20

法蒂玛王朝末代哈里发

> 1149年至1171年,努尔丁夺取了埃及,但是实际统治着它的是萨拉丁。

圣战失败了,但为保卫伊斯兰进行的抵抗战争"吉哈德"却一直在积蓄着力量。

由于安条克的大部分土地已经在他的手中,并且十字军也没有威胁到他,苏丹努尔丁一路策马前行到了地中海岸边,并在地中海中沐浴。这是一次象征性的洗礼,几千年之前,亚述的征服者萨尔贡为了证明其统治地位曾首先这样做,而现在伊斯兰教统治的地区覆盖了整个叙利亚,并一直延伸到海边。[1]

但事实上,他并没有完全控制叙利亚所有的地区;安条克本身仍然在他的控制之外,大马士革和耶路撒冷同样如此。但在与他信奉同一宗教的人眼里,苏丹努尔丁现在已实现父亲的梦想:"吉哈德"的领袖,伊斯兰教未来团结的希望,能将先知的希望带到世界的楔子。他是信仰的战士,他的追随者吹嘘道:"他是伊斯兰教的

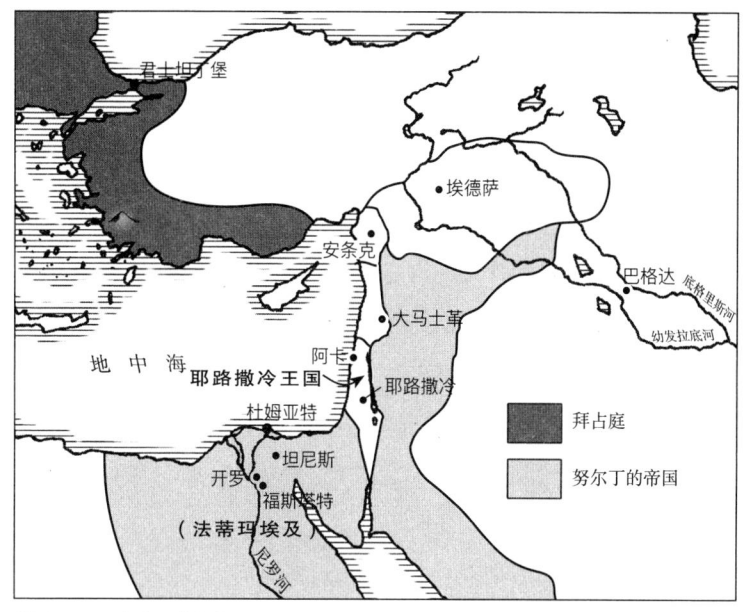

地图 20-1　努尔丁的征伐

支柱，叛军的征服者。"²

但一些穆斯林并不赞同这些；在 1154 年苏丹努尔丁的岳父去世前，大马士革一直保持着独立。然而苏丹努尔丁的内弟却无法守住自己的城市。最后大马士革被吞并，苏丹努尔丁拥有了地中海东岸的几乎所有土地，他的领地从埃德萨一直延伸到叙利亚的南部地区。*

但耶路撒冷王国却抵御住了他的进攻。

继承了安茹的富尔克王位的虚弱孩子这时已经 24 岁了：耶路撒

---

*　在 1159 年，拜占庭皇帝曼努埃尔一世控制了安条克的旧土。

冷的鲍德温三世（Baldwin Ⅲ），坚守在这片他自己出生的土地的职位上。他的身为法国人的父亲很早就死了，他的母亲在血缘上是一个外国人，但从出生地上来说是个当地人。他守护着他所知道的仅有的世界，但苏丹努尔丁正在试图找到一个更好的。

一系列的变故促使苏丹努尔丁倾尽全力攻打耶路撒冷。当时的史学家伊本·卡兰尼西（Ibn al-Qalanisi）告诉我们，"持续的地震和雷击"困扰着叙利亚，它们摧毁了城墙、堡垒和住宅；现在，苏丹努尔丁从一名战士转变成为一个国家的统治者，他有义务把他的大部分精力投入灾后重建并"安抚那些从灾难中幸存的人……"[3] 然而，在1157年，苏丹努尔丁却突然病倒了。他病势沉重，于是他把王国分给兄弟们，做好了死亡的准备。

鲍德温三世趁着局势的平静与拜占庭皇帝曼努埃尔一世商议结盟，最终他通过迎娶曼努埃尔13岁的侄女与其结成了联盟。而与此同时，苏丹努尔丁的身体状况却意外好转了，但他仍然十分虚弱。由于自己未来的不确定性，他停止了战争，前往麦加进行神圣的朝觐；并且他决定与曼努埃尔就休战进行谈判，而不是去进攻耶路撒冷和君士坦丁堡的联合军队。

尽管苏丹努尔丁很虚弱，却活得比鲍德温三世更久。在1162年，鲍德温也突然病倒。推罗的威廉确信他是被宫廷里的敌人毒死的；但不管是什么原因，他"身患发烧和痢疾"，苟延残喘长达数月之久，精力也渐渐衰退。[4] 他在1163年2月去世，由于没有子女，他的弟弟阿马利克（Almalric）成为耶路撒冷的国王。

但苏丹努尔丁并没有乘人之危。"有人说，"推罗的威廉写道，"当我们忙碌于葬礼仪式时，苏丹努尔丁可能会入侵并使我们的土地荒废。据说他回应道：'我们应该同情他们的不幸并且怜悯和饶恕他们。'"[5] 苏丹努尔丁的疾病改变了他,他令自己的臣民恐惧的无情与冷酷早已不见了。

27岁的阿马利克一世成为耶路撒冷国王后,立即采取措施以巩固自己的权力。与君士坦丁堡的曼努埃尔一世的联盟保证了他能获得北方的支持;在东部,苏丹努尔丁太过强大而不能攻击;王国西部则是地中海;他唯一可以扩张的方向就是南方。所以他的眼睛盯上了埃及。

十字军打算征服埃及已经很多年了;事实上,鲍德温三世本人曾经进行了一次前往阿里什(al-Arish)的远征,到达了法蒂玛王朝领土的东部边缘,当法蒂玛王朝表示愿意每年向他进贡之后,他返回了耶路撒冷。阿马利克声称法蒂玛王朝未能兑现诺言,他组建了一支军队,分别从陆路和海路向南方进军。为了增强他的海军,他从比萨人那里征用了10艘战舰。而作为交换,他给比萨商人一座在耶路撒冷的前哨基地,一片在推罗海港北部的属于他们自己的土地。[6]

在即将到来的攻击面前,法蒂玛王朝给北边的苏丹努尔丁写信,请求他的增援。

这引发了一连串的联盟动作,并让人们意识到在十字军东征之后,联盟还存在弹性。苏丹努尔丁并不急于涉足北非的长期战争,但他不愿意看到埃及步入他敌人的阵营,于是出兵支持法蒂玛王朝的维齐尔沙瓦尔(Shawar,这位维齐尔掌握着法蒂玛王朝的实权,十几岁的哈里发被架空了)。阿马利克的入侵被逼退,埃及依然由法蒂玛王朝统治。*

---

* 这里的描述对于实际的情形进行了简化。实际上,同时进行的还有沙瓦尔和对手蒂尔哈姆(Dirgham)之间争夺维齐尔一职的斗争。最终的结果是一样的:十字军败退,沙瓦尔发现自己面对的是野心勃勃的希尔库,而不是蒂尔哈姆。

但法蒂玛维齐尔沙瓦尔很快就发现,他其实是邀请巨蛇进入了自己的花园。苏丹努尔丁的突厥军队的首领是一个叫希尔库(Shirkuh)的库尔德人,他曾在苏丹努尔丁的父亲赞吉手下任职,但现在他看到了让自己更进一步的机会。"通过他的行为,也可能是通过他的话语,"推罗的威廉写道,"他表露出,如果命运青睐他,他将有意把……那个王国置于自己的控制下。"[7]

沙瓦尔意识到,希尔库的野心比十字军的威胁更大。他改变了自己的做法,派出使团去见阿马利克一世,提出如果耶路撒冷的军队返回埃及,并帮助他对抗突厥人,他将许诺结盟,并交纳贡金。阿马利克刚刚回到耶路撒冷,便美滋滋地转变态度返回埃及;随后,法蒂玛王朝的穆斯林和耶路撒冷的基督徒共同将希尔库驱逐了出去。

这场胜利让耶路撒冷得以控制延伸到红海的一块冒尖的土地。但希尔库回到了苏丹努尔丁这边之后,并没有放弃希望。"在他从埃及返回之后,他继续筹划侵略埃及,"《伊本·艾西尔编年史》(*Chronicle of Ibn al-Athir*)中写道,"他极度渴望去做这件事。"1166年末,在离开埃及近3年后,希尔库带着苏丹努尔丁不情愿的祝福、一支补给充足的突厥人军队,以及担任他副官的侄子萨拉丁回来了。[8]

1167年3月,阿马利克和沙瓦尔在尼罗河谷迎战希尔库,但他们被击败了。希尔库夺取了亚历山大城,并派萨拉丁掌管它;法兰克人和法蒂玛王朝的人包围了亚历山大城,但萨拉丁坚守城池。最后,十字军和穆斯林的联合使团向希尔库提出了停火。他们交出了一大笔现金,而作为交换,突厥人的入侵行动在亚历山大停止了——不过只是暂时的。

阿马利克回到耶路撒冷，在那里他再次玩弄了他的盟友。他在埃及的经历已经表明，在没有实质性帮助的情况下，他绝对无法占领埃及；所以他向曼努埃尔一世提议，耶路撒冷和拜占庭的军队联合起来进军埃及，将法蒂玛王朝和突厥人都驱逐出去。*

这次联合入侵，就像阿马利克的前两次入侵一样，是一场灾难；而穆斯林和基督徒的联盟出现了更多的裂痕。拜占庭和十字军联军在1168年下半年攻占了埃及东部城市坦尼斯（Tanis），但大量的突厥增援部队从苏丹努尔丁那里赶来。而法蒂玛王朝的领导层发生了分裂，一部分军队支持沙瓦尔，与基督徒战斗，而其他的军队则与基督徒一起与突厥人作战。[9]最后，基督徒联军被迫撤退。

现在沙瓦尔有两个问题需要解决：必定会卷土重来的基督徒军队以及占领部分埃及土地的突厥人。任何一方都不喜欢他。他最初与耶路撒冷的联盟已经激怒了许多埃及人，特别是那些在开罗的人；他对希尔库［此刻正在开罗郊区福斯塔特（Fustat）城外安营扎寨］的抵抗行动，又让他成了苏丹努尔丁的敌人。他谋划邀请希尔库和他的官员参加宴会，趁机逮捕他们，然后招降他们的军队为他自己服务，但他的儿子逼他放弃这个计划，扬言不然的话就将计划告诉希尔库："当这块土地被穆斯林占领后，我们肯定会以穆斯林的身份被杀死，"他说道（根据伊本·艾西尔的记述），"这要比它被法兰克人占领之后咱们被杀要好得多；因为那样的话，外人会说，希尔库被抓，是为了见证法兰克人回来。"[10]

如此一来，沙瓦尔未生事端。1169年1月18日，他骑着马前

---

* 首先提出远征计划的人可能是曼努埃尔，但推罗的威廉认为是阿马利克最先提出了这一想法；我们不可能弄清楚到底是谁了。

往希尔库的营地讨论未来的计划。在途中，他遇到了萨拉丁和一小队士兵，他们将他秘密带到 9 世纪伟大的立法者伊玛目沙斐仪（al-shafi'i）的墓边杀害了他。[11]

这使得希尔库控制了埃及。他名义上效忠的法蒂玛王朝的哈里发阿迪德（al-Adid），后者当时年仅 20 岁，对于国家事务完全没有权力，实际上埃及已经成了苏丹努尔丁的帝国的一部分。

2 个月后，希尔库在一次宴会上因暴食肥肉而死；在他生命的最后阶段，他从一名军人升为了一个统治者。他的侄子萨拉丁继承了他的位置成了埃及的维齐尔。

7 个月后，十字军和拜占庭联军卷土重来，围困了开罗以北 200 千米的港口城市杜姆亚特（Damietta）。

这次围城是这场注定失败的军事行动的最后一次悲剧性行动。被派去支持十字军陆军的拜占庭舰队在赶到时早已补给匮乏，但是耶路撒冷的军队却拒绝跟他们分享任何粮食。与此同时，萨拉丁通过海路为杜姆亚特运送金钱、武器和货物却毫无困难。伊本·艾西尔描述道，萨拉丁在杜姆亚特花了"数不清的金钱"，因为他知道如果这座城市陷落，基督徒将会获得一个立足之地，而他可能永远难以将其拔除。几个星期连续不断的雨水浸透了十字军的营帐；而拜占庭的将军与耶路撒冷的指挥官在策略上争论不休；祸不单行，埃及人又派出火船，烧毁了几十艘停泊在港口的拜占庭船只。推罗的威廉写道："几乎所有人都感觉自己的一切辛劳都化作了乌有。" 50 天之后，基督徒们放弃了战事，拔营返乡，纷纷把失利归咎于他人。[12] 于是，十字军的征战又一次失败了。

到了 1171 年，苏丹努尔丁感觉到他对埃及的掌控已经足够安稳，便下令人们在祷告中不再念诵年轻的哈里发的名字；这相当于宣布推翻了法蒂玛王朝。萨拉丁负责执行这项法令，他担心公众会抗议。他犹豫不前，向苏丹努尔丁申辩，并等待观望。正当苏丹努尔丁对他逐渐产生不满的时候，哈里发病倒了（据记载，是由于自然原因）。他一病倒，萨拉丁便派信使到各地，宣布这一改变。

而年轻的哈里发的家人中并没有人告诉他，他已经在事实上被废黜了。"他们说，'如果他病愈，那么他总会知道的'，"伊本·艾西尔写道，"但如果他不治身亡，那么在他去世之前，使他因为这一变故而痛苦确实是不妥当的。"他死于"阿舒拉节这一天（1171年9月13日），死前仍然不知晓自己已被废黜"。[13]

从909年就开始统治北非的法蒂玛哈里发王朝终结了；虽然苏丹努尔丁现在声称领有埃及，但萨拉丁却是它真正的统治者。在接下来的几年中，本来应该使他们团结起来的共同的事业，被证明比十字军国家和君士坦丁堡之间因信仰的联合更加脆弱。

时间线 20

基督教西班牙	穆瓦希德	加奈姆	基卢瓦	苏苏	贝宁	突厥王国	埃及	十字军国家
		杜纳马一世 (1097—1150)						耶路撒冷王国建立(1099)
				奥基索·奥沃多 (约1100—1200年间)				
(阿拉贡-纳瓦拉) 斗士阿方索 (1104—1134)								
								安条克的 博希蒙德二世 (1111—1130)
								耶路撒冷的 鲍德温二世 (1118—1131)
						赞吉 (1127—1146)		
	穆敏 (1130—1163)	达乌德·伊本·苏莱曼 (1131—1170)						耶路撒冷的富尔克 (1131—1143)
								耶路撒冷的梅丽桑德 (1131—1153)
(阿拉贡) 拉米罗二世 (1134—1157) (纳瓦拉) 加西亚·拉米雷斯 (1134—1150) (莱昂-卡斯提尔) 阿方索七世 (1135—1157, 西班牙皇帝)								安条克的雷蒙 (1136—1149)
欧里基战役(1139) (葡萄牙) 阿丰索·恩里克 (1139—1185)						阿勒颇地震 (1138)		
								耶路撒冷的 鲍德温三世 (1143—1163)
						苏丹努尔丁 (1146—1174)		

时间线 20（续表）

基督教西班牙	穆瓦希德	加奈姆	基卢瓦	苏苏	贝宁	突厥王国	埃及	十字军国家
葡萄牙占领里斯本（1147）	穆瓦希德摧毁穆拉比特（1147）							第二次十字军东征（1147—1149）
（卡斯提尔）桑丘三世（1157—1158）								
（莱昂）斐迪南二世（1157—1188）								
（卡斯提尔）**阿方索八世**（1158—1214）								
	优素福一世（1163—1184）						沙瓦尔（维齐尔）1162—1169	
								耶路撒冷的**阿马利克一世**（1163—1174）
					贝宁第二王朝建立（约1170）		希尔库征服埃及，萨拉丁成为埃及维齐尔（1169）	
	韦特战役（1172）						法蒂玛王朝灭亡（1171）	
基督教五国联盟（1177）								
				迪埃拉·坎特（1180—1200）				
		萨尔玛玛一世（1194—1203）						
				苏芒古鲁·坎特（1200—1235）				

/ 21

僧人和婆罗门

> 1150年至1189年,僧伽罗国王取得了对全岛和寺庙的控制权,一位印度教的先知试图给人们带来新的力量。

就在印度次大陆最南端,一位佛教英雄加冕为王。

一个世纪以前,僧伽罗(今称斯里兰卡)被朱罗(Chola)王国统治。朱罗王国曾是当时印度南部最伟大的王国,非常富饶,势力范围向东一直延伸到爪哇岛和苏门答腊岛,北达讷尔默达河(Narmada)。朱罗王朝的国王是印度教湿婆(shiva)的信徒。湿婆庙以及林伽(lingam,是一个没有什么特征的柱形物,象征着湿婆的包罗万象及超然的本质)散布在朱罗王朝广阔的土地上。

朱罗王朝的领土在11世纪晚期达到最大,然后又一点点走向分裂。在南部隔海相望的僧伽罗岛,一个叫毗阇耶巴忽(Vijaya Bahu)的反叛者宣称自己是整个岛屿之王,朱罗王朝派兵渡海,夺回了北部地区,但毗阇耶巴忽直到去世一直牢牢坚守南部。

他的子孙继承其统治后,尽管朱罗放弃了对这里的统治权，该岛依旧处于分裂的状态。据僧伽罗古代史书《大史》(The Mahavansa)的记载："毗阇耶巴忽的后代瓜分了该岛。"僧伽罗最大的王国以毗阇耶巴忽的首府波隆纳鲁沃（Polonnaruwa）为中心，其他的王室亲戚统治南部地区以及卢胡纳（Ruhuna）这一较小的区域。[1]

大约在12世纪中叶的时候，卢胡纳统治者的一个侄子显露出了野心。他的名字叫波罗迦罗摩巴忽（Parakrama Bahu），他是南方地区统治者的侄子，也是波隆纳鲁沃国王的堂兄弟。按说，他最终可以继承这些领地中的一个。但据《大史》记载，波罗迦罗摩巴忽的野心更大；他不安于仅仅统治一个小王国，他希望"将整个岛屿置于他的华盖之下，使其成为优雅的一体"。[2]

他与一位叔父密谋攻打另一位叔父，并且说服他的堂兄弟让他做继承者。1153年，他已经夺得了三个王国的王冠，经过了多个世纪之后，僧伽罗首次处于一位统治者的统治之下。

在其30多年的统治期间，波罗迦罗摩巴忽进行了有针对性的实用革新，并辅之以谨慎的宗教改革。他降低税收（该举措非常受欢迎），把政府收入的盈余用来整修灌溉系统，使得僧伽罗变成一片沃土。（据说他对他的大臣们如此评论道："在这样一个国家，即使是最小的一滴雨水都不该在无人受益的情况下流入大海。"）那些年久失修的运河和水道都被疏浚重修。他下令扩建了一个在城郊的小型水库，将其跟其他的储水池塘连起来；建造了一个新的大水库，被称为波罗迦罗摩海（Sea of Parakrama）。此外，在水库中间的一个人工岛上，他建造了一座美丽的可以俯瞰这片新的水域的三层宫殿。在北部城镇马纳尔（Mannar）的附近，他修建了一个更大的水库，被称作"巨人水库"（Giant's Tank），这是在一个地势倾斜的平原上，

地图 21-1　僧伽罗岛

通过人造堤坝建成的一个大型人工湖，堪称工程上的壮举。"巨人水库"使干旱且多盐碱地的岛屿北部地区变成一片沃土，今天这里仍以"稻谷之碗"（Rice Bowl）著称。[3]

这些工程虽然都耗资巨大，但是收益却弥补了这些投入：

> 他排干沼泽和泥塘，使水流入沟渠，开垦水田，储备粮

图 21-1　巨人水库

图片来源：© 2009 Dhammika Heenpella / Images of Sri Lanka

食……通过这些，这位明君单从新的稻田所获得的收入就大于过去从（整个）王国的旧水田获得的收入。他做完这一切之后，国家繁荣，百姓不知饥荒为何物。[4]

《大史》的续篇赞扬说波罗迦罗摩巴忽建设（或重建）了165座水坝、近4000条运河和近2500座水库。[5]

他的宗教改革也进行得如火如荼。

波罗迦罗摩巴忽的先人毗阇耶巴忽驱赶走了印度教占领者，以佛教徒弟子的身份统治着他的新王国。从12世纪以来，佛教寺庙已经开始代替湿婆殿。其中最宏伟的寺庙是佛牙舍利殿；佛牙据说是佛祖火葬之后8份未烧尽的舍利之一,是在4世纪的时候被带到岛上的,它一直被妥善保存,没有被印度教徒破坏。波罗迦罗摩巴忽曾为争夺佛牙舍利而战,他在统一僧伽罗岛的战争中从对手手中夺得了舍利,并将其供奉于首都。[6]

但岛上的佛教仍与印度教交叠在一起,两方的僧侣争执不断。三大尼柯耶(nikayas,即寺院教派)在首都争夺主导地位。他们为修行制度、佛经诠释,以及寺庙的控制权而争斗不休。波罗迦罗摩巴忽的王国才刚刚成为一个统一国家,而作为国家宗教核心的僧侣,却仍旧分为三个派别,这样只会在刚刚合并在一起的三个国家之间塞入不和的楔子。

波罗迦罗摩巴忽向一位附近森林寺院的高僧摩诃迦叶(Mahakassapa)寻求帮助。森林寺院有一点与城市或乡村的寺院不同,这里的僧人往往更加严于律己,对政治角力不太感兴趣,且修行更为严格。森林寺院适宜安静冥想,与世无争。森林远离权力中心,人们认为这里的僧侣具有超然的态度和明亮的内心,这是在喧嚣而繁华的城市寺院的僧侣所缺少的。[7]

1165年,在高僧摩诃迦叶的建议下,波罗迦罗摩巴忽召集三大教派的领袖开会。在那里,他宣称身为国王——这一神圣的统治权力源自他打败了敌人,保护了佛牙舍利——他要取消三大教派。取而代之的是两种僧侣:"驻村僧侣"(gamavasin)和"森林僧侣"(arannavasin)。为了避免争吵,他本人亲自担任整个国家的佛教首领。僧侣们不能再为经文的阐释争吵不休;他本人,在高僧摩诃迦叶的指导下,将决定经文应如何阐释。他们两人会一起修订官方的戒律(katikavata),这是一部王室法律,阐明了应如何正确信奉佛教;这一戒律将和正式的法律有同样的效力。[8]

这标志着对过去的一个巨大变革。过去，信奉佛教的君主一直充当佛教寺院的保护者和赞助人，赐予他们土地和金钱，照顾寺院的生存。在佛教传统中，君主既是转轮王［cakravartin，通过他们，一切善及正义之事（dharma），将在世上传播］，也是菩萨（bodhisattva，佛陀的化身，留在世界上为世界带来救赎的开悟者）。

但是现在波罗迦罗摩巴忽宣称，他拥有更加实际的权力。他将一些僧人赶出寺庙，宣称他们是俗人。然后，他下令所有的佛教法事都要在首都进行；这样一来，他就可以监督僧人们，阻止一些过于有野心的人进入寺院，而他也可以规范他们的行为。[9]

这几个教派由于充满分歧，群龙无首，无力阻止他的改革旋风。不到10年时间，佛教修行就成了一个强大的引诱力，并成为对促进国家统一有利的因素，而不再使国家分裂。而佛教活动也成为这个新国家的构架的一部分，来自王室的监督者将其变成了一种世俗的力量。

僧伽罗合并成了一个单一国家，与此同时，朱罗王国却分崩离析了。至少在1000多年的时间里，印度次大陆上都是小国林立。而且在这段时间里，将这些小国合并起来的尝试都只是取得了暂时的、虚幻的成功，紧接着便土崩瓦解了。

在11世纪朱罗王国的北部和东部，有两个相互有关系且相邻的王朝，它们分别是东遮娄其王朝和西遮娄其王朝。东遮娄其王朝在两个世纪以前就已经被征服，并被强行并入朱罗王国；其兄弟王国西遮娄其王朝则被朱罗王国贿赂，与朱罗王国结盟。但是，大约在毗阇耶巴忽叛乱的时候，西遮娄其王朝国王的弟弟出兵攻打他的长兄，以武力夺取了其王位。随即，他背弃了联盟的约定，开始攻打朱罗王国。

此后持续百年的战事，以及人力和金钱的不断消耗，在这两个王国的墙壁上打开了缺口。一批附属国都成功地实现了独立，如曷萨拉（Hoysala）、苏纳（Seuna）、卡卡提亚（Kakatiya）、卡拉丘里（Kalachuri），它们都在为控制自己的土地而斗争。

1157年，卡拉丘里国王比贾拉二世（Bijjala Ⅱ）取得了重大胜利，夺取了西遮娄其王朝的首都迦梨耶尼（Kalyani），西遮娄其国王被迫逃亡。像南边的波罗迦罗摩巴忽一样，比贾拉二世现在统治的是一个包含多个王国的支离破碎的国家。但与波罗迦罗摩巴忽不同的是，他无法利用宗教来筑起一道围墙。

在迦梨耶尼被征服后不久，比贾拉二世信赖的宰相巴拉德瓦（Baladeva）死了。按照其遗言，比贾拉二世任命巴拉德瓦的侄子为新扩张的王国的新一任宰相。他的这位侄子虽然当时年仅二十四五岁，却已经获得了虔诚和智慧的名声。他的名字是巴萨瓦（Basava），在考虑这一任命的利弊一段时间后，他决定接受任命，来到了迦梨耶尼。[10]

比贾拉二世没有意识到，自己任用的是一位宗教狂热者。在巴萨瓦后来的传记（*Basava purano*）中记载，巴萨瓦接受这个职位仅仅是因为这个职位可以赋予他传播自己独特思想的权力。他信奉湿婆神，不仅仅是信奉，而且是狂热地信奉。对巴萨瓦来说，湿婆是唯一的神，他维系着整个世界，对待所有男性和女性平等而亲和。他身边聚集了一批志同道合的崇拜者，他们都戴着一件从脖子或左臂上垂下来的林伽像。这个派别又叫林伽派（lingayat），这些信徒潜心寻找对神更崇高的敬爱方式。对他们来说，他们在世界上所有的付出都是出于对湿婆的崇拜，因为湿婆创造了物质世界，理应通过人类在这个物质世界的劳作而得到供奉。一个信徒这样写道：

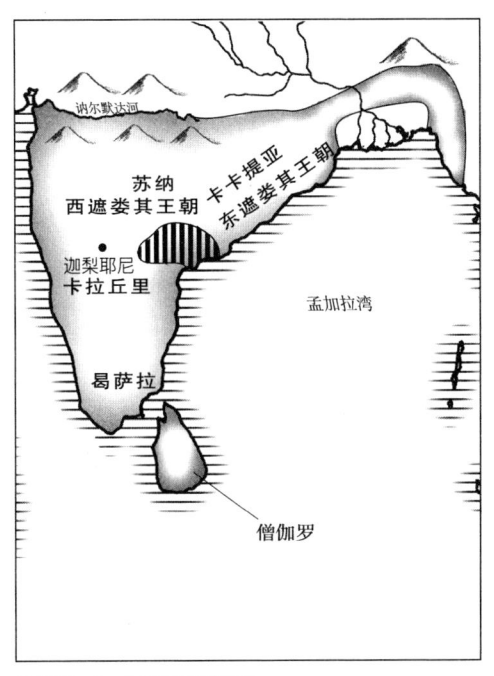

地图 21-2　朱罗王国的瓦解

> 哪怕它只是一片叶子,
> 只要它来自全心的劳作,
> 就值得献给林伽……
> 因为,劳作就是供奉,
> 神就存在于我们的劳作中。[11]

虽然林伽派的教义很简单,但是这种观念与 12 世纪印度的政治现实产生了危险的抵触。

跟僧伽罗的佛教寺院一样,印度中部的印度教寺庙也是由王室提供的金钱和免税农田供养的。任职其中的婆罗门接受了国王的金钱和土地，作为回报，他们支持国王的政策。他们只在自己种姓内部通婚，寺庙的土地被保留在自己阶级内部。然而，婆罗门的权势不仅在于其拥有巨大的财富，也在于他们掌管宗教事务。他们把控着一系列既复杂又僵化的印度教礼拜活动，而这是唯一可以通往神圣的途径。缺少了婆罗门的指引，印度教的信奉者将陷入迷惘。[12]

但是巴萨瓦的信条，以及其他林伽派信徒的理念，跟婆罗门的教义是背离的。对于他们来说，每一个崇拜者都可以独自一人来到湿婆面前，倾诉自己的处境，通过内在的、神秘的方式跟神交流，不需要寺庙，不需要祭品，也不需要婆罗门。而湿婆唯一索取的，就是信奉者辛勤的劳作，而这却是婆罗门依据法律无须从事的活动。更令人担忧的是，林伽派废除了印度社会各种各样的阶层障碍和区分。女性和男性一样，也受到欢迎。在对湿婆的信奉上，没有阶级特权和阶级羞耻。而印度社会中最低等的阶层——那些辛苦劳作的人——受到了尊敬，而非受人排斥。林伽派在比贾拉二世的王国迅速传播开来，并对婆罗门的垄断权力和他们终其一生所维护的王权都造成了威胁。[13]

由于巴萨瓦对国库挥霍无度，他的成功并没有持续太久。他把比贾拉二世赐予的金钱，大量花费到供养林伽派信徒的吃喝以及接待方面。大约在1167年，比贾拉二世意识到了国库的亏空。他开始报复，把两位德高望重的林伽派信徒眼睛弄瞎，这一间接的和徒劳的处罚最终导致国王及他的首相被杀。接下来发生的事情至少有四个不同的版本，大概是比贾拉二世被一个（或多个）愤慨的林伽派信徒暗杀。巴萨瓦逃亡，但比贾拉二世的儿子和继承者娑密室伐罗（Someshvara）派兵追捕他。巴萨瓦被抓获并被处死（也可能是在逃亡时意外死去)。

然而,林伽派却存续了下来。其后来的信徒被称为"勇者湿婆派"(Virashaivas)。而且自那时起,数百年来,他们一直挑战着印度教的传统种姓制度。

宗教改革没有持续太久,王国也没有存续太久。

1186年,波罗迦罗摩巴忽在经历了33年盛世后去世。他的继位者们在很短的时期内相继被暗杀、监禁、致盲或者流放。波罗迦罗摩巴忽建立的统一王国又一次土崩瓦解,小岛重新门户大开,不断被外来者占领和征服。[14]

比贾拉二世的儿子娑密室伐罗和商迦摩(Sankama)曾先后统治卡拉丘里王国,将父亲的统治维系了一段时间。但是在1181年商迦摩去世后,比贾拉二世的两个更年幼的儿子登上王位。慢慢地,由于缺乏经验,终致国力羸弱,无可挽回。西遮娄其王朝的国王娑密室伐罗四世(Somesvara Ⅳ)收复了其旧都城迦梨耶尼,卡拉丘里王国被重新纳入西遮娄其王朝,但这个王国其实也时日无多。1189年,娑密室伐罗四世在与之前的附属国曷萨拉的战争中被杀死。此后不到两年,附属国苏纳、曷萨拉和卡卡提亚瓜分了西遮娄其王朝的领土。[15]

时间线 21

加奈姆	基卢瓦	苏苏	贝宁	突厥王国	埃及	十字军国家	僧伽罗	印度南部
							毗阇耶巴忽 (1055—1110)	
杜纳马一世 (1097—1150)								朱罗与遮娄其 的战争
	奥基索·奥沃多 (约1100— 1200年间)					耶路撒冷 王国建立 (1099)		
						安条克的 博希蒙德二世 (1111—1130)		
				赞吉 (1127—1146)		耶路撒冷的 鲍德温二世 (1118—1131)		
达乌德·伊 本·苏莱曼 (1131—1170)						耶路撒冷 的富尔克 (1131—1143)		(卡拉丘里) 比贾拉二世 (1130—1167)
						耶路撒冷的 梅丽桑德 (1131—1153)		
						安条克的雷蒙 (1136—1149)		林伽派兴起
				阿勒颇地震(1138)				
						耶路撒冷的 鲍德温三世 (1143—1163)		
				苏丹努尔丁 (1146—1174)				
						第二次 十字军东征 (1147—1149)		
							波罗迦罗摩巴忽 (1153—1186)	
					沙瓦尔(维齐尔, 1162—1169)			
						耶路撒冷的 阿马利克一世 (1163—1174)		

时间线 21（续表）

加奈姆	基卢瓦	苏苏	贝宁	突厥王国	埃及	十字军国家	僧伽罗	印度南部
							波罗迦罗摩巴忽改革佛教（1165）	
					希尔库征服埃及/萨拉丁成为埃及维齐尔（1169）			（卡拉丘里）**婆密室伐罗**（1167—1176）
			贝宁第二王朝建立（约1170）		法蒂玛王朝灭亡（1171）			
					埃及苏丹萨拉丁（1174—1193）			（卡拉丘里）商迦摩（1176—1181）
		迪埃拉·坎特（1180—1200）						（西遮娄其王朝）**婆密室伐罗四世**（1184—1189）
萨尔玛玛一世（1194—1203）								西遮娄其王朝灭亡
		苏芒古鲁·坎特（1200—1235）						

/ 22

意志的征服

> 在 1150 年到 1202 年间,印度犀那王朝推翻了信奉佛教的波罗王朝,并热情而又意外地向伊斯兰教打开了国门。

12 世纪中叶,印度东北部有个做人质的王子摆脱了主人的控制,他名叫维贾伊·森(Vijay Sen)*。

这并非没有先例。至少 1000 年以来,在印度次大陆王国的兴衰变化中,王族之间都有相似之处。一个武士可以通过打败附近部落的首领,使其臣服于自己而建立起王国;他会建立一个王朝,而他的子子孙孙会通过不断的游说、贿赂或者制裁那些臣属于他们却不安分的首领,维持这种被捏合在一起的王国的统一。这个王国会进行扩张,然后国王就会下放越来越多的权力,将其赐给控制更边远地区的属下。而这样做,不可避免地会导致某个属下背叛远在国都

---

* 维贾伊·森也被写作毗阇耶·犀那(Vijaya Sena),他的直接继承人伯拉·森(Ballal Sen)和拉克什曼·森(Lakshman Sen)也被写作伯拉·犀那(Ballal Sena)和拉克什曼·犀那(Lakshman Sena)。

的统治者，该属下又会逐渐打败附近的部落首领，使其服从于自己，从而成为新的首领，建立新的王朝。

而且新的国王往往是从前那个国王的亲族成员，因此，很难将他们截然分开。通常情况下，新王国的人会跟原来的王国的人操同一种语言，有同样的习俗，信奉同一个宗教，流传同样的历史故事。但是维贾伊·森一定程度上改变了这个古老的模式。

他的君主是波罗王国（Pala）的国王罗摩波罗（Ramapala）。自8世纪以来，波罗家族就统治着恒河三角洲的东部[*]。据传说，王朝的创立者瞿波罗（Gopala）被臣民推选出来维护三角洲地区的和平与公正。据纪念瞿波罗统治的一则碑文记载，在这个大国和强国吞并弱国的混乱时期，他领导下的国家仅仅由一部"鱼类法"统治。[1]

瞿波罗是一个虔诚的佛教徒，在他20年的统治生涯中，有很大一部分时间都在建造庙宇和建立宗教讲堂，以此来指引他的臣民走上正确的道路。在瞿波罗执政期间，佛教传播广泛，且其信条灵活。几个世纪前的佛教经典告诉人们，所有的物质实物都是转瞬即逝的，只有参悟佛法才能揭示物质世界的虚无短暂。[**]但是波罗也遵从佛教不同流派的教义和实践思想，这些流派使用了用多种语言所著的经文，并且还将印度教中的仪式制度汲取到正统佛教中。[2]

尽管瞿波罗之后的波罗国王大多信奉印度教而非佛教，但他们

---

[*] 这一区域的地理名称叫作孟加拉（Bengal）。
[**] 到5世纪，佛教逐渐分为了两大主流，即南传佛教和大乘佛教。南传佛教强调推理和智识，不重视规仪而推崇独自冥想，把修道作为达到最高层次的途径；大乘佛教宣扬同情心，重视礼制，而且认为顿悟可以使人得道（包括不信奉佛教的俗人）。关于大乘佛教和南传佛教的区别，可以参考：Huston Smith and Philip Novak, *Buddhism: A Concise Introduction* (Harper San Francisco, 2003), pp.63-73. 又见《世界史的故事》第3册，第20章。在瞿波罗统治期间，佛教趋于南传流派，但又吸纳了许多其他元素。"经典（古典）佛教"是一个总称，涵盖了南传、大乘，以及多数其他佛教流派的元素。

信奉的印度教也和瞿波罗信奉的佛教一样，灵活变通。他们继续建造佛教寺庙，并且继续赐予佛寺土地和钱财等丰厚的礼物。来自中国、僧伽罗南部的岛屿，以及高山王国尼泊尔的僧人都到波罗王国取经学法。据一位 16 世纪晚期的历史学家的研究，欧丹多富梨寺（Odantapuri）是在瞿波罗和他的儿子的赞助下建成的，里面有 1000 名常驻的修行者；每遇宏大法事，可以容纳多达 12 000 余名僧人在此聚会。[3] 几个世纪以来，印度佛教面对传统的印度教逐渐失去领地，而波罗王国则成了印度佛教的一片绿洲。*

维贾伊·森没有效仿他的波罗王国的君主。他的祖父来自南部地区，是一位令人敬畏的武士，后来搬到了三角洲地区安度晚年。他的父亲曾经宣称拥有统治其居住的地方周围的一小片区域的权力。维贾伊·森本人是一个信奉湿婆和毗湿奴的信徒，他虔诚地遵守印度教的惯例和礼制。他认为佛教偏离了正轨。

在 12 世纪初期，虽然年纪尚轻，他就已开始了征战生涯，并以他父亲的领地作为大本营。起初，他表面上对国王保持忠诚，在波罗统治的名义下征服了（许多）地方的首领。但是，当他的君主罗摩波罗在 1124 年去世之后，他露出了真面目。罗摩波罗是一个称

---

* 印度教是一个发展了 5000 多年、涵盖了广泛的信仰和实践的教派。大多数形式的印度教都有以下几种共同的信仰：通过多种形式表现出来的神性的本质，因此印度教教众的男神女神其实都可以被理解为同一个神的多面；生命可以轮回，循环往复；人由两部分构成，既包含"神我"（atman，神圣的本质），也包含由经验、性格和令我们与其他人不同的个性的"命我"（jivatman）。在印度教信仰中，"命我"的一系列作为会产生"业力"（karma），即所谓善有善报，恶有恶报。按照印度教正法去生活就会得到好的果报，教徒在下一个轮回中会有更高的社会地位和更好的生活条件。最终，信徒希望在多次转世之后，能提高自己依照印度教正法的生活能力。作为结果，他能从他的"命我"，也就是他的个性中释放出来，而仅仅保留自己的"神我"，即神圣的本质。此时，他将"梵我如一"（和神合为一体），"就像河流汇入大海"，作为个体，他将失去独立个体的特点，同时免去轮回转世的循环。见：Jeaneane D. Fowler, *Hinduism: Belief and Practice*（Sussex Academic Press, 1997），该书是一本很好的印度教入门书，用通俗的语言介绍了印度教的基本内容及其教派。

职的统治者和身经百战的武士,曾经统治国家长达 40 多年之久。他的继承者们却软弱无能,丧失了越来越多的领土,使之沦落到维贾伊·森的统治之下。

到 12 世纪 40 年代末,维贾伊·森 50 多岁了。他一生都在征战,此时他可以宣称对横贯整个三角洲的地区拥有统治权。他的儿子伯拉·森是他的继承人,他的孙子拉克什曼·森是他的主要将领之一。1150 年,拉克什曼·森率领他祖父的军队攻击了波罗王朝的都城高尔（Gaur）,对波罗国王宣战。

犀那军队占领了这座城市,而国王曼德纳波罗（Madanapala）则向北逃到了叫作比哈尔（Bihar）的地区。在流亡期间,他还坚持称自己是高尔的国王,而且宣称他仍统治着从前的波罗王国。但此时国土的大部分掌控在犀那手中。[4]

取得胜利的维贾伊·森下令建了一座大寺庙（Pradyumnesvara）,在里面举行古印度教的盛大的献祭（Great Gift）仪式来进行庆祝。献祭是由古老的、国王主持的仪式演变而来,在仪式上,婆罗门会奉献一匹马给神并且让其获得一年的自由。一年期限到了后,国王会亲手杀死这匹马,然后他的王后会和马的尸体躺在一条金色毯子下面,并且做出性交的动作。神马的力量与国王合为一体,进入王后的身体,因此他的子嗣也会被赋予神圣的力量。[5]

到 12 世纪,这种令人震惊的礼仪制度仅仅保留了一些象征性的做法,维贾伊·森只是进行了适当的祷告和仪式,供奉了一匹马和一辆战车。他也赐予了他的婆罗门大片土地。这没有用马献祭那么具有表演性（而且对旁观者来说也没有那么多的娱乐性）,但意义是相同的。作为一名印度教国王,统治着他宣称为印度王朝的国土,维贾伊·森挺立在天地之间,他主持的这种王者的仪式,把神带到了凡间。有关他的一块碑文上这么记载:"他从不厌倦祭祀牺牲,通过他的权力,尽管经过时间流逝,达摩(正当的宇宙秩序)只剩下了一条腿,却能在大地上自由行走。"[6]

这已不再是以前波罗王朝那种可塑的世界了。这是一个等级制的世界,在这个世界里,维贾伊·森作为国王是世界的主导,他的地位也是最重要的;他的下一级是婆罗门(印度教的神职人员);婆罗门之下是刹帝利(贵族武士和地主);而在武士和地主的统治下则是吠舍(耕种土地的农民)。

这种种姓制度(阶级的划分方式)并不像后来西方学者认为的那样死板。*种姓制度远没有把社会截然划分为四个等级,种姓群体内部有许多细分和小的群体,而且他们之间的划分界限往往很模糊;例如,印度教禁止婆罗门使用犁,因此被赐予了土地的婆罗门就必须成为控制农民的地主(实际的劳作由农民来完成)。种姓之间也存在着某些转变。当一位地方领导者被他的国王提拔到一个更高的种姓后,他的权力就会变大,因此新的种姓就会出现[比如几个世纪以前,迦耶斯特(kayasthas)这个专业的抄书吏阶级得到了几乎与婆罗门相同的权力]。[7]

但是,尽管有一定的灵活性,种姓制度是维贾伊·森和他的继承人伯拉·森(他在1158年继承王位成为犀那王国的新统治者)维持秩序的一种方法。而且他们都特别注重每个阶级的特权和责任。

---

* 种姓是一种相当复杂的体制,是许多学术研究的主题。在这里,我选择采纳伯纳德·S.科恩(Bernard S. Cohn)的观点,他认为,虽然种姓制度是印度文化的一个基本要素,但是,英国人在试图去了解一个陌生的、异族的体制的时候,"将极为复杂的符码及其相关含义转换成了几个转喻词"。见他的著作:*Colonialism and Its Forms of Knowledge: The British in India*(Princeton University Press, 1996),p. 162。了解此章节的内容,认识到下面这些就足够了:虽然印度的种姓制度不如欧洲的社会经济制度那么灵活,但在印度北部,从农民变为地主,并不比12世纪时德意志人从农民变为骑士更困难。

为了王族的利益，不同阶级间的婚姻被严格管理；伯拉·森制定了多项条例，而且通过了一项法律，允许王室天然的盟友婆罗门结婚多次，由此增加婆罗门的人口数量。

波罗王朝的国王从未关心过什么种姓制度；这种变化让孟加拉人感到不安，其影响就像维贾伊·森突然中止王室对佛教的所有赞助一样。维贾伊·森对波罗王朝宗教的轻视，以及他儿子对种姓制度严格的执行，使犀那王国变成了充满怨恨的火药桶。

当新的军队在西方地平线上出现的时候，一个火花掉进了这桶火药里。

一个多世纪前，伽色尼（Ghaznavid）突厥人在我们现在所知道的中东地区的东部边缘建立了一个伊斯兰王朝。他们穿过开伯尔山口（Khyber Pass）向印度推进，后来，伽色尼王国失去了在中东的领土，变成了一个北印度王国。1150年，伽色尼王国处在巴赫拉姆·沙（Bahram Shah）统治下。此时是他长达40年执政的末期，其40年的统治是一段极其辉煌鼎盛的时期。巴赫拉姆·沙是呼罗珊地区突厥人苏丹艾哈迈德·桑贾尔（Ahmed Sanjar，塞尔柱帝国的高级官员）的封臣。巴赫拉姆喜欢赞助诗人、数学家和哲学家。在他的庭院里，访客可能会遇见来自呼罗珊地区的诗人菲尔多西（Firdausi），他在忙着撰写他的史诗《王书》（*Shahnameh*，现在被认为是伊朗的民族史诗），也可能会看到天文学家比鲁尼（al-Biruni）正埋头撰写他的146卷的科学和数学巨著。

但在伽色尼边界，情况却不那么美好。塞尔柱帝国对其领土的控制力越来越弱，对于其他突厥苏丹的权威也早已名存实亡。另一个塞尔柱帝国的附庸国，被称为古尔（Ghurid）的王朝，也急于摆脱塞尔柱的控制。

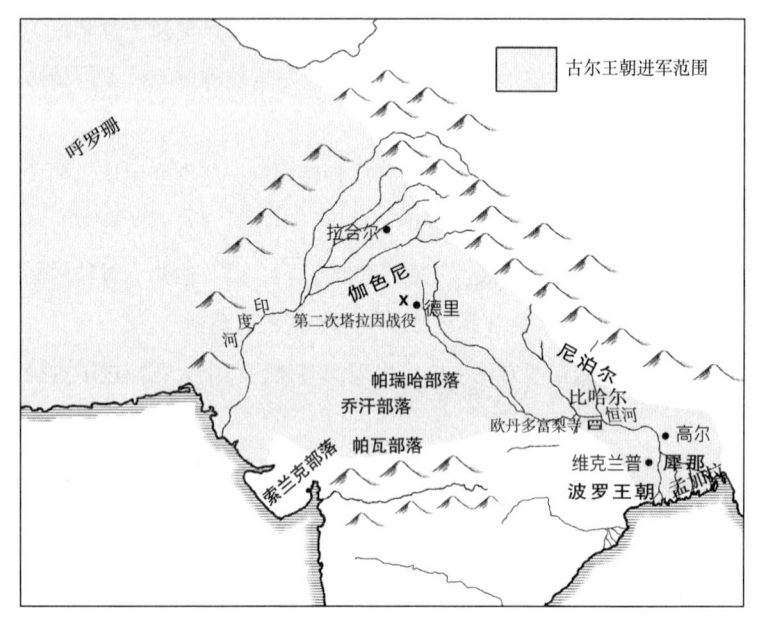

地图 22-1 古尔王朝的进军

　　古尔王国位于巴赫拉姆·沙的王国的西侧，他害怕古尔人就像塞尔柱人害怕古尔人一样。巴赫拉姆·沙试图通过联姻，把女儿嫁给古尔统治家族的成员之一来避免受到攻击。但是后来有情报告知，他的女婿正在计划攻击他，于是巴赫拉姆·沙便把他毒死了。

　　这次谋杀不但没有消除敌意，反而激发了敌意。死者的弟弟阿拉丁·侯赛因（'Ala' al-Din Husain）率领军队攻入巴赫拉姆·沙的王国复仇。伽色尼军队试图使用大批的象阵挡在前面应对古尔部落的进攻，但是还是侯赛因率领的军队胜利了。据波斯的历史学家明哈杰·西拉杰·术兹札尼（Minhaj Siraj Juzjani）在《纳昔儿史话》（Tabakat-i-Nasiri）一书中记载，侯赛因集合他的士兵们，给他们每人一个任务，要求每人负责把一头大象放倒。术兹札尼写道："每一名勇士都选择了一头大象。他们钻到了大象的盔甲下面，用手中的短剑切开了大象的腹部。"至少有一位战士被倒下的大象压死了，但是这波攻击之后，古尔步兵在卡沃（karwah）的掩护下便冲上战场。卡沃是由牛皮和粗糙的棉布制成的可移动的矮防护墙。"当古尔步兵把屏风一般的卡沃顶在肩上时，"书中写道，"他们从头到脚完全被挡住了……像一面墙。由于卡沃里面塞满了大量的棉布，任何投射物或武器都拿它没办法。"[8]

古尔的步兵稳步向前推进，先锋军队将撤退的伽色尼军队一路追到了巴赫拉姆·沙的都城。侯赛因和他的军队连续7天对这里进行烧杀劫掠。最后一次，侯赛因让人把伽色尼以前的统治者的尸体都从坟墓中挖出来，在大街上焚烧。这次袭击使他获得了"扎汗苏"（Jahan-Suz，意为"世界焚烧者"）的称号。[9]

侯赛因从来没有打算占领伽色尼的国土，他泄愤之后，就班师回朝了。但巴赫拉姆·沙再也没有从那次攻击中恢复。仅仅一年后，1152年，他就去世了。

1161年侯赛因去世之后，古尔才发动第二次战役。在部落的另一个成员吉亚斯丁·古尔（Ghiyath al-Din Ghuri）指挥下，他们第一次朝着呼罗珊地区这个相反的方向迁移。在他弟弟穆罕默德的帮助下，吉亚斯丁用了10年多的时间扩展喜马拉雅山脉西部的边境，使自己不再受塞尔柱帝国的控制，并且逐步占领了曾经属于他的君主的领土。

最终在1175年，在穆罕默德以他哥哥吉亚斯丁名义的领导下，古尔的军队对伽色尼王国的印度北部地区领土开始了长达11年的大举进犯。巴赫拉姆·沙的孙子伽色尼苏丹库思老·马利克（Khusrau Malik）被迫撤回。他面临的局面一年比一年严峻，直到他的国土缩小到拉合尔（Lahore）周围的一小片区域。《纳昔儿史话》中记载道："穆罕默德每年都率领他的古尔军队从加兹尼（Ghazni）发动进攻，占领了印度（Hind）和信德（Sind）的一部分，并且到伊斯兰教纪元 577 年（公元 1181 年）……他来到了拉合尔的城门前，抢走了库思老·马利克的一个儿子和一头大象，然后就撤退了。直到伊斯兰纪元 582 年（公元 1186 年）战争一直在进行，他率领军队攻打拉合尔并且将其变为一片废墟。"库思老·马利克以及他的儿子和继承人都被处决，伽色尼王国灭亡了。[10]

古尔的军队击败了穆斯林敌人，但是苏丹吉亚斯丁和他的弟弟穆罕默德并没有放弃征服印度的打算。因为拉合尔变成了废墟，他们便率领军队征战更远的东部地区，攻打印度诸王国。

印度北部中心是众多武士部族的家园，他们各自统治着自己的小王国：他们是拉其普特人（Rajput，意为"国王的儿子"）。拉其普特的统治者为他们自己编造了美妙的神话故事，他们宣称自己来自远古时代的熊熊烈火中，并且是为了取代一个腐败罪恶的武士家族而来的。而事实却是，他们兴起于 150 年前伽色尼人第一次进军印度时所推翻王朝的残余力量。力量最强大的四个拉其普特部落分别是：帕瑞哈、帕瓦、索兰克和乔汗，而乔汗的统治者普里特维·拉杰（Prithvi Raj），坚决地挡在了古尔人的面前。[11]

1191 年，穆罕默德首次攻击乔汗，遭遇惨败，他自己逃之夭夭。普里特维·拉杰由于轻而易举就取得了胜利，之后便没有加强防御。他手下的军队，加上来自拉其普特联盟的援军，一共有 30 万名骑兵和 3000 头大象，是古尔军队人数的两倍，因此他更觉得高枕无忧。但是一年之后，穆罕默德卷土重来，人数处于劣势的古尔军队在第二次塔拉因战役中与拉其普特军队相遇，通过计谋战胜了印度守军。普里特维·拉杰被俘获并遭处决。

印度的历史学家将此归咎于穆斯林战士为了胜利不惜使用残忍的手段；而伊斯兰历史学家则认为，拉其普特各王国之间的争斗，导致联军在作战时缺乏意志。古尔之所以获胜，可能是因为他的骑兵训练有素，而乔汗的步兵则装备不良、准备不足，只是临时征召农民来加长防线。但是由于乔汗军队的战线拉长，兵力分散，拉其普特各王国失去了强有力的防御。防线一个接一个地崩溃。1193年，古尔拿下了德里。此后，在长达400年时间里，再也没有一个印度国王统治这里。1199年，一支古尔军队到达了比哈尔，在这里，最后一个波罗国王仍沉浸在对权力的幻想中。古尔的军队摧毁了波罗王国的最后残余势力。[12]

1202年，古尔军队来到了犀那王国。

1178年，伯拉·森的儿子、维贾伊·森的孙子拉克什曼·森终于加冕为国王。他用一生的时间目睹他勇猛的祖父和父亲统治犀那王国。现在，他却面临着祖父和父亲闻所未闻的威胁。

双方的对决毫无悬念。拉克什曼·森不只继承了犀那王国，还继承了其人民的怨恨。由于臣民们对受种姓制度的过度控制以及传统佛教体制被轻视感到愤怒，他们把古尔当作拯救者一样爱戴。[13]

不等古尔的军队到达都城高尔，拉克什曼·森就逃之夭夭了。他困守在维克兰普城（Vikrampur）。而且像之前的波罗国王一样，即使国土已经不复存在，他还是继续声称自己是国王。

古尔的军队胜利了，驻扎在高尔，并且宣称这里由苏丹吉亚斯丁统治。他们几乎没有遇到什么反抗。孟加拉人民对伊斯兰教几乎一无所知，但是却很了解犀那死板的印度教。即使是为了让自己摆脱印度国王的统治，他们也准备好了接受穆斯林苏丹的领导。

时间线 22

突厥王国	埃及	十字军国家	僧伽罗	印度南部	印度北部
			毗阇耶巴忽 (1055—1110)		
马利克沙 (1072—1092)				朱罗与遮娄其的战争	
					(波罗王国) 罗摩波罗 (1082—1124)
		第一次十字军东征 (1095—1099)			(犀那)维贾伊·森 (1095—1158)
		耶路撒冷王国建立(1099)			
		安条克的 博希蒙德二世 (1111—1130)			
		耶路撒冷的 鲍德温二世 (1118—1131)			(伽色尼王国) 巴赫拉姆·沙 (1118—1152)
赞吉 (1127—1146)		耶路撒冷的富尔克 (1131—1143)		(卡拉丘里) 比贾拉二世 (1130—1167)	
		耶路撒冷的 梅丽桑德 (1131—1153)			
				林伽派兴起	
阿勒颇地震 (1138)		安条克的雷蒙 (1136—1149)			
		耶路撒冷的 鲍德温三世 (1143—1163)			(波罗王国) 曼德纳波罗 (1144—1162)
苏丹努尔丁 (1146—1174)					
		第二次十字军东征 (1147—1149)			
					犀那征服波罗王国(1150)
					古尔王国攻陷加兹尼
			波罗迦罗摩巴忽 (1153—1186)		(犀那)伯拉·森 (1158—1179)

22 意志的征服

时间线 22（续表）

突厥王国	埃及	十字军国家	僧伽罗	印度南部	印度北部
	沙瓦尔（维齐尔，1162—1169）				阿拉丁·侯赛因去世（1161）
		耶路撒冷的**阿马利克一世**（1163—1174）			
	希尔库征服埃及/萨拉丁成为埃及维齐尔（1169）			（卡拉丘里）**娑密室伐罗**（1167—1176）	
	法蒂玛王朝灭亡（1171）				
	埃及苏丹**萨拉丁**（1174—1193）				
				（卡拉丘里）**商迦摩**（1176—1181）	古尔王国侵略伽色尼（1175—1186）
		耶路撒冷的**鲍德温五世**（1183—1186）		（西遮娄其王朝）**娑密室伐罗四世**（1184—1189）	
		耶路撒冷的**西比拉和盖伊**（1186—1190）	西遮娄其王朝灭亡		伽色尼王国灭亡（1186）
					古尔王国开始侵略拉其普特人（1191）
					古尔王国灭波罗王国（1199）
					古尔军队占领犀那（1202）

/ 23

主教之死

> 在英格兰，1154 年至 1170 年间，亨利二世确立了英格兰刑法，而他的大主教却被刺杀了。

英格兰国王亨利二世统治着他敕封领地上的贵族们，而且人民很少有反叛的。但是英格兰教会是更棘手的问题。

在无序时代，教会逐渐承担起越来越多的司法职能。像非教会法庭一样，教会法庭有法官、抄写员、登记员和法院传票送达员，他们均属教会公职人员。自 1072 年起，他们便开始掌控权力了，那时的统治者威廉一世给了英格兰教会处理国内所有涉及神职人员或违反教会法律的事务的权力。用他自己的话说就是："任何有关灵魂法则的事务。"在非教会法庭审判的案子可以上诉到国王那里，但是如果你在教会法庭上被判有罪，你就只能诉诸教皇。在教会法庭上的最终处罚是逐出教会，而在世俗法庭上则是处以死刑。[1]

"灵魂法则"是一个模糊的短语，在玛蒂尔达王后与她的表兄布卢瓦的斯蒂芬的争权战导致的无序时代末期，教会把所有涉及违背誓言和性道德的案件归结到"灵魂法则"层面和教会的管辖范围中。更极端的是：所有被控告有罪的神职人员，无论他们犯了什么罪，他们只会在教会法庭接受审判。强奸罪和谋杀罪在世俗法庭上会被处以死刑，而在教会法庭上的处罚仅仅是坐牢。

结果是自称是神父的人的数量急剧上升。进入英格兰教会还没有一系列正式的考验、宣誓及相关仪式。如果你能读写拉丁文，你就可以自称为执事；如果你剃了你头顶的头发（tonsure），你就可以说你已经发过僧侣的誓言。这种宣称可以让国王对你鞭长莫及。[2]

在亨利二世统治时代的早期，他曾经两次在教会法庭上受挫。一次是他试图证实一位副主教勒索别人，另一次是他控告另一位副主教毒害其上司。两个人（亨利所说的犯了罪的教士）经过教会法庭审判后都被无罪释放了。[3] 亨利不能容忍这种耻辱，当他削弱了贵族的权力，使他们重新可以受法律制裁的时候，他越发觉得英国竟然有一整个阶级不受法律管制，这实在让他无法忍受。

为了削弱教会法庭的权力，使其像以前一样受约束，亨利二世需要坎特伯雷大主教的支持。1161 年，年迈的大主教贝克的西奥博尔德去世了（Theobald of Bec，他是早在 1138 年由斯蒂芬国王任命的）。为了代替西奥博尔德，亨利选择了一个他眼中的自己人：他的王室大法官，他儿子兼继承人的家庭教师——托马斯·贝克特（Thomas Becket）。

年过 40 岁并处在这样高的政治地位上的贝克特，本没有受过宗教方面的教育。他是一个商人的儿子，但是在 20 出头的时候，他的朋友把他介绍给了西奥博尔德。一个同时代的人说，大主教"发现他看起来很聪明，给予他恩宠与荣誉，并让他留下来"。尽管贝克特的拉丁语很差，也不懂教会的法律，但事实证明他很勤劳，很可靠，也很机敏。大主教赋予他越来越多的责任，弥补了他接受教育方面的不足，并于1154年让他坐上了坎特伯雷副主教的位子。[4]

说好听的，教会副主教像"主教的眼睛"（oculi episcope）；说不好听的，副主教就是主教的看门狗。副主教是一个有能力的执行者，负责执行大主教的判决。与其说这是教士的天职，不如说是一项中层管理者的工作，而且它符合贝克特高效的办事风格。不久之后，亨利二世任命贝克特为他的大法官，这是另一个管理职位。贝克特是国王的专职教士，但是他的主要工作却与高级文官无异，负责监督为国王起草判决书和特许状的下级文员的表现。王室大法官是一个重要的职位，负责保管国王的御玺，参加国王所有的会议并且深受国王的信赖。但是这一职位并不比副主教的职位要求具有更多属灵方面的技巧或神学方面的信念。

出于公务需要，亨利二世很多时候都让这位大臣陪同，而且他发现他挺喜欢贝克特。两个人一起打猎，一起吃饭，一起饮酒。托马斯可能是一生中第一次这么富有。于是他就效仿国王的生活习惯，锦衣玉食，甚至还养了两只异国猴子作为宠物，养了两只狼作为猎狗。亨利有充分理由相信贝克特是忠实的，而且（更重要的）是圆滑的仆人。国王提名他填补空缺职位，在1162年5月23日，即西奥博尔德去世一年之后，主教和贵族集合起来按照国王的意愿选举了贝克特，于是他从王室大法官成为大主教。[5]

随着他晋升到教会的最高职位，贝克特有了惊人的、令人难以置信的变化。"他仿佛变成了另一个人，"他的传记作者之一，坎特伯雷的威廉（William of Canterbury）这样写道，"他变得更加内敛，更加警觉，更频繁地祈祷，更认真地布道。"虽然他从来没有像修士那样宣誓苦修，但他开始穿修士的袍子。这是一件僵硬的、令人讨厌的、长满寄生虫的、用山羊毛织成的长袍。穿上这件长袍就意味着肉体的禁欲。他开始节俭地生活，吃喝有度，晚上祈祷到深夜，谴责并反思他曾经奢侈的生活。"为了纪念耶稣基督，他每天在自己的小屋里面跪着给30个穷人洗脚，"博瑟姆的赫伯特（Herbert of Bosham）充满敬畏地说。[6]

他同时代的编年史家记录他的变化时添油加醋，说他在去大马士革的路上遇到了上帝，受上帝的召唤而觉醒。不过贝克特的转变与他过去20年所做的事情倒也并非完全不搭界。他一直是一个做事高效率的人，认真而且适应能力强；他这种人性格很适合大主教这一职位。身为大主教，就意味着要更加尽忠职守，超过副主教对主教，或者大臣对国王的忠诚。

开始的时候，亨利二世并没有觉得这种变化是不祥之兆。他开始实行计划好的改革。他对主教们宣布，他会推动实施一项条款，即在教会法庭被判定有罪的教士会被自动剥夺宗教的头衔，这样他们就可以去世俗法庭接受公正的审判。之后他起草了一份文件，明确地规定了"灵魂法则"的适用范围，并且把这份文件交给贝克特，等待他的批准。

这份文件——《克拉伦登宪章》（Constitutions of Clarendon，如此命名是因为该宪章是在克拉伦登的王宫写成的），使王权至高无上。被控告的教士将会在世俗法庭上接受审判，如果被证明有罪，会被按照世俗法律来惩罚。反过来，主教并不参与对于平信徒的审判。除非先由世俗法庭确定违法，否则国家官员不能被逐出教会；教士和平信徒之间的争执将会由世俗官员而不是教会的官员解决；任何人如果对教会法庭的判决不服，需要先到国王那里提起上诉，而不是越过他直接去找教皇。这一宪章如果成为教会的法律，将会剥夺教会法庭的权力。[7]

但是如果没有大主教的印章，该法案就无法成为法律；而贝克特清楚地知道自己应该对谁忠诚，他拒绝签字。

亨利二世的坏脾气爆发了。贝克特突然为自己的性命担忧起来，趁半夜时分逃离了英格兰。他打算求救于教皇，却并没有直接去罗马，而是到法兰西国王路易七世那里寻求庇护。

现与第三任妻子生活的路易很乐意削弱亨利二世的影响；他为流亡的大主教提供了庇护所，并派人保护他。于是，国王、大主教和教皇三方之间充满争吵的通信便开始了，且持续长达五年之久。贝克特在流亡两年后写信给国王："我在等待上帝对你的蔑视，让你改变自己的行为。你是教会之子，而非其主宰。你应根据神父的指导，按照教会的方式做事，而不是相反。你应谦卑地屈服于教会而不是反对神的旨意。至高的上帝会向不知悔改的你实施惩罚。"[8]

亨利二世并没有被所谓的上帝的报应吓到，他并不屈服。

事实证明修改世俗的法律更容易一些。贝克特逃离英国两年后，亨利二世颁布了另一项法令，并于1166年在克拉伦登的刑事法庭公布于众。这项法令，即《克拉伦登法令》（Assize of Clarendon），明确提出了刑事案件将会如何在世俗法庭上审理："12名法律人士……宣誓自己会讲真话。"[9]

有陪审团的审判体制在英国并不是新鲜事，但是此前从来没有体现在国王颁布并且由官员强制执行的法律中。《克拉伦登法令》改变了刑法审判的本质。它把局部的、个人之间的冲突上升成了反对国王统治下的和平以及反对国王个人的行为。犯罪不再是各个地区范围之内的事情了。法令规定："如果一个治安官告诉另一个治安官有人因为抢劫或谋杀或偷盗逃到了他的地区，被告知的那个治

地图 23-1　法兰西王国和英格兰王国

安官应该逮捕或拘留那个犯罪的人。"[10]

《克拉伦登法令》是英国刑法的基石,其核心概念是现代西方立法的核心:国家作为一个实体,其和平是会被侵犯的。犯罪不是个人问题,而是国家层面的问题。这是一个出色的、改变了一个国家的法案,推动其通过的那个人充满活力,使得他灵光一现所产生的洞察力远远超越了他所处的时代。

但是，到了大主教那里，亨利二世的洞察力就失去了光芒。在国王看来，贝克特的这种坚持原则的拒绝越来越像是人身攻击。

1170 年，在经历了多年的复杂谈判之后，亨利二世和贝克特一起来到法国弗雷特瓦勒镇（Freteval）的牧场，为达成妥协做最后的努力。这次，两个人都觉得胜券在握。如果亨利不让他回国，教皇就会赋予贝克特对整个英格兰下禁行圣事令的权力。贝克特想参加亨利 15 岁儿子的加冕礼——将使王子成为亨利的共治者和继承人——这个王子曾经是他喜爱的学生。*

两个人在草地中央见面，交谈了很久。没有人听到他们的谈话。但是交谈结束后，亨利二世宣布贝克特可以安全地返回英格兰，重新拥有他的权力。而贝克特则表示会完成加冕仪式，保证小亨利登上王位。

两人都没有提到《克拉伦登宪章》，也没有提到任何关于最终权力在谁手上的问题。这个协议显然没有解决任何关键问题，而且显然也没有讨论这些问题。而且，跟大多数未解决的矛盾一样，这一次也是以灾难性的结局结束的。

贝克特并没有立即返回英格兰。他不在的时候，他在坎特伯雷的庄园被移交给了他的副主教——罗纳夫·德·布洛克（Ranulf de Broc）保管。在地产重归到他的名下之前，贝克特拒绝回来。"只要他把教会土地拿走一寸，我们就无意回到他那里，"他写信给教皇说。

同时，亨利在他的朝臣面前口无遮拦地表达他的观点，使他们

---

* 亨利二世已经授予了约克大主教给小亨利加冕的权力，并且加冕仪式已经在当年 6 月举办过了。亨利给贝克特的是第二次加冕的机会，这次加冕会取代上一次（并因此明确贝克特仍然是英格兰最高级的神职人员）。

毫不怀疑他本人的立场：在弗雷特瓦勒达成的协议并不令人满意，他仍然认为《克拉伦登宪章》应该被写入英格兰法律，贝克特仍然是他的敌人。罗纳夫·德·布洛克完全读懂了国王的意思，于是在归还贝克特在坎特伯雷的地产这件事上完全是敷衍了事，并在贝克特回来之前派人去拿走了所有有用的东西。贝克特的一位传记作家记述道："在大主教的人得以控制这片土地之前，并没有什么东西留给他们——没有一头公牛或母牛、一只公鸡或母鸡、一匹马、一头猪、一头羊或整仓的粮食。"[11]

最终，贝克特觉得他最好亲手拿回这片土地。他坐船驶向英格兰，在1170年12月1日到达。他几乎是刚一到达英格兰，就宣布将国王的两个主要官员开除教籍，也把约克大主教开除了。

这无异于宣战。开除王家官员的教籍，表明了他对《克拉伦登宪章》的排斥。贝克特发出了一个明确的信号，那就是他已经准备好了再一次进行战斗。当亨利二世在诺曼底准备庆祝圣诞节的时候，他得知了官员被开除教籍的消息，立即暴跳如雷。"愤怒、痛苦、激情充斥了国王的内心，"与其同时代的编年史家威廉·菲茨·斯蒂芬（William Fitz Stephen）记载道，"从他狂躁的神情和姿势，立即就能明白他想要干什么。"[12]

亨利并没有明确表达出来他想要干什么。当时似乎没有一个编年史家听说他这样问："谁可以帮我解决掉这个捣乱的主教？"不过博瑟姆的赫伯特写道，当时英格兰的四个重要人物——"他的王室男爵，家境殷实的大亨，他的朋友中的显要人物"——立刻离开诺曼底前往英格兰。他们到了罗纳夫·德·布洛克——就是在当副主教的时候洗劫了贝克特在坎特伯雷的庄园的那个人（贝克特也把他革出了教门）——的庄园，从他那里借了一支武装，然后前往贝克特在坎特伯雷的住处。[13]

有十几个人目睹了下一个小时内发生的事，这些人是贝克特的家人、教会的办事员，还有当时在教堂里唱赞美诗的教士。四个骑士在贝克特的房间与之见面，要求大主教撤回开除教籍的命令，承认国王的权威，然后离开这个国家。他拒绝了，然后去了教堂，并且带领大家做晚祷。圣母马利亚和圣本笃的祭坛中间有一根柱子，他便站在柱子旁边。

一个叫作爱德华·格瑞姆（Edward Grim）的剑桥的神父当时在教堂里等待礼拜开始。后来，他写道：

> 他们用亵渎神圣的手拖着他，拽着他，好像要在教堂外面杀了他，又好像要把他关进监狱里。这是他们后来承认的。但是……他挣扎着不让人把他从柱子那里拖开……他双手抱着柱子，大声陈述自己的事业，以及教会对上帝的……他还没来得及说完，邪恶的骑士（雷金纳德·菲茨·厄斯，是王室亲戚）担心大主教会被人救下来，活着溜走，就突然跳到大主教旁边，打伤了他……然后他的头又被重击，但他仍然站立着。被打第三下的时候他倒下了，用膝盖和肘部支撑着身体，承受着极大的痛苦，他低声说："以耶稣之名，为了保护教会，我已准备好拥抱死亡。"他躺在地上的时候，第三个骑士给了他致命一击，他的剑碰到地面的时候都断了；而主教头上的冠被劈了下来，鲜血混合着脑浆，流了满头，将圣母马利亚的祭坛染红……第五个人（不是骑士，而是随着骑士进来的人）可能不想在第五击之后，就让主教死去，使其成为随基督而去的烈士，就把脚踩在这位神圣的主教和高贵的殉道者的脖子上。主

教的鲜血和脑浆洒满了过道,然后那人对其他人高呼:"骑士们,我们走吧!他已不能复生。"[14]

国王得知这场谋杀的消息之后,将自己关在房间里待了三天,而且滴水未进,一言不发。[15]

尽管按照亨利二世确立的《克拉伦登法令》,这四个刺客的行为显然是违法的,但是他们却从来没有受到过惩罚。而且几乎是毫无疑问,亨利事先知道这个计划并且默许了。

然而,他本人的参与并不代表他的悲痛之情是假的。

这场宗教权力和世俗权力之间的斗争,当时哪一方更强并不明朗。但是,让神权与王权继续共同统治已经不可能了。亨利二世任其老友被谋杀,是他所选择的道路的必然结果。但是,即便这是必然的,他仍会为杀死主教的暴戾行为而感到痛苦,也为上帝和国王可以和平共处的时代的结束而感到痛苦。

时间线 23

僧伽罗	印度南部	印度北部	西法兰克	英格兰
毗阇耶巴忽 (1055÷1110)				
	朱罗与遮娄其 的战争			征服者威廉 (1066÷1087)
		(波罗王国) 罗摩波 罗 (1082—1124)		
				威廉二世 (1087÷1100)
		(犀那) 维贾伊·森 (1095÷1158)		安瑟伦，坎特伯雷大 主教 (1093÷1109)
				亨利一世 (1100÷1135)
				《伦敦协定》(1107)
			富尔克五世， 安茹伯爵 (1109÷1129)	
			皮埃尔·阿伯拉尔 成为巴黎圣母院 大教堂学校的主管 (1114)	
		(伽色尼王国) 巴赫拉姆·沙 (1118÷1152)		
			阿伯拉尔的著作 在苏瓦松被烧毁 (1121)	
	(卡拉丘里) 比贾拉二世 (1130÷1167)			
	林伽派兴起		阿伯拉尔完成 《神学》(1135)	斯蒂芬 (1135÷1154)
			路易七世 (1137÷1180)	
				贝克的西奥博尔德， 坎特伯雷大主教 (1138÷1161)
				无序时代 (1139÷1154)
			阿伯拉尔被谴责 为异端 (1141)	

僧伽罗	印度南部	印度北部	西法兰克	英格兰
		（波罗王国）**曼德纳波罗**（1144—1162）	皮埃尔·隆巴尔德在巴黎圣母院学校执教（1145）	
		犀那征服波罗王国（1150）		
		古尔王国攻陷加兹尼	阿基坦的埃莉诺和安茹的亨利结婚（1152）	
				《沃灵福德条约》（1154）
波罗迦罗摩巴忽（1153—1186）				亨利二世（1154—1189）
		（犀那）**伯拉·森**（1158—1179）		
		阿拉丁·侯赛因去世（1161）		托马斯·贝克特，坎特伯雷大主教（1162—1170）
波罗迦罗摩巴忽改革佛教（1165）				《克拉伦登法令》（1166）
	（卡拉丘里）**娑密室伐罗**（1167—1176）			
	（卡拉丘里）**商迦摩**（1176—1181）	古尔王国侵略伽色尼（1175—1186）		
	（西遮娄其王朝）**娑密室伐罗四世**（1184—1189）	伽色尼王国灭亡（1186）		

时间线 23（续表）

/ 24

对外关系

> 1153年至1168年,拜占庭皇帝扩大了疆域并无意间使塞尔维亚得到自由。

1153年,塞尔柱帝国分崩离析,最终走向覆灭。

艾哈迈德·桑贾尔当上突厥人苏丹的时候,统治着广袤的领土。这是自从阿拔斯哈里发王朝以来,一个穆斯林统治者所控制的最大领土。*在他一生快要结束的时候,他失去了对古尔人的控制,他们那时正忙着侵占阿拔斯之前统治过的东部边缘地带。他被中国的游牧部落西辽从河中地区[阿姆河(Amu Darya,即乌浒河)以东]赶了出去。努尔丁从理论上讲应该对他效忠,但是其在地中

---

* 阿布·阿拔斯是一位和先知穆罕默德有亲缘关系的哈里发,选择他就是为了和当政的哈里发马尔万二世作对。马尔万二世来自阿拉伯的倭马亚家族,穆罕默德的战友奥斯曼就出自这个家族。在阿布·阿拔斯当选之后,他设法除掉了倭马亚家族的大部分幸存者,终结了自先知死后就一直统治的倭马亚王朝,确立阿拔斯哈里发的统治。(参见本书第4册,第14章)控制埃及和耶路撒冷的法蒂玛王朝和统治巴格达的阿拔斯王朝是宿敌(他们同样是拜占庭和十字军国家的敌人)。

海地区为所欲为。在他生命的尽头，桑贾尔曾试图镇压当地的一场叛乱，结果反而被打败，自己也成了叛军的俘虏，其都城梅尔夫（Merv）也被洗劫。他最大的成就就是在梅尔夫给自己建了一座极美的陵墓，他现在就躺在那里长眠。[1]

他是统一的塞尔柱帝国最后一位统治者。在他以后，没有人试图宣称突厥人的土地是一个整体。呼罗珊成了一块无主之地，而且从阿姆河到地中海海滨，这片土地上的每一位突厥苏丹都只关注自己的利益。[2]

对于拜占庭皇帝来讲，这改变了这里的地缘关系。第一次十字军东征的诱因，就是拜占庭对统一的突厥势力感到恐惧。如今，曼努埃尔一世正面对的是充满独立势力的、四分五裂的地区。

对于曼努埃尔一世来说，这里的几乎每个势力都会对自己构成威胁。不过对他而言，最危险的敌人不再是突厥人了。

大约600年前，在查士丁尼大帝统治的巅峰时期，沿着地中海海岸从伊比利亚半岛的末端到北非和埃及，越过小亚细亚半岛，再到希腊和意大利的全部的广大地域都在拜占庭的统治范围之内。但自查士丁尼大帝之后，拜占庭的统治范围就开始不断缩小。在1143年曼努埃尔一世登基时，他成为希腊、小亚细亚半岛的一半，以及黑海东西海岸的统治者。这是一个进步，他的祖父阿历克塞所继承的土地只有希腊，阿历克塞和他的儿子约翰通过不停的征伐才收复了曼努埃尔现在统治的这些土地。

在曼努埃尔一世统治的前15年，他从未想过要大幅提高自己的地位。他攻打了地处小亚细亚半岛东部的鲁姆苏丹国，但他并没有攫取任何土地。他胁迫安条克和耶路撒冷的君主向他效忠，但他并没有控制他们的王国。在1156年，他花了一年的时间试图把南部意大利（阿普利亚和卡拉布里亚公国）从诺曼人手中夺过来，但这次征战的结局却让他大失颜面。他的将军约翰·杜卡斯（John Doukas）试图迫使海滨城市布林迪西（Brindisi）投降，却掉入诺曼海军所设的陷阱，跟拜占庭舰队的残部一起被俘。

安条克的亲王受到拜占庭在意大利战败一事的鼓励，决定试试运气来攻打溃败的拜占庭军队。在让人心烦的安条克的雷蒙被努尔丁斩首后，安条克的统治权由他年轻的妻子康斯坦茨继承。康斯坦茨是最初的安条克亲王"恶棍博希蒙德"的孙女。1156年，即使已经成了四个孩子的母亲，康斯坦茨也才28岁。她通过血统特权掌握了安条克的统治权，但她的表兄耶路撒冷国王、安条克的牧首（城里最高级的神职人员），以及她的君主曼努埃尔都坚持她应该再婚，而且提出了有用的（也易于控制的）人选。

康斯坦茨拒绝了他们的建议，嫁给了一个名叫沙蒂永的雷纳德（Raynald of Chatillon）的法国十字军战士，这个年轻的机会主义者只比康斯坦茨大2岁，在第二次十字军东征灾难般地结束后，他留在了东方。这可能是康斯坦茨自有机会做决定以来做出的第一个成年人的决定，而这个决定最后被证明是错误的。雷纳德虽然英俊潇洒，但也鲁莽任性，军事方面的判断力尤其差。他决定把安条克从曼努埃尔的控制下解放出来，并提出可以首先攻打塞浦路斯岛。塞浦路斯岛是拜占庭所属的和平而富庶的地方。[3]

为了准备这场战役，雷纳德先命令安条克的主教利摩日的埃默里（Aimery of Limoges）借给他必需的资金。埃默里是一位富有且世俗的法兰西贵族，他一开始并不支持两人的婚姻，所以他拒绝了雷纳德的要求。而雷纳德让他的支持者拦下埃默里痛打了他一顿，推罗的威廉接着说，雷纳德"强迫这位上了年纪的主教……这个无助的老人，坐在盛夏的烈日下,并在他的光头上抹上蜂蜜"。埃默里坐在安条克城堡顶上和昆虫斗争了几个小时后,交上了被勒索的资金。[4]

在进行了如此幼稚的权力实践之后,雷纳德做了一件更危险的事——与曼努埃尔一世最残酷的敌人接触,并与其结成了同盟。

这个敌人就是托罗斯二世（Thoros II）,是被流放的奇里乞亚-亚美尼亚的王子。他的王国在20年前被曼努埃尔的父亲占领,那时仅有十几岁的托罗斯二世与他父亲和哥哥一起戴着镣铐被带到了君士坦丁堡。他的父王和哥哥都死于狱中,只有托罗斯活了下来。他在1142年通过某种方式逃了出来,并回到了他那被占领的国家。从那时起,他就开始拼命地打游击,其顶峰是在1152年杀死了当地的拜占庭总督。

在雷纳德的建议下,双方联合成立了反拜占庭的军队。他们拿着从主教那里勒索的钱,洗劫了几个偏远村落,然后进军塞浦路斯岛。塞浦路斯岛上不经常发生战争,所以只有少量守军,军队由皇帝曼努埃尔一世的侄子指挥。合编的安条克-亚美尼亚军打败了守军;此后,部队的指挥官放任士兵自由活动,在岛上肆意烧杀抢掠。他们烧了庄稼,偷了牲畜,杀掉了挡在他们前面的老老少少,还奸淫妇女。格列高利神父（Gregory the Priest）写道,雷纳德以嘲笑的姿态割掉了所有神父的鼻子,派人把它们送到君士坦丁堡给他们的皇帝看。[5]

曼努埃尔一世大为震怒。诺曼人是非常强大的敌人,而雷纳德只是曼努埃尔想要重重惩罚的一个讨厌的角色。曼努埃尔亲自率领拜占庭大军跨过奇里乞亚,迅速重新占领了托罗斯二世收复的土地。而托罗斯则侥幸逃到了一个深山中的废弃城堡里。

雷纳德就没有这么幸运了。当他听说正在接近的大军人数时,他就意识到不可能击退对手。他的唯一的希望就在于自己的谦卑。他穿上粗麻布，光着脚走到曼努埃尔一世的军营。在那里，他跪倒在皇帝面前并请求原谅。"他哭着恳求皇帝的仁慈，"推罗的威廉厌恶地写道，"他趴在那里哭了很久，久到在场的人都要作呕。"曼努埃尔让他哭了好一会儿，后来才意识到雷纳德仍然没走。最终，他同意放过雷纳德，条件是安条克的亲王要把安条克的城堡交给帝国控制，并无限期地让拜占庭军队在他的城市驻扎。[6]

雷纳德别无选择，只能同意。在1159年，曼努埃尔一世以征服者的身份进入安条克，他戴着皇冠，穿着紫袍（里面还穿着甲胄），身边围着侍臣、卫兵和随从。皇帝的旗帜插在了安条克的城墙上，雷纳德被迫在皇帝的马镫旁不戴头冠走路。经过了60年的对抗之后，安条克最终被拜占庭帝国吞并。[7]

雷纳德没有再给曼努埃尔添麻烦。一年之后，他带了一伙人在乡下流窜，偷盗牲口。当他们驱赶着一队偷来的行走缓慢且难以控制的马群、牛群以及骆驼来到埃德萨附近时，他被抓住并被努尔丁的弟弟、阿勒颇的总督监禁。没人愿意为雷纳德付赎金，所以他在阿勒颇的监狱里度过了之后的16年。

他的妻子康斯坦茨掌握了安条克的统治权，在雷纳德被抓一年后，她在安条克的政治方面取得了很大的进展，她将自己跟死去的丈夫雷蒙所生的女儿玛丽嫁给了鳏居的皇帝。43岁的曼努埃尔一世和16岁的玛丽［历史学家尼西塔斯·肖尼雅迪斯（Niketas Choniates）说她"面容姣好，貌美无双"］在1161年的平安夜结婚了。[8]

曼努埃尔在位的剩下的几年里，他更多地和西方争斗，而不是和东方冲突，更多地和基督教邻国作战，而不是和突厥人兴兵。拜占庭的北面是匈牙利王国,西面是塞尔维亚、波斯尼亚和克罗地亚,它们相互争夺土地,并且所有这些国家都不稳定地在同盟和敌对之间摇摆。

匈牙利是马扎尔人部落同盟在9世纪末建立的,在10世纪末成为一个在教会承认的国王统治下稳定的基督教国家。克罗地亚,原来罗马的伊利里亚省(Illyricum)的一部分,为匈牙利王室的一支所占领,并声称这是他们的独立的统治区域。1102年,匈牙利的卡尔曼(Coloman)国王自己加冕成为克罗地亚国王,把克罗地亚并入自己的管辖范围。但这个"个人联合"并没有把两个国家合并为一个。克罗地亚人仍然采用自己的法律,说自己的语言,在自己国家的军队中服役,在各自独立的克罗地亚和匈牙利的联合体中对同一个君主保持忠诚。[9]

原伊利里亚的其余部分分裂为达尔马提亚(Dalmatia)、波斯尼亚和塞尔维亚。达尔马提亚是一个古老的海岸地区,那里的人们曾经使用自己的语言,但现在已被克罗地亚吞并,克罗地亚国王成为它的保护者和统治者;波斯尼亚由另一批斯拉夫部落建立,但是直到1137年为止它都被匈牙利人统治。塞尔维亚人有着共同的语言和古老的部落身份认同,却被分成两个部分,分别由两个家族的亲王统治,他们有时候相互合作,但大多数时候都有矛盾。统治海岸地区的杜克里亚(Duklja)亲王是拜占庭的封臣;内陆的拉什卡(Raska),自从曼努埃尔一世派军队帮助这里的统治者的弟弟把哥哥推翻之后,这个地方也或多或少被拜占庭控制。

1162年实力强大而年迈的匈牙利国王盖佐二世(Géza II)去世。他的年轻而缺乏经验的继承者是斯特凡三世(Stephan III),他在继承他父亲的王位时只有15岁。曼努埃尔一世一直期待着一个机会来

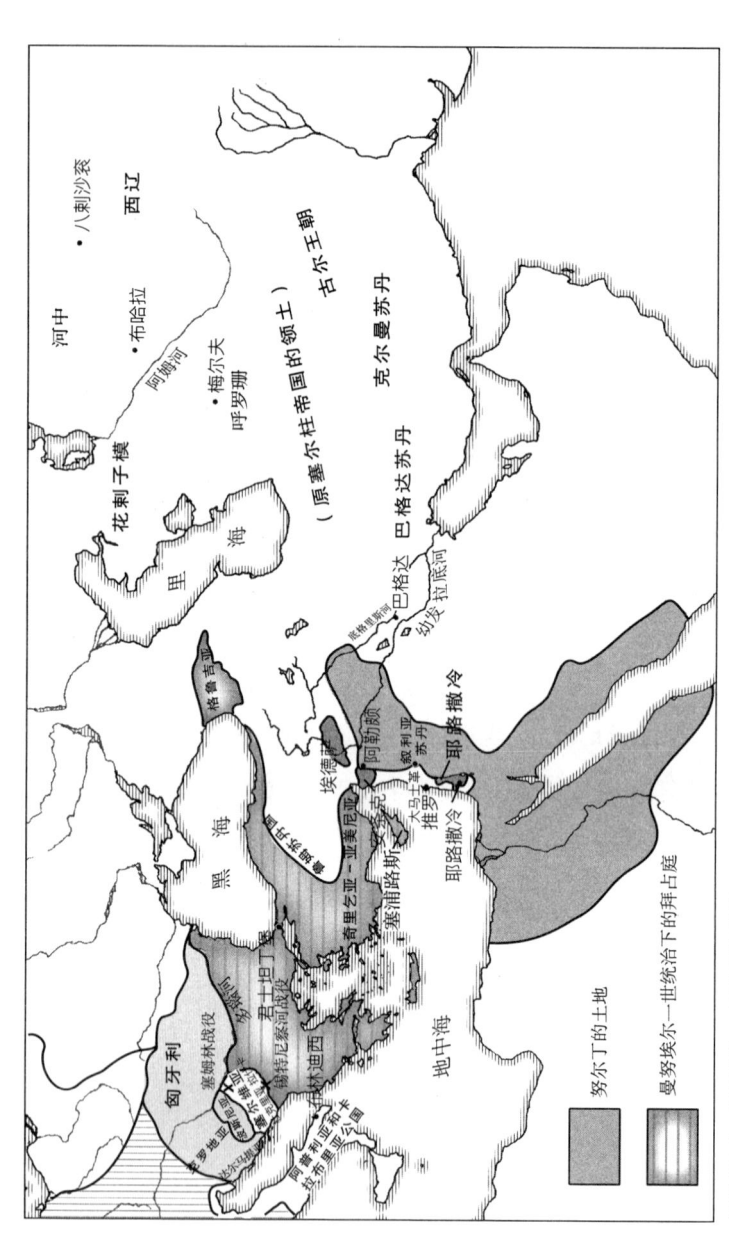

地图 24-1 曼努埃尔一世时代的世界

削弱匈牙利的势力，所以他选择干涉王位继承来削弱对手。他为斯特凡的两个叔叔提供武器和金钱，两人都觊觎王位。1164年，拜占庭军队跨越了多瑙河，支持斯特凡的弟弟贝拉（Béla）。

斯特凡动手反击。由拜占庭引发的内乱持续至1167年，这一年，拜占庭的军队得到了突厥雇佣兵和皇帝的亲兵瓦兰吉亚守卫兵的加入而壮大，他们在塞姆林（Semlin）遇上了大批的匈牙利军队。此时，尽管皇帝派人送信来命令他推迟行动，理由是星象不吉，但是拜占庭将军安德洛尼卡（Andronicus）仍带领军队进攻并取得大胜。斯特凡三世保住了他的王位，但被迫将克罗地亚、达尔马提亚，甚至波斯尼亚割让给拜占庭，以换来和平，而这正是曼努埃尔一世想要的。[10]

但是曼努埃尔的胜利有一个煞风景的结局。愤慨的匈牙利人派兵进入塞尔维亚支持当地的独立运动。拉什卡的亲王斯特凡·内曼加（Stefan Nemanja）是这场运动领导者，他是拜占庭支持的拉什卡统治者的弟弟。在匈牙利人的帮助下，斯特凡·内曼加废黜了他的哥哥并自称全塞尔维亚大公。

1168年晚些时候，曼努埃尔派兵把这个自命不凡的新手赶走，但内曼加的军队在塞尔维亚北部的锡特尼察河（Sitnica）附近遭遇了拜占庭军队。在接下来的战斗中，内曼加的哥哥在锡特尼察河中溺亡，而塞尔维亚人最终把拜占庭人赶走了；拜占庭军队无功而返，不得不放弃对塞尔维亚地区的控制。

斯特凡·内曼加现在统治的是新独立的塞尔维亚。他的王朝——内曼加王朝，将在塞尔维亚持续两个世纪。曼努埃尔一世的土地掠夺扩大了拜占庭的疆土，但他也无意间使塞尔维亚获得了自由。[11]

西法兰克	英格兰	突厥王国	十字军国家	塞尔维亚	拜占庭	奇里乞亚-亚美尼亚	匈牙利
		时间线 24					
	征服者威廉 (1066—1087)						
		(塞尔柱帝国) 马利克沙 (1072—1092)					
					阿历克塞·科穆宁 (1081—1118)		
	威廉二世 (1087—1100)						
	安瑟伦, 坎特伯雷大主教 (1093—1109)						卡尔曼 (1095—1116)
	亨利一世 (1100—1135)						
路易六世 (1108—1137)							
富尔克五世, 安茹伯爵 (1109—1129)	《伦敦协定》 (1107)						
皮埃尔·阿伯拉尔 成为巴黎圣母院 大教堂学校的主管 (1114)							
		(塞尔柱帝国) 艾哈迈德·桑贾尔 (1118—1153)			约翰二世·科穆宁 (1118—1143)		
阿伯拉尔的著作 在苏瓦松被烧毁 (1121)							
			赞吉 (1127—1146)				
阿伯拉尔完成 《神学》(1135)	斯蒂芬 (1135—1154)						
路易七世 (1137—1180)			安条克的雷蒙 (1136—1149)				
	贝克的西奥博尔德, 坎特伯雷大主教 (1138—1161)		阿勒颇地震 (1138)				
	无序时代 (1139—1154)						

24 对外关系

时间线 24（续表）

西法兰克	英格兰	突厥王国	十字军国家	塞尔维亚	拜占庭	奇里乞亚-亚美尼亚	匈牙利
阿伯拉尔被谴责为异端（1141）					曼努埃尔一世·科穆宁（1143—1180）		盖佐二世（1141—1162）
皮埃尔·隆巴尔德在巴黎圣母院学校执教（1145）		苏丹努尔丁（1146—1174）				托罗斯二世（1144—1169）	
阿基坦的埃莉诺和安茹的亨利结婚（1152）	《沃灵福德条约》（1154）		安条克的康斯坦茨（摄政，1149—1163）				
	亨利二世（1154—1189）						
	托马斯·贝克特，坎特伯雷大主教（1162—1170）					斯特凡三世（1162—1172）	
	《克拉伦登法令》（1166）		斯特凡·内曼加，大公（1166—1196）				
			锡特尼察河战役（1168）				塞姆林战役（1167）

/ 25

威尼斯的难题

> 1171年至1185年,曼努埃尔一世与威尼斯发生冲突,这成为君士坦丁堡战争的导火索。

曼努埃尔一世统治了克罗地亚和波斯尼亚,成为威尼斯海上共和国的邻邦。

威尼斯是意大利最繁华的海上贸易城市,贸易航线的必经之地,地位稳固,对任何威胁其统治地位者随时保持警惕。当时的曼努埃尔一世和威尼斯的关系一直是表面和平友好,实质上十分脆弱。威尼斯人能在拜占庭帝国的一些地区进行免税贸易,在君士坦丁堡拥有自己的聚居区,条件是威尼斯需派船帮助曼努埃尔对南意大利蓄谋已久的入侵。

威尼斯的目的并非与拜占庭帝国建立深情厚谊,而是想让意大利两边的统治者相互制衡,那样他们就都没有足够精力来烦扰自己了。意大利南部的诺曼王国阿普利亚和卡拉布里亚公国早在1130年前后就已经被并入了西西里的诺曼王国,当时,诺曼伯爵同时继承了两个爵位。如今，西西里的国王是年轻的诺曼贵族威廉二世［William II，绰号"好人威廉"（William the Good）］。腓特烈·巴巴罗萨（Frederick Barbarossa，即腓特烈一世）和威廉二世一直都觊觎意大利，但只要曼努埃尔一世涉足，他们就难以得逞。

然而，就在曼努埃尔即将登陆之时，力量的平衡似乎朝不利于他的方向倾斜了。威尼斯为了重建之前的多方角力的紧张局面以求自保，主动与匈牙利签署了条约。按照条约，威尼斯的总督让自己的两个儿子与匈牙利公主联姻。自匈牙利统治邻邦疆域开始，这个王国就成了威尼斯的敌人，而如今它却成了制衡劲敌的有力法宝。[1]

曼努埃尔因此受挫，也采取了寻求平衡的手段进行报复。他给了威尼斯的贸易竞争对手比萨和热那亚更多的贸易特权，还在君士坦丁堡城内给它们划出了更大的地盘。

整个政治格局就此颠覆。一伙被威尼斯流放的暴徒袭击并抢劫了热那亚区，在当地拆墙掀瓦，导致大量居民流离失所。曼努埃尔一世给威尼斯总督瓦伊塔尔·米希尔（Vitale Michiel）发去了一封措辞严厉的信，要求威尼斯重建该区，并给予热那亚相应赔偿。总督并没答应，反而将破坏归因于君士坦丁堡的居民。曼努埃尔对此早有预料，他已经密令拜占庭帝国各地的官员逮捕国内所有的威尼斯人。密令所定的行动日期是1171年3月12日。

到了当天早上，各地开始执行皇帝的命令。男女老幼遭到囚禁，其财产——房子、商店、船只、土地——通通被没收。君士坦丁堡的监狱立即关满了威尼斯人，许多修道院也被借用来关押这些人。[2]

如此一来，曼努埃尔一世就有了1万多名人质，足以应对威尼斯的入侵。但是总督瓦伊塔尔·米希尔对此勃然大怒，不顾一切地对他宣战了。威尼斯人花了4个月的时间建成了一支特殊舰队，然

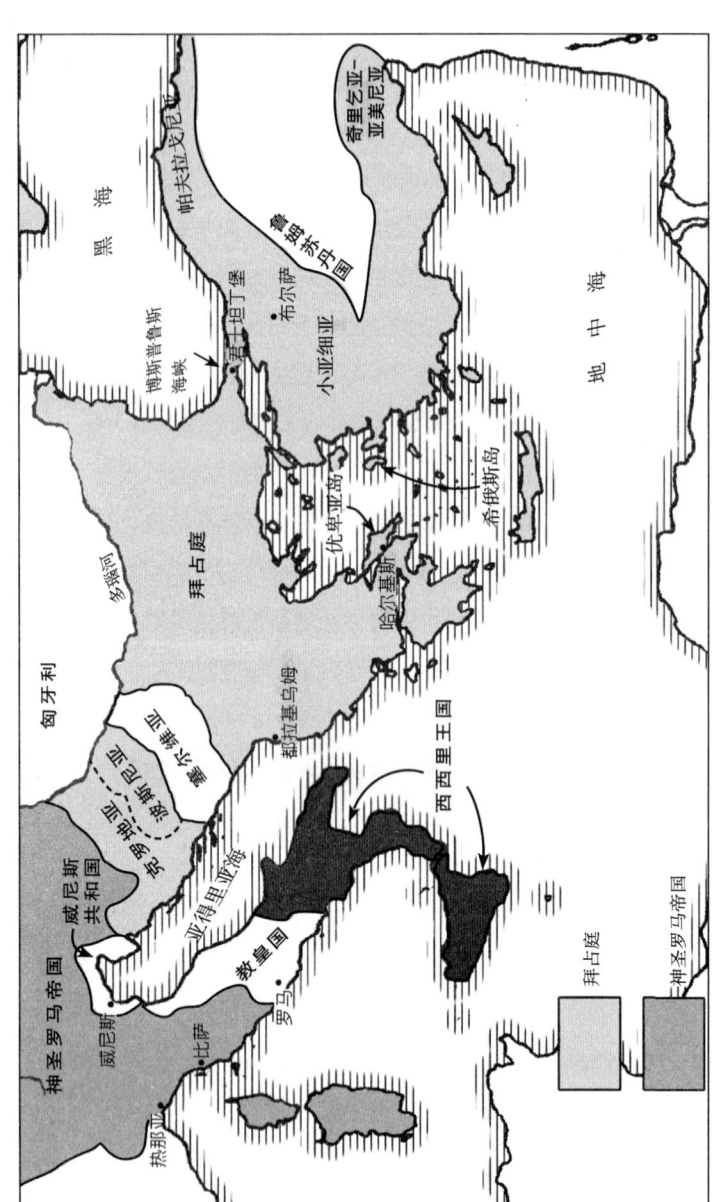

地图 25-1　拜占庭和威尼斯

后扬帆驶向拜占庭帝国,进行反击。他们首先到达的是希腊优卑亚岛(Euboea)最大的城市哈尔基斯(Chalcis)。他们包围了这座城市;城里的拜占庭帝国的总督看到如此庞大的舰队后惊呆了,他们不想为了两国的争执而白白送命,于是宣布,如果威尼斯解除包围,他们愿意充当中间人,在威尼斯与曼努埃尔之间调停。[3]

舰队的指挥是威尼斯总督,他也担心人质的安全,于是同意调停。他派了两个手下跟拜占庭的官员去曼努埃尔的朝廷斡旋,威尼斯舰队也暂时去了希俄斯岛(Chios),在那里驻扎,等待谈判的结果。

曼努埃尔一世这边需要自己负担他所逮捕的威尼斯人的开销,尽管如此,他还是决定玩一玩拖延战术。威尼斯的使节到达之后,他传话说他暂时还不能见他们,但是下一次再来他一定会接见。使节听罢就返回了希俄斯岛,然后重新前往君士坦丁堡。这样一来一回花了很长时间;尽管这么做有可能弄巧成拙,但幸运之神似乎眷顾了曼努埃尔。驻扎在希俄斯岛的威尼斯军队中暴发了瘟疫,根据当时的一份报告,在疾病肆虐的头几天里,就死了1000多人。

曼努埃尔继续拖延时间,而威尼斯人则不断死亡。最终,面对注定的结局,瓦伊塔尔·米希尔认输了。他让幸存者上船,狼狈返航。曼努埃尔的私人书记官约翰·辛纳姆斯(John Cinnamus)后来写道,皇帝在他走后发了一封言辞辛辣的信。信的开头写道:

> 你的国家向来都如此愚昧无知,曾经,你们一贫如洗,四处流浪。后来,你们又跟罗马帝国站在了一起。而你们却又极度鄙视这个国家……如今,你们因此而遭受谴责,被驱逐出境,你们就心高气傲地向它宣战——曾经,在罗马帝国内,你们这个民族都不配拥有名称,你们对罗马人亏欠甚多;还

有……你们把自己变成了天大的笑话。因为任何人，哪怕是世界上最强大的国家，只要对罗马宣战，就注定遭受惩罚。[4]

这番话在瓦伊塔尔·米希尔身上应验了。在他回到威尼斯后，愤怒的人民因其战败刺杀了他。

曼努埃尔一世在这场对决中获胜了。威尼斯受到了羞辱，而塞尔维亚的大公斯特凡·内曼加失去了最强大的同盟者。曼努埃尔进军塞尔维亚，攻入其首都，逼迫内曼加宣布放弃大公爵位，成为他的臣下。不过他没有去进攻匈牙利，因为他已经占领了沿海地区，无须再继续征战了。

曼努埃尔仍有个难题：在监狱和修道院里囚禁的所有威尼斯人，他需要巨额资金供养他们。面对这一窘境，他选择了置之不理。之后几年间，曼努埃尔继续跟威尼斯谈判。谈判进行得很艰难，而且劳而无功。那些威尼斯俘虏，则不时地越狱，跑出来的人想尽办法回到家乡。

曼努埃尔在君士坦丁堡执政达37年，于1180年去世。在位期间他增强了帝国的实力，却破坏了同盟间的关系；他死后，拜占庭帝国在西方基本上已经没有了盟友。

他死后的5年间，国家陷入了暴力和混乱，帝国进一步衰落。他年轻的妻子，安条克的玛丽（Mary of Antioch）给他生下了子嗣，但是阿历克塞二世（Alexius II）继位时只有11岁，摄政的是玛丽。

一年之内，玛丽就已把自己搞得臭名昭著。身为西方人，她更喜欢给予国内的意大利商人优厚的条件，而对帝国的民众却十分苛刻。她还选择了一个同样遭人唾弃的人作为自己的顾问，这个人就是曼努埃尔的侄子阿历克塞。据编年史家尼西塔斯·肖尼雅迪斯记载,此人极其懒惰,"他喜欢花大半天的时间躺在床上,拉着帘子,唯恐看见外面的阳光……而且他还喜欢整日摩擦自己的蛀牙"。[5]

听闻君士坦丁堡的不幸,曼努埃尔一世的堂弟安德洛尼卡·科穆宁(Andronicus Comnenus)——早年间曾因发动政变而被流放到帕夫拉戈尼亚(Paphlagonia)——乘船赶回来。在皇室成员之中,他一直享有美誉,所以当他上路返回的消息传来后,人们都欢呼雀跃。但欢庆很快演变成了暴乱,暴乱进而变为屠杀。比萨人、热那亚人,还有城里剩下的威尼斯人都被私刑处死了。等安德洛尼卡赶到时,已经死了数百人。

他赶到之后,成了这座城市的救赎者。他让人逮捕了剩下的意大利人,将他们卖给突厥商人做奴隶;囚禁了无能的曼努埃尔的侄子阿历克塞,并挖去他的双眼;同时他还将玛丽和阿历克塞二世囚禁在宫中。

不久后,玛丽自缢身亡,安德洛尼卡将自己加冕成为阿历克塞二世的共治者。二帝共治的局面持续了不到一年的时间,在安德洛尼卡觉得自己皇位稳固之后,就下令绞死了14岁的阿历克塞二世。[6]

安德洛尼卡的暴力统治并不长久,其政权的覆灭和其开始一样,都是始自谋杀。安德洛尼卡通过排除异己来捍卫权力。一位史官曾经记载道:"他使得布尔萨(Bursa)的葡萄藤都低垂下来——不是因为硕果累累,而是被他绞死的人的尸体把葡萄藤压弯;他还禁止人们砍断绳子将尸体掩埋,因为他想让那些尸体风干,在风中飘动……就像在果园里竖起的吓唬小鸟的稻草人一样。"[7]

他的暴行持续了两年后,臣民们终于忍无可忍了。

1185年,安德洛尼卡派人逮捕并下令处死(在没有正当理由的前提下）自己的远房表弟伊萨克·安格洛斯（Isaac Angelus）。在众人眼中，安格洛斯温文尔雅，可是，在受刑时他袭击并杀死了刽子手。君士坦丁堡的人民立即称他为英雄，并强烈要求他加冕为帝。

安德洛尼卡此时正在城外，听闻此事后立刻赶回去想要恢复秩序。但是愤怒的民众都起来反对他，而他自己的侍卫也不愿与自己国家的人民为敌。伊萨克·安格洛斯心里可能觉得民众的感情需要发泄；于是他下令将安德洛尼卡右手砍掉，右眼挖掉，然后将他丢到人群中任由民众惩罚。编年史家尼西塔斯·肖尼雅迪斯记载：

> 民众义愤填膺，失去理智……使出了所有邪恶的手段折磨安德洛尼卡。人们扇他耳光，踢他屁股，把他的胡子扯下来，把他的牙齿拔光……有人拿棍子打他的头，有人用牛粪堵他的鼻孔，还有人用海绵沾了牛和人的粪便丢到他的眼睛上……遭受过这番谩骂和侮辱后，他又被人按在骆驼背上，让他"凯旋"进入剧院中。他刚要从骆驼上下来，就被倒吊起来了……尽管他被倒挂着，但愚蠢的民众还是不肯放过已经备受折磨的他，还要继续摧残他的肉体，他们把他的衣服脱掉，猥亵他。一个粗鲁野蛮的人把剑从他的喉咙一直插进肚子；还有几个拉丁人围着他，举起手中的剑对准他的屁股，他们把安德洛尼卡往下放，来看谁的剑刺得更深。[8]

安德洛尼卡承受了几个小时的痛苦之后，终于咽下了最后一口气。他的尸体在挂了几天之后被分尸并丢进了水沟里。科穆宁王朝（Comneni）就此落幕。拜占庭帝国此时已变得孤立无援，民怨四起，惶惶不安，统治权最终落到了伊萨克·安格洛斯手中。

时间线 25

西法兰克	英格兰	塞尔维亚	拜占庭	匈牙利	奇里乞亚-亚美尼亚	意太利
	安瑟伦，坎特伯雷大主教（1093—1109）			卡尔曼（1095—1116）		
	亨利一世（1100—1135）					
	《伦敦协定》（1107）					
富尔克五世，安茹伯爵（1109—1129）						
皮埃尔·阿伯拉尔成为巴黎圣母院大教堂学校的主管（1114）						
阿伯拉尔的著作在苏瓦松被烧毁（1121）			约翰二世·科穆宁（1118—1143）			
						西西里伯国与阿普利亚和卡拉布里亚公国合并（1130）
阿伯拉尔完成《神学》（1135）	斯蒂芬（1135—1154）					
路易七世（1137—1180）	贝克的西奥博尔德，坎特伯雷大主教（1138—1161）					
	无序时代（1139—1154）					
阿伯拉尔被谴责为异端（1141）				盖佐二世（1141—1162）		
皮埃尔·隆巴尔德在巴黎圣母院学校执教（1145）			曼努埃尔一世·科穆宁（1143—1180）		托罗斯二世（1144—1169）	
阿基坦的埃莉诺和安茹的亨利结婚（1152）	《沃灵福德条约》（1154）					
	亨利二世（1154—1189）					
	托马斯·贝克特，坎特伯雷大主教（1162—1170）			斯特凡三世（1162—1172）		

时间线 25（续表）

西法兰克	英格兰	塞尔维亚	拜占庭	匈牙利	奇里乞亚-亚美尼亚	意大利
	《克拉伦登法令》（1166）	斯特凡·内曼加，大公（1166—1196）		塞姆林战役（1167）		好人威廉，西西里国王（1166—1189）
		锡特尼察河战役（1168）				
			拜占庭逮捕境内所有威尼斯人（1171）			
			阿历克塞二世·科穆宁（1180—1183）			
			安德洛尼卡一世·科穆宁（1183—1185）			
			伊萨克二世·安格洛斯（1185—1195）			

/ 26

怨怼

> 1171年至1186年，英格兰国王亨利二世跟统治爱尔兰的自己的儿子作战，同时还跟法国打了几仗。

1171年，英格兰国王亨利二世从杀死贝克特的后悔情绪中走出来了；至少，他有心思入侵爱尔兰了。

而东部的伦斯特（Leinster）王国的统治者——迪尔梅特·马克·穆尔哈德（Diarmait Mac Murchada）为亨利二世打开了大门。威尔士13世纪的历史学家杰拉尔德（Gerald）指出，伦斯特"跟英格兰只是隔海相望"，因此自然成了英格兰吞并的目标。但是，亨利对爱尔兰的兼并不是直接进行的。几年前，马克·穆尔哈德曾贸然拜访了邻国米斯（Meath）国王的妻子，当时米斯国王并不在他妻子身边。杰拉尔德信誓旦旦地写道：国王的妻子对马克·穆尔哈德倾慕已久，"并且心甘情愿，放纵自己与之发生关系"。米斯王回国后很是气愤。他召集起自己的国民，请求爱尔兰的高王帮他报仇雪耻。[1]

当时，爱尔兰高王是康诺特（Connacht）国王罗里·奥康纳

（Rory O'Connor）。几个世纪以来，在爱尔兰的多个小国国王中，只有一人享有高王的称号，统治爱尔兰全岛。但是，正如当时的历史学家所指出的，高王的权威总是不断受到其他国王的挑战，罗里·奥康纳也不例外，他已经不止一次被迫为了王位而战。此时他决定与米斯王结为盟友。他们联手将马克·穆尔哈德逐出了伦斯特。

马克·穆尔哈德正好赶上了顺风，他乘船横渡爱尔兰海，向英格兰国王寻求帮助。此时亨利二世正在西法兰克王国，与法王路易七世争夺领地。但是他知道，在爱尔兰，任何能制造混乱的事情，对英格兰都是有利的。他发回了消息，准许他的所有骑士帮助马克·穆尔哈德恢复王位，并承诺给他们"恩惠与特许"。[2]

彭布罗克伯爵（Earl of Pembroke）的儿子理查·德·克莱尔（Richard De Clare）是接受任务的最杰出的骑士。他绰号"强弓"，这得名于他的身手，克莱尔二十出头就已为国王斯蒂芬而战，对抗亨利二世的母亲玛蒂尔达。当亨利二世最终夺取王位后，他拒绝让理查继承伯爵的称号。现在，德·克莱尔却看到了夺取王位的希望，他同意为马克·穆尔哈德而战，以换取继承伦斯特国王宝座的机会。同时，马克·穆尔哈德的大女儿奥伊弗（Aoife）也同意嫁给这位英格兰人以完成协议。

比起对他的新岳父来说，这份协议对理查更有利。1171年，英格兰帮助马克·穆尔哈德夺回了他的王国，但在长期斗争中，马克·穆尔哈德的儿子被杀害，他自己也在61岁生日后不久患病，并于5月的第一个星期去世。

理查和奥伊弗被加冕为伦斯特的国王与王后，但从西法兰克王国归来的亨利二世却对此加以阻挠。他决不允许他的骑士在一水之隔的地方建立一个独立的君主国家，因此他在西部港口城市格洛斯特（Gloucester）组建起一支军队，准备渡海前往爱尔兰。仍在对战米斯王和高王的理查·德·克莱尔，急忙赶回格洛斯特向亨利表忠心。"他至少……成功地安抚了国王的不满，"威尔士的杰拉尔德写道，"在和解条款中，他重申自己的效忠，并将都柏林……与海边的城镇和所有城堡拱手相送。"理查可以作为国王统治伦斯特，但只能是在亨利的许可下，而英格兰国王拥有对港口城市的直接控制权。[3]

当这一切处理好以后，亨利二世带领着他的军队跨过海峡，进军爱尔兰，帮助理查击退高王的攻击。他们于1171年10月18日登陆南部港口沃特福德（Waterford），然后北进，前往都柏林。他们尚未到达，很多爱尔兰的国王就已赶去迎接他，并向其表达归顺之心。爱尔兰的这些国王谁也不可能召集起一支军队将英格兰国王赶走；他们的另一个选项是统一起来，完全臣服于高王，但这又是大多数人不愿意做的。"爱尔兰众亲王，除了在阿尔斯特（Ulster，在爱尔兰北部）的以外，都分别归顺了英格兰，"威尔士的杰拉尔德记载道，"……他们都成了英格兰国王的封臣。"1175年，国王亨利二世和罗里·奥康纳签订了一份正式协议，即《温莎条约》(Treaty of Windsor)，将爱尔兰分成两个区域：一部分直接处于亨利的统治下，另一部分作为亨利的附庸由高王统治。[4]

阿尔斯特就是另一回事了。统治那里的君主是古老而善与人斗争的宗族的后裔乌伊·奈尔（Uí Néill），他拒绝以任何形式归顺英格兰，由此，北爱尔兰继续完全独立于亨利的统治。

在国内前线，亨利二世此时陷入了困境。

1171年，阿基坦的埃莉诺已经年近50岁，之前已给她的丈夫生了八个孩子，其中五个是儿子，有一个夭折了，留下了四个。小亨利此时还不到20岁，理查比亨利小两岁；若弗鲁瓦比理查又小一

地图 26-1　英格兰、爱尔兰和西法兰克

岁，约翰在亨利二世入侵爱尔兰的时候只有 5 岁。

埃莉诺的前夫法兰西国王路易七世很是忌惮亨利二世的权力。英格兰国王正在扩大领土，他在西法兰克的领土与路易七世的领土接壤。然而，不难想象，路易看到亨利的成就可能会感到受挫，毕竟亨利做到了路易未曾做到的。

1169 年，英、法国王之间的争端因为亨利二世答应了法兰西的条款而暂时平息。亨利将他在西法兰克的土地分给了他的三个大一些的儿子：小亨利得到了安茹和曼恩，若弗鲁瓦获得布列塔尼，母亲最喜爱的儿子理查被授予阿基坦公爵领地（约翰一无所获，结果得了个绰号"无地王"）。这打破了统一的英格兰与路易七世的领土接壤的局面，但路易七世并不满意，尤其是因为亨利并未给儿子们过多的权利。威尔士的杰拉尔德说："在孩子们童年及少年时期，他是最好的父亲，但随着孩子们成年，他却开始用邪恶的眼光看待他们……而且一想到他们继承人的身份就感到无法忍受。"位于法兰西的土地虽然在他们的名下，但亨利却一直代为统治。[5]

根据和平协议中的一项内容，路易七世曾将他第二次婚姻所生的女儿许配给小亨利，毫无疑问，他是知道这种状态的。他利用亨利的愤怒情绪，私下里建议小亨利向亨利二世索要独立统治他父亲划分给他的领土的权力：要么是诺曼底要么是安茹。或者，做不到这一点的话，英格兰也可以。[6]

亨利二世粗暴地拒绝了（这也可以理解）。因此小亨利离家逃走。"他与父亲争吵并惹怒了他的父亲，"纽堡的威廉写道，"然后，他偷偷地跑到他的岳父法兰西国王处避难，意欲惹恼他的父亲。"当亨利二世传话给路易七世，要求他的儿子回家时，路易七世反驳道："英格兰国王在这里，他并没有给过我任何指示。"[7]

这是路易的一个宣战声明，也是小亨利叛国的声明。因此英格兰贵族立刻开始站队，有很多人站到了叛乱的儿子一边。独裁专制的亨利二世给自己树立了很多敌人。当时的历史学家迪济的拉尔夫（Ralph of Diceto）写道："站在儿子一方的那些人（这样做）并不是因为他们认为儿子这一方更加正义，而是因为父亲……践踏了他们的骄傲和自尊，拆掉或者侵占了他们的城堡。"[8]

很快，小亨利的弟弟若弗鲁瓦和理查也加入了他的阵营。

在起义开始的时候，埃莉诺正与她的儿子们住在法国的普瓦捷，她似乎也支持儿子们反抗父亲。自从贝克特被谋杀以来，她和亨利二世的关系越来越差。亨利至少有一个情妇，就是那个美丽的罗萨蒙德·克利福德。（纽堡的威廉为他辩解，指出在埃莉诺进入更年期之前，亨利对她一直是忠诚的。）得知若弗鲁瓦和理查与小亨利联合了，埃莉诺自己也准备离开普瓦捷逃往路易七世控制的地区，这与她20年前离开巴黎来见她的新郎所走的路正好相反。但是，在她到达路易的地盘之前，亨利二世派人抓住了她，下令把她关在希农城堡（Chinon Castle）。此后，她被软禁了15年，与儿子们断了音讯。[9]

尽管叛乱四起，但亨利二世很快就镇压了叛乱。最后一次重大交战发生在1174年8月，路易七世围攻诺曼底的鲁昂。亨利在援军的支援下，派出一支特殊军队——威尔士雇佣军——切断了穿过树林的法军供给线；威尔士雇佣军（这支军队"善于林地作战"，纽堡的威廉如此评论道）袭击并摧毁了后勤车队，然后消失在森林里。"树林里布满了威尔士士兵这个消息不胫而走"，威廉告诉我们，法兰西军队很快就没了信心。路易七世眼见继续战斗徒劳无益，弃军而逃，返回都城并提出愿意妥协。若弗鲁瓦和小亨利也同意向他们的父亲投降，只有理查还负隅顽抗，围攻了他父亲在他母亲故乡普瓦图（Poitou）的城堡。随着路易和兄弟们放弃抗争，理查只剩下了少量兵力。[10]

亨利朝普瓦图进军，逼迫儿子撤退。到9月底，理查再也支撑不住了。他去他父亲的军营恳求父亲原谅，并打自己的脸，放声大哭了起来。

亨利取得了胜利，也表现得相对仁慈了一些。他将大部分的西法兰克领土归还给他的儿子们（但继续控制着这些领地），那些曾参加叛乱的英格兰贵族也基本上都被释放并赦免。小亨利被迫宣誓效忠他的父亲，局面或多或少恢复成了以前的样子。

但国王和他儿子们之间的敌意并没有得到缓解，法兰西国王也并未与他和解。

1180 年，路易七世在巴黎去世，享年 60 岁。他 15 岁的儿子腓力二世·奥古斯都（Philip II Augustus）继承了王位。路易的第三任妻子，香槟的阿黛勒（Adele of Champagne）最终为法兰西国王生下了唯一的男性继承人。

这位年轻国王的领地被贵族庄园所环绕，统治它们的是法兰西各大公爵、伯爵们，包括佛兰德伯爵、勃艮第公爵与图卢兹伯爵。路易七世当国王时只对巴黎周边的土地拥有控制权。而在西法兰克更偏远的地方，法兰西贵族、领主及城堡的主人，只是对国王口头效忠，其实行事都是随心所欲。[11]

即使只有 15 岁（或者，也许正是因为他才只有 15 岁），腓力二世仍然希望拥有更多的权力。

腓力二世刚刚开始独掌大权，勃艮第公爵就试图趁着国王年幼无知，要求一些诸侯效忠他自己。腓力二世立即进军勃艮第，袭击了沙蒂永的堡垒，并俘获了公爵的长子。直到勃艮第公爵让步，他才释放了俘虏。后来，佛兰德伯爵宣称，根据继承权，一部分属于腓力的新婚妻子伊莎贝拉的领地应该属于他，腓力遂与他交战，为这块具有争议的土地征战了 4 年。[12]

这些征战都代价高昂，而腓力在战争中，也首次展现出了对平民的残酷,而这彻底损害了他的声誉。腓力采用了新的筹款办法。1182年,他下令将所有的犹太人驱逐出法国,没收他们的土地,侵占犹太教堂,并勾销了所有人欠犹太人的债务,只要债务人支付未偿还贷款的五分之一给王室即可。[13]

犹太人是再自然不过的一个目标。就像古代的基督徒一样,欧洲基督徒一直怀疑是犹太人害得耶稣被钉死在十字架上,在第一次十字军东征期间,这种看法已升级为公开的仇恨。"我们想长途跋涉到东方去打击上帝的敌人,"11世纪法国编年史家诺根的吉培尔(Guibert of Nogent)写道,"不过,犹太人就在我们眼前,没有人比他们更敌视上帝。这样的安排很是可笑。"[14]

腓力二世仍只对西法兰克的一小部分拥有直接控制权,因此大部分被驱逐的犹太人并没走多远。但这一命令揭示了这个年轻国王个性的另一面。他在宗教事务方面严厉死板,在他统治期间,反对咒骂、亵渎神灵、赌博,以及其他教会谴责的活动的相关法律越来越严厉。

驱逐法令颁布一年后,小亨利身染痢疾而亡,终年28岁。他的遗孀玛格丽特(Margaret)——腓力二世同父异母的姐姐——只给他生了一个孩子,并且出生三天后便死了。

眼看着有机会填满国库了,腓力二世要求英格兰的亨利二世将玛格丽特的嫁妆还给法国。这自然就引起了口角,1186年,争吵演变成了战争。

时间线 26

塞尔维亚	拜占庭	匈牙利	意大利	西法兰克	英格兰	爱尔兰
						伦斯特的迪尔梅特·马克·穆尔哈德（1126—1171）
			西西里伯国与阿普利亚和卡拉布里亚公国合并（1130）			
				阿伯拉尔完成《神学》（1135）	斯蒂芬（1135—1154）	
				路易七世（1137—1180）	贝克的西奥博尔德，坎特伯雷大主教（1138—1161）	
					无序时代（1139—1154）	
		盖佐二世（1141—1162）		阿伯拉尔被谴责为异端（1141）		
	曼努埃尔一世·科穆宁（1143—1180）			皮埃尔·隆巴尔德在巴黎圣母院学校执教（1145）		
				阿基坦的埃莉诺和安茹的亨利结婚（1152）		
				《沃灵福德条约》（1154）		
					亨利二世（1154—1189）	康诺特的罗里·奥康纳（1156—1186）
		斯特凡三世（1162—1172）			托马斯·贝克特，坎特伯雷大主教（1162—1170）	
斯特凡·内曼加，大公（1166—1196）			好人威廉，西西里国王（1166—1189）		《克拉伦登法令》（1166）	罗里·奥康纳成为爱尔兰高王（1166）
锡特尼察河战役（1168）		塞姆林战役（1167）				
	拜占庭逮捕境内所有威尼斯人（1171）				"强弓"理查·德·克莱尔宣称拥有伦斯特王位（1171）	

时间线 26（续表）

塞尔维亚	拜占庭	匈牙利	意太利	西法兰克	英格兰	爱尔兰
					亨利二世诸子叛乱开始（1173）	《温莎条约》（1175）
	阿历克塞二世·科穆宁（1180—1183）			腓力二世·奥古斯都（1180—1223）		
	安德洛尼卡一世·科穆宁（1183—1185）			犹太人被驱逐（1182）		
	伊萨克二世·安格洛斯（1185—1195）					

/ 27

萨拉丁

> 1171年至1188年，萨拉丁夺取了宗主的领土并且收复了耶路撒冷。

当他的宗主苏丹努尔丁庆祝从埃德萨到开罗的穆斯林土地实现了统一的时候，萨拉丁，也就是埃及的副总督，开始密谋夺取他的领地。

萨拉丁的传记作者伊本·沙达德（Ibn Shaddad）下定决心要把他塑造成穆斯林理想的统治者，从他的笔下，我们对这个人有了一个大体的认识：一个虔诚的信徒，但也十分实际，脚踏实地，深谋远虑。他研究自己的信仰，但"他的研究并没有挖掘过深"，或者把他引向不受欢迎的神学论战。他在斋月期间斋戒，但当战争需要他有最强壮的身体时，他斋戒的时间就会"缩短一点"。他从来没有参加过麦加朝觐，那样的话他就不得不离开充满不安定因素的领地。"他一直希望并计划着去朝觐，"伊本·沙达德解释道，"（但）都因为没有时间被搁置了。"他想看到伊斯兰教胜利的心愿是真挚的:"因为信仰真主,在他领导圣战的过程中,他抛家舍业,摒弃所有欢愉,甘愿住在四处漏风的帐篷里。"[1]

但这并没有影响他的个人抱负,在 1171 年 10 月,其抱负已经显露无遗。萨拉丁入侵了十字军的领土,并且围攻了南部的蒙特利尔(Montreal)城堡。当苏丹努尔丁从相反的方向逼近时,萨拉丁差点儿就迫使它投降了。萨拉丁领兵撤退并允许基督徒士兵留在原地,而没有彻底地征服它或者接管城堡。伊本·艾西尔告诉我们,他担心扫除努尔丁前往埃及的道路上的障碍:"如果苏丹努尔丁在这里遇到你,"萨拉丁手下的一个军官说,"……他会对你指手画脚……如果他想的话,还可以将你解职,这样你就不能再抵抗了。"

萨拉丁回到埃及,写信给苏丹努尔丁,解释说他担心自己不在的时候会有人密谋政变。努尔丁并没有被愚弄。"他对他的态度改变了,"伊本·艾西尔写道,"他决定攻入埃及赶走他。"[2]

但是还没等苏丹努尔丁让萨拉丁就范,努尔丁就患了咽喉炎:一种咽喉的脓肿病,是由扁桃体发炎引起的,这引发了严重的感染,并最终击垮了他的身体。他拒绝治疗,最终死在了大马士革。(他斥责他的医生说:"我都 60 岁了,不能再放血医治了。")他把王国传给了 11 岁的儿子萨利赫·伊斯梅尔(al-Salih Ismail)。[3]

现在,萨拉丁开始采取攻势。他作为萨利赫的监护人和摄政向北进入大马士革:"他知道(苏丹努尔丁的)儿子还是个孩子……没有能力承担保卫国家领土和抵御真主的敌人的责任,"他的传记作者解释道,"他做好准备向叙利亚进军,因为那是穆斯林领土中最重要的部分。"[4]

在大约一年左右的时间里,萨拉丁担任萨利赫的将军和摄政。他出现在这个孩子的王国里,带来了很多的不安定;萨利赫请求臣民反对这个僭越者。（"这个邪恶的人，全然不顾我父亲对他的恩惠，侵占了我的土地"，他如此告知阿勒颇的人民，而这里的人听从他的号令，起来造反。）但是萨拉丁的埃及军队镇压了一场又一场的起义。在1175年4月的一场对抗阿勒颇和摩苏尔（Mosul）联合军队的战役胜利之后，萨拉丁下令在星期五的祷告中用他自己的名字代替年轻的萨利赫的名字。以后的硬币上也不会再铸萨利赫的名字。5月，巴格达的已被萨拉丁控制的阿拔斯哈里发，小心地宣布萨拉丁成为埃及和叙利亚的苏丹；一封由萨拉丁大臣卡迪·法蒂尔（Qadi al-Fadil）寄给哈里发的信中解释道，只有萨拉丁足够强大到可以保护苏丹努尔丁的成就，并且他的"唯一的目的"就是使伊斯兰世界统一而强大。[5]

萨拉丁在接下来的几年里就是那样做的。他娶了年长他10岁的苏丹努尔丁的遗孀，宣称拥有了他前任的领土。他与反叛的穆斯林总督作战，还攻击十字军；而当他有政治需要时，也会与十字军战士达成协议。他建立了正式的海军机构，还把大量的收入投入到造船上，以增强埃及舰队的实力。1181年，年轻的萨利赫死于"疝气"，这样萨拉丁的统治便不再受是否合法这个问题的困扰了。[6]

他现在足够强大，可以正面迎击十字军，只要那些基督教国家不是统一起来对抗他就行。1187年，他得到了他需要的机会。

一年前，耶路撒冷的国王——9岁的鲍德温五世（Baldwin V）——去世了。王位没有明确的继承者；他的母亲西比拉（Sibylla），他的保护人、的黎波里的统治者雷蒙（Raymond）两个人都声称对耶路撒冷拥有主权。西比拉这边帮她争夺王位的是一个为人所熟知的麻烦制造者——沙蒂永的雷纳德，他曾经是安条克的亲王，最近刚被从阿勒颇的牢房中释放出来，虽然在狱中度过了16年，但他仍旧十分鲁莽，很不诚实，并且渴望得到权力。他用尽心机，策划着在西比拉［和她很不受欢迎的丈夫盖伊（Guy）］加冕为这个城市的王后和国王时，将雷蒙关在耶路撒冷城外。[7]

雷蒙勃然大怒，径直去找萨拉丁，提出用友谊换取对方的武力支援，他计划用萨拉丁的士兵再次打回耶路撒冷，夺取王位。与此同时，沙蒂永的雷纳德由于无法和任何人长久融洽相处，跟西比拉和盖伊发生了纠纷，愤怒地从耶路撒冷出走了。在1187年初，他和手下攻击了一个庞大而富有的商队，这个商队是在萨拉丁的保护下从叙利亚前往埃及的。雷纳德亲自把"每个人"都抓了起来，并且夺取了他们的货物。萨拉丁威胁说，如果他们不释放人质并且物归原主，就会发动攻击。西比拉王后和盖伊国王预感大事不妙，命令雷纳德物归原主，雷纳德拒绝了。（萨拉丁得知后，发誓"只要抓住雷纳德"，一定会杀了他。）十字军联盟分裂了，萨拉丁的时代要来了。[8]

"他写信给所有地区的人，"伊本·艾西尔在书中记载道，"号召人们参加圣战。他写信到摩苏尔、美索不达米亚、埃尔比勒和东部的其他地方，还写给埃及和整个叙利亚。"随着这支庞大的军队集结起来，雷蒙和雷纳德意识到要大祸临头了，都带着军队逃到了耶路撒冷。

十字军联盟大约有2万人，在希弗里亚（Sephoria）集结，这是耶路撒冷王国北部的一个水源和粮食都供应充足的城市；在这里，他们自己可以挡住萨拉丁到达耶路撒冷的路。但是，萨拉丁没有从正面进攻，而是指挥近3万士兵从侧面行动，攻陷了太巴列（Tiberias），把雷蒙的妻子连同幸存的守军一起围困在城堡里。伊本·艾西尔写道："他围困太巴列的目的，只是想让法兰克人离开他们的驻地。"从希弗里亚到太巴列之间的土地寸草不生,荒无人烟,十分干燥。[9]

几番争论过后,十字军决定穿过沙漠去解救太巴列。当十字军的士兵沉重而缓慢地行进时,7月上旬的骄阳无情地烘烤着他们,他们遇到的唯一一个水池还被萨拉丁的士兵把守着。在一个被称为哈丁角(Horns of Hattin)的死火山山脚下的平原上,他们遇到了萨拉丁,十字军士兵和马匹由于高温和缺水几乎都无法动弹了。7月4日上午爆发的哈丁角战役以十字军惨败结束。法国关于这场战役的资料中记载道,在6小时之内,十字军惨遭屠杀;雷蒙逃跑了,但是沙蒂永的雷纳德、盖伊国王,还有圣殿骑士团和医院骑士团的指挥官都被俘虏了。[10]

萨拉丁命人把国王盖伊和沙蒂永的雷纳德带到自己的帐篷里来,他给了国王(据伊本·艾西尔说,他们都"快渴死了")一点凉水。盖伊先喝过,之后把剩下的给了雷纳德。按照穆斯林的规矩,任何一个主人都不能杀死喝过他的水或吃过他的食物的人;于是,萨拉丁立即说:"没有我的允许,这个可恶的人就不该喝水,所以也不能获得我的饶恕。"他站起身,用自己的短弯刀将雷纳德斩首。[11]

之后,萨拉丁命令将俘虏的圣殿骑士和医院骑士全部处决,他们对圣地不顾一切的防守太危险了。但是盖伊国王和其他投降的军官在被监禁期间却衣食无忧,生活得十分舒适。

萨拉丁和他的军队向阿卡进军,一星期后兵临城下。阿卡的守军大部分都已出城加入了希弗里亚的十字军联军,留在城中的寥寥无几。城里的居民听说萨拉丁会善待俘虏,主动投降以保平安。萨拉丁同意了,随后他通过敞开的城门进到城里,还在阿卡古老的清

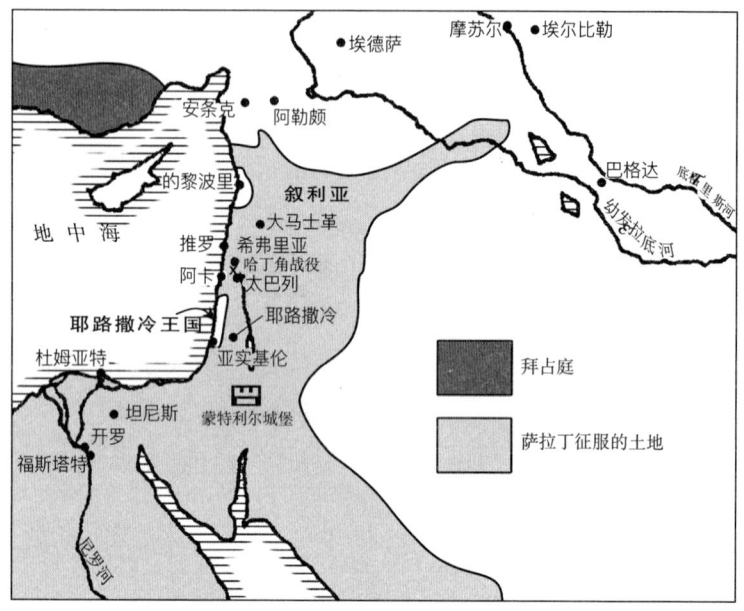

地图 27-1 萨拉丁的征服

真寺里举行礼拜五的祈祷，这座清真寺曾经被改造成一座基督教堂，但现在又恢复了它原来的用途。

此后，圣地的大部分地区都受他管辖。9月4日，亚实基伦按照同样条款投降了；10月2日，在萨拉丁向城里的基督教居民保证了他们的安全之后，耶路撒冷投降。萨拉丁甚至允许想要离城的人带走他们的金银细软。伊本·艾西尔写道："圆顶清真寺的顶上有一个宏伟的镀金十字架。当穆斯林在礼拜五攻入城时，几个人爬到穹顶上想要把十字架取下来。他们去取的时候，十字架掉了下来，城内外的所有人，穆斯林和法兰克人，异口同声地发出了惊呼。穆斯林高兴地大喊'真主万岁'，然而法兰克人却悲

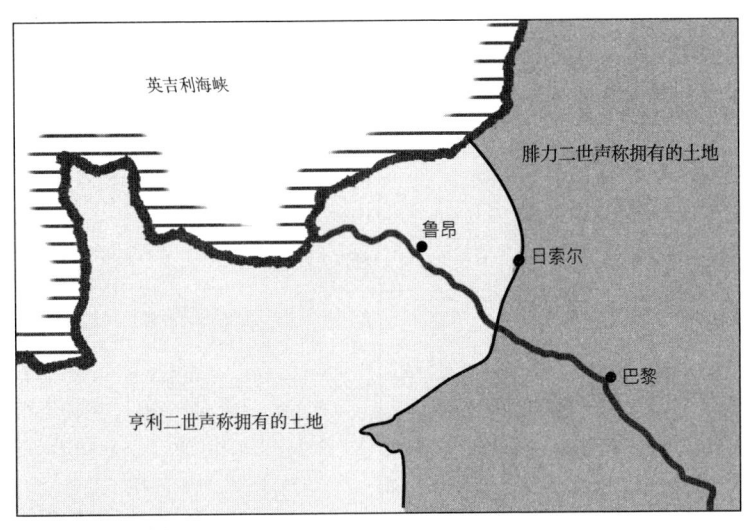

地图 27-2　日索尔

痛万分，声泪俱下。"[12]

1188 年 1 月，在法兰克西部的日索尔（Gisors），处于战争中的法兰西国王和英格兰国王安排了一场谈判。这里有一棵高大的榆树，是亨利二世在诺曼底的领地和腓力二世的王室领地界线的标志。

他们还没到的时候，推罗的主教就提出要见他们。推罗仍然坚持反对萨拉丁；年长的主教乘着把帆涂黑的大船离开了这座城市，把这个消息带到西方。现在他恳求这两位国王放弃相互的敌对行为，接过十字架，进行第三次十字军东征。罗马教皇格列高利八世（Gregory VIII）已经授权进行十字军东征，并呼吁整个欧洲停战 7 年，目的是让国王和士兵可以把他们所有的精力都倾注在收复耶路撒冷的事业上。

亨利二世和腓力二世都接受了这个请求。他们停止了战争行为，

时间线 27

西法兰克	英格兰	爱尔兰	突厥王国	十字军国家	拜占庭
			（塞尔柱帝国）艾哈迈德·桑贾尔（1118—1153）		约翰二世·科穆宁（1118—1143）
		伦斯特的迪尔梅特·马克·穆尔哈德（1126—1171）	赞吉（1127—1146）		
阿伯拉尔完成《神学》（1135）	斯蒂芬（1135—1154）			安条克的雷蒙（1136—1149）	
路易七世（1137—1180）	贝克的西奥博尔德，坎特伯雷大主教（1138—1161）				
	无序时代（1139—1154）				
阿伯拉尔被谴责为异端（1141）					曼努埃尔一世·科穆宁（1143—1180）
皮埃尔·隆巴尔德在巴黎圣母院学校执教（1145）			苏丹努尔丁（1146—1174）		
阿基坦的埃莉诺和安茹的亨利结婚（1152）				安条克的康斯坦茨（摄政，1149—1163）	
	《沃灵福德条约》（1154）				
	亨利二世（1154—1189）	康诺特的罗里·奥康纳（1156—1186）			
	托马斯·贝克特，坎特伯雷大主教（1162—1170）				
	《克拉伦登法令》（1166）	罗里·奥康纳成为爱尔兰高王（1166）			
			萨拉丁成为埃及维齐尔（1169）		
	"强弓"理查·德·克莱尔宣称拥有伦斯特王位（1171）		法蒂玛王朝灭亡（1171）		

27 萨拉丁

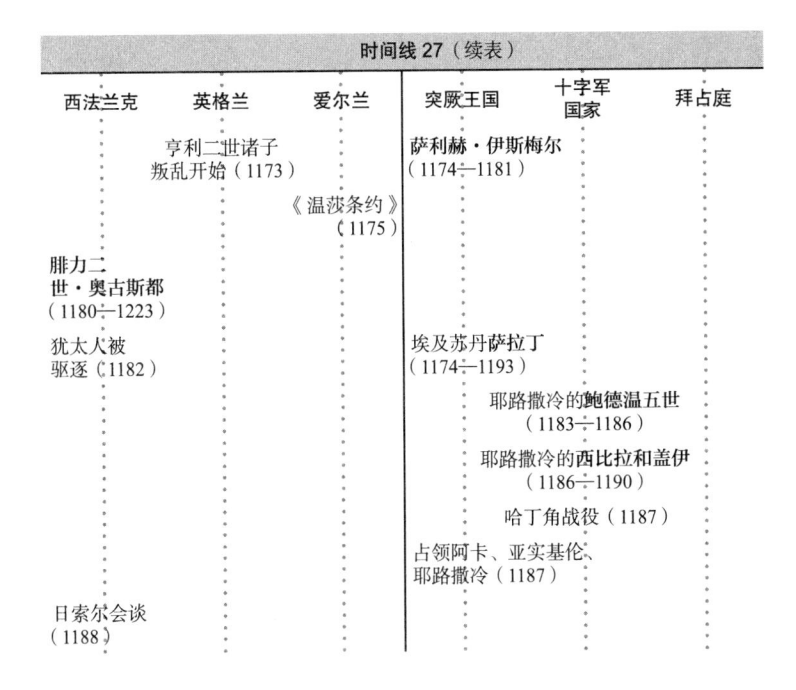

时间线 27（续表）						
西法兰克	英格兰	爱尔兰	突厥王国		十字军国家	拜占庭
	亨利二世诸子叛乱开始（1173）		萨利赫·伊斯梅尔（1174—1181）			
		《温莎条约》（1175）				
腓力二世·奥古斯都（1180—1223）						
犹太人被驱逐（1182）			埃及苏丹萨拉丁（1174—1193）			
					耶路撒冷的鲍德温五世（1183—1186）	
					耶路撒冷的西比拉和盖伊（1186—1190）	
					哈丁角战役（1187）	
			占领阿卡、亚实基伦、耶路撒冷（1187）			
日索尔会谈（1188）						

开始为东征做准备。年近70岁的神圣罗马帝国皇帝腓特烈一世宣布，他也想加入其中。整个欧洲似乎都朝向了东方。

推罗的威廉写道："萨拉丁得到了消息，说德意志皇帝、法兰西国王、英格兰国王，以及所有的海外高级贵族都加入了十字军来攻打他。这让他忧心忡忡。"[14]

/ 28

源平合战

> 1179年至1185年，日本平氏家族没落，幕府统治开始。

平治之乱过后的20年里，平清盛在日本朝野平步青云。

他在后白河上皇的支持下得以摆脱困境，而后白河上皇需要借助平清盛及其武士集团的力量，来维持他对日益嚣张的二条天皇的控制。有了后白河上皇的支持，平清盛历任参议、右卫门督、兵部卿，最终位居太政大臣。他的弟弟平赖盛成为后白河上皇的大臣，儿子平重盛成为京都的军事指挥官。二条天皇22岁时因急病逝世，平清盛安排了一场联姻，把女儿平德子嫁给二条天皇的继承者，其同父异母的弟弟高仓天皇。在平氏家族的控制下，公卿逐一没落。[1]

后白河上皇增强平氏家族势力的计划开展得过于顺利，直至1179年，后白河法皇（1169年出家的后白河上皇）发现他渐渐失去了实权。他需要阻止平氏家族的野心，于是他强力介入平清盛的事务，没收了平清盛强占的土地，并将其还给藤原家族和源氏家族。

他认为铲除平氏家族的时机已经成熟,但是他想错了。平清盛武士集团的势力依然远超其对手;平清盛率领成千上万效忠于平氏家族的武士进入京都,幽禁了后白河法皇,次年又逼迫年轻的高仓天皇禅位于其幼子,即平清盛的外孙安德天皇。[2]

平清盛现在位于其权力的巅峰。他是天皇的外祖父,且控制了法皇,成为日本实际的统治者。为了坐上这个位置,他用了20多年的时间。《平家物语》中写道:"作为太政大臣,平清盛现在手握四海疆土。"但其极盛时期持续不足一年,平清盛就突染热病,于1181年3月去世。[3]

反抗平氏的浪潮已然愈演愈烈。

发起反抗的人就是平治之乱的一个幸存者:源赖朝,即被斩首的源义朝的儿子。平治之乱时,源赖朝12岁,凯旋的平清盛没有将他处死,而是将其流放。这一仁慈之举成了策略上的失误。《愚管抄》中写道:"源赖朝在流放期间一直关注时局。"他此时30岁出头,但20年来,他一直在寻求盟友,计划复仇。[4]

父亲去世后,源赖朝一直生活在南方名为伊豆诸岛的火山群岛上,后又去了东海岸。东海岸原本是源氏家族的领地,所以他在抵达之后能够召集自愿追随他的人。一系列胜多败少的小规模战役之后,他的军队力量渐强,最后他得以在镰仓这个沿海城市站稳脚跟。

与此同时,平清盛的儿子平宗盛在京都召集平氏家族的追随者。但是之后的14个月里,天气恶劣,旱涝交替导致食物匮乏,瘟疫横行,双方交战不得不推迟。源义仲是源赖朝的堂弟,比源赖朝小7岁,原本也打算骤然举兵,也因此而推迟。源义仲既有野心,又有作战经验,于1155年丧父。同与堂兄并肩作战相比,他更倾向于自立门户。他占领了西部城市信浓,不久之后就聚集了比源赖朝

地图 28-1　镰仓幕府

麾下更多的兵力。[5]

平宗盛决心率先对付他最大的敌人。不过平宗盛矛头并未直指源赖朝。据史书记载，1183 年，他派 10 万大军进攻源义仲。

平宗盛并无军事天赋。他坚信必能以多胜少，但他的麾下净是被强征入伍的乡野村夫。当平家军靠近源义仲阵营时，源氏的武士们故意以合乎古礼的传统对决方式应战，拖延时间至夜幕降临。天一黑，源义仲就下令放出一群犄角上绑着松枝火把的公牛冲入敌阵。惊慌之中，缺乏作战经验的平氏京都军溃逃至附近狭窄的俱利伽罗峠断崖，他们已穷途末路，之后惨遭屠杀。《平家物语》中写道："鲜血流淌于山涧，尸体堆积如小山。"[6] 听闻平家军战败，安德天皇和他的平氏亲信逃离京都。源义仲一路挺进，占领京都，受到了法皇的迎接。老奸巨猾的后白河法皇转而表态将支持源氏家族。

平氏家族在俱利伽罗峠之战中遭受重挫，在此后两年中迅速衰落。以京都为据点，源义仲竭尽所能追杀剿灭平氏家族余党；在东面，源赖朝也不遗余力。1180年至1185年，在源平合战的这5年间，平氏家族的势力几乎被源氏家族歼灭。

1185年4月25日，决战来临。平氏舰队连同平清盛的外孙、7岁的安德天皇和天皇的外祖母、平清盛的遗孀被困于坛浦海峡。他们的船被源赖朝一个兄弟指挥的源氏舰队击毁。眼看敌人临近，天皇的外祖母抱着天皇纵身跳海。其朝臣及战败的平氏武士们纷纷效仿，由于盔甲沉重，他们一齐沉入了海底。

平宗盛继俱利伽罗峠之战失利之后，再没有什么作为。他拒绝跳海，一名下属对平氏领袖懦弱的表现备感羞愤，于是推其入海。但他深谙水性，后被源氏家族的船救起，成为战俘。几天后，平宗盛在由镰仓送往京都的途中被斩首。

后来，提及平宗盛的可耻之举，平宗盛的一位幸存亲属表示这不足为怪：据传说，平宗盛并不是真正的平家人；俱利伽罗峠战役溃败之后，他的母亲告诉他们，平宗盛是她从一个制伞的人那里买来的，当时平宗盛还是个婴儿。[7]

平氏舰队全军覆没，日本平氏家族就这样退出了历史舞台。源赖朝称霸日本，并把他的堂弟源义仲赶出京都，自请就任右近卫大

时间线 28

英格兰	爱尔兰	西法兰克	突厥王国	十字军国家	拜占庭	日本
						崇德天皇（1123—1142）
	伦斯特的迪尔梅特·马克·穆尔哈德（1126—1171）		赞吉（1127—1146）			
斯蒂芬（1135—1154）		阿伯拉尔完成《神学》（1135）		安条克的雷蒙（1136—1149）		
贝克的西奥博尔德，坎特伯雷大主教（1138—1161）		路易七世（1137—1180）				
无序时代（1139—1154）		阿伯拉尔被谴责为异端（1141）				近卫天皇（1142—1155）
		皮埃尔·隆巴尔德在巴黎圣母院学校执教（1145）	苏丹努尔丁（1146—1174）		曼努埃尔一世·科穆宁（1143—1180）	
		阿基坦的埃莉诺和安茹的亨利结婚（1152）		安条克的康斯坦茨（摄政，1149—1163）		
《沃灵福德条约》（1154）			塞尔柱帝国瓦解（1153）			
亨利二世（1154—1189）						后白河天皇（1155—1158）
	康诺特的罗里·奥康纳（1156—1186）					保元之乱（1156）
托马斯·贝克特，坎特伯雷大主教（1162—1170）						
						高仓天皇（1168—1180）
《克拉伦登法令》（1166）	罗里·奥康纳成为爱尔兰高王（1166）		萨拉丁成为埃及维齐尔（1169）			
	"强弓"理查·德·克莱尔宣称拥有伦斯特王位（1171）		法蒂玛王朝灭亡（1171）			
亨利二世诸子叛乱开始（1173）			萨利赫·伊斯梅尔（1174—1181）			

英格兰	爱尔兰	西法兰克	突厥王国	十字军国家	拜占庭	日本
		《温莎条约》(1175)	埃及苏丹萨拉丁 (1174—1193)			安德天皇 (1180—1185)
		腓力二世:奥古斯都 (1180—1223)				
						平清盛去世(1181)
						俱利伽罗峠战役(1183)
				耶路撒冷的鲍德温五世(1183—1186)		后鸟羽天皇 (1183—1198)
						坛浦海峡战役(1185)
				耶路撒冷的西比拉和盖伊(1186—1190)		
		日索尔会谈 (1188)		占领阿卡、亚实基伦、耶路撒冷(1187)		
						源赖朝成为征夷大将军(1192)

将,这意味着他控制了天皇身边的禁军。早在1183年,后白河法皇的另一个孙子,3岁的后鸟羽天皇登基。但源赖朝掌控着日本的武装,一向能在混战中择良木而栖的后白河法皇承认了源赖朝的统治。幼主登基,实权却掌握在其他人手中。这场权力斗争的结局,和其开始时的局面,简直是一样的。[8]

1192年,源赖朝接受幼主授予的"征夷大将军"一职,成为军队总指挥,即日本的最高统帅。统治实权再次转移,由上皇到了武士手中;之后的几个世纪里,幕府将军成为仅次于天皇的日本统治者。

/ 29

国王的十字军东征

> 1189 年至 1199 年间，三个国家的国王联合发起了第三次十字军东征，而狮心王理查的结局出人意料。

1189 年的复活节是三方约定的时间。在这一天，英格兰、法兰西和德意志的国王将动身前往圣地，准备把萨拉丁逐出耶路撒冷。英格兰国王亨利二世给被困于耶路撒冷和安条克的主教写信，信中说道："要让你的内心在对主的信仰中强大，很快……就会有大批忠实信徒从陆路和海路前来营救。"[1]

他是一位有能力的国王，却是一个糟糕的预言家。

亨利二世与腓力二世之间的和平勉强维持了 6 个月。1188 年 7 月，亨利二世被迫放下他在英格兰的筹备工作，返回法兰西保护他的领地。但是，一件意想不到的事情使他与腓力二世的关系复杂化。理查是亨利二世的儿子中在世且最年长的一个，他与敌人建立了友谊。英格兰编年史作家霍弗登的罗杰（Roger of Hoveden）称："理查与法王混在一起。虽然他这样做违背了父亲的意愿，但法兰西国王对他非常敬重,他们每天同食同寝。"[2]

历史学家约翰·吉林厄姆(John Gillingham)指出,这种措辞未必存在性暗示。1175年,迪济的拉尔夫用过同样的说法来形容小亨利与他父亲的友好关系。更确切地说,理查和腓力二世彼此认同,他们有共同的目标:都希望理查继承英格兰王位。

小亨利去世后,亨利二世没有立其他的儿子为王储。1186年,若弗鲁瓦在一次比武大会中意外身亡。理应获得王储身份的理查,却仍忠诚于母亲埃莉诺,对他的父亲充满敌意;亨利二世也没有忘记,1174年理查曾在普瓦捷拒不退让。不过,约翰在那时年纪尚小,与其兄长的叛乱毫无关系,因此渐渐赢得亨利二世的喜爱。亨利二世封约翰为爱尔兰的领主,打算赋予他爱尔兰君主的身份。

眼看父亲如此偏爱约翰,理查预感他的王位要失手了。腓力二世也有这种预感。他希望与自己领土相邻的西法兰克领地是由一位心意相通的英格兰国王,而不只是一位臣服于弟弟的公爵统治。

1188年秋天,腓力二世和理查一同将亨利二世邀至邦斯穆兰(Bonsmoulins,位于诺曼底东部)举行会谈。在会谈中,他们要求国王立理查为王储,并要求英格兰贵族立刻宣誓效忠于他。

亨利二世拒绝了。时年55岁的他已经执掌英格兰和他的家族34年,一向排斥任何违背他意愿的企图,不断铲除异己,也不惧任何威胁。他并没有屈服于自己的儿子和路易七世年轻的继承人。

旁观者称,这一会谈开始演变为双方的大吵大闹,气氛剑拔弩张。但没有人动手。然而,理查没有理睬他的父亲。他在腓力二世面前跪下,宣誓自己将代替父亲效忠于法兰西国王。

那天晚上，亨利二世派英格兰骑士威廉·马歇尔（William Marshal）前去追赶理查，希望能说服他的儿子返回英格兰。但是，理查已经离开他的驻地，不知所踪。马歇尔却有了一个新发现：就在前一天晚上，理查曾寄出约 200 封信。他已经在为叛变做筹备，根本没有打算与父亲和平相处。[3]

亨利二世回到了英格兰，完全放弃了他的十字军东征计划，转而筹备一场全面战争。但他在圣诞节期间染病。当时的编年史作家记载，亨利二世罹患热病、关节炎和瘘症：很可能是肛门腺长了脓疮，情况严重但并不致命，最终化脓感染，损伤了关节。在接下来的 7 个月里，亨利二世的病情加重，即便如此，他仍试图对儿子发起战争。腓力二世和理查长驱直入，攻占英格兰的领土，势如破竹。1189 年 7 月，亨利二世已经病得很重，必须由两名骑士托着才能上马，只得同意与这两个对手会谈，屈从于他们的要求。然而，他们现在的要求更多了：已经投靠理查的骑士不能再效忠亨利二世。*

亨利二世几乎已经无法站立，他宣读誓词，然后依照惯例上前与理查行亲吻礼。威尔士的杰拉尔德是亨利二世的王家神父，据他的记录，国王亲吻理查耳边时，低声说道："上帝保佑，希望在找你报仇之前，我不会死。"[4]

回到位于希农城堡的大本营后，亨利二世得到了一份名单，其

---

* 另一个关键因素是，理查与腓力二世同父异母的姐姐艾丽斯的婚约作废。婚约订立于 1169 年，当时艾丽斯 8 岁，理查 12 岁，这份婚约是亨利二世与路易七世所签和平协议的一部分。照例，艾丽斯被送至英格兰宫廷生活，在那里等待成年。但亨利二世并未最终批准婚约；此后还谣言四起，说他在艾丽斯长大后诱奸了她（不过没有任何证据证明这一点）；而且理查本人对这份婚约也不满意。但腓力二世执意举行这场婚礼，理查勉强同意了。由于这是 1189 年条约的一部分，亨利二世准许举办婚礼。然而，婚礼最终并未举行。最后，艾丽斯回到家中，于 1195 年嫁给了一位法国贵族。

中列举了背叛他而投靠理查的骑士。名单上的第一位就是他的小儿子约翰。霍弗登的罗杰称，直到那一刻，亨利二世才知道他所偏爱的儿子已经投靠了敌人。"对此他感到极其意外，"霍弗登的罗杰说，"（他）大骂不该把他生下来。"亨利二世已经失去了站立的能力。临终时，他做了最后的告解。1189年7月6日，亨利二世在其统治的第35年去世。[5]

理查成为英格兰国王，史称理查一世（Richard I）。那时他32岁，是一个经验丰富的战士和政治家，气宇非凡。他的士兵们称他为"狮心王"（Lionheart）。他身形高大，满头金发，有着"匀称的身材"和"笔直而灵活的四肢"，足以与赫克托尔的勇气、亚历山大的伟大，以及罗兰的男子气概相媲美［至少在崇拜理查的《国王理查之旅》(*Itinerarium Regis Ricardi*)的匿名作者笔下是这样的］。他把母亲埃莉诺从长期的软禁中解救出来，之后立即宣布，他将完成父亲未实现的诺言——发起十字军东征。[6]

十字军东征耗资巨大。理查一世掏空了国库，又将政府职位卖给出价最高的人，并征收全国动产的10%作为"萨拉丁什一税"（文多弗的罗杰称，这是一次"以慈善为名、意图掩盖贪欲的巧取豪夺"）。理查一世和腓力二世约定，双方平分获得的所有收益。1190年8月16日，他们离开马赛，进军耶路撒冷。[7]

当时，神圣罗马帝国皇帝腓特烈一世已经去世。

腓特烈一世于1189年4月离开德意志，沿多瑙河航行到维也纳，经过长途跋涉，穿越匈牙利王国（在那里，他与率领大约2000兵力的匈牙利国王的弟弟会合），然后穿过地形崎岖的塞尔维亚和波

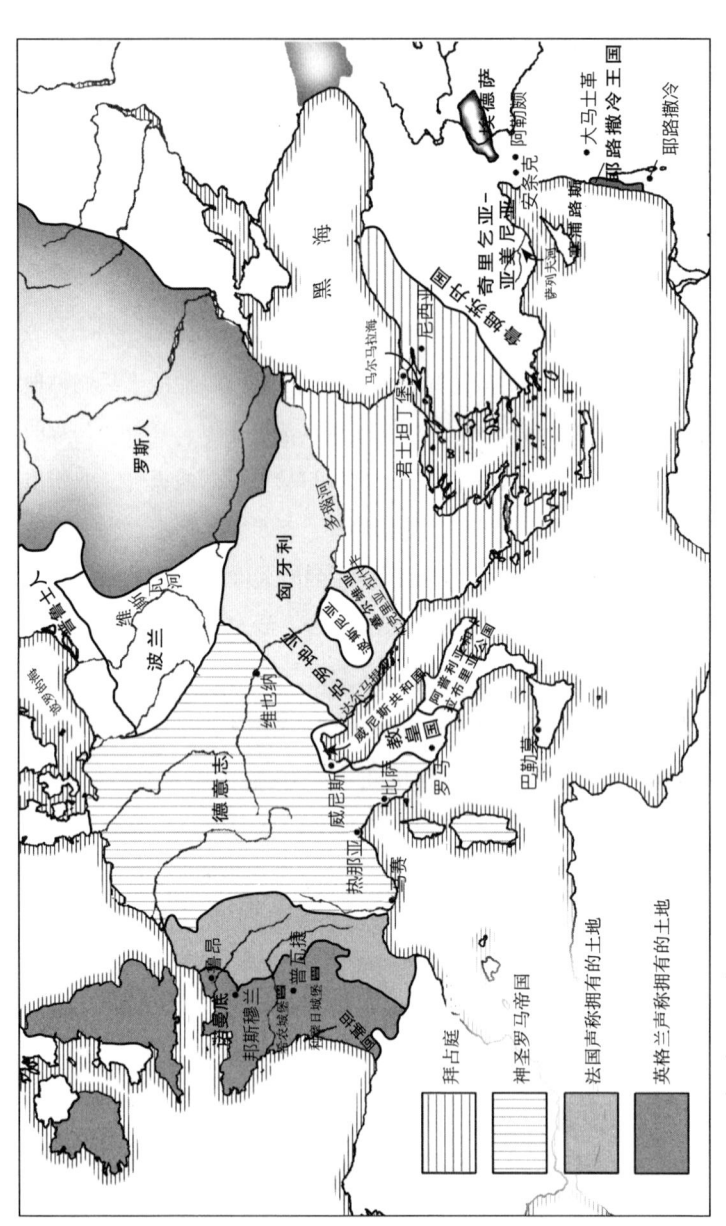

地图 29-1 第三次十字军东征时的世界

斯尼亚。*当他抵达拜占庭帝国的边境时，他发现自己面临着一支意想不到的敌军。已在位4年的拜占庭皇帝伊萨克·安格洛斯［Isaac Angelos，即伊萨克二世（Isaac II）］起初向十字军承诺会在他的领地内开辟出一条安全通道，但是他犹豫了，因为一支夹杂着匈牙利、波斯尼亚以及塞尔维亚士兵的庞大的德意志军队正在逼近。拜占庭和神圣罗马帝国已对抗了数十年；伊萨克二世如果遵守承诺，就很有可能是向敌军敞开国家的大门。

于是，伊萨克二世派出游击队袭扰十字军。"一进入我们的兄弟、拜占庭皇帝的国土境内，"腓特烈一世写道，"我们便遭到巨大损失，物资被抢，士兵被杀；毫无疑问，这是由伊萨克二世一手策划的。"腓特烈一世很是气愤，他派使者到君士坦丁堡提出抗议，但伊萨克二世把使者投入了监狱。紧张局势逐步升级。腓特烈一世传消息给他的儿子，德意志的摄政亨利六世（Henry VI），令其从教皇处取得十字军讨伐拜占庭的许可，这样他就可以对君士坦丁堡发动进攻。[8]

迫于这种威胁，伊萨克二世提出只要十字军待在远离君士坦丁堡的南方，就允许其通过。1190年春，腓特烈一世的军队终于行至马尔马拉海的另一侧，到达小亚细亚，开始了自突厥人领地至基督教王国亚美尼亚的长途跋涉；他们将在那里集结，以待对萨拉丁发

---

* 波斯尼亚当时的统治者（Ban）是古林（Kulin），他曾被曼努埃尔一世任命为拜占庭附属国的国王。但他后来把拜占庭军队逐出波斯尼亚，开始实行独立统治。在曼努埃尔一世逝世后，匈牙利国王贝拉三世（Béla III）于1180年宣称对克罗地亚和塞尔维亚拥有统治权；而拜占庭已没有能力出兵讨伐，只得让出领地。历史学家约翰·法恩（John Fine）认为，将这块有争议的领土纳入匈牙利而非波斯尼亚，对帝国而言会更有利，因为前者会与君士坦丁堡友好相处，后者却不会。见：John Van Antwerp Fine, *The Late Medieval Balkans: A Critical Survey from the Late Twelfth Century to the Ottoman Conquest* (University of Michigan Press, 1987), pp.5-7。

动进攻。

1190年6月,他们到达亚美尼亚的边境。听说亚美尼亚国王要亲自迎接他,并且已在河水较浅的萨列夫河(Saleph)的对岸等待,腓特烈一世决定骑马涉水过河。不知出于什么原因,他落水了;在齐腰深的水中,周围都是自己的士兵,皇帝却溺死了。[9]

没有了皇帝的领导,德意志军队便瓦解了。有一些战士掉头返乡,宣誓效忠于新皇帝亨利六世。其他人继续东征,但在瘟疫以及酷暑的打击下,士兵数量不断减少。"疾病和死亡打击了士气,"阿拉伯编年史作家伊本·艾西尔写道,"他们抵达安条克时,看起来像是从坟墓里掘出来的。"安条克的亲王博希蒙德三世见到他们的时候不怎么高兴。"他鼓励他们加入在阿卡的法兰克人的队伍,"伊本·艾西尔写道,"……但他们伤亡惨重,大约只有几千名战士留下来。"[10]

有几个游荡的士兵发现前耶路撒冷国王盖伊在阿卡城墙外扎营。上一年冬天,盖伊在发誓不攻击穆斯林后,被萨拉丁释放;然而他很快违背了誓言,包围了萨拉丁在阿卡的据点。围攻始于1189年8月,孱弱的德意志援军并不能帮围城军队取得突破优势;1191年4月,阿卡仍处于被包围状态,这时法兰西国王的腓力二世终于赶到了。"考虑到有很多贵族都参与了这场围攻,"据说腓力二世曾评论道,"我想象不出,他们耗时这么久,竟没有攻下阿卡。"然而,法兰克的增援——有6艘船,却并非盖伊所期望的大批兵力——事实证明还不足以攻下阿卡。[11]

同时,理查一世(同腓力二世一样)已经由海路前来,但在塞浦路斯遭遇了海难。他在这里短暂停留,从希腊人手里夺取了该岛,因此在6月上旬没有到达阿卡。

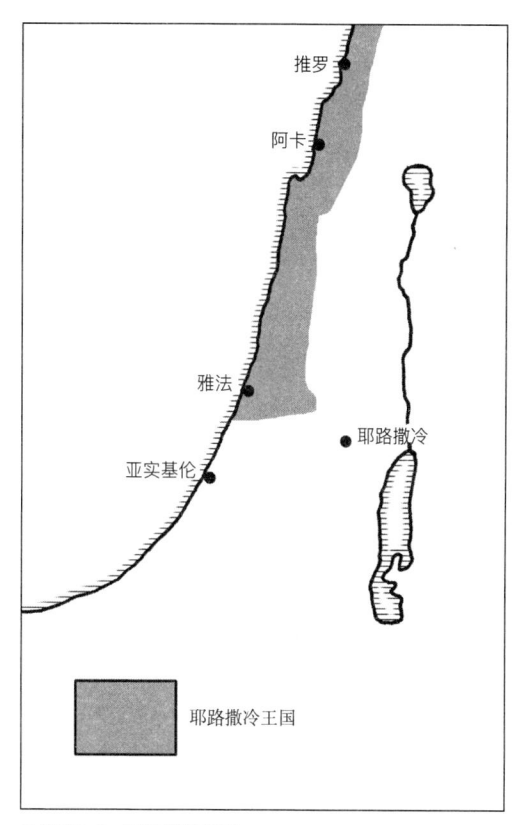

地图 29-2　耶路撒冷王国

他的舰队——共计 25 艘船，满载着士兵和给养——从地平线出现，仿佛耶稣再临。十字军迎接理查一世，将其视为十字军东征的救星。据《国王理查之旅》中记载："所有人都激动不已，他们高声欢呼，吹奏小号以示庆祝……洋溢着喜悦，因为让所有人翘首以盼的他来了……所有人都沉浸在这份喜悦之中，也欢迎着他的到来。"[12]

腓力二世也处于人群之中。他看到这种迎接英雄一般的阵势，非常气愤；而理查一世拒绝交出半个塞浦路斯，就令他更加气愤了。（在理查一世看来，他不到圣地，十字军东征就不算开始，因此塞浦路斯是他个人的战利品。）*腓力二世抵达阿卡后，就一直受到热病、皮疹与胃病的折磨。他厌恶十字军东征，厌恶理查一世，也厌恶阿卡。两位国王之间的关系彻底破裂了，腓力二世一度在城市的一边商谈阿卡投降的事宜，而理查一世却在另一边发动对阿卡的攻击。[13]

最后，经萨拉丁同意，阿卡的驻军同意签订休战协议。士兵们弃城投降，性命得以保全；作为交换，萨拉丁会释放所有关押的俘虏，向十字军支付巨额赔偿，并归还其在占领耶路撒冷期间抢走的"真十字架"碎片。

阿卡城如约投降。但不知出于萨拉丁还是理查一世的原因（这取决于你读谁写的历史），这次协议又被撕毁了。8月20日，理查押着近3000名战俘，在萨拉丁军队大营前处死了他们。**

这使得谈判再无可能。萨拉丁准备率兵发起全面战争。理查一世接手十字军的指挥权，腓力二世决定返回法国。

霍弗登的罗杰跟随法兰西国王一同回国（他将国王在所到之处的一举一动都记录下来），他写道，腓力二世在罗马短暂停留，途中对教皇西莱斯廷三世（Celestine III）"说了许多英格兰国王的罪恶"。他希望教皇解除他与理查一世签订的友好条约，这样他就能在理查

---

* 理查一世与腓力二世同父异母的姐姐刚解除婚约不久。
** 据伊本·艾西尔和伊本·沙达德记载，理查一世处死战俘发生在萨拉丁有机会履行协议之前；推罗的威廉所撰的《后续篇》（Continuation）却坚持是萨拉丁多次违约在先，霍弗登的罗杰也指出，理查一世是在萨拉丁率先杀害了一些战俘之后，才处死来自阿卡驻军的战俘。

一世远征时对其领地发动攻击。教皇拒绝了。仍然受到誓言束缚的腓力二世反倒与神圣罗马帝国的皇帝亨利六世达成协议:"共同反对英格兰国王,防止他进入领地。"[14]

理查一世并未意识到这两位基督教教友对他的敌意,他向南进军港口城市雅法(Jaffa),希望攻占该城,以确保军队供给源源不断。萨拉丁企图阻止他,1191年9月7日,两位国王在阿苏夫(Arsuf)北部相遇。

萨拉丁似乎低估了他的敌人。理查一世精心策划了这场战役,他率领骑兵突破了对方的三处布防,使自己的步兵可以直取穆斯林军队的主力。伊本·沙达德亲自参与了这场战役,他说,穆斯林军队的防线被"彻底破坏了……实际上,穆斯林军队被击溃了"。对萨拉丁而言,这是一次惨败,也是战争的转折点;萨拉丁绝不会再次与理查一世的军队正面交锋。[15]

在接下来的一年,双方或佯攻,或突袭对方,也进行过谈判,但总是通过中间人处理;理查一世提出进行一次面对面的会谈,但萨拉丁拒绝了,他解释称,国王一旦会面就无法全身心地投入战斗。双方都渐渐认识到谁也无法取得胜利。理查一世实力强劲,很难被驱逐;萨拉丁也颇有实力,不会将耶路撒冷拱手相让。与此同时,理查一世获得从国内传来的惊人消息:腓力二世正设法说服理查的弟弟约翰抢占其在英格兰的领地,并计划将理查在西法兰克的领土据为己有。[16]

经过漫长的谈判,双方代表同意在拉姆拉(Ramla)签署协议。1192年9月3日协议正式签署,规定维持为期3年的和平。理查一世将交出侵占萨拉丁的领土,沿海的基督教领地保留,基督教朝圣者将能自由出入耶路撒冷和其他圣地。理查一世任命耶路撒冷被赶下台的国王盖伊统治塞浦路斯；阿卡这片十字军的小块沿海领地，被定为失去了耶路撒冷城的耶路撒冷王国的新都城。[17]

回国途中，理查一世意识到，其基督教教友给他带来的威胁比穆斯林军队带来的更大。他在途经神圣罗马帝国时被扣留，直至 1194 年 2 月都处于被监禁之中（按照亨利六世与腓力二世的协议）。亨利六世并没有将他交给腓力二世，而是利用这个机会来敛财：他下令，理查一世可以用钱赎回自由。理查一世将赎金的数目（精确地）写在信中，寄到他的母亲以及宣誓效忠于他的英格兰贵族手上：

> 我们将在亨利六世这儿继续停留，直至我们与他完成交易，支付 7 万马克银币。*因此请求你们……务必筹集赎金。

然而王室的金库是空的。埃莉诺和英格兰贵族们（他们希望通过自己的表现获得王室的青睐）通过从教会搜刮黄金和白银，无偿征缴当年产出的羊毛，以及向所有英格兰人收取 25% 的所得税，来筹集赎金。[18]

就在他们致力于此事时，在大马士革，萨拉丁因热病逝世。他的儿子们为争夺王位打得不可开交。理查一世最终于 1194 年 2 月初被赎出，他回国后就发动了对抗腓力二世和他弟弟约翰的战争。此时，约翰已从英格兰逃至法国宫廷寻求庇护。（"你自己当心，"腓力二世听闻理查一世被释放，写信提醒约翰，"因为恶魔被释放了。"）[19]

---

* 虽然我们无法将其准确换算为现代货币，但这一数额相当于英格兰王室 3 年的收入，约为 1200 万美元。亨利六世后来又加了 3 万马克。

开始于另一场宗教狂热的第三次十字军东征,以十字军与他们敌人之间的政治妥协而告终;在这一过程中,信仰相同的人之间也发生了流血冲突。在英语中,"十字军东征"这个词已然成了战争的另一种说法;而参与其中的人更有可能死于教友手中。

在与腓力二世交战数年后,理查与他达成了一份为期5年的停战协议,但刚刚签订就在1199年去世了。阿基坦的贵族,利摩日子爵(Viscount of Limoges)在他的庄园中发现了一批被埋藏的黄金和白银,便交由早先的某位租户保管,从未取出。他将其中的一部分赠予国王理查一世,但理查一世却要求得到全部。这位子爵拒绝交出剩余的财宝。理查一世的举动与他在阿卡时同样野蛮,他围攻子爵的城堡;保卫它的骑士们表示愿意投降以换取性命,理查一世却宣称要进攻城堡,然后吊死他们。

他骑马在城堡周围侦察时,城墙上的一名弓箭手突然朝他放箭。文多弗的罗杰称,箭射中了理查一世的手臂,"他认为这没什么大碍"。但是,由于医生取箭镞的时候处理不当,伤口生了坏疽。12天后,年仅42岁的国王在他的军营中逝世。

理查一世将英格兰和西法兰克留给亨利二世唯一幸存的儿子,他的弟弟约翰。他临终前下令将自己的躯干埋在其父脚下,"他承认是自己害死了父亲"。然而,他的心脏被埋在鲁昂,肠子被埋在利摩日子爵的城堡里。"他将自己的内脏留给(他们),"文多弗的罗杰称,"认为它们不配与他身体的其他部分在一起。"[20]

时间线 29

日本	突厥王国	十字军国家	拜占庭	英格兰	神圣罗马帝国	西法兰克
						路易七世（1137—1180）
	阿勒颇地震（1138）			无序时代（1139—1154）	康拉德三世（1138—1152，未加冕）	
近卫天皇（1142—1155）			曼努埃尔一世·科穆宁（1143—1180）			阿伯拉尔被谴责为异端（1141）
	苏丹努尔丁（1146—1174）					皮埃尔·隆巴尔德在巴黎圣母院学校执教（1145）
						温德十字军（1147）
						阿基坦的埃莉诺和安茹的亨利结婚（1152）
		安条克的康斯坦茨（摄政，1149—1163）			腓特烈一世（1152—1190，1155年加冕）	
	塞尔柱帝国瓦解（1153）			《沃灵福德条约》（1154）		
后白河天皇（1155—1158）				亨利二世（1154—1189）		
保元之乱（1156）				东进运动（1156）		
		安条克的博希蒙德三世（1163—1201）		托马斯·贝克特，坎特伯雷大主教（1162—1170）		
高仓天皇（1168—1180）	萨拉丁成为埃及维齐尔（1169）			《克拉伦登法令》（1166）		
	法蒂玛王朝灭亡（1171）		拜占庭逮捕境内所有威尼斯人（1171）			
		萨利赫·伊斯梅尔（1174—1181）		亨利二世诸子叛乱开始（1173）		
	埃及苏丹萨拉丁（1174—1193）					
安德天皇（1180—1185）			阿历克塞二世·科穆宁（1180—1183）		腓力二世·奥古斯都（1180—1223）	
平清盛去世（1181）					犹太人被驱逐（1182）	

29 国王的十字军东征

时间线 29（续表）

日本	突厥王国	十字军国家	拜占庭	英格兰	神圣罗马帝国	西法兰克
源平合战						
俱利伽罗峠战役（1183）后鸟羽天皇（1183—1198）		耶路撒冷的鲍德温五世（1183—1186）	安德洛尼卡一世·科穆宁（1183—1185）			
坛浦海峡战役（1185）		耶路撒冷的西比拉和盖伊（1186—1190）	伊萨克二世·安格洛斯（1185—1195）			
		占领阿卡、亚实基伦、耶路撒冷（1187）	哈丁角战役（1187）	邦斯穆兰会议（1188）		日索尔会谈（1188）
		第三次十字军东征（1189—1192）		狮心王理查（1189—1199）		
		阿苏夫战役（1191）			亨利六世（1190—1197，1191年加冕）	
源赖朝成为征夷大将军（1192）		《拉姆拉条约》（1192）				
		萨拉丁去世（1193）		理查被释放（1194）		
				约翰王（1199—1216）		

/ 30

君士坦丁堡的陷落

> 1195 年至 1204 年，十字军为
> 自己而战，君士坦丁堡被攻陷。

12 世纪的最后一次十字军东征是一系列肮脏的土地掠夺活动，在这一过程中，十字军战士几乎都懒得去挥动十字架。

1195 年，皇帝伊萨克二世的哥哥阿历克塞（Alexius）发动了一场叛乱，伊萨克失去了宝座。伊萨克在经过一系列无果的军事冒险之后引起了百姓的反感，而阿历克塞却获得了大众的支持。他监禁了他的弟弟，紧接着弄瞎了他的双眼，之后，他准许这位已经成了废人的先帝相对舒适地活着。伊萨克 13 岁的儿子也叫阿历克塞，也被囚禁了；但到了 1201 年，他的伯伯决定给他在城市周围活动的自由。根据尼西塔斯·肖尼雅迪斯所述，这个男孩此时 19 岁了，他买通了一艘比萨的商船，通过赫勒斯滂海峡（今称达达尼尔海峡）偷偷逃入了地中海。[1]

商船停靠在西西里岛。从那里，年轻的阿历克塞前往德意志宫

廷。神圣罗马帝国皇帝亨利六世在1197年意外死于疟疾，终年32岁。德意志贵族选举了他的弟弟腓力（Philip）作为他的继任者（只不过腓力还没有从教皇的手中接受帝国的皇冠），这时腓力已经娶了年轻的阿历克塞的姐姐、伊萨克二世的二女儿艾琳（Irene）为妻。

阿历克塞到了他姐姐在德意志的宫殿后，很快就激起了第四次十字军东征。

这次十字军已经朝着圣地非常缓慢且断断续续地前进。自1198年8月（他被选举后的第8个月）以来，教皇英诺森三世（Innocent III）一直在呼吁基督徒继续东征。他给欧洲每一个国家的元首都发了一封信，恳请每一个国家承诺在1199年3月启程去圣地。跟往常一样，英诺森三世还提供了奖赏（完全赦免罪孽和永恒的救赎，加上更直接的债务减免承诺），但是这一次征召十字军的时候，他的话有明显的审判的腔调。"我主耶稣基督的十字架被敌人握在手里，"英诺森写道，"……我们的国王……沉湎通奸的勾当……并用无情的仇恨互相纠缠。"确实，当时英格兰和法兰西正征战不止；信奉基督教的西班牙国王们也彼此争斗，而不是联合起来对抗穆瓦希德王朝；法兰西的腓力二世把他的妻子关进了修道院，自己好再婚；德意志的腓力正在与一群分裂的贵族争斗，那些人选择了"狮子亨利"的第二个儿子奥托作为他的竞争对手。需要被宽恕的罪恶太多了。[2]

但所有这些基督徒的内讧都意味着，如果这些国王参与东征，将无人坐镇国内，王位恐怕会不保。到了1201年，匈牙利国王埃默里克（Emeric）是唯一响应教皇征召的君主。但他已经加入了一个由法兰西贵族、德意志男爵和英格兰骑士组成的人数可观的军团，公众远征的热情被一个叫作富尔克（Foulques）的魅力十足的法兰西传教士给搅得更加高涨，他在乡间奔走，号召人们接过十字架以表忠诚。一支十字军建立了起来，但是没有国王、国家的海军或国库的帮助，他们没有好的途径去往耶路撒冷。

法国十字军战士若弗鲁瓦·德·维拉杜安（Geoffroy de Villehardouin）留下了第四次东征的目击者亲述。根据他的记载，这个问题是由六个法兰西贵族解决的，他们去了威尼斯（在那里他们发现了"数量超过其他任何港口的船舶"），并与威尼斯总督商定派一支舰队，将他们运往圣地。总督恩里科·丹多洛（Enrico Dandolo）当时已90多岁高龄，几近失明，但头脑仍十分灵活。谈判结束后，十字军同意支付8.5万马克——再加上1.5万，就和狮心王理查一世毁灭性的赎金一样多了——用于租用船舶和购买物资。[3]

但是当十字军按照计划于1202年6月在威尼斯集结时，只有不到预期的三分之一的人到场——并且许多想成为神圣战士的人因为太穷而没法加入。而十字军只筹集了需付款项的不到四分之一。舰队就停在眼前，他们却无法登船。

恩里科·丹多洛先是让他们苦恼了一段时间，然后提出了他的建议：威尼斯有一个宝贵的要塞——港口城市扎达尔（Zadar）——被匈牙利夺去了。如果十字军在前往圣地的路上稍做停留，将扎达尔抢回来，那么他们就可以拥有这支舰队。

虽然有少数持异议的声音，但由于这么做就不用带着羞辱回家，十字军最终同意了。尽管年事已高并且失明，但丹多洛亲自陪同他们到了扎达尔。尽管城墙上的人提出抗议，说十字军正在攻打一座基督教城市，而该城正属于一位身为十字军战士的国王（不过国王埃默里克尚未向东前进半步），十字军还是进行了惨烈的围城战。守城者难以支持，只能在城墙上悬挂起十字架当作最后的手段。但是在丹多洛的鼓动下，十字军继续围城，直到城市投降。[4]

此时已经接近12月,不是出海的好时候,威尼斯人和十字军决定在扎达尔过冬。他们把城市分成两半并各自占领。扎达尔现在聚集了1万多无所事事、携刀带剑的人,在街上,只要有斗殴发生,总会留下威尼斯人和十字军战士的尸体。

与此同时,年轻的阿历克塞的姐姐艾琳已经"恳求丈夫德意志的腓力尽最大努力救助她的父亲……并帮助她弟弟,他无家可归、无国可回,像行星一样徘徊流浪"。腓力很乐意这样做。教皇英诺森三世拒绝加冕腓力为神圣罗马帝国的皇帝,而是宣布他的对手奥托为皇帝人选。现在,腓力被请求帮助另一个基督教皇帝重获皇权;铲除君士坦丁堡的皇位篡夺者肯定会表明腓力在履行神圣罗马帝国皇帝的职责,无论教皇怎么说。[5]

不过由于他不愿把德意志抛在一边,给奥托机会,所以他不能亲自前往耶路撒冷。于是,他和年轻的阿历克塞谋划了一下:他们会派使节到十字军驻扎的扎达尔,让十字军帮助阿历克塞夺回皇位。"既然你们是为服务上帝、追求正义而进行东征,"腓力写道,"那么,夺回那些被错误地剥夺了的财产……就是你们的责任。"他还提供了更具体的激励:阿历克塞承诺提供1万人和20万银马克,这将解决第四次十字军东征的所有财政困难。[6]

十字军没有立刻接受这笔交易,他们分为了三派。一派坚持要前往君士坦丁堡,因为这样做,整个十字军远征成功的概率最高;第二派坚持直接去圣地;第三派则鼓动说,他们应该先去埃及,攻打控制耶路撒冷的苏丹,然后再去攻打耶路撒冷城。

最终,主张进军君士坦丁堡的一派赢了。但争论持续了整个冬天。"我敢保证,"维拉杜安说,"我们的人民心里肯定一直不安,因为一派不断试图瓦解军队,而另一派则试图将它们团结在一起。"

很多等级较低的十字军战士开了小差。1203 年复活节后不久，整个军队开拔前往科孚岛（Corfu），在那里他们会见到阿历克塞；而当他们离开时，他们摧毁了身后的城市。[7]

6 月下旬，整支舰队终于到达了博斯普罗斯海峡。年轻的阿历克塞显然让这些士兵相信，君士坦丁堡的人民会立即倒戈，团结在他麾下，他们会速战速决。事实正相反，君士坦丁堡城门紧闭，严阵以待。十字军被迫发起围城战。

这一次围城战比较短暂。攻城始于 7 月 5 日。10 天后，第一队十字军骑士设法翻过了城墙。他们被击退，但第二次攻击随即开始了，威尼斯军舰从水面投掷石头，发射箭弩，趁此机会，攻城者架好了云梯。维拉杜安写道："声音震耳欲聋，好像陆地和海洋都要崩塌了。"攻城者终于破城而入，恐慌的居民在他们面前四散奔逃。为了阻止皇帝的禁卫军前进，十字军放火烧城。[8]

是夜，皇帝收拾起他的金银珠宝，逃离了城市。在城里，失去双目的伊萨克二世被他的支持者从监狱里救出来，到了早晨，他已经回到宫殿，坐在了他的宝座上。

人们进行了短暂的庆祝，其间年轻的阿历克塞被加冕为他父亲的共治者阿历克塞四世（Alexius IV）；接下来，十字军东征的轨迹发生了转折。

阿历克塞意识到这个城市仍有他伯伯的余党，担心十字军一走，这个被流放的篡位者就会卷土重来。他表示愿意付钱给十字军，希望他们留到第二年春天。于是另一场争论在十字军内部爆发。最后，他们留在了君士坦丁堡；但是他们再次分化，变得浑浑噩噩，没有目标。他们开始与当地人打架。一个不知姓名的肇事者还故意放了第二次大火，烧毁了另一大片城市，这次烧掉的是一批最有权势、最富有的居民的家。阿历克塞发现，皇家的财宝已经被掠夺一空，只能通过征收特别税来支付雇佣军的开支。他还试图盗取以前皇帝的坟墓，但即使如此，他得到的钱财跟所需的相比，也只是杯水车薪。到了1204年的1月，所有人都开始恨他。

终于，他信任的一个副官，一个名叫穆泽福罗斯（Mourtzouphlus）的老将在午夜突袭了年轻皇帝的寝宫，逮捕了他。他得到了拜占庭军队的全力支持。他宣布自己为皇帝，史称阿历克塞五世·杜卡斯（Alexius V Ducas）。伊萨克二世现在已经老得不中用了，没过几天就死了（倒是与人方便）；年轻的阿历克塞被囚禁了几个星期，后来新皇帝下令勒死了他。[9]

十字军战士现在意识到，他们不会得到什么报酬了；而且他们缺衣少食，无法再进军耶路撒冷或埃及。即使经历了阿历克塞的掠夺，君士坦丁堡仍然是一个富有的城市。阿历克塞五世皇帝是个凶手和篡位者。十字军战士的目标现在已经明确：他们需要控制君士坦丁堡，并为皇室伸张正义。随军的神职人员向他们保证，在君士坦丁堡与罗马教会长期疏远之后，将其重新带回罗马教会的权威之下，是合法的远征目标，这样做能够得到赦罪。

阿历克塞五世和拜占庭军队进行了反击。十字军和帝国军队之间的战斗开始于1204年4月8日；4天内，君士坦丁堡的军队全线崩溃。4月12日晚，阿历克塞五世只身一人从金色城门逃出。

4月13日上午，君士坦丁堡已经处于十字军控制下，十字军战士开始洗劫这座城市。维拉杜安写道：

> 金银、成套的餐具、绫罗绸缎、松鼠皮、貂皮、白鼬皮，以及尘世间每一样最好的东西……从创世以来，从来没有人在

任何一个城市得到过这么多的掠夺物。每个人都选了喜欢的地方住下,那座城市并不缺乏好的住所。所以十字军战士和威尼斯人都找到了好住处。他们欣喜若狂,感谢我们的主……那些曾经穷困潦倒的人如今财富满身,奢侈享乐。[10]

伊本·艾西尔写道,在该城所遭遇的3天劫掠中,十字军战士杀死了牧师、主教和僧侣,破坏了教堂。祭坛被推倒,雕像被砸碎,珠宝被从神圣的容器中撬出,文物遭到偷窃。目击者尼古拉·梅萨里特(Nicholas Mesarites)告诉我们,因为贪婪,十字军剥去妇女的衣服,为了看看"女性的装饰品或金饰是固定在身体上还是隐藏在体内"。还有更糟糕的事情。

> 他们屠杀婴儿和妇女,扒光老年妇女的衣服,强奸她们。他们折磨僧侣,用拳头打他们,踢他们的肚子,用鞭子打得他们皮开肉绽……很多人像羊一样被拖拽,被斩首;在圣墓上,他们杀害那些可怜的无辜者。[11]

在这场浩劫的第二天,许多十字军士兵洗劫了君士坦丁堡的豪华酒窖,喝得酩酊大醉。尼西塔斯·肖尼雅迪斯说,一看见女人他们就发出驴叫一样的声音调戏她们,强奸像瘟疫一样席卷整座城市。没人幸免于难:处女、已婚妇女、老年妇女,甚至修女都在街上被凌辱。试图阻止此类攻击的人被斩首,刺伤,被丢弃在街道上死去,四肢被砍掉。尼西塔斯把泥巴涂抹在怀孕的妻子脸上,亲自护送妻子成功逃离了这座城市。[12]

最终,当抢劫和谋杀进行到了一定程度的时候,十字军选举佛

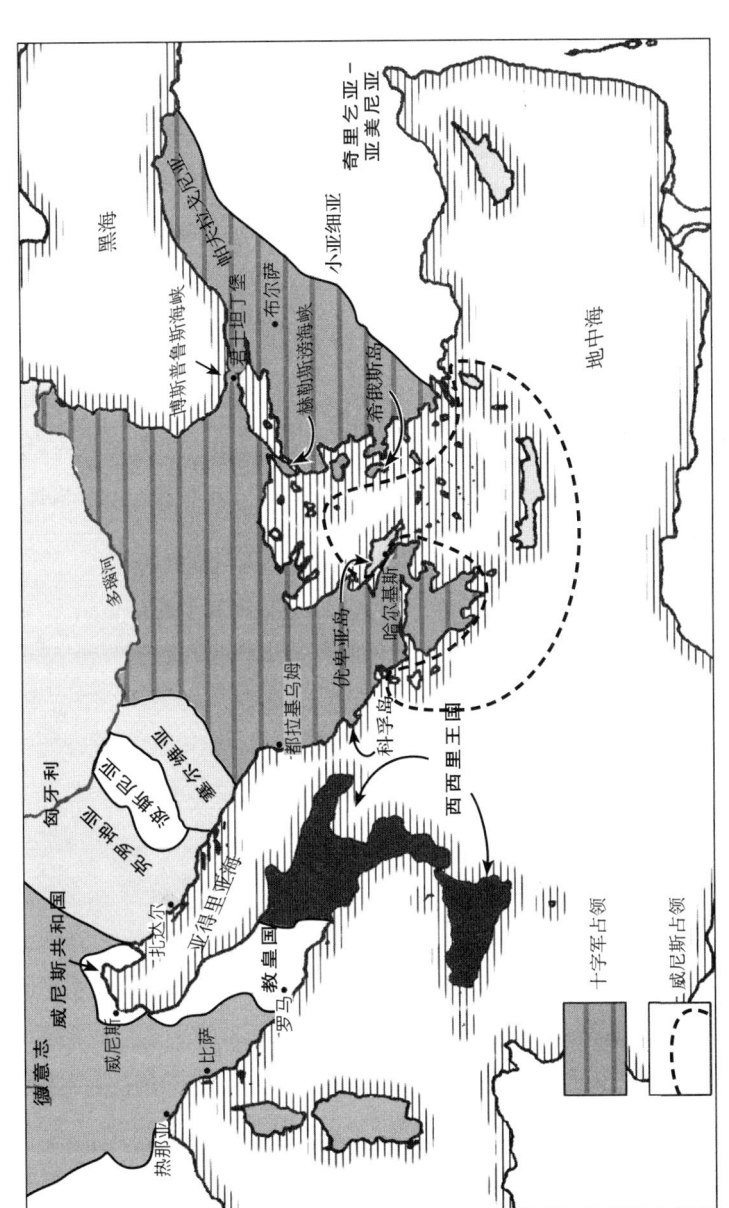

地图 30-1 君士坦丁堡被占领

兰德伯爵作为新皇帝，即鲍德温一世（Baldwin I）。君士坦丁堡变成了另一个十字军国家——拉丁帝国——的首都。

这就是第四次十字军东征的结局。没有一个十字军战士到达了埃及，更不要说耶路撒冷了。

英诺森三世对他所珍视的事业竟然带来了如此血腥的结局感到震惊，从罗马发出了最严厉的谴责："那些本应为基督，而不是为自己服务的人，……把剑都浸在了基督徒的鲜血中。"[13]

但自从博希蒙德拒绝放弃安条克开始，为自己的利益而战就成了十字军狂热冲动的一部分。第一次十字军东征后所产生的腐败渐渐显露了出来，当十字军有了权力，掌控一个王国的机会就会永远胜过耶稣的事业。

时间线 30

英格兰	教皇	神圣罗马帝国	西法兰克	突厥王国	十字军国家	匈牙利	拜占庭
	温德十字军（1147）			苏丹努尔丁（1146—1174）			
		腓特烈一世（1152—1190，1155年加冕）	阿基坦的埃莉诺和安茹的亨利结婚（1152）		安条克的康斯坦茨（摄政，1149—1163）		
	阿拿斯塔斯四世（1153—1154）			塞尔柱帝国瓦解（1153）			
亨利二世（1154—1189）	阿德利安四世（1154—1159）						
	亚历山大三世（1159—1181）						
	维克托四世（对立教皇）（1159—1164）						
托马斯·贝克特，坎特伯雷大主教（1162—1170）						斯特凡三世（1162—1172）	
	帕斯夏三世（对立教皇）（1164—1168）				安条克的博希蒙德三世（1163—1201）		
《克拉伦登法令》（1166）				萨拉丁成为埃及维齐尔（1169）		塞姆林战役（1167）	
				法蒂玛王朝灭亡（1171）			拜占庭逮捕境内所有威尼斯人（1171）
亨利二世诸子叛乱开始（1173）				萨利赫·伊斯梅尔（1174—1181）埃及苏丹萨拉丁（1174—1193）			
			腓力二世·奥古斯都（1180—1223）				
	卢修斯三世（1181—1185）		犹太人被驱逐（1182）				阿历克塞二世·科穆宁（1180—1183）
					耶路撒冷的鲍德温五世（1183—1186）		安德洛尼卡一世·科穆宁（1183—1185）

30 君士坦丁堡的陷落

时间线 30（续表）

英格兰	教皇	神圣罗马帝国	西法兰克	突厥王国	十字军国家	匈牙利	拜占庭
					耶路撒冷的西比拉和盖伊（1186—1190）		伊萨克二世·安格洛斯（1185—1195）
					占领阿卡、亚实基伦、耶路撒冷（1187）	哈丁角战役（1187）	
邦斯穆兰会议（1188）			日索尔会谈（1188）				
狮心王理查（1189—1199）					第三次十字军东征（1189—1192）		
		亨利六世（1190—1197，1191年加冕）			阿苏夫战役（1191）		
	西莱斯廷三世（1191—1198）				《拉姆拉条约》（1192）		
理查被释放（1194）					萨拉丁去世（1193）		阿历克塞三世·安格洛斯（1195—1203）
	英诺森三世（1198—1216）		腓力（1198—1208，未加冕）			埃默里克（1196—1204）	
约翰王（1199—1216）							
					第四次十字军东征（1202—1204）		
							伊萨克二世·安格洛斯／阿历克塞四世·安格洛斯（1203—1204）
							阿历克塞五世·杜卡斯（1204）
							君士坦丁堡被十字军占领（1204）

/ 31

大陆西侧

> 1200年左右,玛雅帝国在中美洲崛起,而在这个时候,印加族血洗了库斯科的整个村落。

在大西洋的另一边,两段崭新的历史正在展开。

在中美洲大陆桥上,入侵者托尔特克人(Toltec)统治的奇琴伊察城(Chichen Itza)正面临着被侵略的险境。*其国王实行活人血祭,通过祭献这些圣洁的血肉之躯来确保统治。但是祭祀活动并没有发挥作用。在12世纪和13世纪之交的某个时间,玛雅国王胡纳克·凯尔(Hunac Ceel)发动了一场针对邻国奇琴伊察的攻击。为了突袭强大的邻国,胡纳克·凯尔雇用七位首领及其军队,他们来自遥远东南方的分散的领地。

在这些雇佣兵的帮助下,胡纳克·凯尔攻下了奇琴伊察。稍晚一些的历史记录告诉我们,这个城市的沦陷是"因为胡纳克·凯尔

---

* 参见第4册,第41章。

的奸诈",这就意味着这场战争是靠欺骗和背叛赢得而非凭借武力。不管这场战争是怎么开始的,奇琴伊察被入侵后毁于一旦,它的神圣信仰被撼动和瓦解了,供奉神灵的寺庙荒废,人们纷纷逃离了这座城市,到其他城市避难。[1]

这仅仅是一场更大规模侵略活动的开始。在接下来的10年里,胡纳克·凯尔统治着尤卡坦(Yucatán)半岛的绝大部分,把他所在的城市玛雅潘(Mayapan)打造成了玛雅帝国中心一个虽然不大却富有活力的城市。玛雅潘和奇琴伊察相比要小得多,但却是一个军事要塞,易守难攻。[2]

随后的两个世纪,尤卡坦半岛的北部都是由胡纳克·凯尔的后人统治着。这个帝国能够存续的部分原因是玛雅潘城强有力的统治。被征服的贵族必须住在都城,在历代国王的监视下活动,而其远方的领地由管家代为管理。在这一严苛的制度下,一个运转高效而繁荣的帝国发展起来。西班牙大主教迪亚哥·德·兰达(Diego de Landa)见证了玛雅潘城末期的情况,他写道:"本地人居住在大型的城镇中,文明程度甚高。城镇中心是带有广场的多个寺庙,寺庙周围坐落着君王和神职人员的房屋。他们改良土壤,种植用于酿酒的果树,播种棉花、辣椒和玉米,人们住在一起以抵御外侮。"其边界常备不懈,武装部队至少给这个支离破碎的半岛的一部分地区带来了较长的和平发展期。[3]

在12世纪,神话和宗教仪式开始影响中美洲,但是在南美洲一直没传播开来。残存的遗址显示,比起更加安静的北美大陆,这里出现过更加强大的帝国。多个世纪以来,这些帝国崛起、繁荣,又悄无声息地覆灭。

它们给我们留下的都是谜。

/ 31 大陆西侧

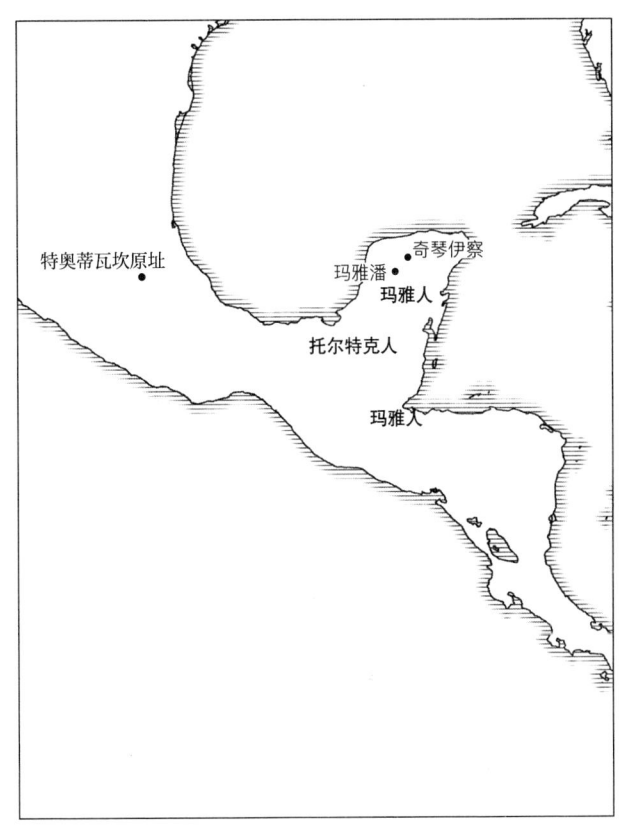

地图 31-1　中美洲

　　安第斯山脉纵贯整个大陆的西海岸，全长8000多千米（是世界上最长的山脉），一般宽近500千米，它的最高峰高达近7000米。[*]在赤道以南的大陆西侧，安第斯山脉形成了一个雨影区，这是指由

---

[*] 阿空加瓜峰（Aconcagua），安第斯山脉的最高峰，海拔6961米。它是世界"七大高峰"中的第二高峰——所谓的七大高峰，是七个大陆上每个大陆的最高峰的合称；在这七大高峰中，只有珠穆朗玛峰（8844米）比它更高。虽然在喜马拉雅山脉中有100多座高峰都高于阿空加瓜峰，但是安第斯山脉的这座高峰却是亚洲之外的最高峰。

地图 31-2　南美洲

于高山挡住了湿润空气而形成的一片沙漠地带。来自海洋的湿润空气会首先遇到高山，水汽形成降雨落下；当风越过山顶之后，就都变成干燥的了。位于南美洲西海岸的阿塔卡马（Atacama）沙漠，年降雨量不足 250 毫米。[4] 在这片沙漠最干旱的地区，有时候四五十年才会下一次雨。

但是在沙漠的某些地区，地下河流会突然涌至地面。纳斯卡人

(Nazca)就住在由地下水造就的绿洲周围。

他们留下了陶器和住所的遗迹,但没有史书,没有传说,也没有国王世系表。但是他们有自己的成就。他们移除了沙地上的碎石,露出底下的细沙,在上面绘制了巨大的图案。在细沙地上,一行行线条塑造出大量的螺旋状线、网状线,以及动物的形象,包括蜘蛛、飞翔的鸟、鱼、猴子等。这些图形都非常巨大,一只蜂鸟有93米长,一只鹦鹉的头有21米宽,一只蜘蛛有46米长。对于外来者来说,站在沙漠之中,只能看见一些随机的线条伸向远方。而纳斯卡人却能看出哪里是鸟的翅膀尖,哪里是蜥蜴的尾巴,哪里是跳舞者的手。只有从更高的地方看,我们才能看明白纳斯卡线条绘画者脑子里真正想的是什么。[5]

关于纳斯卡线条画,没有任何单一的解释。考古学家玛丽亚·赖歇(Maria Reiche)在20世纪40年代最早摹画出了这些线条。她认为这些线条记录了一些天文运动,但是其中很多线条无法和现在所知的恒星运动联系起来。其中一些线条,但不是全部,看起来像是标出了地下水的流动。又或许这些线条是某种敬神的行走礼仪的路线,这是一种更晚的安第斯人文化中的礼仪——但是人们无法证明这种礼仪是否在如此早的时候就存在。唯一可以确定的结论就是纳斯卡人在他们的家园所在的土地上留下了自己的印迹。用历史学家乔治·库伯勒(George Kubler)的话说,这些线条"将人类的意义刻在了大自然充满敌意的废墟之上"。这些线条讲述着故事,但到底讲的是什么我们可能永远无法得知。[6]

从这里再往北一点,周围的环境稍微友好了一些,那里的莫切人(Moche)用泥砖建造房屋,而不是在沙漠里绘制图案。北边的山谷是一个崛起中的帝国的中心,莫切人依山建造了两处巨大的复合式

图 31-1　纳斯卡线条画：蜘蛛
图片来源：© Charles and Josette Lenars / Corbis

图 31-2　纳斯卡线条画：舞者的手
图片来源：© Kevin Schafer / Corbis

建筑，有寺庙、宫殿、庭院、行政处所，还有一些神殿：太阳神殿（Huaca del Sol）和月亮神殿（Huaca de la Luna）。他们的工匠为这些建筑制作了 1.43 亿块泥砖，每一块砖上都有制造者的符号印记。[7]

莫切人控制了通向他们四周的山丘和山谷的道路，他们修建了一个巨大的道路系统，道路设计合理，形成了复杂的交通网络。在这些道路上，送信的人接力跑步，传递的信息用秘密符号刻在利马豆上。在帝国最繁盛的时候，太阳神殿和月亮神殿俯瞰着 3.9 万平方千米的国土。他们挖掘了宽阔的灌溉水渠，有的水渠长达 160 千米，穿过莫切王国，为生机勃勃的村庄提供了用水。一些雕像和绘画记录下了国王和贵族的样子，但是我们却不知道他们的名字。[8]

到了 12 世纪，莫切和纳斯卡王国都已经湮没多时了。纳斯卡王国是被一场大旱击垮的，当时有一段时间，就连阿塔卡马沙漠的地下河流几乎都干涸了。这片无人居住的荒漠使得这些神秘的纳斯卡符号一直保存了数百年。而且由于处在雨影区，所以也没有雨水冲刷掉这些线条。

而更靠北的地区，莫切人遭受了干旱和洪水的轮番袭击。他们在峡谷中遗留下的废墟说明了这里曾经遭到令谷物颗粒无收的干旱和倾盆暴雨的轮番袭击，这是厄尔尼诺现象的表现：暖流使海岸近处海水的表面温度升高，产生了强大而具有破坏性的暴风雨。洪水和泥石流在整个莫切山谷肆虐。海风和潮汐将海岸附近的沙丘慢慢地推向内陆，在肥沃的土地上堆积起贫瘠的沙子。[9]

在洪水和风暴最严重的时候，莫切人想尽了办法，供奉所有他们能想到的掌管天气的神灵。他们曾用三个孩童同时献祭。在一场泥石流逼近之时，这三个孩子被埋在了月亮神殿的广场上。后来，还有至少两次祭祀仪式上的被献祭者被埋在了附近或这三个孩童的上面。但是这样血腥的祭祀并没有阻止恶劣的天气，也没有止住莫切王国的衰败。王国外围的城市都被沙子覆盖了。引水渠被泥沙阻塞，地震使其出现裂缝，最后被放弃；像纳斯卡王国一样，莫切王国也慢慢地消亡了。[10]

一段时间之后，他们的后继者出现了，这些人被称为奇穆人（Chimu）。他们在莫切的一部分废墟之上建立起城镇，但是其国土从没有发展到像莫切人的王国那么广大。这个小王国一直存续到15世纪，因此得以留下一段他们的口述史；后来，一些西班牙历史学家记录了他们从被征服的奇穆人那里听来的历史，故事讲述了一个叫塔卡那姆（Tacaynamo）的留着大胡子的人，从海上来到了南美洲的海岸。他把轻木筏拖上岸，在原来莫切人的土地上定居。他的儿孙们控制了周围越来越多的河谷，并且建立了一个王朝。[11]

到了12、13世纪，奇穆的首都昌昌城（Chan Chan）占地大约有23平方千米，有将近3万的居民生活在这里。对于这么大的城市来说，这可以说是人口稀疏了（古代中美洲城市特奥蒂瓦坎同样大小，却有20万人口），从昌昌的遗迹来看，它更像是一个朝圣之地，而不是一个供人居住的城市。[12]

奇穆兴旺发展起来，大约在1200年，一个叫印加（Inca）的不起眼的部落在他们的南部边界处定居下来。他们在安第斯山中部开始建立一些很小的、零零散散的村庄。这些村庄里最繁荣的叫库斯科（Cuzco），是一个非常破旧的农业村镇，住在这里的有饲养美洲驼的牧人，以及尝试在高海拔区种植作物来糊口的农民。[13]

后来，印加人宣称他们的第一任国王就是这时候开始在库斯科开始其统治的。传说中第一任国王叫作曼科·卡帕克（Manco Capac），他是八个兄弟姐妹中年龄最大的，而且，（跟所有神话中的建国者一样)"既没有父亲也没有母亲"。这八个兄弟姐妹来自一个漫山遍野都是黄金的山里,一来到这里就着手进行征服。他们相互说道:"咱们去寻找沃土吧,找到这样的地方,就把那里的人征服,占有他们的土地,同时向那些不愿意臣服于我们的人宣战。"[14]

这个故事所揭示的事实就是印加人好战的思想:他们从最初的定居者手中抢走了库斯科。而且他们的侵略行动非常野蛮:曼科·卡帕克和他的家族将不幸的村民肢解、剁碎,吃掉他们的心和肺,还将怀孕的妇女开膛破肚。故事的结尾说道,库斯科当地人"完全被消灭了"。[15]

接下来的两个世纪,印加人就一直住在他们抢占的这个地方。但是,占领库斯科仅仅是他们侵略计划的第一步。他们接下来行动的血腥程度比第一次更加严重。

时间线 31

英格兰	神圣罗马帝国	西法兰克	突厥王国	十字军国家	拜占庭	中美洲	南美洲
							纳斯卡人和莫切人的繁荣
征服者威廉 (1066—1087)							
			(塞尔柱帝国) 马利克沙 (1072—1092)			托尔特克人在奇琴伊察统治	
					阿历克塞·科穆宁 (1081—1118)		
威廉二世 (1087—1100)							
				第一次十字军东征 (1095—1099)			
亨利一世 (1100—1135)				耶路撒冷王国建立(1099)			
	亨利五世 (1105—1125, 1111年加冕)	路易六世 (1108—1137)					昌昌城的奇穆人王国繁荣发展
					约翰二世·科穆宁 (1118—1143)		
	洛泰尔三世 (1125—1137, 1133年加冕)		赞吉 (1127—1146)				
斯蒂芬 (1135—1154)		路易七世 (1137—1180)		安条克的雷蒙 (1136—1149)			
	康拉德三世 (1138—1152, 未加冕)						
无序时代 (1139—1154)				耶路撒冷的鲍德温三世(1143—1163)			
				苏丹努尔丁 (1146—1174)			
亨利二世 (1154—1189)				塞尔柱帝国瓦解(1153)			
	腓特烈一世 (1152—1190, 1155年加冕)						
托马斯·贝克特,坎特伯雷大主教 (1162—1170)				安条克的博希蒙德三世 (1163—1201)			

时间线 31（续表）

英格兰	神圣罗马帝国	西法兰克	突厥王国	十字军国家	拜占庭	中美洲	南美洲
			法蒂玛王朝灭亡（1171）				
亨利二世诸子叛乱开始（1173）			埃及苏丹萨拉丁（1174—1193）				
		腓力二世·奥古斯都（1180—1223）			阿历克塞二世·科穆宁（1180—1183）		
		犹太人被驱逐（1182）			安德洛尼卡一世·科穆宁（1183—1185）		
邦斯穆兰会议（1188）		日索尔会谈（1188）			伊萨克二世·安格洛斯（1185—1195）		
狮心王理查（1189—1199）				第三次十字军东征（1189—1192）			印加人在奇穆人南部定居
	亨利六世（1190—1197,1191年加冕）						
理查被释放（1194）			萨拉丁去世（1193）	阿历克塞三世·安格洛斯（1195—1203）			曼科·卡帕克（约1194—约1240）
约翰王（1199—1216）	腓力（1198—1208,未加冕）			第四次十字军东征（1202—1204）			胡纳克·凯尔占领奇琴伊察
				伊萨克二世·安格洛斯/阿历克塞四世·安格洛斯（1203—1204）			
				阿历克塞五世·杜卡斯（1204）			玛雅潘的玛雅帝国繁荣起来
				君士坦丁堡被十字军占领（1204）			

/ 32

蒙古人的战争

> 1201 年至 1215 年，成吉思汗学会了如何对抗文明世界。

自 1165 年，中国北方的金朝和南方的宋朝一直维持着脆弱的和平。但是现在，一些不祥的传闻从北方传播开来。

纵横北方草原的是被统称为"蒙古人"的一系列松散的部族。那时，他们已经从针叶林地带——北部寒冷的松林——向南迁移。根据他们自己的历史记载，即 13 世纪的《蒙古秘史》，他们是白鹿和苍狼的后裔。每一个蒙古部族都由自己的可汗来领导，可汗及其部族会与其他可汗和部族为了权力而争斗。但在每一个部族内部，各宗族及其首领也会为了马匹、女人、战利品，以及出任部族首领的机会而混战不断。[1]

1162 年，孛儿只斤家族首领的儿子铁木真出生在圣山不儿罕合勒敦附近。据《蒙古秘史》记载，铁木真降生时"右手握着髀石般的一个血块"。9 岁的时候，他和另一个部族首领的 10 岁女儿订立了婚约，并依照传统和新娘的家人住在一起。几天后，他的父亲死了，铁木真逃离了他未来的岳父家，回到了自己家。[2]

这是一个不愉快的青年时期的开始。铁木真和他的家人被另一个部族泰赤兀部赶出了部族，泰赤兀部的首领希望成为他们部族的可汗。流亡的铁木真一家在接下来的几年里，竭力在寒冷的不儿罕山（今蒙古国境内肯特山）中求生。铁木真后来被泰赤兀部首领抓住，不过不久后他就逃脱了，逃走的时候还戴着限制行动的木枷。到了18岁的时候，他已经是一个有强烈生存本能的成年人了。[3]

意识到自己到了足以担当部族首领的年纪，铁木真回到了未婚妻的家里，并坚持要他的岳父履行婚约。然后，他跟附近的克烈部族联系，谈判建立联盟。这位可汗是一个被称为"王汗"的经验丰富的中年战士，他是铁木真亡父的一个朋友。但相比与铁木真父亲的结拜之谊，他对铁木真带来的礼物更关注。

几乎同时，铁木真被迫寻求他的两个新盟友的帮助。另一个以三个宗族为主的联盟，统称为篾儿乞惕，趁他离开时，侵入了他的营地，并抢走了他的未婚妻孛儿帖。

抢婚是蒙古人娶妻的另一种常见方式，铁木真的母亲就是几十年之前被从一名篾儿乞惕部族的成员处抢来的，因此突袭既是复仇，也是控制铁木真，防止其日益强大的办法。但是这个做法适得其反。铁木真、王汗，还有铁木真的童年朋友札木合联手（可能共有1万骑兵，集合在篾儿乞惕的营地前）将篾儿乞惕部族歼灭。《蒙古秘史》里札木合这样形容这场战争：

> 我们从那受惊的脱黑脱阿的帐庐天窗上突袭而入，
> 撞塌那紧要的帐庐骨架，

把他的妻子、儿女掳掠尽绝！

撞折他的福神的门框，

把他的全体百姓一扫而空！ [4]

（孛儿帖也被营救出来，但这件事与战役胜利相比，在《蒙古秘史》中根本不值一提。）

一系列的胜利接踵而至。铁木真的影响力在上升，到1200年左右，他有希望当选大汗，即整个蒙古联盟的军事领袖。但是，在1201年（农历鸡年），他的对手联合起来站在札木合背后对他施压。

两个男人之间的友谊就此终结。孩提时代，他们曾结为"安答"（兄弟）；现在他们成了敌人。1201年到1204年间，蒙古部落分为两个派系，背后各有领袖领导。

但是通过劝说和征服，铁木真势力不断壮大而札木合势力逐渐衰落。当铁木真的老盟友王汗还在犹豫加入哪一方的时候，铁木真袭击了他的部落，并迫使其投降。王汗向西逃窜，进入乃蛮部族的领地，却意外被哨兵杀死。由于兵力悬殊，札木合随后也逃奔乃蛮。

1204年，铁木真一直追击到乃蛮部族的地盘，然后消灭了给札木合提供避难所的人。据《蒙古秘史》记载，他彻底击败对手，"征服了阿尔泰南坡的乃蛮部众"。札木合逃进山里，躲藏在树林中，直到被铁木真的人俘获。

在铁木真面前，札木合最后一次向他的义兄求情。他说："安答你降恩吧，令我速死，以安安答你的心。安答你降恩处死我吧，但愿不流血而死去就好。"不流血而亡是一个光荣战士的特权，铁木真答应了他的要求。札木合从铁木真面前离开后，被装入袋中窒息

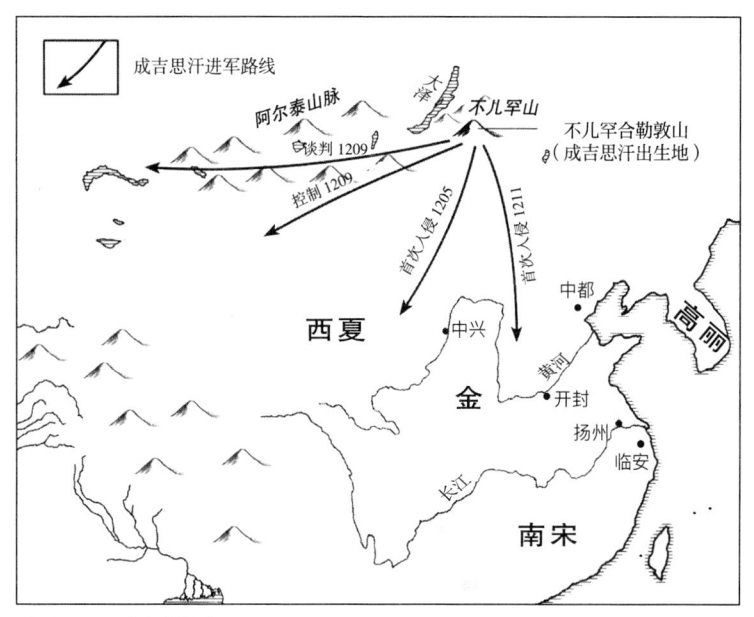

地图 32-1　蒙古人的进军

处死。⁵

现在铁木真没有对手了，他所要做的就是回到蒙古腹地，不儿罕合勒敦山的山脚，并接受大汗的头衔。但是在东归之前，铁木真派部将耶律阿海攻击邻国西夏。

像金一样，西夏也是游牧民族建立的国家，他们向往中原汉人的生活方式。在宋金交战时，西夏仁宗李仁孝建立"太学"，他还修建佛教寺庙，仿行宋朝的科举考试制度。在他的统治下，西夏商人与金人和宋人使用铁钱进行交易。他亲自监督，命人编辑和修订了数千卷的西夏文（西夏文是仿照汉字创制的文字）佛经。他还下令编纂新的法典，新修法典定名《天盛改旧新定律令》，共

20卷，用西夏文刻印颁行。[6]1190年，宫廷中的学者编纂了西夏文和汉文对照词典《番汉合时掌中珠》，这是世界上最早的完整的双语词典。[*]

李仁孝于1193年去世，享年69岁，他的儿子桓宗李纯祐继承王位。他没太关注来自蒙古的袭击。耶律阿海带着抢来的骆驼和牲畜向铁木真复命，并且汇报说西夏加筑了城墙。

蒙古人此时尚无攻城的经验。铁木真注意到了西夏广阔而富饶的土地，但是他却决定返回蒙古。1206年，所有的蒙古部落聚集在一起，承认铁木真是他们的大汗。之前札木合已经拥有了大汗的头衔，称"古儿汗"（Gur Khan）。为了跟他的对手区分开，蒙古人称他是"成吉思汗"。

人们至今对于"成吉思"到底是什么意思仍然没有确定的说法，可能是指"四海之汗"，意为"普遍的汗"。这是一个新发明的头衔，一个给不适用原有的蒙古头衔的王者的新称号。成吉思汗已经对于一个汗应该是什么样子有了新想法：他绝不只是游牧掠夺团体的头领。他组织的亲兵队伍分为不同的级别和单位；现在，他有了1万多人的队伍，这些人会成为他的核心力量。不管他走到哪里，他都是"马背上的国家"的中心，这些人都追随着他。在讨伐乃蛮部的战争中，他俘虏了一个乃蛮学者（畏兀儿人）。经过与这个学者长时间的交谈，成吉思汗命令他以畏兀儿字母记录蒙古语言，使之便于写作。这种文字立即被用于书写蒙古国的第一份官方文件，也就是其第一部法典。[7]

---

[*] 更精确地说，它是"最早的双语词汇表兼双语解释词典"。详见：雍和明等著，《中国辞典3000年：从公元前1046年到公元1999年》（2010），第377—378页。

此时，蒙古人四面都被尚未征服的对手所包围。东边是高丽，南边是金，西边是西夏。在这三个敌人中，西夏是最弱的。它的实力远不如金，其地形也不易防守。

西夏桓宗李纯祐不久就被野心勃勃的堂兄李安全（襄宗）取代。当蒙古于1209年入侵时，李安全组建了一支规模相当大的军队，在西夏都城中兴（原名兴庆，1205年改名为中兴，今宁夏银川）北部的山口建立了防线。在一段时间内，蒙古人受阻于此。后来，他们采取了惯用的手段——佯装撤退，诱使西夏军队出城追击，随后在开阔地带掉过头来包围了西夏军。如此一来，西夏军兵败，撤出了关隘。但是蒙古军的下一个作战任务同样是陌生的：围攻固若金汤的中兴。

面对这个新问题，成吉思汗想出了一个办法。他命令士兵在附近的黄河支流上筑坝，希望用洪水淹没西夏都城。

看到城墙外的水坝逐渐成形，李安全在绝望之中请求金的援助。但是金新即位的皇帝完颜永济（卫绍王）正在应付国内对其皇位的挑战，没有接受此请求。他对大臣说："敌人相攻，吾国之福，何患焉？"[8]

成吉思汗的水攻尝试没有奏效；那个仓促修建的水坝突然崩塌，反而淹没了蒙古军的营地。但是由于得不到金的援助，李安全决定向敌人求和。他答应向成吉思汗交纳贡品，并把自己的一个女儿嫁给他。[9]

成吉思汗同意停火（只是暂时的），随即转而准备攻金。他从这次失败的战役中学到很多东西。他一直善于学习战术。

从1211年开始，蒙古人花了4年的时间才攻下北方的金中都。4年间，蒙古人不断发动袭击然后撤退，有时前进几步，有时又重新整顿军队；蒙古人缺乏粮食，付出的战争代价也非常巨大。他们的作战过程十分艰苦，但是蒙古士兵都能够适应极其艰难的环境，他们逐渐学会了如何与定居的民族作战。他们一直四处征战，从未休止。他们把每次突围和袭击中获得的经验教训用到下一次作战中。到1214年，成吉思汗已经学会了如何对有城墙防护的城市进行围攻，如何抵御重装步兵的攻击，以及如何击退坚强的敌人。

1214年春，成吉思汗到达中都，开始围城之战。金朝皇帝迅速撤退到了南京开封府，只留下一个将军把守中都。这个举动备受指责，因为撤离分散了金军的兵力，而且被认为是懦弱的举动，背弃了金的大业，却让敌人获得了更多的知识，学会如何对抗一个帝国。

围攻持续了一年多。中都人开始一批批饿死。他们吃马肉、狗肉、垃圾，最后，竟然吃起了死尸。1215年夏，绝望的将军服毒自杀，中都防御崩溃。

攻城的蒙古兵涌入中都城，在街道上狼奔豕突，烧杀抢掠，无恶不作。此前，对于被征服的部落，他们也这么做；但是中都要大得多，所以烧杀抢掠的事件也就更多。

他们已经成为战法娴熟的战士，但是对于如何管理一个被他们征服的定居民族却缺乏经验，于是他们毁掉了中都。城市的大部分都被付之一炬。数十万人被杀，死者的尸体在城墙外堆积如山。同时代的波斯历史著作《纳昔儿史话》记载道：

> 几年后，花剌子模苏丹穆罕默德所派使团的头目巴哈丁（Baha ad-Din）抵达中都，他看到一座白色的山丘。向导告诉他，这是被屠杀居民的遗骸。在另一个地方，有一段很长的路，

时间线 32

突厥王国	十字军国家	拜占庭	中美洲	南美洲	宋	蒙古人	金	西夏
	第一次十字军东征（1095—1099）							
	耶路撒冷王国建立（1099）		昌昌城的奇穆人王国繁荣发展					
		约翰二世·科穆宁（1118—1143）				太宗（1123—1135）		
赞吉（1127—1146）					南宋开始 高宗（1127—1162）宋朝建立海军			
		安条克的雷蒙（1136—1149）				熙宗（1135—1150）		
					《绍兴和议》（1141）		仁宗（1139—1193）	
苏丹努尔丁（1146—1174）						海陵王（1150—1161）		
塞尔柱帝国瓦解（1153）								
					孝宗（1162—1189）	世宗（1161—1189）		
	安条克的博希蒙德三世（1163—1201）					铁木真诞生（1162）		
					《隆兴和议》（1165）			
法蒂玛王朝灭亡（1171）								
埃及苏丹萨拉丁（1174—1193）		阿历克塞二世·科穆宁（1180—1183）						
		安德洛尼卡一世·科穆宁（1183—1185）						
		伊萨克二世·安格洛斯（1185—1195）						
	第三次十字军东征（1189—1192）		印加人在奇穆人南部定居		光宗（1189—1194）		章宗（1189—1208）	

突厥王国	十字军国家	拜占庭	中美洲	南美洲	宋	蒙古人	金	西夏
							《番汉合时掌中珠》(1190)	
萨拉丁去世（1193）	阿历克塞三世·安格洛斯（1195—1203）		曼科·卡帕克（约1194—约1240）	宁宗（1194—1224）			桓宗（1193—1206）	
			胡纳克·凯尔占领奇琴伊察			札木合成为古儿汗（1201）		
	第四次十字军东征（1202—1204）							
	伊萨克二世·安格洛斯/阿历克塞四世·安格洛斯（1203—1204）							
	阿历克塞五世·杜卡斯（1204）		玛雅潘的玛雅帝国繁荣起来					
	君士坦丁堡被十字军占领（1204）							
						成吉思汗（1206—1227）	襄宗（1206—1211）	
						卫绍王（1208—1213）		
						蒙古占领金中都（1215）		

时间线 32（续表）

由于浸入了人的脂肪，路上的泥土都是油腻的。[10]

金朝北部的土地成了蒙古人战法的实践地，而这片土地则被夷为了废墟。

/33

约翰王

> 1203年至1213年，英格兰国王约翰失去了他的法兰克领地，并且树敌众多。

1199年，狮心王故去后，他的弟弟约翰登上了英格兰王位。

加冕典礼之后的头几年他一点都不顺。约翰刚一继承英格兰的统治权，腓力二世就不再做他的盟友了。腓力总是想着削弱英格兰王室的权力。约翰曾是理查一世的眼中钉、肉中刺，是法兰西国王的好友；然而，当上英王的约翰却是法兰西国王的敌人。

约翰的哥哥若弗鲁瓦在他们父亲去世之前离世，他死于1186年，只留下两个女儿。但是他的妻子康斯坦茨却在7个月后生下一个儿子，名叫亚瑟（Arthur）。理查一世刚一离世，腓力二世就坚持说亚瑟才应当做英格兰国王，而不是约翰。他邀请康斯坦茨和12岁的亚瑟来到他在巴黎的宫廷。安茹、曼恩和图尔的公爵（都是英王的封臣）与腓力站在一边，共同反对约翰的统治。[1]

紧接着是3年的争斗。他们打了很多场仗，进行了复杂的谈判，执行了至少两次休战。约翰使用了他手上的每一件武器，包括婚姻。1199 年，他以妻子没有给他生下继承人为由与之离婚；1200 年，他看上了昂古莱姆伯爵（Count of Angoulême）的小女儿。昂古莱姆的伊莎贝拉（Isabella）当时只有 12 岁或者更小，本来已经被许配给了马尔什伯爵（Count of Marche）的儿子。这一联姻会在约翰企图获得的土地中央制造一片强大的、忠诚于法王的飞地。霍弗登的罗杰记述道："看到英王约翰钟情于她，她的父亲……把女儿嫁给了约翰，这位英格兰国王。"这使马尔什伯爵对约翰无比愤怒，因为这阻止了伯爵的儿子将昂古莱姆据为己有。[2]

但是约翰的各种手段最后都难以挽回败局。到 1203 年 4 月，约翰几乎失去了在法国西部的所有领地。然后，到了 7 月底，他忽然有了一点运气。

约翰的军队在普瓦捷俘虏了 200 个法国骑士，其中就有亚瑟。这对腓力二世的大业是个打击。文多弗的罗杰记载说，在得知亚瑟被俘的消息后，他气急败坏地回到了巴黎。但是约翰确实有点金成土的天赋。他把亚瑟发配到鲁昂，并命令士兵严加看护。文多弗的罗杰写道："但是不久之后，亚瑟突然消失了……所有人都怀疑是约翰亲手杀了他；自此，很多人对国王失望至极……并且对他充满了深深的仇恨。"[3]

对于亚瑟的死，史书没有任何确切的记载。可以确定的是，腓力二世曾经利用亚瑟来反对约翰，就像他利用约翰反对理查一世一样，他从未真正下功夫去寻找亚瑟。但是亚瑟的消失，再加上他既无力结束对一些地方的围攻，也无力解救被法国人攻击的城堡，这些对于约翰而言，就变成了灾难。他的英格兰盟友无论是对战争还是对他们的国王都失去了耐心。坎特伯雷的杰维斯（Gervase of Canterbury）记载道，法兰西人开始取笑他为"软剑约翰"（Johannem Mollegladium）。[4]

到了 1203 年，约翰放弃了诺曼底——他在西法兰克的最后一块领地——渡过英吉利海峡撤回了英格兰。理查一世收复了西法兰克几乎所有原本属于他父亲的土地，而约翰却再一次失去了它们。[5]

接下来的 8 年里，法兰西国王和英格兰国王怒目相向。

约翰只剩下了英格兰、爱尔兰和他母亲祖传的阿基坦公爵领地，他必须努力填满被战争掏空的国库。在他的加冕典礼上，他收受了巨额贿赂，行贿的那些人已经在王国政府任职，希望在新政权中继续当官。在名为"大臣档案"（Chancellor's Roll）的王家财政记录上，记载了几十份给国王的"礼物"，不仅有官员送的，也有城镇送的，同时附上了一些祝愿的话，诸如"善意""和平""愿得恩惠"等等。[6]

他还充分利用了王家可以收取免服兵役税（scutage，这是自亨利二世统治以来就实行的办法）的传统。某个男爵如果不想去打仗，可以支付现金来抵兵役。自从约翰登基并发动战争之后，从 1199 年起，他每年都要求收缴免服兵役税。[7]

这些方法绝不会让人们对约翰产生好感，沉重的免服兵役税让男爵们都难以支撑。战争结束后，他不敢再继续收取这种税。在此情形下，1207 年，约翰把主教和修道院院长们召集到伦敦开会，告知他们，英格兰所有的教士和神职人员都要为从教堂所属土地获得的收入缴纳税赋。主教和修道院院长们气愤地回绝了，宣称："英格兰教会绝不会听从一个闻所未闻的要求。"[8]

约翰仍不死心，他以坎特伯雷新任大主教的授职为借口，大

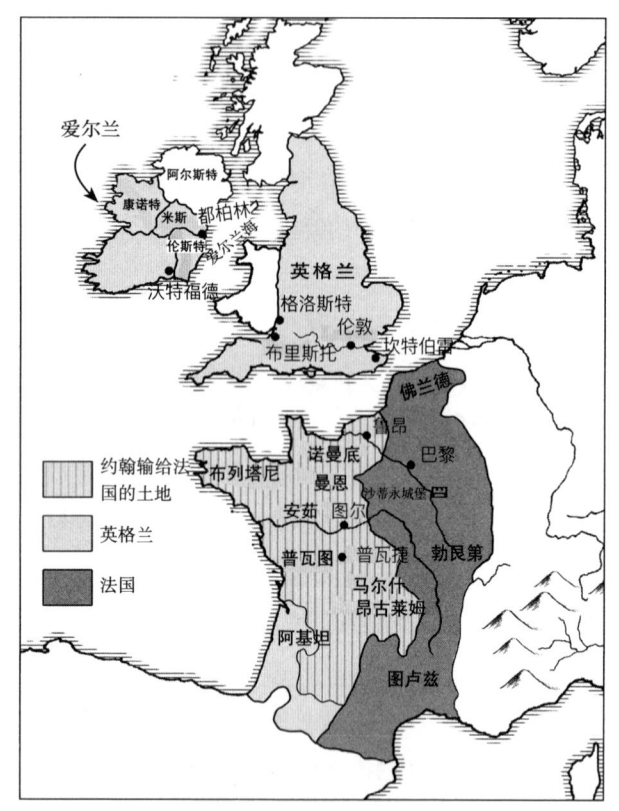

地图 33-1 约翰的"失"与腓力的"得"

肆搜刮教堂财产。教皇英诺森三世选择了英格兰教士斯蒂芬·兰顿（Stephen Langton）来填补坎特伯雷主教的空缺，兰顿这些年一直在巴黎传教，刚刚在罗马被升为枢机主教。约翰告诉教皇说，除了知道这个人"长时间住在他的敌人那里"之外，他对兰顿一无所知。而且，对于英诺森没有征得他的同意就任命大主教的行为，他感到非常愤怒。文多弗的罗杰记载道："他补充说，他将坚定不移地捍卫国王的权力，如果必要他可以牺牲生命。"然后，他拒绝兰顿进入英格兰，并没收了坎特伯雷教堂的所有庄园以及教堂的收入，将这些据为己有。[9]

英诺森三世马上宣布在英国执行禁行圣事令，但这丝毫没有影响约翰。相反，约翰还没收了更多教堂财产，他的借口是，神职人员只有在履行职责的情况下才能拥有教堂，而在当前情况下，他们显然无法履行职责。[10]

禁行圣事令一直持续着，英格兰的民众深受其害。文多弗的罗杰写道："所有的教堂活动都停止了，……死者的尸体被抬出城镇外，埋在了路旁和沟里，没有神父来为他祷告或是参加葬礼。"[11]

与此同时，约翰一直在想方设法填满王家金库。他与腓力二世持续的争吵也给了他另一种敛财的手段：没收那些他怀疑对他不忠的贵族的土地。西蒙·德·蒙福尔（Simon de Montfort）就是其中一个。他从他的叔叔那里继承了英格兰的莱斯特伯爵（Earl of Leicester）的爵位，但是他出生在巴黎附近，是蒙福尔·阿莫里（Montfort-l'Amaury）伯爵的儿子。约翰允许他继承爵位，但在1207年底，约翰以蒙福尔注定是法兰西国王的封臣为由，将他的土地据为己有；于是乎，蒙福尔也加入了不断壮大的憎恨国王的英格兰人的行列。

在接下来的5年中，约翰征收了数量惊人的税款，没收了很多私人财物以及教堂的财富。1210年，他仿效腓力二世的先例，下令把所有在英格兰的犹太人抓起来投入监狱，"为的是任意处置他们的钱财"。一些反抗的犹太人受尽了折磨。布里斯托尔的一个拉比，由于拒绝交钱，约翰的士兵就每天早上拔掉他的一颗牙齿，直到他屈服，交上了他的积蓄。文多弗的罗杰告诉我们，"为了增加财政

时间线 33

中美洲	南美洲	宋	蒙古人	金	西夏	英格兰	神圣罗马帝国	西法兰克
	昌昌城的奇穆人王国繁荣发展							
		南宋开始 高宗（1127—1162）					洛泰尔三世（1125—1137，1133年加冕）	
		宋朝建立海军						
						斯蒂芬（1135—1154）		
				熙宗（1135—1150）		康拉德三世（1138—1152，未加冕）	路易七世（1137—1180）	
		《绍兴和议》（1141）		仁宗（1139—1193）	无序时代（1139—1154）			
				海陵王（1150—1161）		腓特烈一世（1152—1190，1155年加冕）		
						亨利二世（1154—1189）		
						托马斯·贝克特，坎特伯雷大主教（1162—1170）		
		孝宗（1162—1189）	世宗（1161—1189）					
			铁木真诞生（1162）					
		《隆兴和议》（1165）						
						亨利二世诸子叛乱开始（1173）		
							腓力二世·奥古斯都（1180—1223）	
							犹太人被驱逐（1182）	
						邦斯穆兰会议（1188）		
		光宗（1189—1194）	章宗（1189—1208）			狮心王理查（1189—1199）		
印加人在奇穆人南部定居		《番汉合时掌中珠》（1190）				亨利六世（1190—1197，1191年加冕）		

33 约翰王

中美洲	南美洲	宋	蒙古人	金	西夏	英格兰	神圣罗马帝国	西法兰克
	曼科·卡帕克（约1194—约1240）	宁宗（1194—1224）			桓宗（1193—1206）	理查被释放（1194）		
胡纳克·凯尔占领奇琴伊察							腓力（1198—1208，未加冕）	
						约翰王（1199—1216）		
			札木合成为古儿汗（1201）			反对约翰王的起义（1200—1203）		
玛雅潘的玛雅帝国繁荣起来			成吉思汗（1206—1227）		襄宗（1206—1211）			
				卫绍王（1208—1213）		教皇对英格兰宣布禁行圣事令（1207）		
						在英格兰的犹太人遭囚禁（1210）		
			蒙古占领金中都（1215）					

时间线 33（续表）

收入，各地神职人员的粮食都被封存……"，各地的男爵们也被迫为自己的罪过向国王付钱，这种罪过小到像没有经过约翰明确允许就在河里放渔网等。民愤在不断地积聚。到了 1213 年，民愤达到了顶点，而且约翰也知道这一点。

即便如此，他也没有改革自己的财政政策。相反，他"开始怀疑每个人，不论去哪儿，他都要佩带武器，并要士兵陪同"，当时的《巴恩韦尔纪事》(*Barnwell Chronicle*) 这样写道。[12]

/ **34**

马里的松迪亚塔

> 1203 年至 1240 年间,马林凯部落为争夺加纳的领地而战,奴隶贸易向北发展。

加纳最初是被穆拉比特入侵,后来又被反叛的苏苏部落(曾是南方的独立部落)夺取。大约在 1203 年,苏苏部落宣布建立王权的几年后,部落首领苏芒古鲁就攻占了加纳首都昆比-萨累城。加纳剩余的权力都落入了他的手中,整个国家都是他的了。

这次军事行动一定很宏大,但与苏芒古鲁并肩作战的战士们并没有像西方的编年史作者那样记录下其中的战役。对于苏芒古鲁,我们所了解的一切都来自《松迪亚塔史诗》(*Epic of Sundiata*),这是几个世纪以来,由民间的部族说唱艺人(griot)口口相传的故事。故事这样讲道:

> 他擅长作战,
> 他的父亲是一个神灵,

> 他的母亲是一个常人，
> 王位的权威被赋予了他，
> 他拥有至高无上的王权；
> 他用人皮做帽子，
> 他用人皮做鞋子。[1]

这些描述并没有奉承他，但至少说明了苏芒古鲁与西蒙·德·蒙福尔或成吉思汗相比，几乎是一样的残酷无情。他指挥士兵，往东部远征。

加纳的中心地带是人们梦寐以求的地方。阿拉伯地理学家伊德里西（al-Idrisi）说，这里既有河水，又有甘甜的井水，到处是鱼、大象、长颈鹿、稻米、高粱等。13世纪的宇宙论者卡兹维尼（al-Qazwini）曾经写道："在这个国家，沙子里的黄金就如同我们那里泥土里的胡萝卜那么多，人们在日出之时纷纷外出，采掘黄金。"苏芒古鲁要想保住自己的战利品可不容易。他推翻旧的加纳政权之后不久，又面临着来自马林凯部落的另一个家族的严峻挑战，这个家族是其东南方的凯塔（Keita）部落。[2]

凯塔部落不像苏苏部落，他们都是穆斯林。他们世代以贸易为生，自尼日尔河河谷通过中部贸易路线抵达突尼斯。数代人以来，伊斯兰教信仰连同北方的货物一起传入。他们也不愿服从苏芒古鲁。在国王奈雷·法·马干（Nare Fa Maghan）的指挥下，凯塔人顽强抵抗。在奈雷·法·马干离世之前，大约1217年，苏芒古鲁的军队曾九次攻陷凯塔的首都。而凯塔每一次都能重整旗鼓，反击侵略者。[3]

奈雷·法·马干去世后，他的大儿子继位。但他决定与侵略成性的敌人休战，不想再打下去。求和就意味着臣服，但新国王愿意付出这样的代价。另外，他还把自己的妹妹嫁给了苏芒古鲁。在一段时期内，苏苏部落几乎控制了加纳以前的所有领土。[4]

但是凯塔人并不安分，而且很快人们就发现，这场婚姻是一个阴谋。

据《松迪亚塔史诗》记载，苏芒古鲁的新娘试图在新婚之夜哄骗他，问他征战沙场而刀枪不入的秘密。"究竟什么才能杀死你呢？"她问道，否则就不让他碰她。"如果你不告诉我，你也就不能知道我是个怎样的妻子。"（就在这时，苏芒古鲁的母亲——她刚好就在近旁——说道："为什么要把你的秘密告诉一个薄情的女人？"苏芒古鲁赶紧劝慰母亲，然后答应新婚妻子说，等母亲一睡着，就告诉她自己的秘密。）

这个秘密原来是巫术，苏芒古鲁使用了某种黑魔法。这个女子知道了这个秘密之后，就对新郎说自己正来月经，不能与他同眠。第二天早上，她逃回家，把这个秘密告诉了自己的几个兄弟。国王的弟弟松迪亚塔（Sundiata）赶紧搜集了一些能打败巫术的材料，动身去攻打苏芒古鲁。[5]

《松迪亚塔史诗》开始只是口口相传，直到 800 年后的 20 世纪，才被以文字记录下来。这部史诗反映了信奉伊斯兰教的凯塔部落对非穆斯林的苏苏部落的敌视。苏芒古鲁一直都不接受伊斯兰教，是伊斯兰教的敌人，他不允许自己国家的人民遵守伊斯兰教规，而且对于落入手中的穆斯林毫不留情，格杀勿论。但是这两个部落之间的敌对还有着另一种渊源。苏芒古鲁对于非洲奴隶贸易很反感，而凯塔一直在捕捉黑奴，卖给北边的穆斯林商人。苏芒古鲁可不是废奴主义者，他也乐于将自己的俘虏变成奴隶；但是他反对把奴隶卖给伊斯兰地区，而且每占领一个地方他都会把那里的穆斯

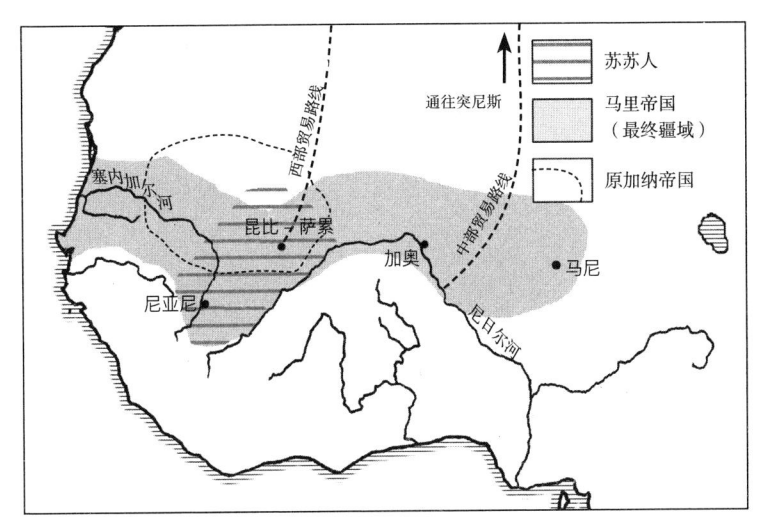

地图 34-1　苏苏人和马里帝国

林商人赶走。[6]

但这并没有让他变得更受欢迎，松迪亚塔几乎没费什么力气就聚集起足够的盟友来反抗这个专横的统治者。据《松迪亚塔史诗》记载："所有热带草原国家的反抗领袖都跟他联手。四面八方的村庄纷纷对松迪亚塔打开了大门，松迪亚塔从这些村庄征募士兵。"一场旷日持久、毁灭性的战争开始了。到 1230 年，松迪亚塔继承了他哥哥的国王头衔。1235 年，他的盟友们将苏芒古鲁的军队驱逐回其都城。1240 年，苏芒古鲁的国家土崩瓦解，宫殿被松迪亚塔的士兵夷为平地。

短命的苏苏王朝崩溃了。《松迪亚塔史诗》总结道："苏芒古鲁的首都被摧毁之后，世人无人不知松迪亚塔。"松迪亚塔控制了加纳的故土，宣称昆比-萨累城是他的领地，并建立了自己的帝国，史称马里（Mali）帝国。[7]

在《松迪亚塔史诗》中，凯塔的国王是一位伊斯兰英雄，在与残暴的苏芒古鲁的战斗中，这位胜利者说："这就像光芒早于日出普照世间，松迪亚塔的荣光也越过了高山，光芒遍及整个尼日尔平原。"马林凯人称他为"万王之王"。在接下来的20年里，他以苏芒古鲁为榜样，征服周边的领土，直到马里的土地超过了加纳的旧边界，把西非更为广阔的大片土地纳入进来。

但是，随着松迪亚塔的胜利，奴隶贸易又复兴了。在苏芒古鲁统治之前，昆比-萨累城就曾有一个繁荣的奴隶市场。如今，在松迪亚塔的统治下，市场复苏了，变得更加庞大和繁华。奴隶贸易沿着中部贸易路线，一直延伸到松迪亚塔的新首都尼亚尼（Niani）。马里变得越来越富有。[8]

时间线 34

宋	蒙古人	金	西夏	英格兰	神圣罗马帝国	西法兰克	加奈姆	基卢瓦	苏苏	凯塔
							达乌德·伊本·苏莱曼（1131—1170）			
《绍兴和议》（1141）		仁宗（1139—1193）		无序时代（1139—1154）						
		海陵王（1150—1161）			腓特烈一世（1152—1190，1155年加冕）					
				亨利二世（1154—1189）						
孝宗（1162—1189）		世宗（1161—1189）		托马斯·贝克特，坎特伯雷大主教（1162—1170）						
	铁木真诞生（1162）									
《隆兴和议》（1165）										
				亨利二世诸子叛乱开始（1173）					奈雷·法·马干（?—约1217）	
					腓力二世·奥古斯都（1180—1223）			迪埃拉·坎特（1180—1200）		
					犹太人被驱逐（1182）					
				邦斯穆兰会议（1188）						
光宗（1189—1194）		章宗（1189—1208）		狮心王理查（1189—1199）						
		《番汉合时掌中珠》（1190）		亨利六世（1190—1197，1191年加冕）						
宁宗（1194—1224）		桓宗（1193—1206）		理查被释放（1194）			萨尔玛玛一世（1194—1203）			
					腓力（1198—1208，未加冕）					
					奥托四世（1198—1215，1209年加冕）					

时间线 34（续表）

宋	蒙古人	金	西夏	英格兰	神圣罗马帝国	西法兰克	加奈姆	基卢瓦	苏苏	凯塔
				约翰王 （1199—1216）						
	札木合成为古儿汗 （1201）			反对约翰王的起义 （1200—1203）			苏芒古鲁·坎特 （1200—1235）			
	成吉思汗 （1206—1227）	襄宗 （1206—1211）		教皇对英格兰宣布禁行圣事令 （1207）						
		卫绍王 （1208—1213）		在英格兰的犹太人遭囚禁 （1210）						
	蒙古占领金中都 （1215）				腓特烈二世 （1212—1250，1220年加冕）					
									松迪亚塔 （约1230—约1255）	
									征服苏苏 （1235—1240）	

/ 35

承久之乱

> 1203 年至 1242 年，天皇挑战幕府，幕府取得了胜利。

1203 年，日本新任幕府将军源赖家被软禁。他此时才 21 岁，担任幕府将军还不到 1 年。

幕府政治本身才存在了 11 年。那是源赖家的父亲源赖朝一手打造的杰作；1199 年源赖朝去世时，幕府仍是一个复杂且关系微妙的组织。幕府总部位于日本东部的镰仓，那里聚集着首次在政治力量上露出锋芒的武士阶层。武士曾在 12 世纪给整个日本带来巨大影响，而对于个人——像政府大臣、氏族首领、政治野心家等——的作用也不容小觑。武士刀可以决定战争的胜负，但武士阶层从未在日本官僚等级制度中获得足够权力，他们无法决定什么才值得为之一战。[1]

源赖朝曾是一名士兵，生命中大部分时光都在流亡中度过，和权力集团毫不相干。他是没有任何影响力的政治弃儿，为了回到权贵阶级，他为自己铺就了一条新路。在组织叛乱的初期，他曾对东部武士承诺，如果他们发誓效忠于他，他会保证让他们得到此前从未拥有过的地产、名声和官位。[2]

他做出这种承诺时一无所有；除非武士宣誓效忠，加入他的阵营，否则他也不会得到可以兑现承诺的权力。幕府成了一场赌局：只有说服武士下注，才能拥有分发奖励的奖池。凭借家族的名声与惊人的个人魅力，源赖朝永远改变了日本的政治格局。

在源赖朝的带领下，武士阶层开始掌握他曾经许诺给他们的政治力量。但仅靠镰仓幕府是不可能控制日本的。源赖朝没有掌控管理国家所必需的行政体系。士兵也仍按照传统的方式属于分散的组织，向不同的领主和氏族效忠；没有广为接受的军队结构，也没有明确的指挥系统。镰仓幕府无法替代天皇在京都的古老权威，它能做的只是利用天皇的权威。[3]

这就意味着镰仓幕府要和京都保持亲密的关系。

源赖朝看得明白。1185年取得胜利后，他便与务实的后白河法皇谈判，谈判结果是他得到了官位，皇室也承认了他在东部的镰仓建立的军政府。("我一直在无私地为您操心皇室的利益，"据传他这样对后白河法皇说，"有……军队的支持，我能够摆平天皇的敌人。")幕府不会掌控日本，而是会以两大力量核心之一的地位存在，它与京都就像椭圆的两个焦点，日本的政治精英在这种不稳定的轨道中摇摆不定。天皇保留了其象征意义上的重要地位，上皇依旧拥有行政机构，镰仓的幕府将军则有动武的权力。[4]

这权力就像一份待取的礼物。在源赖朝20岁的儿子源赖家成为征夷大将军后，他的外祖父夺取了这份大礼。北条时政，源赖朝可怕的岳父，自任幕府政所别当。他自己保留幕府的最高权力，称

"执权",并派全副武装的卫兵将源赖家囚禁在海岸附近一座偏僻的寺庙里。据说源赖家在那里"出家为僧",其实就是被软禁了。[5]

这让拥有双重政府的日本形势变得更加复杂。在京都,宝座上的天皇没有实权,行政权都归上皇所有。在东部,镰仓的幕府将军也名存实亡,执权独揽大权。日本的两个政权核心已然演变为双星系统。

年轻的源赖家不甘心就此退出历史舞台,他试图起兵征讨外祖父,却被时政派人暗杀。当时的一本史书写道:"赖家在修禅寺被刺死。我们听说当时因为赖家很难被制服,敌人在他脖子上套紧绳子,并扯下他的睾丸,从而致其死亡。"[6]

北条时政随后将死者的弟弟源实朝任命为幕府将军,而他依旧任执权。对此,源赖朝的遗孀——北条政子,一位40多岁仍积极又充满活力的女人,一位一直待在丈夫身边,同男人一起吃饭,并在军事事务中占据一席之地的女人——转而反对她的父亲。她怀疑他正谋划暗杀实朝,于是召集追随者反对时政。

她的弟弟北条义时也在她的盟友之列,他同样对父亲竟然策划杀害自己的外孙感到震惊。有了全副武装的家丁的支持,姐弟两人联合反对父亲,北条时政只得退隐出家。北条义时接过了执权的位子,姐弟二人一同掌握了幕府政权。《愚管抄》记载道:"在东部诸国,义时和他的姐姐政子一同管理军队事务……所以当时的日本真的处在一种'由女性拍板'的状态中。"[7]

这救了源实朝的命,但这个11岁就成为幕府将军的年轻人却在这个位子上待了悲惨的6年。源实朝变得越来越偏执,常常用酒麻痹自己的恐惧。1219年他被一心要报杀父之仇的侄子暗杀,他的侄子便是源赖家的儿子。

此后数年,幕府将军大权旁落,统治东部的是执权和他的姐姐。这给了京都的太上天皇一个打破体系平衡的机会。

后鸟羽天皇 3 岁加冕,在后白河法皇去世、源赖朝成为幕府将军时他才 12 岁。之后,他在皇位上又坐了 6 年,其间在 16 岁时已为人父。那时,日本没有上皇,时任大僧正的慈圆认为此事不妥。他在《愚管抄》中写道:"(过去)管理国事的是后白河法皇,现在……没有退位的天皇来行使这些职能,显得有些奇怪。"[8]

最终在 1198 年,后鸟羽退位成为上皇,他那蹒跚学步的儿子成为天皇。在他眼里,这不是让步。慈圆说:"后鸟羽主动退位,因为他希望以自己的方式管理国家事务。"作为上皇,后鸟羽渴望像他祖父后白河那样强大。他控制着朝臣任免;他可以批准或拒绝晋升的请求;他处理着国内危机;他让自己年幼的儿子成为皇太子,而不是让当朝天皇的子嗣成为皇太子。他的家纹是十六瓣菊花,后来被日本朝廷视为皇权统治的象征;因此,日本皇位也被称作菊花御座(Chrysanthemum Throne)。[9]

后鸟羽上皇也逐渐相信,北条义时和政子姐弟想要将日本分为两个国家,一个由天皇统治,一个由幕府统治。从东方传到他耳朵里的消息让他认为武士——尤其是偏西部的武士——厌倦了义时和政子代表的北条氏的统治。写于日本 14 世纪的编年史《增镜》(The Clear Mirror)虽然多有虚构并使用了诗化的语言,但仍明确记载了上皇怀疑的态度以及要对执权与其同党采取措施的决心。

整个国家都已在北条义时的控制之下,他的力量已经超过了源赖朝曾拥有的力量。很自然地,他那惊人的权力扩张使处在对立位置的后鸟羽上皇开始密谋盘算。高级贵族和与统治者

35 承久之乱

亲近的朝臣，新招募的北卫兵，西卫兵，以及所有支持上皇计划的人都夜以继日地参与到军事活动中……在准备期间，尽管后鸟羽上皇想尽办法保密，但计划还是泄露了，镰仓当局……采取了应对措施。[10]

脱去伪装的后鸟羽上皇命令皇室家臣攻击幕府在京都的代表，那个毫无恶意的代表发现众人气势汹汹朝他而来时惊慌失措，剖腹自尽了。(《增镜》中记载道："那位退位的天皇，认为这是个好开端。")[11]

为了报复，北条义时命令"一名大将率领一群名副其实的战士向都城进军"。后鸟羽上皇已经派人破坏了路上的桥梁，但幕府的攻击短暂而致命。《增镜》最后写道：镰仓的军队"像拍岸的浪潮一样涌进都城，在所有阶级的人群中造成了难以形容的惊慌与混乱……（同时），皇家军队不堪一击，一触即溃"。[12]

后鸟羽上皇被俘，随后带着最后一丝尊严被流放到一个遥远的西海岸岛屿，在那里他以写哀诗的方式度过了剩下的18年时光。他24岁的儿子顺德上皇和年仅3岁的孙子仲恭天皇，也被流放到一座孤岛。

执权和他的姐姐另选了天皇与上皇，他们选择了后鸟羽上皇的同母兄后高仓担任上皇（尽管他从没当过天皇），后高仓9岁的儿子后堀河坐上了天皇的宝座。幕府在京都安排了常驻代表以指导新皇室的工作。后鸟羽上皇的支持者失去了财产；北条氏姐弟将这些财产赏给镰仓幕府的支持者，他们除掉了西部的皇室支持者，取而代之的是东部的势力。[13]

这场名为"承久之乱"的大事件历时短暂，后鸟羽上皇的反抗结果证明事与愿违。镰仓幕府获得了更多权力,而京都一方则一败涂地;天平已经向幕府倾斜。

在接下来的 20 年里,形势对镰仓幕府越来越有利。1224 年,执权北条义时去世,享年 61 岁,他的儿子北条泰时成为第三任执权。第二年,让人敬畏的北条政子去世后,北条泰时终于真正掌权。42 岁的他是一名经验丰富的战士(他曾在 1221 年率兵进攻京都),且受人爱戴。一则史料中这样记载道:"他值得信赖而且明智……一个富有同情心的人,以仁心对人民……他崇尚理性。"直到 1242 年去世,他一直致力于建立幕府所欠缺的管理体制:给幕僚和文官创造新的职位,构建官员等级制度,并将这些收录进一部将管理整个镰仓幕府的法典中。

这部法典叫作《御成败式目》(又称《贞永式目》),里面收录了 51 条互不相关的法规,一些是新确立的,一些是旧的约定,杂乱无章,缺乏北条泰时所看重的"理性"。但这是幕府迈出的第一步;在接下来的几十年里,它会被继续修改、添加、编辑。在法典的最后有一项庄严的承诺,这项承诺让幕府撇开凌乱的开端,向更理性的未来迈进:

> 凡评定之间,于理非者不可有亲疏,不可有好恶,只道理之所推、心中之所知,不惮傍辈,不恐权门。[14]

/ 35 承久之乱

时间线 35

英格兰	神圣罗马帝国	西法兰克	加奈姆	基卢瓦	苏苏	凯塔	日本
			达乌德·伊本·苏莱曼（1131—1170）				
无序时代（1139—1154）							近卫天皇（1142—1155）
	腓特烈一世（1152—1190，1155年加冕）						
亨利二世（1154—1189）							后白河天皇（1155—1158）
							保元之乱（1156）
							二条天皇（1158—1165）
							平治之乱（1160）
托马斯·贝克特，坎特伯雷大主教（1162—1170）							
							高仓天皇（1168—1180）
亨利二世诸子叛乱开始（1173）						奈雷·法·马干（?—约1217）	
	腓力二世·奥古斯都（1180—1223）		迪埃拉·坎特（1180—1200）				安德天皇（1180—1185）
							平清盛去世（1181）
	犹太人被驱逐（1182）						源平合战
							俱利伽罗峠战役（1183）
							后鸟羽天皇（1183—1198）
							坛浦海峡战役（1185）
狮心王理查（1189—1199）							
	亨利六世（1190—1197，1191年加冕）						源赖朝幕府（1192—1199）
理查被释放（1194）			萨尔玛玛一世（1194—1203）				
	腓力（1198—1208，未加冕）						

333

时间线 35（续表）

英格兰	神圣罗马帝国	西法兰克	加奈姆	基卢瓦	苏苏	凯塔	日本
	奥托四世 （1198—1215，1209 年加冕）						
约翰王 （1199—1216）							
反对约翰王的起义 （1200—1203）				苏芒古鲁·坎特 （1200—1235）			源赖家幕府 （1202—1203）
							源实朝幕府 （1203—1219）
							北条时政执权 （1203—1205）
教皇对英格兰宣布禁行圣事令 （1207）							北条义时执权 （1205—1224）
在英格兰的犹太人遭囚禁 （1210）							顺德天皇 （1210—1221）
	腓特烈二世 （1212—1250，1220 年加冕）						
							后堀河天皇 （1221—1232）
							承久之乱（1221）
							北条泰时执权 （1224—1242）
					松迪亚塔 （约1230—约1255）		《御成败式目》（1232）
					征服苏苏 （1235—1240）		

/ 36

无人想要的皇位

> 1204年至1225年，位于君士坦丁堡的拉丁帝国受到三个希腊王国以及保加利亚的威胁。

1204年，硝烟从君士坦丁堡被洗劫一空的建筑中升起，佛兰德伯爵登上了皇帝的宝座。他坐在皇位上，还在君士坦丁的老地方，手持权杖，身着丝绸，戴着各式珠宝，主持着"喜悦的狂欢"，主持着"宴会和仪式"，掌管着古老的拜占庭帝国——现在，它已经成为东方的拉丁帝国。[1]

但他并没有统治拜占庭的所有土地。3月，就在最后一次进攻城市的前夕，十字军首领和威尼斯总督达成一致，将征服的土地［和任何价值超过"5苏（sou）"的战利品，大约相当于100美元］公平地分给威尼斯人和十字军。鲍德温一世（Baldwin I）加冕之后，一项条约正式确定了瓜分事宜，这项条约就是《罗马帝国土地分割条例》（Partitio terrarum imperil Romaniae）。鲍德温一世得到了所有十字军分得的君士坦丁堡的土地，占城市总面积的5/8，外加色雷斯、小亚细亚的西北部和几个外围岛屿：这些组成了整个帝国的中心。威尼斯人得到了君士坦丁堡 3/8 的土地，外加威尼斯和达达尼尔海峡之间的群岛。他们各取所需。

第三部分则是特别为意大利十字军战士蒙费拉侯爵（Marquess of Montferrat）博尼法斯（Boniface）准备的，他也曾是呼声很高的新皇帝候选人。"他们每个人背后都有大批支持者，"佩里的冈瑟（Gunther of Pairis）写道，"并且……两个人势均力敌。"鲍德温以微弱的优势获胜，十字军担心博尼法斯一气之下带着自己的士兵回家，便给了他个安慰奖：一个位于塞萨洛尼基（Thessalonica）的隶属于鲍德温一世的公国。[2]

另一个麻烦威胁着鲍德温的权威。拜占庭周围还有两个流亡中的前任皇帝：阿历克塞三世（Alexius III），阿历克塞四世（1204 年 2 月去世）的伯伯，曾因窃取伊萨克二世的皇位引来东征的十字军，又在 1203 年 7 月十字军到来时逃离；以及篡位者穆泽福罗斯，即阿历克塞五世·杜卡斯，他谋杀了阿历克塞四世并于 1204 年 4 月 12 日夜逃离君士坦丁堡。

穆泽福罗斯在君士坦丁堡附近停留了几个月后（"离君士坦丁堡不超过 4 天的行程"，十字军若弗鲁瓦·德·维拉杜安说，他曾写过一本见闻札记，记录了拉丁帝国最初几年发生的事情），曾试图与前任皇帝联手；但阿历克塞三世用虚伪的友谊为诱饵，在深夜将穆泽福罗斯抓获，把他刺瞎。不久后，穆泽福罗斯逃走，在瞎着眼跌跌撞撞穿过村子时被鲍德温一世的人抓获。

穆泽福罗斯是弑君者，是个叛徒；鲍德温与贵族们决定杀一儆百，让众人知道胆敢反对上帝选择的权威是什么下场。"在君士坦丁堡，"维拉杜安写道，"有一根高大的石柱……他们在众目睽睽

地图 36-1 拜占庭的继承者

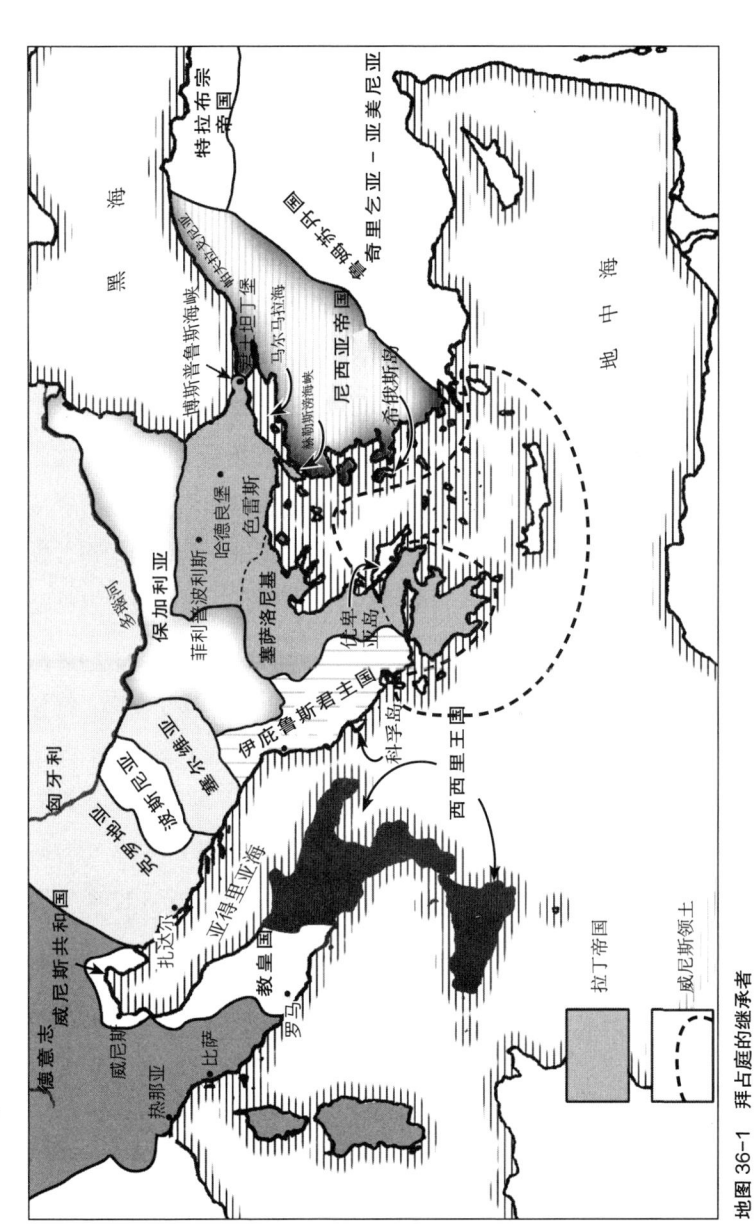

之下把穆泽福罗斯带到柱子顶上然后逼他跳下,正义的行为就应该轰动得让全世界都看见……在落地的那一刻,他的身子摔得四分五裂。"几个星期后,卜尼法斯找到并囚禁了藏在塞萨洛尼基的另一位前任皇帝。³

但鲍德温一世的统治依然岌岌可危。

十字军掌控着君士坦丁堡,并不意味着拜占庭的其他地方都会归顺鲍德温一世。对东方国家的人民来说,西方的十字军都是些另类:他们是"拉丁人"而不是"希腊人",操着异样的口音,忠于不同的教派。*从1054年开始,东方的基督徒便把君士坦丁堡的牧首(Patriarch)当作宗教领袖,但新成立的拉丁帝国却忠于遥远的罗马教皇。十字军接管后任命了一个威尼斯"宗主教"代替当地东方教会的牧首,使其重新回到教皇的权威下;希腊的主教都被迫宣誓服从罗马。⁴

这只能加深东方人民对西方入侵者的怨恨。1204年年内,就有三个被废黜的皇室成员宣布起义。

阿历克塞·科穆宁(Alexius Comnenus),下场悲惨的安德洛尼卡(1185年被君士坦丁堡人民公开粗暴地杀害)的22岁的孙子,已在位于黑海沿岸的特拉布宗(Trebizond)称帝。1204年年末,阿历克塞三世的女婿,一名经验丰富的将军西奥多·拉斯卡里斯(Theodore Lascaris),在总部尼西亚反抗拉丁帝国。1205年年初,阿历克塞三世年轻的堂弟米海尔(Michael)宣布自己为希腊西北部伊庇鲁斯(Epirus)地区的统治者。

现在有三个"希腊"国家——特拉布宗帝国、尼西亚帝国,以

---

* 关于东西方基督教会分裂的叙述,见本书第4册,第42章。

及伊庇鲁斯君主国*——每个国家都由拜占庭皇室成员统治，每个君主都自称是拜占庭皇位的合法继承人以及希腊正教的忠实守护者。"从那时起，"维拉杜安说，"日复一日，不幸之潮开始涌向君士坦丁堡，希腊人叛乱不断，只要发现侵占他们土地的法兰克人就把他们杀掉……鲍德温皇帝与威尼斯总督……一同商议，因为他们看到失地之势已迫在眉睫。"[5]

君士坦丁堡西边是古老的保加利亚帝国，在7世纪由一位国王建立，11世纪初期被拜占庭吞并。在安德洛尼卡被杀造成的混乱中，三个保加尔人兄弟（根据当时的记载，他们都是"前任国王家族的后裔"）组建起一支私人军队并宣布保加利亚再次独立。他们的"帝国"仅包括多瑙河南岸的一小片土地，并且在10年内，两位兄长——彼得四世（Peter IV）和阿森一世（Asen I）——都被国内的敌人暗杀。[6]

但三弟卡洛扬（Kaloyan）攥住了权力。他打进了色雷斯，并在1204年说服教皇英诺森三世将他加冕为巴西琉斯（basileus），即保加尔人的皇帝。

拜占庭自古以来就是保加利亚的敌人，而现在拉丁帝国接了拜占庭的班。卡洛扬向东进发，和希腊人一同反抗鲍德温的统治。

1205年4月，鲍德温一世率领一支十字军离开君士坦丁堡向西迈进，直指反叛城市哈德良堡（Adrianople）。卡洛扬则从另一方向接近，打算（维拉杜安称）"以大军解哈德良堡之难……整整1.4万人……他们从未接受洗礼"。[7]

---

* 在拜占庭，君主（despot）这个头衔往往授予身居高位的有皇位继承资格的高官，君主国（despotate）就是由有皇位继承资格的人统治的土地。

两军在哈德良堡外的平原相遇，十字军在轻装上阵、灵活机动的保加利亚军队面前无计可施。20多名十字军骑士被俘，更多的人死在了战场。鲍德温一世也被俘，并从此杳无音信。旧日的传言再次出现，君士坦丁堡当地人乔治·阿克罗波立塔（George Akropolites）说卡洛扬亲手杀了鲍德温并把他的头骨做成酒杯（"把头骨里的东西清除干净后在上边镶满了装饰品"），[8]但他确切的命运一直是个谜。

皇帝阵亡，首领被俘，拉丁军队撤离了哈德良堡。在拉丁人统治的时代，夺回古老拜占庭帝国力量的机会已经一去不复返了。

在接下来的20年中，君士坦丁堡的权力逐渐消亡；起初缓慢，后来便势如洪流。

鲍德温的弟弟亨利在1206年时才30岁出头，充满活力并且很有军事才能，他被加冕为拉丁帝国的第二任统治者。他成功地抑制了尼西亚的西奥多·拉斯卡里斯扩张领土的企图，并最终迫使尼西亚签署与君士坦丁堡的临时停火协议。1208年，他把卡洛扬的侄子兼继承人博里尔（Boril）撵了回去，占领了保加利亚南部城市菲利普波利斯（Philippopolis）并将其划入拉丁帝国的版图。3年后，亨利迫使伊庇鲁斯君主国的统治者米海尔签署与君士坦丁堡的和平条约。

但1216年亨利去世后，君士坦丁堡的皇位便无人继承。他的妹夫彼得自称是继承者；但彼得还在西法兰克，他在前往新都城的途中遭到了伏击。伊庇鲁斯的米海尔在两年前去世，君主国现在由其野心勃勃的同父异母弟弟西奥多·科穆宁·杜卡斯（Theodore Comnenus Ducas）统治。西奥多想把黑海附近的土地从拉丁帝国手里抢回来，而在他得知新任拉丁皇帝正企图穿越他的领土抵达君士坦丁堡时，便下令囚禁彼得。

和落入保加尔人手里的鲍德温一样，彼得也消失得无影无踪；没人知道他死在什么地方，是怎么死的。他的妻子约兰达（Yolanda）在他之前抵达，以彼得的摄政（"君士坦丁堡的拉丁皇后"）的身份进行统治，直到1219年去世，享年44岁，是10个孩子的母亲。

谁都不想成为下一任皇帝。

规模缩小、群龙无首、陷入困境的拉丁帝国不再是曾经那块让人垂涎的肥肉。900年来，从君士坦丁大帝将这座位于博斯普罗斯海峡边的城市立为自己的新都城后，君士坦丁堡就一直是个闪闪发光的珍宝：受人簇拥，惹人迷恋，令人向往。现在它却成了烫手的山芋。约兰达和彼得的长子腓力，待在西法兰克不愿离开。皇位传给了他们的二儿子，库特奈的罗伯（Robert of Courtenay），即罗伯一世；在经过两年的犹豫和磨蹭后，他终于答应了。1221年，他来到这片土地，看到的是一群失望的臣民："罗伯处事软弱无力，"乔治·阿克罗波立塔说。[9]

尼西亚帝国的西奥多·拉斯卡里斯此时的情况则蒸蒸日上。他击退了鲁姆苏丹国的攻击，在激战之中他直接遭遇了苏丹，并以一己之力将其杀死。他又把帕夫拉戈尼亚划入自己的领土，还征服了特拉布宗帝国的一部分土地，进一步扩大了尼西亚的势力范围。其帝国的高级神职人员，尼西亚的牧首，把自己当成希腊教会的首领，亲自任命塞尔维亚大主教（这是教皇或牧首才有的特权）。希腊文化的残余似乎越来越多地聚集到尼西亚。当时的希腊僧侣米海尔·阿克米纳图斯（Michael Acominatus）说，这个新的"首都，被野蛮的洪水甩出，飞过拜占庭城墙来到亚细亚海岸"，它是一块"历史的残片"，而其侥幸残存并能欣欣向荣全靠西奥多·拉斯卡里斯。

图 36-1　约翰三世时的硬币
一面是坐着的耶稣基督，另一面是与圣母马利亚在一起的约翰三世。
图片来源：©2012 PBJI 古钱币

"你应该以君士坦丁堡重建者和殖民者的身份被永远铭记，"阿克米纳图斯写道，"……救世主与人民的解放者……所有继承君士坦丁堡皇位的人都无法与你相提并论。"[10]

1222 年，就在百无一用的罗伯抵达君士坦丁堡后的一年，西奥多·拉斯卡里斯去世，死时还不到 50 岁。他把扩张中的尼西亚帝国留给了女婿，约翰三世·瓦塔特泽斯（John III Vatatzes）。

和君士坦丁堡的亨利一样，约翰三世是一个充满活力且很有能力的战士，也是一位出色的战略家，胸怀大志。1224 年，他征服了拉丁帝国在马尔马拉海南侧的大部分土地；1225 年，罗伯一世向他求和。但两个皇帝达成的协议没有给罗伯和君士坦丁堡带来任何好处。

对约翰三世来说，这仅仅是个开始。在未来几十年里，他会继续攻击伊庇鲁斯、塞萨洛尼基以及拉丁帝国。就像他的岳父一样，他所做的一切都打着君士坦丁堡正统继承者的旗号。他为自己铸造的硬币明确地表现出他在宇宙中的位置：一边是基督的坐像，另一边是约翰三世和圣母马利亚，约翰三世的手中紧握着尼西亚权杖。[11]

36 无人想要的皇位

时间线 36

日本	拜占庭	拉丁帝国	尼西亚帝国	特拉布宗	伊庇鲁斯	保加利亚
安德天皇（1180—1185）	阿历克塞二世·科穆宁（1180—1183）					
平清盛去世（1181） 源平合战 俱利伽罗峡战役（1183）	安德洛尼卡一世·科穆宁（1183—1185）					
后鸟羽天皇（1183—1198）						
坛浦海峡战役（1185）	伊萨克二世·安格洛斯（1185—1195）					彼得四世（1185—1190）
						阿森一世（1190—1196）
源赖朝幕府（1192—1199）	阿历克塞三世·安格洛斯（1195—1203）					彼得四世（1196—1197）
						卡洛扬（1197—1207）
源赖家幕府（1202—1203）	第四次十字军东征（1202—1204）					
源实朝幕府（1203—1219） 北条时政执权（1203—1205）	伊萨克二世·安格洛斯／阿历克塞四世·安格洛斯（1203—1204）					
	阿历克塞五世·杜卡斯（1204）					
北条义时执权（1205—1224）	君士坦丁堡被十字军占领（1204）	鲍德温一世（1204—1206）	西奥多·拉斯卡里斯（1204—1222）	阿历克塞·科穆宁（1204—1222）	米海尔·科穆宁（1205—1214）	
		亨利（1206—1216）				博里尔（1207—1218）
顺德天皇（1210—1221）					西奥多·科穆宁·杜卡斯（1214—1230）	
		约兰达，摄政（1217—1219）				
后堀河天皇（1221—1232）		罗伯一世（1221—1228）				
承久之乱（1221） 北条泰时执权（1224—1242） 《御成败式目》（1232）			约翰三世·瓦塔特泽斯（1222—1254）			

/ 37

第一个德里苏丹国

> 1206 年至 1236 年，印度北部的穆斯林王国宣称自己反对印度教，却在一位女王的统治下走向衰落。

1202 年，信奉伊斯兰教的古尔王朝疆土推进至恒河流域，将犀那王国吞并，并且受到犀那人民的欢迎，他们早已厌倦犀那国王严苛的印度教统治。但古尔苏丹吉亚斯丁·古尔只有几个月的时间庆祝胜利。由于疾病突发，他死在了位于喜马拉雅山西部的赫拉特（Herat），把全新的古尔王朝留给了弟弟穆罕默德。穆罕默德·古尔（Muhammad Ghuri）一直忠于哥哥，是吉亚斯丁统治印度领土的左膀右臂，现在得到了古尔王朝苏丹的位子。这不是吉亚斯丁的儿子马哈茂德（Mahmud）想看到的，他已经觊觎父亲的王位很久了。而穆罕默德却指派侄子担任西部地区的代理统治者。马哈茂德只爱酒与女人，统治能力不值一提，而穆罕默德·古尔更看重能力而不是血缘。穆罕默德没有孩子。据《纳昔儿史话》记载，他"购买了许多突厥奴隶且非常器重他们，把他们培养得才能出众、富甲一方"。表现出色的奴隶兵会成为其所在地区的代理统治者，于是在穆罕默德的监视下，他的王朝被一张由侄子、兄弟以及从奴隶中脱颖而出的突厥兵马穆鲁克（mamluk）织成的网络统治着。[1]

"一个听话的奴隶优于300个儿子，"11世纪的一位苏丹曾写道，"因为后者希望父亲去世，而前者则渴望主人的荣耀。"在过去的几十年中，穆斯林统治者对突厥奴隶兵的依赖程度越来越大。从奴隶市场买来的年轻男子进入军队，被训练成士兵，与曾经的生活一刀两断；他们会有新的名字，新的身份，除了主仆关系之外再无任何社会关系。这种依赖产生忠心；主人是奴隶兵的雇主、监护人，永远高高在上。[2]

马穆鲁克在皈依伊斯兰教后——由于他们所处的环境中只有伊斯兰教一种宗教，所以几乎所有马穆鲁克都会成为穆斯林——就会获得自由；伊斯兰教法律禁止穆斯林彼此奴役。他们是高技能人才，安排在身边又让主人有安全保障，所以马穆鲁克基本上都会继续为前主人服务。他们几乎总能成为军队最精锐的部分；马镫的发明让骑兵成为当时世界上最强大的作战力量；骑兵冲锋对胜利至关重要，而突厥士兵就是在马背上长大的。

在所有他攻陷的城市中，穆罕默德·古尔把马穆鲁克安排在手握大权的职位上。在他意外去世后，马穆鲁克重塑了印度。

1206年3月，他刚刚平息旁遮普的叛乱，正要赶回古尔王朝的腹地拉合尔（Lahore）。15日夜，军队在印度河沿岸安营扎寨，在他熟睡时刺客从黑暗中出现（或者，根据其他记载，从水面下出现），将他刺死，然后逃之夭夭。他君临古尔王朝还不到4年。

《纳昔儿史话》认为行刺者是"木刺夷（Mulahidah）的弟

子"。木刺夷是什叶派穆斯林中一个特别教派的波斯名*，十字军十分害怕（甚至是敬畏）他们，十字军对他们的称呼——阿萨辛（Assassin）——后来就演变成了"刺客"的意思。根据 12 世纪旅行者的传言，木刺夷住在里海南部山区，阿拉穆特（Alamut）的铜墙铁壁里，他们发誓绝对效忠于一个被称为长老，或者老人的领导人。如果他命令他们杀敌，他们便会走出深山，手握匕首，毫不迟疑地执行命令。十字军成员让·德·儒安维尔（Jean de Joinville）在其著作《十字军编年史》（*Chronicle of the Crusade*）中写道："他们相信，如果一个男人把生命献给主人或其他任何善事，其灵魂就会进入更好、更舒适的身体；因此刺客在完成山中老人指令的过程中并不太在意自己的安危。"[3]

这看起来很有传奇色彩但并不准确。木刺夷，西方历史学家口中的尼查里派（Nizari），于 11 世纪末聚集在一个名叫哈桑·萨巴赫（Hasan Sabbah）的极具魅力的什叶派领导人身边，他希望带领一支穆斯林军队抵挡推进中的突厥人。萨巴赫在 1090 年夺下了阿拉穆特山城堡，并同他的追随者一起巩固城防，之后又接连夺取了周围其他城堡。到 1150 年，萨巴赫的事业已传递了两代接班人，每个接班人都在做同样的事，教派已将自身发展成山中的小国家，坚定地反

---

* 穆罕默德在 632 年去世后，先知的老朋友艾布·伯克尔（Abu Bakr）宣称统领穆斯林，他有着众多支持者。但也有人认为和穆罕默德血缘最近的男性亲戚，他的女婿阿里（Ali），才是先知的继任者。虽然阿里本人同意接受艾布·伯克尔的领导，但仍有一小股穆斯林坚称只有阿里与其后代才是合法继承者，艾布·伯克尔与其直系后代都属于非法继承者。他们被称为什叶派穆斯林（"阿里党"），而艾布·伯克尔的支持者被称为逊尼派穆斯林。在法尔哈德·达夫塔里（Farhad Daftary）对什叶派的分支伊斯玛仪派（木刺夷为该派的一支）的研究中显示，什叶派早期的运动一直默默无闻，但在一个世纪内，逊尼派和什叶派穆斯林就已经发展出差别巨大的神学教义、传统与法律。围绕艾布·伯克尔继任的相关事件在本书第 4 册第 5 章中有描述；达夫塔里的重要简述收录在《刺客传奇：伊斯玛仪的神话》（*The Assassin Legends: Myths of the Isma'ilis*）。

图 37-1　阿拉穆特山要塞遗址
图片来源：© Getty Images

抗突厥势力。

萨巴赫的政治策略之一就是谋杀重要的突厥领导人，这些谋杀都由年轻的被称为"菲达依恩"（fidaeyen，单数为 fidawi，意为"随时准备牺牲自我的人"）的尼查里派信徒执行。"菲达依恩"在执行任务时不怕牺牲且成功率极高，对敌人极具威慑力；这让他们的敌人突厥人与逊尼派穆斯林将几乎所有发生在 12 世纪的暗杀行动都归罪于他们。敌对的逊尼派历史学家最先提出"菲达依恩"在执行自杀式任务时都会吸食大麻的说法，于是"大麻吸食者"（Hashishin）成了贬损"菲达依恩"的逊尼派术语（"菲达依恩"可能根本就没吸食大麻）；十字军将这个术语拉丁化为 Assassin；由此英语中出现了一个用来表示政治暗杀的新词：assassination。[4]

地图 37-1　尼查里派

穆罕默德·古尔曾进行过至少一次针对尼查里派山国的军事行动，因此尼查里派派一名"菲达依恩"除掉穆罕默德也是很有可能的。但其他记载将古尔王朝国王的死亡归因于旁遮普的霍哈尔人（Khokar），说他们因战败而心生愤恨；也有人说是国王手下官员的阴谋。不管凶手是谁，穆罕默德的死瞬间切断了刚刚起步的古尔王朝的生机。短短几个月内，这个庞大的王朝便因王位继承人之间的敌对而分崩离析。他的侄子坐拥西部地区自立为王，三个成为总督的突厥奴隶也宣布自己管辖的地区独立：一个在加兹尼，一个在信德，还有一个由库特卜丁（Qutb-ud-din）在拉合尔建立。

库特卜丁胜过了他们所有人。他自称为印度北部地区的苏丹，虽然在1210年骑马时摔死，统治时期只有短短4年，但他建立的苏丹国存在了超过3个世纪。库特卜丁4年的统治，建立在之前20年在北印度为古尔王朝工作的基础上；在那几十年中他尽心竭力帮助古尔两兄弟把他们的王朝变成穆斯林的土地。王朝在他的手中变成了独特的印度穆斯林国度：它摆脱了重山之外的统治者，但古老的宗教传统都已被踏入泥土之中。波斯历史学家哈桑·尼扎米（Hasan Nizami）写道："他用利剑将印度大地从无信仰与罪恶中净化出来，并且让整个国家从多神的荆棘和不洁的偶像崇拜中解放出来，用王者的气魄与胆识将所有寺庙夷为平地。"[5]

他死后，他的儿子阿拉姆·沙（Aram Shah）自立为印度北部王朝的第二任统治者。但同时，南部城市瓜廖尔（Gwalior）与伦滕波尔（Ranthambore）起义，脱离了阿拉姆·沙的统治；他父亲任命的东孟加拉总督阿里·马尔丹（Ali Mardan）也宣布独立。出于对统治者无能的愤怒，一群在德里的反对者邀请库特卜丁的一名王室奴隶官员（ghulam）伊勒图特米什（Iltutmish）进驻城市以反对伊斯兰君主。[6]

伊勒图特米什不仅是已故苏丹十分信任的副官，还是他的女婿；由于印度的穆斯林苏丹并没有明确的传统规定子承父业，他也和阿拉姆·沙一样宣布继承王位。伊勒图特米什接受了德里反对者的邀请，阿拉姆·沙随后率兵南下德里想将其驱逐，伊勒图特米什和他在战斗中相遇并将他杀死。

在接下来的25年中，伊勒图特米什将以首都德里为中心统治整个王朝。他的这25年全部献给了戎马疆场。他又用了6年时间驱逐了在加兹尼和信德的其他掌权的突厥挑战者，并在1217年将两地全部收入囊中。孤城拉合尔（尼扎米说，因"自然灾害、总督频换、反对者暴动以及骚乱与反叛的烈焰"而动荡不安）直到1228年才放弃抵抗，孟加拉在1231年被完全收复。[7]

地图 37-2　伊勒图特米什统治的德里

　　与此同时，伊勒图特米什也尽可能地进攻那些尚未臣服于古尔王朝统治的印度地区。奥里萨（Orissa）位于东部海岸，虽苦于北部边境的战祸，却设法挡住了新的入侵者。几个位于印度中部的拉其普特王国幸存下来，虽受重创但仍未被征服。距印度洋约450千米的内陆王国梅瓦尔（Mewar）是这些王国中的主要代表，伊勒图特米什对梅瓦尔的印度教统治者贾特拉·辛格（Jaitra Singh）展开猛烈进攻，虽然拿下了阿格哈塔（Aghata），但贾特拉·辛格最终还是扛了下来。

印度的印度教徒对穆斯林从梅瓦尔撤退感到喜出望外，将其视为宗教的胜利。伊勒图特米什毕竟是穆斯林统治者，正如其碑文所写，他是"真主领土的守护者"，清真寺与尖塔的建造者。在伊勒图特米什穿越苏丹国的途中，巴格达的伊斯兰哈里发——仍握有阿拔斯王朝的残余权力——用赠予他荣誉之袍，冠他以"伟大的苏丹"（Sultan-i-azam）头衔的方式认可了其统治，称他为合法的且是由真主指派的所有被征服土地的统治者；这使得伊勒图特米什与其继承人有权将"忠诚指挥者的助手"的头衔铸在硬币上。印度教神明，正如一则为庆祝贾特拉·辛格的胜利抵抗而作的铭文所感叹的那样，都"陶醉于喝下的血"；当然，这血来自袭击他们的穆斯林士兵。贾特拉·辛格为保住王位而进行的胜利抵抗也是印度教对穆斯林入侵者的胜利抵抗。[8]

伊勒图特米什此时也清楚地意识到，对领土内的印度教徒应该采取缓和政策。他向他们保证了非穆斯林（dhimmi）的地位：一个由穆斯林国王统治的非穆斯林臣民可以拥有私人财产与合法权利但不承担穆斯林的义务，如同在一个现代单一民族国家居住的外国人。同十字军一样，伊勒图特米什很清楚要把政治现实与宗教理想分开。[9]

1236年，德里的苏丹——已统治了25年——在首都北部清剿藏身于盐岭山（Salt Range）的叛乱分子，但他已病入膏肓，无法骑马。他乘马车回到德里并于4月在德里去世。[10]

他至少有四个孩子，三个儿子和一个女儿；大儿子曾作为副摄政统治孟加拉，在7年前去世，两个小儿子（在他眼里）软弱无能。于是，出乎所有人预料，他把德里的苏丹之位留给了31岁的女儿拉

时间线 37

拜占庭	拉丁帝国	尼西亚帝国	特拉布宗	伊庇鲁斯	保加利亚	印度北部
						吉亚斯丁·古尔（1163—1202）
						古尔王国侵略伽色尼（1175—1186）
阿历克塞二世·科穆宁（1180—1183）						
安德洛尼卡一世·科穆宁（1183—1185）						
伊萨克二世·安格洛斯（1185—1195）					彼得四世（1185—1190）	
					阿森一世（1190—1196）	伽色尼王国灭亡（1186）
阿历克塞三世·安格洛斯（1195—1203）					彼得四世（1196—1197）	
					卡洛扬（1197—1207）	
第四次十字军东征（1202—1204）						古尔王国占领犀那（1202）
伊萨克二世·安格洛斯／阿历克塞四世·安格洛斯（1203—1204）						穆罕默德·古尔（1202—1206）
阿历克塞五世·杜卡斯（1204）						
君士坦丁堡被十字军占领（1204）	鲍德温一世（1204—1206）	西奥多·拉斯卡里斯（1204—1222）	阿历克塞·科穆宁（1204—1222）	米海尔·科穆宁（1205—1214）		
	亨利（1206—1216）				博里尔（1207—1218）	库特卜丁在拉合尔（1206—1210）
						阿拉姆·沙（1210—1211）
						伊勒图特米什（1211—1236）
						（梅瓦尔）贾特拉·辛格（1213—1261）

时间线 37（续表）						
拜占庭	拉丁帝国	尼西亚帝国	特拉布宗	伊庇鲁斯	保加利亚	印度北部
			西奥多·科穆宁·杜卡斯（1214÷1230）			
	约兰达，摄政（1217÷1219）					
	罗伯一世（1221÷1228）					
		约翰三世·瓦塔特泽斯（1222÷1254）				
						拉齐亚（1236–1240）

齐亚（Raziyya）。用历史学家彼得·杰克逊（Peter Jackson）的话来说，她拥有"一位成功的统治者的所有资质，除了一点……她不是男人"。[11]

拉齐亚有支持者，虽然他们设法让她登基，但另一个同样强大的阴谋集团则把赌注放在了她扶不上墙（但是是男人）的兄弟菲罗兹（Firoz）身上（"一个软弱而淫乱的王子"）。拉齐亚虽得到并坐稳了苏丹之位，但做事总是碰壁，阻力不仅来自印度教敌人，还有那些潜伏在苏丹国内不承认她王权的人。据记载，她是一位有能力、思维清晰、懂策略的统治者，但即使她为了证明自己的价值而穿上男性服装与盔甲，也无法让德里苏丹国摆脱进入一个长期混乱时期的命运。拉齐亚，这个尚未成为伊斯兰守护者的女王，已经动摇了德里作为伊斯兰国家的根基，而且几乎无法从这种矛盾中解脱。[12]

/ 38

异端

> 1209年至1210年，阿尔比派十字军攻击了法国南部的基督徒。

在"无地王"约翰填补英格兰国库的同时，法兰西的腓力二世也正逐步掌控刚征服的西法兰克。击败约翰使他的领地面积几乎翻了一番。现在，他要让自家亲戚与西法兰克的贵族联姻，赠予他们土地和特权，并偶尔对他们进行短期的、有力的围攻，以提醒新封臣谁才是他们的君主。[1]

1209年，新的危机出现了——这个危机并不是由他在英吉利海峡对岸的对手引发的。在法国南部，罗讷河与崎岖陡峭的比利牛斯山脉之间，一个异端教派已渗入当地人的生活。

异端背离正统教义，不仅危险，还会让思想者跳出神之国度的大门。异端不仅仅是谬误（error）。谬误是指错误的信仰；如果信徒受到教会的谴责后仍不思悔改，谬误就会变成异端。

基督教教义的分歧可追溯到使徒时代，那时（根据《使徒行传》的记载），基督教会的领导人在耶路撒冷集会，讨论皈依的异教徒应遵守哪些犹太律法。此后，使徒保罗便用首届宗教会议的决议越发犀利地指出其同胞使徒彼得在对待周围的异教徒时所犯的错误。[*]

但他并没有将彼得视为异端。异端不仅指个人的错误见解，而且指信仰完全脱离基督教信仰的框架，这个框架是异端存在的前提。

早在 325 年，君士坦丁大帝就已经确立了这种框架，他在尼西亚召集所有基督教主教一起确立一个信条，即一种正统的说法。《尼西亚信经》是首个围绕基督教信仰所确立的官方标准，用来判定信仰的正确与否。[**]由君士坦丁大帝批准的《尼西亚信经》也使得用刑法处罚异端成为可能。在《尼西亚信经》出台之前，基督徒可以随意指责对方的错误，但争论和逐出教会是他们能行使的最大权力。而在《尼西亚信经》颁布之后，主教拥有了更多权力：他们可以请求皇帝用政治手段强制实施自己的决定。

不是所有人都同意这种方式——尤其是那些信仰碰巧处在《尼西亚信经》框架之外的人。《尼西亚信经》出现约一个世纪后，奥古斯丁记载了 4 世纪的异端多纳图斯（Donatists）信徒曾抱怨说："使徒从未向世俗君主要求过这种方式。"不过，奥古斯丁依旧延续着传统，因为在使徒时代，世俗君主并不信仰基督。现在，一位基督教国王可以通过"用适当的严苛手段执行法律，以此来裁决什么是正义的，什么应该受处罚"来为上帝服务。应受处罚的不仅包括

---

[*] 请参阅《圣经·使徒行传》第 15 章关于耶路撒冷宗教大会的会议记录，以及《圣经·加拉太书》第 2 章第 11—16 节，里面记录了保罗纠正彼得对待外邦人时犯的错误。

[**] 参见本书第 3 册，第 8 章。

错误的行为，还有错误的信仰。

"为什么，"奥古斯丁问道，"通奸的人应该受到法律的惩处，亵渎神明的人就可以逍遥法外？和女人对丈夫不忠相比，灵魂对上帝不忠难道就没那么严重？"

> 通过教育让大众信仰上帝与通过对惩罚或痛苦的恐惧来逼迫大众信仰上帝，二者相比确实前者更好；但是……许多人发现（我们已经证明，并且天天都在用实际行动证明）先用恐惧或痛苦相要挟往往会取得更好的效果，也许这种方式能让他们事后更容易接受教育的影响……因此，为什么教会不能用暴力逼迫迷失的信徒回心转意？[2]

在中世纪，异端信仰者常常受到恐惧与痛苦的威胁。但一般来说，他们不会受到极刑的处罚。*438 年的《狄奥多西法典》（The Theodosian Code）将异端定性为侵害皇权罪，但大多数的处罚都是剥夺其财产与某些权利；异端也有可能被罚款或流放，并且不得在皇家部门内工作。虽然那些一直在召集、教育追随者的异端受到"更加严厉的惩罚"的威胁，但这种惩罚很少会落到实处。[3]

在之前的几个世纪中也没有出现过任何大规模抓捕、处决异端的行为。像皮埃尔·阿伯拉尔这种著书立说并招收学生的教师常会引起其他神父的注意，但同阿伯拉尔一样，他们有可能进监狱或交

---

* 高卢主教普里西利安（Priscillian）在 385 年因向追随者传授魔法异术而被处以死刑，一直以来他都被认为是第一个遭受死刑的基督教异端。

罚款，但不会丧命。*

但从 12 世纪开始，异端频频涌现，特别是在法兰克南部。

大多数情况下，这些异端成员既不是学者也不是神父，而是一些有魅力的世俗人士，他们能召集数量越来越庞大的追随者。这些有魅力的异端人士观点各不相同，但在一点上他们有着同样的主张：有组织的教会堕落腐败，与真正的精神生活没有任何关联。在米兰，异端分子声称圣灵每天都会降临在他们身上，神父与教皇根本没用。在科隆，一小群反对罗马的人开始鼓吹"坐在彼得那把交椅上的人已经失去了发号施令的权力"，因为罗马教皇已经"因参与世俗商业而腐败"。在 12 世纪最后的 25 年里，一位名叫彼得·韦尔多（Peter Waldo）的流浪传教士召集了大量追随者；他宣称教会的等级制度已经腐败，神父应该放弃职位用双手劳作，并称"建造教堂与修道院且为其捐赠并非明智之举"。他的追随者被称为韦尔多派（Waldensian），他们行走于法国乡村，传播毫无修饰的、福音派风格的忏悔福音。"他们说，" 13 世纪的编年史家雷尼里亚·萨科（Reinerius Saccho）写道，"基督的教义……没有教会的规条也足以救赎。"[4]

这可不是教皇想看到的，但在君士坦丁堡陷落之前，罗马的注意力落在了更靠东的地方。而西方人往往对异端持比较宽容的态度。

---

* 在 1022 年有过一次处死异端的孤立事件。当时奥尔良有一小撮人声称他们掌握着秘密的知识，只传授给新加入的人，在获得卡佩王朝的第二任国王"虔诚者"罗贝尔（Robert the Pious）的批准后，他们被火烧死；但这是 700 多年来第一次官方对异端执行的死刑。1028 年，米兰大主教向一小批反对教会权威的禁欲主义者提出了要么改变信仰，要么被火烧死的选择，一些人选择了火刑。在那之后还有两次烧死异端的事件，一次在 1114 年，苏瓦松，另一次在 1143 年，科隆；但在这两次事件中，异端对公众宣布他们反对正统的思想后，在没有获得当地教会人士批准的情况下就被愤怒的平信徒扔进了火堆；这两次事件更像私刑而不是处决。

"你为什么不驱逐他们,让他们离远一点?"法兰克南部的一位神父对一名当地骑士询问道。"那可不行,"骑士回答,"我们一同长大,他们当中还有我们的亲戚,而且他们过着诚实体面的生活。"[5]

但随着十字军东征再次失败,英诺森三世也愿意把目光收回来。在南方涌现的异端现在发展得更为壮大了,并且比以前的异端更激进。那些信徒自称为纯洁者(Pure Ones,希腊语为 katharos):而他们反对的教会将他们称为迦他利派(Cathar)。迦他利派的信仰很复杂,其本身也已经分裂成多个派别。*但是,所有迦他利派信徒都是二元论者,把宇宙间万物分为善与恶、光与暗。据修士皮埃尔·德沃·德塞尔奈(Pierre des Vaux de Cernay)记载,他们认为有两个造物主:"……一个创造无形的东西,他们称之为仁慈的上帝(benevolent god),另一个创造有形的东西,他们称之为邪恶的上帝(malevolent god)。他们将《新约》归于仁慈的上帝,将《旧约》归于邪恶的上帝,并完全否定了《旧约》的内容。"[6]为了保持纯净,迦他利派信徒尽可能避免与物质世界的接触:他们禁食,拒绝做爱,并长时间地祈祷、沉思。

他们也否定了上帝下凡化身为基督的正统教义,因为这需要仁慈的上帝本身与这个奴化的、腐化的物质世界建立联系。这让迦他利派成了威胁巨大的异端;但根据德塞尔奈的记录,更危险的是他

---

* 10 世纪一位名叫鲍格米勒(Bogomil)的神父曾在保加利亚宣扬过一种早期的信仰体系,迦他利派与此关系密切。鲍格米勒派从保加利亚传播到塞尔维亚与波斯尼亚,向东传播到君士坦丁堡,鲍格米勒派传教士到意大利与西法兰克进行的传教可能为迦他利派的发展创造了前提。然而,鲍格米勒派从未对保加利亚国王形成严重的政治威胁,君士坦丁堡的牧首也从未组织过反对这一教派的运动。该教派延续到 14 世纪,随后便有了自行解体的迹象。迪米特里·奥博连斯基(Dimitri Obolensky)从东方的视角对鲍格米勒派进行了很有价值且易读的概述,请参阅:*Byzantium and the Slavs*(St. Vladimir's Seminary Press,1994),第 10 章。

们对教会权威的态度。他写道:"他们说,几乎所有的罗马教会都是贼窝,那些人就像我们在《启示录》中读到的妓女。"[7]

12世纪40年代,这些信仰在法兰克南部悄然蔓延,其中地处比利牛斯山和地中海之间的朗格多克南部接受最快。朗格多克是西法兰克中受法律约束相对较弱的地区,地方贵族实力弱,当地神父贫穷无知且迷信。对朗格多克人来说,迦他利派提供了一种新的力量:一种以他们自己为中心的权威,一个从迦他利派教徒的行列中晋升到完美的精英阶层的机会。

英诺森三世尚未注意到正在聚集的迦他利派的力量。1203年,他曾派教皇代表前往朗格多克调查该运动的力量;1206年他同意了一位神父前往朗格多克传教的请求,企图使迦他利派信徒回归正统基督教。这位神父名叫多明我·德·古斯曼(Dominic de Guzman),来自重山之外的卡斯提尔。他认为,如果迦他利派信徒看到正统派神父也过着禁欲、纯净的生活,那么使他们回归正统是完全有可能的;他遇到了前往朗格多克的教皇代表团,但对他们的行为方式并不赞成。他认为他们太注重荣耀与排场了。"炫耀力量、排场、骑兵护卫队以及华丽的服装并不能让这些异端改变信仰,"他抱怨道,"唯有积极的传教、使徒的谦卑、苦行……唯有志同才能道合,让真正的圣洁取代虚假的圣洁,让真理的宣讲代替谬误的鼓吹。"他徒步穿过朗格多克,与迦他利派信徒一对一地争论。[8]

但这种谦逊的方式效果并不明显,迦他利派依旧蓬勃发展。

同时,教皇的官方代表也没有取得什么进展。在发现迦他利派对他们的说教充耳不闻后,他们前往图卢兹要求与图卢兹伯爵雷蒙六世(Raymond VI)见面,他是朗格多克的领主。

雷蒙六世是正统的基督徒,也是曾长期包围法国国王领地并限制国王力量的大贵族之一。他倾向于尽可能独立行事。教皇的代表到达后坚持要见他，并傲慢地命令他针对其领地内的异端采取措施；雷蒙对代表的粗鲁态度十分不满，拒绝服从。

看到这种情况，教皇的代表皮埃尔·德·卡斯泰尔诺（Pierre de Castelnau）立即宣布将他逐出教会。谈话当即结束。雷蒙粗暴地将教皇的代表赶出大门。

图德拉的威廉（William of Tudela）了解参与此次事件的各方并记录下了后续事件，他写道，在教皇代表返回北方的途中，"一个心怀不轨的乡绅，为了赢得伯爵的好感，像叛徒一样尾随代表，然后拔剑刺死了他……可以想象，教皇对此不是很高兴"。[9]

事实上，他大发雷霆。没人指责雷蒙六世参与此事，但雷蒙并未对皮埃尔·德·卡斯泰尔诺的死表示哀悼。不断升级的宗教问题现在加入了政治因素。

借着十字军东征潮的复兴，英诺森三世找到了解决方法。他成立了一批十字军——矛头指向迦他利派的同时也指向了正统基督徒雷蒙。所有雷蒙的附庸都从他的管辖中被解放出来，所有拿起武器反对图卢兹伯爵的人都将被赦免其罪，并获得历经千难万险最终到达耶路撒冷的十字军才能拥有的所有特权，所有从迦他利派信徒那里抢到的财富都可以据为己有。[10]

十字军的观念再次扩展。在德意志北部讨伐斯拉夫部落的温德十字军，将与基督教土地上任何非基督教派进行的战争纳入了十字军运动。现在，它进一步扩充，不仅可以震慑非正统的基督徒，还能威胁拒绝听从罗马政治指令的正统教派兄弟。

过去，教皇只能使用精神武器——逐出教会与禁行圣事——来面对这种挑衅。现在十字军的剑也成了他的剑。

朗格多克并不远，它的城堡里有丰厚的财富，从那里获得财物的前景十分诱人。1210 年年中，1 万十字军精兵聚集在里昂，准备进军南方。国王腓力二世以自己需要待在巴黎保存军力抵抗约翰为由请求不出兵。在里昂集结的十字军中有个人名叫西蒙·德·蒙福尔，一位遭放逐的莱斯特伯爵。不能返回英格兰的他在西法兰克找到了新的谋生之道。

雷蒙很固执但不傻。在知道需要面对的兵力有多强大后，他给教皇送去了一封悔改信，并亲自加入了十字军。

随后，战争持续了 20 年。这场战争被称为阿尔比派十字军战争，这个称呼起源于迦他利派的一个分支阿尔比派（Albigenses），但战争针对整个迦他利派，所有迦他利派的支持者以及所有可能是迦他利派信徒的人都被殃及：这是一场罪恶的、不分青红皂白的战争。

起初，十字军的最高指挥官是一名幸存的教皇代表：阿诺德（Arnold），西多修道院（Cisteaux）院长。他带领军队南下，抵达位于里昂南部横跨埃罗河（Hérault）的城市贝济耶（Béziers）。贝济耶是迦他利派信徒与正统基督徒的共同家园，贝济耶的主教（"一个极其优秀的人"，图德拉的威廉说）想与军队讲和。他被告知，如果正统教徒"离开城市，孤立异端"，他们将免受战争之灾。但在他带着这个消息回到贝济耶后，市民都拒绝离开家园。"大多数市民说……十字军别想从他们手上夺走一分钱。"威廉补充道。再怎样遮掩也不难看出，十字军虽然打着为教会而战的旗号，但他们也觊觎着朗格多克的财富。[11]

这就给十字军带来了一个小问题，一些法兰西骑士找到西多修道院院长，询问在围攻时该如何区分基督徒与异端（bonos et malos）。院长回答："把他们都杀了，上帝知道谁是他的信徒。"

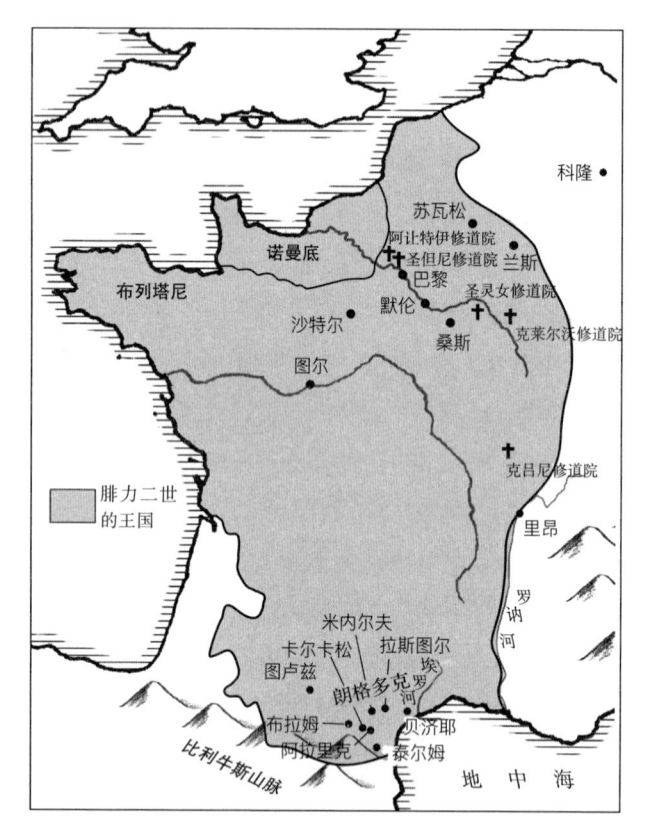

地图 38-1　阿尔比派十字军

（Caedite eos.Novit enim Dominus qui sunt eius.）[12]

"把他们都杀了，上帝知道谁是他的信徒。"这句由学者兼僧侣海斯特尔巴赫的该撒留（Caesarius of Heisterbach）记录在《奇迹的对话》（*Dialogue of Miracles*）中的话也许并不是院长亲口说的，但随后发生在贝济耶的大洗劫表明这个命令被贯彻执行了。德塞尔奈记载道，城市的防守被攻破后，"几乎所有"居民都惨遭屠杀，"无论老少"。"他们杀死了所有躲进教堂的人,"图德拉的威廉写道,"十字架、祭坛、耶稣受难像都无法拯救他们……他们把神父也杀了,还有妇女儿童……我想,从萨拉森时代以来就没有出现过那么血腥的屠杀了。"城市被付之一炬,许多幸存者身陷火海。那天是1209年7月22日。[13]

十字军随后进军卡尔卡松(Carcassonne),于8月1日抵达并形成围攻之势。卡尔卡松已经人满为患,许多难民赶在推进的军队到来之前逃到了那里。仅仅两个星期后,民众便投降了。

夺下卡尔卡松后,西多修道院院长表示自己想回到修道院。于是十字军选出了新的领导人:西蒙·德·蒙福尔,一个在战斗中脱颖而出的人。英诺森三世宣布,蒙福尔不仅是阿尔比派十字军的将军,而且在阿尔比派十字军作战期间所有"被征服或将被征服"的土地都由他管辖。

时年34岁的西蒙·德·蒙福尔在被英格兰国王约翰没收土地后穷困潦倒。与他同时代的图德拉的威廉说他"作战勇猛";法国编年史家德塞尔奈说他身材高大,肩膀宽阔,英俊潇洒,"战争经验极为丰富,不知疲倦……尽心竭力为上帝服务"。蒙福尔曾跟随腓力二世参加第四次十字军东征,但在十字军开始迷失方向时,他便离开了驻地扎拉(Zara)。现在蒙福尔成了阿尔比派十字军的战略家与领导力量,不久,他便成为残忍的代言人。

在朗格多克过冬后,蒙福尔率领十字军穿过法兰克南部向西进军。1210年春,他来到布拉姆镇(Bram),该镇的唯一防御工事是一堵墙和一道门。天主教徒与迦他利派信徒再次联手,抵抗入侵布拉姆镇的十字军。

不到3天,布拉姆便被攻陷,而蒙福尔则首次显现出其在作战

时间线 38

印度北部	英格兰	神圣罗马帝国	西法兰克	教皇
	亨利二世（1154—1189）	腓特烈一世（1152—1190，1155年加冕）		
				亚历山大三世（1159—1181）维克托四世（对立教皇）（1159—1164）
吉亚斯丁·古尔（1163—1202）古尔王国侵略伽色尼（1175—1186）	托马斯·贝克特，坎特伯雷大主教（1162—1170）亨利二世诸子叛乱开始（1173）		彼得·韦尔多召集追随者 腓力二世·奥古斯都（1180—1223）犹太人被驱逐（1182）	
伽色尼王国灭亡（1186）	狮心王理查（1189—1199）	亨利六世（1190—1197，1191年加冕）		西莱斯廷三世（1191—1198）
	理查被释放（1194）		图卢兹的雷蒙六世（1194—1222）	
	约翰王（1199—1216）	腓力（1198—1208，未加冕）		英诺森三世（1198—1216）
古尔王国占领犀那（1202）	反对约翰王的起义（1200—1203）	奥托四世（1198—1215，1209年加冕）		
穆罕默德·古尔（1202—1206）				
库特卜丁在拉合尔（1206—1210）	教皇对英格兰宣布禁止圣事令（1207）		多明我·德·古斯曼向迦他利派传教	
阿拉姆·沙（1210—1211）伊勒图特米什（1211—1236）	在英格兰的犹太人遭囚禁（1210）		阿尔比派十字军（1209—1229）	
（梅瓦尔）贾特拉·辛格（1213—1261）				
拉齐亚（1236—1240）				

中标志性的残忍。作为抵抗上帝之军队的惩罚,他下令将守军的眼睛挖出来("数量过百,"德塞尔奈说),将他们的鼻子砍掉。[14]

继布拉姆后,数个城镇与城堡在十字军的进攻中陷落:在阿拉里克(Alaric)、泰尔姆(Termes)、拉斯图尔(Lastours)和米内尔夫(Minerve),蒙福尔烧死了140个被俘的"纯粹的异端",男女皆无法幸免。

看到蒙福尔与其同伙将朗格多克的一片片土地据为己有,图卢兹的雷蒙六世开始意识到十字军不仅会为迦他利派画上句号,最终,也会宣告他自己的灭亡。

/ 39

收复与失败

> 1210年至1213年,天主教的佩德罗在西班牙得胜,在法国败北。

在伊比利亚半岛,基督教国王之间闹翻了。12世纪70年代时,北部与西部的五个国王曾联合起来,抵御从南方入侵的穆瓦希德穆斯林王朝。但几十年来这条战线一直在瓦解。

葡萄牙与莱昂争执不断,纳瓦拉与卡斯提尔也同样如此。桑丘一世(Sancho I)——葡萄牙首任国王阿丰索·恩里克的儿子——统治着葡萄牙,并击退了在北部边境持续进攻的莱昂国王阿方索九世(Alfonso IX)。在与葡萄牙休战的间隙,莱昂国王又帮助纳瓦拉国王——强壮的桑丘［Sancho the Strong,即桑丘七世(Sancho VII)］,一个身高超过2米的汉子——攻击卡斯提尔。卡斯提尔国王阿方索八世(Alfonso VIII)是桑丘七世的表弟,但这并没有保护他免受纳瓦拉的讨伐。

第五个王国阿拉贡由佩德罗二世(Pedro II)统治,他是僧侣拉米罗（Ramiro）的曾孙。1204年11月，就在君士坦丁堡陷落后不久，他便远航到罗马接受教皇的加冕。他是阿拉贡第一位获此殊荣的国王，作为回报，他答应英诺森三世与其继任者永远交纳250个金马兹木丁（mazmudin）的贡赋。马兹木丁是从穆瓦希德王朝引进的货币，这笔钱大概相当于一个阿拉贡工匠15年的收入。佩德罗二世还承诺捍卫信仰，在阿拉贡发现异端与邪恶之事时会立刻镇压，这为他赢得了"天主教的佩德罗"（Pedro the Catholic）的称号。[1]

阿尔比派十字军让天主教的佩德罗很是为难。图卢兹的雷蒙六世是他的姐夫，佩德罗的姐姐埃莉诺（Eleanor）于1200年嫁给了图卢兹伯爵（她是他的第六任妻子，他的前妻有三个去世还有两个离异），让这两个领地接壤的男人形成联盟。现在，这位天主教国王的亲戚和盟友与强大的西蒙·德·蒙福尔起了冲突，不仅如此，蒙福尔背后还是教皇本人。

佩德罗尽其所能保持中立。1210年，他前往姐夫的领地与十字军首领蒙福尔见面，并提出休战协议。他主动在协议中提出，让自己的继承人，2岁的儿子海梅（James）与蒙福尔的小女儿阿米西娅（Amicia）订婚。这最终将使蒙福尔成为阿拉贡国王的岳父，蒙福尔同意了。

为了表示友好，佩德罗把小海梅送到准新娘家生活。之后，他回到家乡，那里有另一场战斗等着他。

他用了至少两年的时间筹措资金以大举进攻西班牙南部。穆瓦希德王朝哈里发穆罕默德·纳西尔（Muhammad al-Nasir）——艾布·叶尔孤白·优素福（Abu Ya'qub Yusuf）之孙——早在1207年便鼓动战争，但一直受制于大臣们的阻挠，他们忌惮基督教国王的实力。[2]

现在，佩德罗二世认定，打破僵局的时刻到了。一回到国内，他便开始进攻穆斯林城市王国巴伦西亚，袭击穆斯林城市阿达穆斯（Adamuz），将穆斯林城镇卡斯铁尔法维夫（Castielfabib）收入自己的版图，由此打响了入侵穆瓦希德王朝的战争。

但图卢兹的雷蒙六世此时却离天主教事业的目标越来越远。

1209 年，教皇为他布置了赎罪善功，完成之后才能与天主教会重修旧好，但雷蒙却一拖再拖。1211 年年初，罗马又给伯爵寄来一封信，坚持让他好好忏悔，并全力协助清剿自己治下的异端。此外，为了考验他的忠心，罗马要求他解散雇佣兵，让骑士拆除城堡要塞，并给正统教会的神父以最高权威，"答应他们要求的一切"。[3]

这几乎就是命令他放弃所有权力，雷蒙愤怒地拒绝了。他撤回图卢兹，回到自己的庄园；1211 年夏，西蒙·德·蒙福尔对他展开围攻，将周围所有村庄夷为平地。

佩德罗二世必须做出选择，但他没有立即在雷蒙与蒙福尔中选择一个。穆罕默德·纳西尔在北非的拉巴特（Rabat）组建了一支庞大的穆瓦希德军队，1211 年 5 月这支军队启程渡过直布罗陀海峡。[4]

卡斯提尔的阿方索八世急忙站到佩德罗二世这边，但莱昂、葡萄牙与纳瓦拉的国王拒绝加入即将到来的战斗（事实上，"强壮的桑丘"曾筹划加入穆斯林的势力来消灭自己的邻居）。只有卡斯提尔与阿拉贡肩并肩面对这场风暴。

纳西尔的军队浩浩荡荡地穿过西班牙南部，迫使卡斯提尔的萨尔瓦铁拉（Salvatierra）要塞投降。坐落在穆斯林土地之中的萨尔瓦铁拉一直是卡斯提尔最坚固的前哨，是基督力量的象征，被称为"卡斯提尔之主的右手"。惊于穆斯林军队前进之易，佩德罗二世给罗马写信报告军情。他在信中提及，纳西尔已经给他发了一封警告信，信中恐吓说："你让我们承受了太多损失，你说这是罗马之主的指令。一旦我们征服了你的土地，我们就会去罗马，让它的主人看看什么是灾难。"[5]

入侵的威胁刺激了英诺森三世，他再次拿起了自己最有力的武器。1212年1月，他再次号召十字军作战。又一次，那些与敌人——这次是西班牙土地上的穆瓦希德王朝——战斗的人会得到原罪的豁免、宽恕，与永恒的荣耀。[6]

这一策略用得恰到好处。纳瓦拉"强壮的桑丘"放弃了与异教徒联手的计划，同意协助卡斯提尔与阿拉贡。数十个强大的法兰西骑士暂时离开了阿尔比派十字军并向南行进，在托莱多集结。到了6月，新一批十字军准备启程。联合起来的西班牙军队有了十字军增援，他们从托莱多南下；穆瓦希德军队在科尔多瓦集结，由纳西尔亲自指挥，向北进军。

7月16日，穆斯林与基督徒在卡斯提尔南部的那瓦斯（Las Navas）相遇。十字军兵分三路，每路都由一位西班牙国王指挥。在夹击的攻势下，十字军两翼粉碎了穆斯林军队的中心，"强壮的桑丘"（根据事后叙述的战场故事）亲自冲锋陷阵，冲开层层守护纳西尔帐篷的人墙。纳西尔一直躲在战场后方，最后骑马逃离。他的军队溃不成军，在他逃离之后便撤退了。

"据说，大约10万萨拉森人在战斗中溃败，"皮伊洛朗的威廉（William of Puylaurens）报告，"……因为萨拉森人的国王可耻地当了逃兵。"纳西尔帐篷门口的挂毯被送到拉乌埃尔加（Las Huelgas）修道院，现在仍挂在那儿。纳西尔渡过海峡回到非洲，似乎陷入抑郁的他徘徊于马拉喀什，没有采取任何措施来安抚军队，直到次年去世。

托洛萨的那瓦斯（Las Navas de Tolosa）大捷使基督教在西班牙拥有了压倒性的优势，而穆斯林再也没能翻身。穆瓦希德王朝已经摇摇欲坠，很快便失去了在西班牙残存的领土；在非洲，纳西尔年轻的接班人优素福二世（Yusuf II）管辖的领土面积越来越小，手下的总督也一个接一个地独立。[7]

那瓦斯之战后，莱昂、卡斯提尔与葡萄牙的国王同意停火。佩德罗二世花了几个月的时间处理内政，之后在1213年1月穿过比利牛斯山去支援被围困的姐夫。受西班牙大捷的鼓舞，他相信自己也有能力解决这个问题。

他试着在图卢兹的雷蒙六世和好战的西蒙·德·蒙福尔之间斡旋调停，甚至给教皇英诺森三世写信，请他命令蒙福尔撤军。但9个月的通信、争吵、威胁与斗智斗勇却让情况变得越来越糟。西蒙·德·蒙福尔无视双方的呼吁；英诺森三世从佩德罗二世和自己的使者那里得到相互矛盾的报告，数次改变立场。

与此同时，图卢兹的人民饱受饥饿与疾病的摧残，他们失去了庄稼，牲畜被宰杀，房屋和田地被付之一炬。

入秋后，佩德罗与雷蒙决定突袭蒙福尔的中心要塞——位于米雷（Muret）的城堡。皮伊洛朗的威廉写道："那是一个给图卢兹制造巨大麻烦的要塞。"他们从周围的地区吸纳了"很多人"。西蒙·德·蒙福尔发动的残暴的、接连不断的战争越来越像是为了蒙福尔自己而不是为了教会，当地的贵族都想将他赶走，这次不是你死就是我亡。[8]

9月12日，一支来自阿拉贡与图卢兹的庞大骑兵军队前来进攻米雷。只有1500人的西蒙·德·蒙福尔却以少胜多，将他们全部击

/ 39 收复与失败 371

地图 39-1 托洛萨的那瓦斯之战

溃。阿拉贡国王"伤势严重",在图德拉的威廉的记述中,一个没有记载姓名的人说,"他的鲜血洒在地上,直挺挺地死了"。士兵仓皇而逃,许多人在试图横渡加伦河(Garonne)逃命时溺亡。

雷蒙六世也被迫逃离。西蒙·德·蒙福尔进军图卢兹,将其占为己有。至此他已经控制了朗格多克全境;大败穆斯林的胜利者佩德罗二世,却死在了他的基督徒弟兄的手上。[9]

时间线 39

英格兰	神圣罗马帝国	西法兰克	教皇	基督教西班牙	穆瓦希德
	腓特烈一世（1152—1190，1155年加冕）				
亨利二世（1154—1189）					
				（卡斯提尔）桑丘三世（1157—1158）	
				（莱昂）斐迪南二世（1157—1188）	
			亚历山大三世（1159—1181）维克托四世（对立教皇）（1159—1164）	（卡斯提尔）阿方索八世（1158—1214）	
托马斯·贝克特，坎特伯雷大主教（1162—1170）					优素福一世（1163—1184）
亨利二世诸子叛乱开始（1173）		彼得·韦尔多召集追随者			韦特战役（1172）
		腓力二世·奥古斯都（1180—1223）		基督教五国联盟（1177）	
		犹太人被驱逐（1182）			
				（葡萄牙）桑丘一世（1185—1212）	
狮心王理查（1189—1199）	亨利六世（1190—1197，1191年加冕）	西莱斯廷三世（1191—1198）		（莱昂）阿方索九世（1188—1230）	
理查被释放（1194）		图卢兹的雷蒙六世（1194—1222）		（纳瓦拉）强壮的桑丘（1194—1234）	
				（阿拉贡）佩德罗二世（1196—1213）	
	腓力（1198—1208，未加冕）		英诺森三世（1198—1216）		穆罕默德·纳西尔（1199—1213）
约翰王（1199—1216）	奥托四世（1198—1215，1209年加冕）				
反对约翰王的起义（1200—1203）					

39 收复与失败

时间线 39（续表）					
英格兰	神圣罗马帝国	西法兰克	教皇	基督教西班牙	穆瓦希德
		多明我·德·古斯曼向迦他利派传教			
教皇对英格兰宣布禁行圣事令（1207）		阿尔比派十字军（1209—1229）			
在英格兰的犹太人遭囚禁（1210）		西蒙·德·蒙福尔围攻图卢兹的雷蒙六世（1211）		佩德罗二世和西蒙·德·蒙福尔停战（1210）	
				托洛萨的那瓦斯战役（1212）	
				（阿拉贡）海梅一世（1213—1276）	优素福二世（1213—1224）

他的继承人小海梅还在蒙福尔手中。阿拉贡人民恳请英诺森三世下令将其释放，蒙福尔极不情愿地服从了。但一个 5 岁的孩子坐在国王宝座上无法平息阿拉贡的混乱。"如果佩德罗在打赢了托洛萨的那瓦斯之战后就死掉，"一份来自卡斯提尔的记述悲叹道，"或许他还能快乐地离开人世。"[10]

/ **40**

从布汶到《大宪章》

> 1213年至1217年,英格兰的约翰不仅未能收复他在法兰西的土地,还丧失了英格兰的控制权,也让自己丢了性命。

1213年年初,英诺森三世发现对英格兰施加的禁行圣事令显然不能解决关于斯蒂芬·兰顿被任命为坎特伯雷大主教的争执。

再一次,他拿起了武器。

"伤心欲绝的他,"文多弗的罗杰写道,"颁布法令罢黜英格兰国王约翰的王位。"但这还没完。

他给最有权势的法兰西国王腓力二世写信,告知他要想将功补过就接下这个任务,并称在驱逐了英格兰国王后……他与自己的继承人可以永远占据英格兰王位。除此之外,他还给所有贵族骑士以及不同国家的好战之士写信,命令他们追随十字军的旗帜,唯法兰西国王马首是瞻,罢黜英格兰国王,以此报复他对普世教会的侮辱。

英诺森承诺，所有出钱或出力协助推翻约翰的人都会得到十字军的奖赏，"就如同那些朝拜了圣墓的人"。[1]

十字军的理想已模糊不清，失去了任何形式或定义。现在十字军可以发动一场对抗忠于《尼西亚信经》的国王的战争，即使这个国王掌管着古老的基督教国家且其本身更是与十字军亲如手足。

腓力二世绝不会拒绝这种机会。他立即任命 26 岁的大儿子路易担任侵略军首领，并承诺如果战争胜利就让他当英格兰国王（同时也让他发誓遵从父亲的旨意来统治英格兰）。许多法国贵族都加入了军队，但是佛兰德伯爵没有，他因与腓力有矛盾而拒绝参战。

看到这种情况，约翰（与 4 年前图卢兹的雷蒙六世如出一辙）还是决定与上帝交好。5 月，在腓力刚要派出法兰西舰队时，约翰"幡然悔悟"。他在伦敦会见了教皇使节，同意了斯蒂芬·兰顿的任命，并公开承认教皇为其精神领袖（同时，为了让和谈成功，他还向罗马进献了半吨白银）。使节随后直奔巴黎，禁止腓力攻击新皈依的基督教兄弟。[2]

腓力二世大感失望。他抱怨自己为了遵从教皇的命令已经花了 6 万镑组建入侵军队，而且在一直等着"将功补过"。但使节与英诺森三世都不为所动。如果腓力攻击约翰，十字军的矛头就会转向腓力。

约翰十分幸运，因为腓力二世找到了出气筒：佛兰德伯爵。伯爵拒绝进攻英格兰，打破了作为封臣许下的誓言。法兰西舰队已集结完毕，准备出征，腓力想利用这支军队加强自己对佛兰德的控制。他命令舰队从塞纳河口出发向东航行，沿着海岸前往佛兰德的海岸线，而他则从佛兰德伯国的南部入侵。

伯爵"对此次入侵感到十分震惊"，马上向两个关系最牢靠的盟友求助：腓力二世的敌人英格兰国王约翰，还有神圣罗马帝国皇帝奥托四世（Otto IV）。

奥托曾因皇位与德意志的腓力打得不可开交，最终因腓力在1208年被暗杀而得到皇位。暗杀腓力的是他的一个醉酒的远房表亲，只因与腓力有些私人恩怨（那位表亲后来身首异处，所以一直以来也没有对此次暗杀的完整的解释）。奥托于1209年加冕，随后便与两个人交恶：一个是法兰西的腓力二世，他是与奥托在欧洲争权夺利的对手；另一个是英诺森三世，他在奥托加冕后的第二年将其逐出教会，因为奥托拒绝把意大利土地的控制权转交给教皇。[3]

同时，约翰也不会拒绝从法兰西夺回诺曼底的机会。他也同意加入战斗。数以万计的战士*——有德意志人、佛兰德人、荷兰人、法兰克人，还有英格兰人——在奥托四世的指挥下集结于瓦朗谢讷（Valenciennes）。约翰率军进驻普瓦图，他并未亲临战场，但派遣他的私生子弟弟"长剑威廉"指挥英格兰的弓箭手。

法兰西的腓力二世很高兴自己不在朗格多克征讨异端，他把王家军队集结到图尔奈（Tournai）。与他并肩作战的还有另一个觊觎德意志君主之位的人：西西里国王腓特烈（Frederick），他意图将德意志国王与罗马皇帝的称号全部收入囊中。

1214年7月27日，在腓力二世率军前往里尔时——他想在那里找到有利的作战地形——英格兰与德意志盟军在靠近布汶桥的冲积平原上拦截了法兰西军队。那天是星期天，对基督教国王来说星期天不宜大动干戈，奥托四世有意拖延这场不可避免的战斗。文多弗的罗杰说，在奥托看来，"在星期天大肆屠杀，搞得血流成

---

* 对于布汶（Bouvines）战役中的士兵数量，史学家估计在2万人到8万人之间，或是更多。

河是亵渎上帝"。但在与英格兰的男爵们商量后，他决定抓住这次机会。[4]

发现敌人准备开战，腓力二世便开始调动军队，他下令将桥摧毁，己方士兵如果想要逃跑，唯一的办法就是冲破敌人的封锁线。更有效的一招是他让士兵相信，这场针对被逐出教会的奥托及其盟军的战争确实是十字军的责任。他逐步演完自己编排的剧本：首先武装自己，之后与男爵们在附近的教堂举行弥撒；从教堂出来时，他们拿着军旗（oriflamme），这种红色丝绸旗帜代表着法兰西的守护者圣德尼（Saint Denis），也意味着他们更受上帝的青睐。[5]

在7月下午的阳光炙烤中，法兰西骑兵率先冲向了佛兰德人骑兵队。狂暴的战斗紧随其后，法国士兵身经百战（装备也更好）的优势开始显现出来。英格兰和德意志盟军不断后退，最终防线被突破。执意要在星期天开战的英格兰男爵雨果·德·博沃（Hugues de Boves）带着手下逃跑了。几个佛兰德的公爵也跟着他一起逃跑了。奥托四世依旧坚持战斗，胯下坐骑更换了三匹。但很快败局已定，他也逃走了，身后空留其帝国旗帜。

年轻的腓特烈把奥托赶回老家，占有了他的头衔；1215年7月25日他在亚琛被加冕为罗马人的国王（但还不是罗马皇帝）腓特烈二世（Frederick II）。佛兰德伯爵与"长剑威廉"在战斗中双双被俘，被押解至巴黎。腓力二世同意用威廉交换一名被英格兰俘虏的法兰西贵族，但佛兰德伯爵就没有这么幸运了。他在卢浮宫被关了12年。[6]

战败的消息传到约翰的耳朵里，他感叹道："自从我和上帝和解后，受伤的总是我，我就从没能做成一件事！"

1214年9月18日，在卢瓦尔河谷的希农大城堡里，约翰与腓

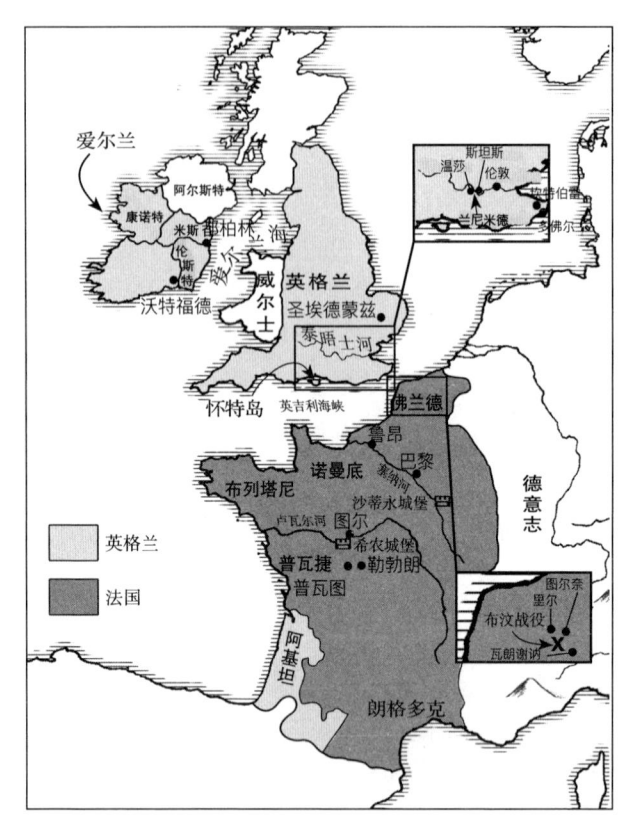

地图 40-1 《大宪章》签署时的欧洲

力二世达成休战 5 年的协定，约翰承认了腓力对 1206 年获得的所有土地的控制权。在这丧权辱国的条约签署之后，约翰退回英吉利海峡对岸。他再也不会离开英格兰了。

但他并不是光荣凯旋。

"大约在这时，"文多弗的罗杰说，"英格兰的伯爵与男爵们聚集在圣埃德蒙兹（St. Edmonds）……密谈了一段时间后，他们拿出了国王亨利一世的宪章……最终，所有人一致同意在圣诞节后一起面见国王，要求他承认宪章中赋予他们的自由。"亨利一世曾用《自由宪章》巩固王位，里面列出了教会与男爵拥有的14项国王不可侵犯的权利。但更重要的是，它的开头写道："我会带走所有压迫英格兰国土的恶习，而这些恶习我将部分列举在此。"

这使得《自由宪章》成为男爵不断列举国王恶习的工具。其中很重要的一点就是约翰不断征税。为了交纳在西法兰克战败的赔款，他又下令征缴"免除兵役税"；多数男爵拒绝交纳，但这项命令依旧悬在他们头上。[7]

约翰一回到英格兰就愤怒地坚持必须立刻征缴免除兵役税。对此，某些大胆的英格兰男爵聚集起来，要求约翰承认宪章，否则就兵戎相见。

约翰不得不停下征税的脚步，派斯蒂芬·兰顿与男爵们谈判，承诺只要他们明确写出"恶习"究竟指什么，就会认真倾听他们的意见。1215年1月，在返回英格兰3个月后，他会见了反对派领导人，收到了另外添加至《自由宪章》的12项条款。条款中的第一项要求国王不能"无故抓人"。第八项是限制免除兵役税的条款，规定每位男爵交纳1银马克（约翰最新的要求是3银马克），并且只有在征得男爵们同意的情况下交纳数额才可以上涨。[8]

新的条款规定国王未经同意不得征税，限制国王搜刮、惩罚的权力。《梅尔罗斯编年史》（*Chronicle of Melrose*）记载道："在英格兰，一切皆进入新格局……这种奇事前所未闻。"《梅尔罗斯编年史》以难以置信的语气惊叹地写道："身体想要控制大脑，人民想要领导国王。"约翰之前对男爵们压榨过甚，布汶的战败正好让他们有机会把曾经被压榨的都夺回来。[9]

5个月来，约翰一直以各种承诺和需要更进一步说明为由搪塞贵族。在此期间，12项条款增加到了49项。*到1215年4月的最后一周，事态已经清晰，国王是不会屈服的。5月3日，英格兰的男爵领袖宣布不再效忠于英格兰国王。两周后，一群反对派在星期天早晨攻下了伦敦，当时多数人还在忙着参加弥撒，他们选派其中一人作为代市长。"随后……他们向英格兰全境发出消息，"文多弗的罗杰说，"告知那些似乎还忠于国王的伯爵、男爵、骑士……建议他们……保持坚定立场，为了权利与和平反对国王……最有权势的那批人收到男爵们的消息后便彻底抛弃了国王，前往伦敦加入了他们的行列。"[10]

看着男爵们的力量与日俱增，约翰决定谈判。他资金短缺又饱受痛风折磨，却无论如何也不愿信守胁迫之下做出的承诺。他让威廉·马歇尔这个年近七旬、为英格兰王室服务了40多年的老人给反叛的男爵们捎信，答应与他们见面，时间地点由他们选择。

他们选择了一处位于斯坦斯（Staines）与温莎（Windsor）之间的空地：兰尼米德（Runnymede），泰晤士河畔的一片草甸。6月15日，"英格兰所有贵族……具体数字无法统计"，聚集在草甸一边，约翰因痛风躺在担架上，与仅存的几个支持者聚集在另一边。"终于，"文多弗的罗杰写道，"国王约翰在看到他的实力远不及男爵们时，没有提出任何异议便同意了还未成文的法律与自由权利，并写入宪章加以确认。"[11]

《大宪章》（The Magna Carta），这个约翰在兰尼米德承认的伟

---

* 最初的12项条款通常被称为《未名宪章》（The Unknown Charter），49项条款则被称为《男爵法案》（The Articles of the Barons）。

大文件颁布于 1215 年 6 月 15 日；但事实上约翰与男爵们相互协商了差不多一星期，在经过一番修改和添加之后才宣誓实施。在最终的版本里，《大宪章》用多重条款保护男爵免受国王反复无常命令的影响。它保护他们的财产、土地，并保障他们的遗产免受约翰的肆意剥夺；它将罚款与免除兵役税的最终决定权给了"协商会议"（common counsel of our realm），这是由一群神父、伯爵与男爵组成的机构 [从征服者威廉开始，这个机构就被称为君主法庭（Curia Regis），又称御前会议，而现在它又拥有了更多权力]。《大宪章》第 39 条这样写道：

> 任何自由人，如未经其同级贵族之依法裁判，或经国法审判，皆不得被逮捕、监禁、没收财产、剥夺法律保护权、流放，或加以任何其他损害。[12]

为了确保宪章贯彻执行，《大宪章》还规定应组建一个由 25 名男爵组成的委员会，一旦约翰拒绝遵守其中的条款，这些男爵就有权没收王家的城堡、土地与财产。*

这是权威的巨大转变，但约翰答应了；这很大程度上是因为他已经想出摆脱这种局面的妙计。在前往兰尼米德之前，他给英诺森

---

* 《大宪章》是西方被研究得最彻底的文献之一，对它的研究不能只着眼于这一段历史时期。J.C. 霍尔特（J.C.Holt）的《大宪章》（*Magna Carta*）对大众读者来说是最好的入门读本；《未名宪章》《男爵法案》，以及《大宪章》的全文都收录在由哈里·罗斯韦尔（Harry Rothwell）编的《英国史文献》（*English Historical Documents*）卷 3，1189—1327 的条目下；《1215：大宪章之年》（*1215 : The Year of Magna Carta*），这本由丹尼·丹齐格（Danny Danziger）与约翰·吉林厄姆（John Gillingham）合著的著作，对兰尼米德事件的缘由终始都有详细描述。在所有出色的研究中有一本被广泛引用的著作：迈克尔·范·克利夫·亚历山大（Michael Van Cleave Alexander）的《英国早期历史中的三次危机》（*Three Crises in Early English History*）。

三世写信，指出如果男爵们剥夺了约翰的王权，他们也会剥夺英诺森三世的精神权威——他是教皇，让约翰俯首称臣的人。对权力小心谨慎的英诺森三世做出了约翰期望的举动。8月24日，他宣布废止《大宪章》。"我代表全能的上帝，圣父、圣子和圣灵，"他在给英格兰的信中写道，"……以及我们自己的权威……我们完全反对并谴责此决定，国王如果遵守宪章，我们将把他逐出教会。"[13]

之后的5年，约翰心甘情愿地生活在教皇的谴责之下，并虔诚地决定顺服于上帝，而不是人。兰尼米德事件后他便撤退到怀特岛。有了教皇的批准，他开始组建一支由外国士兵组成的军队，包括雇佣兵、阿基坦人和忠于教皇的人。制定《大宪章》的过程没有引发流血事件，即便攻下伦敦那天也没有大动干戈。可现在，战争开始了。[14]

《大宪章》并没有打算建立一个民主社会；从一开始，男爵们就没想废除君主制度，他们只是想找个更好的国王。文多弗的罗杰写道，他们现在决定，"要选择一个有权势的人当国王，通过他可以拿回曾属于自己的财产与自由；同时……他们一致决定让法兰西国王腓力的儿子路易成为统治者，让他登上英格兰的王位"。[15]

腓力再次抓住打击敌人的机会，同意了此项计划。时年29岁的路易早年娶了卡斯提尔的布兰奇（Blanche）公主，1216年5月21日，他登陆英格兰。"路易刚抵达英格兰，"根据《梅尔罗斯编年史》的记载，"英格兰国王的兄弟长剑威廉，还有许多人便抛弃了国王，站到路易这边。"他一帆风顺地进驻伦敦；约翰意识到他的法兰西雇佣兵可能不会对抗自己的王子，便退到坎特伯雷。男爵们欢迎路易的到来，并在伦敦宣布他为英格兰国王。[16]

在接下来的几个月里，路易转战英格兰南部，围攻多佛和温莎，强迫约翰退居威尔士边境。双方军队都被冠以"劫掠和抢夺……破坏财产"的恶名，无政府状态再次笼罩了乡村。就像斯蒂芬与玛蒂尔达之间的战争，男爵们的战争似乎又要无限期地持续下去。但10月初，在一场艰难跋涉后约翰病倒了。"暴饮暴食使病情不断恶化，"文多弗的罗杰写道，"那天晚上，他食用了太多桃子和苹果酒。"像62年前的斯蒂芬一样，约翰得了痢疾。1216年10月18日，这位统治英格兰17年的国王去世了，享年50岁。[17]

路易王子认为英格兰将会完全落入他的手中。但约翰去世后，威廉·马歇尔——约翰9岁的儿子亨利的摄政——发誓年轻的亨利将坚持《大宪章》。与此同时，男爵们也已经开始重新考虑他们的计划。路易的法兰西军队没有赢得民心，他们对待男爵们的态度傲慢无礼，路易本人则急着占有对抗约翰时得到的城堡和土地。慢慢地，男爵们又开始回归金雀花王朝的统治之下。

第二年夏天，路易清楚地意识到在英格兰称王的希望破灭了。9月，他放弃王位回到法国（"对此事一直倍感羞耻，"文多弗的罗杰说）。这种羞耻也许并没有那么难以忍受；为了让他赶紧离开，威廉·马歇尔从国库里给他拿了1万银马克。[18]

时间线 40

基督教西班牙	穆瓦希德	英格兰	神圣罗马帝国	西法兰克	教皇
		亨利二世 （1154—1189）	腓特烈一世 （1152—1190， 1155 年加冕）		
（卡斯提尔）桑丘三世 （1157—1158）					
（莱昂）斐迪南二世 （1157—1188）					
（卡斯提尔）阿方索八世 （1158—1214）					亚历山大三世 （1159—1181）
					维克托四世 （对立教皇） （1159—1164）
	优素福一世 （1163—1184）	托马斯·贝克特， 坎特伯雷大主教 （1162—1170）			
	韦特战役 （1172）	亨利二世诸子 叛乱开始（1173）		彼得·韦尔多 召集追随者	
基督教五国 联盟（1177）				腓力二世：奥古斯都 （1180—1223）	
				犹太人 被驱逐 （1182）	
（葡萄牙）桑丘一世 （1185—1212）					
（莱昂）阿方索四世 （1188—1230）		狮心王理查 （1189—1199）	亨利六世 （1190—1197， 1191 年加冕）		西莱斯廷三世 （1191—1198）
（纳瓦拉）强壮的桑丘 （1194—1234）		理查被释放 （1194）		图卢兹的雷蒙六世 （1194—1222）	
（阿拉贡）佩德罗二世 （1196—1213）			腓力 （1198—1208， 未加冕）		英诺森三世 （1198—1216）
	穆罕默德·纳西尔 （1199—1213）	约翰王 （1199—1216）	奥托四世 （1198—1215， 1209 年加冕）		
		反对约翰王的起义 （1200—1203）		多明我·德·古斯曼 向迦他利派传教	
		教皇对英格兰宣布 禁行圣事令（1207）		阿尔比派十字军 （1209—1229）	

时间线 40（续表）

基督教西班牙	穆瓦希德	英格兰	神圣罗马帝国	西法兰克	教皇
佩德罗二世和西蒙·德·蒙福尔停战（1210）		在英格兰的犹太人遭囚禁（1210）		西蒙·德·蒙福尔围攻图卢兹的雷蒙六世（1211）	
托洛萨的那瓦斯战役（1212）			腓特烈二世（1215—1250，1220年加冕）		
（阿拉贡）海梅一世（1213—1276）	优素福二世（1213—1224）	《大宪章》（1215）		布汶战役（1214）	
		贵族对抗国王的战争（1215—1217）			
		亨利三世（1216—1272）		路易王子侵入英格兰（1216）	

/ 41

宗教法庭的诞生

> 1215 年至 1229 年,第四次拉特兰公会议再次号召十字军东征,阿尔比派战争结束,方济各会与多明我会成立,图卢兹的宗教会议授权一种新的审讯形式。

整个 1215 年,神父们与主教们都在马不停蹄地前往罗马。他们或独行,或结伴,或成群而行,他们抵达那座伟大的城市,住在临时搭建的居所。君士坦丁堡的新任拉丁大主教也在其中,还有来自阿卡与其他东方十字军城市的高级神父们。法兰西、英格兰、德意志,以及 20 多个国家的君主代表也悉数到场。英诺森三世要召开宗教大会,整个西方世界都积极响应。

11 月 11 日,第四次拉特兰公会议(Lateran Council)*召开。文多弗的罗杰说,当时有超过 800 名修道院院长与隐修会会长出席,还有超过 400 名主教与大主教。曾在 10 年前不遗余力地用传道让迦他利派信徒改变信仰的多明我·德·古斯曼也参加了会议。很有

---

* 拉特兰公会议是指在罗马拉特兰宫举办的宗教大会。

可能，一名来自阿西西（Assisi）的不起眼的意大利修士也参加了会议，他叫方济各（Francis）；他召集了一小股虔诚的信徒，他们遵从他的号召严格遵守《马太福音》第19章第21节（"你若愿意作完全人，可去变卖你所有的，分给穷人"），6年前英诺森三世准许他们建立自己的修道会。他们自称小兄弟会（Lesser Brothers），或小修士会（Minior Friars），后来则以创立者为名，被称为方济各会（Franciscans）。[1]

英诺森三世打算通过第四次拉特兰公会议——13世纪规模最大的教会集会——解决教义与异端问题。被流放的图卢兹的雷蒙六世也到场了，和他一起的还有他的儿子和几个支持者；他来恳求拿回现在在西蒙·德·蒙福尔手中的土地。

当时的记录表明英诺森三世倾向于把图卢兹还给伯爵，西蒙·德·蒙福尔并不适合统治征服的土地。"他对天主教的破坏同异端一样严重，"据说英诺森曾这样对使节抱怨道，"每月我都能收到愤怒的抱怨与尖刻的指控。"但大多数到场的神职人员都表示反对，他们认为雷蒙六世将再次为异端提供庇护。为了在后面有关教义的议题中争取主动，英诺森三世向神父们妥协了。西蒙·德·蒙福尔可以永久统治图卢兹，雷蒙家族只能将普罗旺斯的土地留给子孙后代。[2]

图卢兹的事情处理完毕，第四次拉特兰公会议进入正题，确认了70条教规（文多弗的罗杰说，所有教规都在全体与会人员面前被大声朗读，"有人听得津津有味，有人听得哈欠连连"），并再次筹备前往圣地的十字军东征，这几乎成了会议的例行程序。英诺森认为，阿尔比派十字军战争该结束了。但蒙冤的图卢兹的雷蒙不同意使自己被流放的决定。怒火中烧的他离开罗马前往朗格多克的阿维

尼翁（Avignon），开始在那里组建军队。³

当时，西蒙·德·蒙福尔在法兰西南部不得民心，雷蒙六世毫不费力就召集了一群数量可观的支持者。他不费吹灰之力便占领了罗讷河东部，许多小镇心甘情愿为他敞开大门。西蒙·德·蒙福尔大惊失色，他从法兰西招募了更多骑士（"答应给他们高额的报酬，"德塞尔奈说）。但雷蒙依旧稳步推进；蒙福尔在罗讷河附近战斗时，图卢兹便起义造反，邀请雷蒙重新成为他们的伯爵与领主。雷蒙于1217年10月1日在图卢兹大获全胜。⁴

与此同时，英诺森三世在访问意大利中部城镇佩鲁贾（Perugia）时因栓塞发作突然死亡，享年55岁。罗马的枢机主教立即召开会议选举继任者，根本顾不上安排英诺森三世的后事；两天后，神学家雅克·德·维特里（Jacques de Vitry）在圣劳伦斯教堂发现了英诺森三世腐烂的尸体，黄金镶边的长袍也被盗贼偷走。他的继任者，罗马教士洪诺留三世（Honorius III）全然不顾朗格多克的形势，除了批准以多明我·德·古斯曼为首的修道会成立外，把大部分精力都投入到十字军东征的计划上。不久，这个修道会便以"多明我会"（Dominicans）之名为世人熟知，它一改多明我以传教的方式改变朗格多克异端信仰的方法，开始了杀害当地居民的暴行。⁵

西蒙·德·蒙福尔围攻图卢兹，但接二连三的进攻总是被市民成功抵挡，他们与雷蒙的骑士一起参与建造了新的防御工事，操作投石机与弹弩攻击城墙外的入侵者，"骑士与市民都来搬运石头"。据《迦他利战争之歌》（*Song of the Cathar Wars*）记载："贵妇人和她们的女儿、年轻人、小孩子，所有人，无论高低贵贱都参与其中，他们劳作时会一起唱歌。"围城的第9个月，1218年6

月,"由小姑娘与妇人"操纵的投石机抛出的一块石头正好砸中西蒙·德·蒙福尔的眉心,直接打碎了他的头骨。旁边的一名骑士赶紧用斗篷盖住他的身体,但蒙福尔的死讯依旧迅速传出,围城的士兵即刻撤退了。[6]

图卢兹欢欣鼓舞,但听到这个消息的洪诺留三世宣布再次召集十字军讨伐朗格多克。法兰西的腓力二世派路易王子(刚从英格兰王位争夺中铩羽而归)带领大批弓箭手与骑士协助蒙福尔的儿子,23岁的阿莫里(Amaury),再次征讨南方反叛省份。[7]

这一行动遭到惨败。在重启的阿尔比派战争的前几次战斗中,路易与阿莫里围攻并占领了小城马尔芒德(Marmande)。可能是为了震慑朗格多克的其余地区以让他们赶紧投降,两人授权军队屠杀马尔芒德的居民。"没人活着离开,男女老少皆无幸免,"一名目击者说,"到处都能看到人的断肢和尸体,血流遍地,人体组织的碎块随处可见。广场、街道……都被染红了。"[8]

这个策略事与愿违。民众抵抗的决心更加强烈了。路易王子带领军队围攻图卢兹,但6周后便发现那座城市根本打不下来。他解除了围攻,回家去了。"他几乎没有取得任何进展。"皮伊洛朗的威廉写道。洪诺留也认为如此,他如此评价路易的撤军:"这是一次悲惨的撤退。"[9]

由于路易撤军,阿莫里·德·蒙福尔无法重新夺回父亲征服的土地。在近70年的动荡生活后,图卢兹的雷蒙六世于1222年去世,他的儿子继承了爵位,称雷蒙七世(Raymond VII)。

次年,腓力二世,法兰西的奥古斯都也作古了。他统治了法国43年,在漫长而卓越的统治期间,他让法兰西领土扩大了一倍,王权统治的触角达到前所未有的广度,削弱了公爵、伯爵与男爵的独

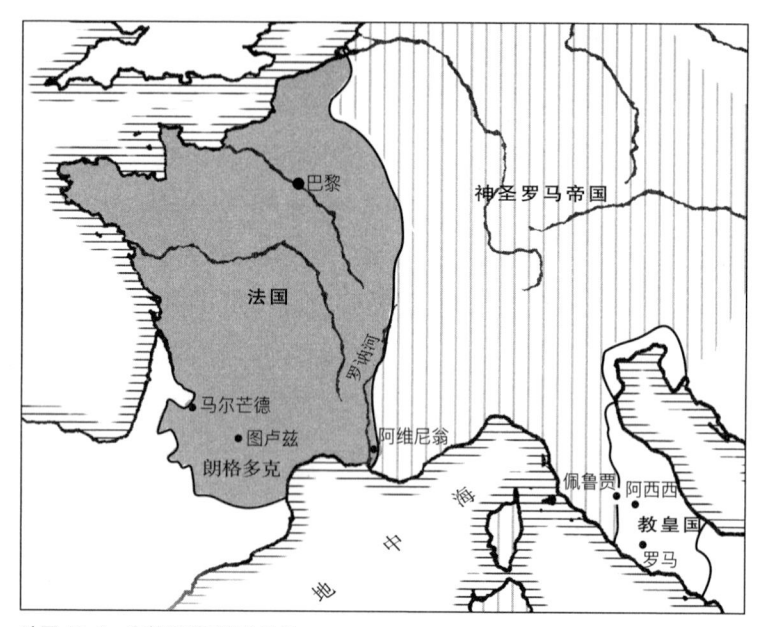

地图 41-1　宗教审判时期的欧洲

立性。腓力二世让西法兰克变成了法兰西民族国家。

路易王子继承了王位，即路易八世（Louis VIII）；他称王 3 年后死于痢疾，终年 39 岁。他 12 岁的儿子被加冕为路易九世（Louis IX）；卡斯提尔的布兰奇成为路易九世的摄政，法兰西的实际掌权者。为了平息南部战乱，布兰奇向年轻的图卢兹的雷蒙七世提出了交涉条件。如果他拆毁图卢兹新建成的防御工事，交出几座城堡，并发誓打击迦他利派，法兰西国王就承认他为图卢兹的合法统治者。此外，雷蒙七世还要花 4000 银马克在图卢兹建立一所新的大学，以传授正统神学教义。

雷蒙七世同意了这些条件，于 1229 年在巴黎正式签署了条约。

《巴黎条约》加强了法兰西王室对图卢兹的控制，也为年轻的伯爵所管辖的土地带来了和平。

为了表明自己消灭异端的态度，雷蒙七世于1229年在图卢兹主持了一场宗教会议。会议确定了在图卢兹创建大学的事，并详细计划了如何消灭异端。"我们决定，"会议记录中记载道，"在每个教区……大主教与主教要任命一位教士，以及两三个口碑好的平信徒……他们要努力、忠实，并经常搜寻教区内的异端。"一旦发现异端，就要烧掉他们的房子；如果他们"出于对死亡的恐惧"而改邪归正，那么只要将他们流放并强制他们穿上绣有彩色十字架的衣服就可以了。[10]

这种指派委员会搜寻异端的方法加快了在神职人员与平信徒中搜寻异端的速度：无论神职人员还是平信徒现在都有权调查邻居是否信仰正统教义。年轻的雷蒙七世结束了阿尔比派十字军的战乱，他的一系列做法也为图卢兹宗教会议开设宗教法庭打下了基础。

时间线 41

基督教西班牙	穆瓦希德	英格兰	神圣罗马帝国	西法兰克	教皇
	优素福一世（1163—1184）韦特战役（1172）	托马斯·贝克特，坎特伯雷大主教（1162—1170）亨利二世诸子叛乱开始（1173）		彼得·韦尔多召集追随者腓力二世·奥古斯都（1180—1223）犹太人被驱逐（1182）	
基督教五国联盟（1177）（葡萄牙）桑丘一世（1185—1212）（莱昂）阿方索四世（1188—1230）（纳瓦拉）强壮的桑丘（1194—1234）（阿拉贡）佩德罗二世（1196—1213）		狮心王理查（1189—1199）理查被释放（1194）	亨利六世（1190—1197，1191年加冕）腓力（1198—1208，未加冕）奥托四世（1198—1215，1209年加冕）	图卢兹的雷蒙六世（1194—1222）	
	穆罕默德·纳西尔（1199—1213）	约翰王（1199—1216）反对约翰王的起义（1200—1203）教皇对英格兰宣布禁行圣事令（1207）在英格兰的犹太人遭囚禁（1210）		多明我·德·古斯曼向迦他利派传教阿尔比派十字军（1209—1229）西蒙·德·蒙福尔围攻图卢兹的雷蒙六世（1211）	英诺森三世（1198—1216）
佩德罗二世和西蒙·德·蒙福尔停战（1210）托洛萨的那瓦斯战役（1212）（阿拉贡）海梅一世（1213—1276）	优素福二世（1213—1224）	《大宪章》（1215）贵族对抗国王的战争（1215—1217）亨利三世（1216—1272）	腓特烈二世（1215—1250，1220年加冕）	布汶战役（1214）路易王子侵入英格兰（1216）图卢兹的雷蒙七世（1222—1249）路易八世（1223—1226）	洪诺留三世（1216—1227）

/ 42

向西进发

> 1215 年至 1229 年，蒙古人将目光投向阿姆河以西的土地。

1215 年，金朝都城中都在蒙古人围攻中沦陷，金朝北部已落入蒙古人手中。

在中原征战了 4 年后——在众多金朝士兵、官员与大臣成为他的朝臣后——成吉思汗明白了建立帝国的方式不止一种。他没有放弃攻打金朝，这场你围我解、你进我退的拉锯战还会持续 19 年。同时，他还派军队向西进发，前往阿姆河。与以往蒙古人的行事方式不同，这次他采取了外交手段。

阿姆河的另一边是花剌子模（Khwarezm），半个世纪前在塞尔柱帝国倾覆后，突厥人将其据为己有，并从呼罗珊独立出去。统治者阿拉丁·摩诃末（Ala ad-Din Muhammad）于 1200 年征服了塞尔柱帝国旧土，由此把自己从一个小苏丹变成一方霸主。在成吉思汗征战中国北方时，摩诃末正向巴格达进发，试图夺取哈里发之位。[1]

听到蒙古军压境的消息，摩诃末离开战场回国。回国后，已有三位蒙古大使在等他，他们奉成吉思汗之命带来银锭、玉器、犀牛角，还有白驼毛毡袍。摩诃末的大臣穆罕默德·奈撒维（Muhammad al-Nasawi），记录了此项消息及附赠的礼物。成吉思汗语气委婉地写道：

> 我知道您的帝国雄伟辉煌，我知道世界上众多国家都认可您的权威。因此，我认为和您修好是我的责任……您比任何人都了解，我的领土是培养士兵的温床，那里银矿丰富，物产极为富饶。如果您同意与我们开展贸易往来，开通交流渠道，这对我们两国来说都将是有利的。[2]

没有理由认为他言不由衷。他已经统治了蒙古人梦寐以求的大片土地，与花剌子模的协议将为他开拓崭新的贸易路线，并能获得前所未有的巨额财富。但也许是受20年战乱的影响，摩诃末感到了威胁。在可汗的第二个代表团到来时，他被一名臣下煽动而认为蒙古使臣中有间谍，将他们逮捕并杀害了。（奈撒维说："他拘执了使臣，然后就让他们消失了。"这种方法并不是最后一次对嫌疑人使用。）[3]

西方的毁灭史就此开始。

几十年后，奈撒维写道："此次愤怒的西进，带来了毁灭与屠杀……所经之处血流成河。"成吉思汗亲率20万由蒙古人与俘虏组成的大军向西挺进。他们骑马穿越戈壁沙漠，翻过阿尔泰山，跨越阿尔泰山与咸海之间粗糙的戈壁滩，来到花剌子模边境。1219年，游牧大军抵达边境城市讹答剌（Otrar）。[4]

摩诃末认为虽然难以在空旷地带战胜蒙古游牧民，但他们不擅长攻城，于是将军队分散在各前沿堡垒。成吉思汗让两个儿子围攻讹答剌，并派其大儿子朮赤封锁邻近的河畔城市苦盏（Khojend）。他本人率领第三支军队前往阿姆河以东最富有、最大的城市布哈拉（Bukhara）。[5]

一声令下，三座城市随即便被攻破。在讹答剌，应为蒙古使节之死负责的官员被捕，蒙古人用往眼睛和喉咙里倾倒熔化的白银的方式将其处决。苦盏的驻军试图趁夜色沿河岸逃跑，但朮赤的手下封锁了河岸，将他们赶回沙漠并逐个射杀。在布哈拉，乡民几乎立刻投降，但一小股王室军队仍在城市的堡垒中负隅抵抗。成吉思汗下令向堡垒发起猛攻，让布哈拉的居民站在前面当挡箭牌。经过12天的袭击与屠杀，堡垒被拿下，守军全部殒命。[6]

得知蒙古大军势如破竹，摩诃末向西出逃。成吉思汗派两名最高将领哲别与速不台追击，摩诃末乘船到达里海的一座小岛上避难，不到一年便死在了那里。他的儿子及继承人札兰丁悄悄地向东逃离，带领5000人前往印度北部避难。

哲别同速不台率领2.5万名士兵，继续在里海南岸搜寻，并踏入了格鲁吉亚王国（Kingdom of Georgia）境内。

格鲁吉亚境内高山和深谷纵横交错，一直以来都是那些与部落和民族脱离之人的避难所。12世纪初有一位人称"建造者大卫"（David the Builder）的基督教国王，这位年轻有活力的国王曾成功将小股的山地土著居民、突厥人、奇里乞亚-亚美尼亚难民，以及形形色色的穆斯林殖民者纳入他的统治之下；到12世纪末，他的孙女塔马（Tamar）统治的基督教格鲁吉亚国家几乎占据了里海与黑海之间的所有土地。[7]

现在，由塔马的儿子乔治四世（George IV）统治的格鲁吉亚王国已经足以召集数量可观的军队抵抗蒙古人的入侵。但哲别与速不台在格鲁吉亚在首都第比利斯（Tbilisi）粉碎了格鲁吉亚军队，他们佯装撤退，然后反身杀了个回马枪。身负重伤的国王被迫放弃南部国土。[8]

与此同时，成吉思汗与儿子转身向东征服撒马尔罕（Samarkand），稍事休息后继续横扫花剌子模。投降的城市被洗劫一空后归蒙古人统治，其居民大多能幸免于难；而抵抗的城市则会被屠城。在铁尔梅兹（Tirmidh），由于那里的守军拒绝投降，成吉思汗下令将所有人赶出城后杀光，他给每一个战士分配任务，要求他们处决一定数量的男人、女人和孩子。在梅尔夫，据保守估计有 70 万人被屠杀，有些编年史记录的总数超过 100 万。在内沙布尔（Nishapur），只有 400 个有用的工匠幸免，其他人均被斩首；蒙古人将男子的头颅堆积在一边，妇女和儿童的头颅在另一边。在巴尔赫（Balkh）曾有两次大屠杀，第一次发生在城市陷落当天，第二次，成吉思汗的军队假装撤退，引出藏匿起来的幸存者之后将他们全部杀光。13 世纪的历史学家志费尼（Juvaini）写道："只要有一座城墙还立着，蒙古人就要把它推倒，彻底毁掉所经之处的所有文明痕迹。"[9]

札兰丁继承了父亲的王位成为花剌子模沙阿，重整旗鼓准备攻击蒙古后方。新沙阿的军队于 1221 年战胜了一支蒙古前哨部队，听到这个消息，成吉思汗掉转马头向东进军，直指印度。他对沙阿的深仇大恨还未消除；志费尼说，他夜以继日地前行，废寝忘食。他在印度河河岸追上了札兰丁，硬生生地把他和敌军赶下了水。多数沙阿的士兵在水里挣扎时死于蒙古人的弓箭，志费尼写道："整条河都被血染红了。"札兰丁挣扎着骑马蹚过印度河抵达对岸，逃之夭

地图 42-1　蒙古帝国

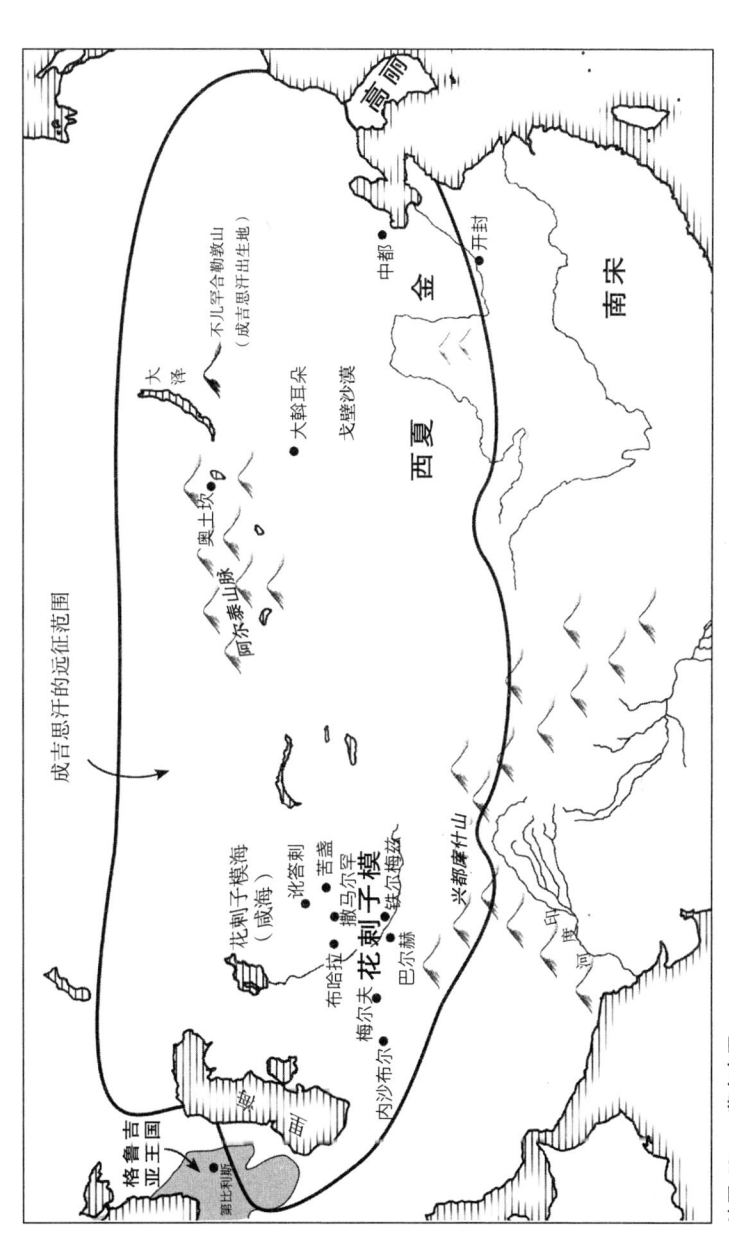

夭。被他抛弃的妻儿成了阶下囚,所有男孩都惨遭屠戮。[10]

印度河之战后,成吉思汗回到东方,回到蒙古祖先的土地上。他的使命看来已经完成了。

手握重兵的长子朮赤还留在西方。这支军队继续在黑海东岸掠夺土地,最终,惶惶不安的人们联合了起来,包括格鲁吉亚人和定居在格鲁吉亚北部的突厥人的几支军队,他们在卡尔卡河(Kalka)岸集结,一心想把入侵者赶出去。

不久,基辅大公(Graud Duke of Kiev)加入联盟,他是罗斯的一位亲王,掌管着波罗的海东南部寒冷地区的土地。[11]

罗斯人从 10 世纪开始信仰基督教,从转变信仰以来一直忙于内部事务。罗斯的每座重要城市都由一位亲王统治(就像突厥苏丹),他们嘴上说听命于大公,实际上只关心自己的实力,有时甚至不择手段。基辅的统治者常被冠以大公的名号,但近半个世纪以来,其权威经常受到诺夫哥罗德(Novgorod)统治者的威胁。

当时的基辅大公姆斯季斯拉夫三世(Mstislav III)并不担心蒙古人,他们还远在天边。但对蒙古人开战一定会提升自己在人民心中的威信。为了响应南部邻居的号召,1223 年,他召集了附近的加利奇(Galich)亲王、切尔尼戈夫(Chernigov)亲王以及斯摩棱斯克(Smolensk)亲王,率领 8 万罗斯大军前往卡尔卡河。

联合军管理杂乱无章,权力分散,在一半的军队已向早有准备的蒙古人进军时,基辅大公还不知道战争开始了。当时的罗斯史书《诺夫哥罗德纪事》(*Chronicle of Novgorod*)写道,第一轮进攻瞬间被朮赤击退,惊慌失措的军队穿过姆斯季斯拉夫的营区撤退,留他自己抵挡蒙古军的推进。他抵挡了 3 天,最终蒙古人冲垮了营地将其俘虏。根据《诺夫哥罗德纪事》的记录,他被处以极刑,窒息而

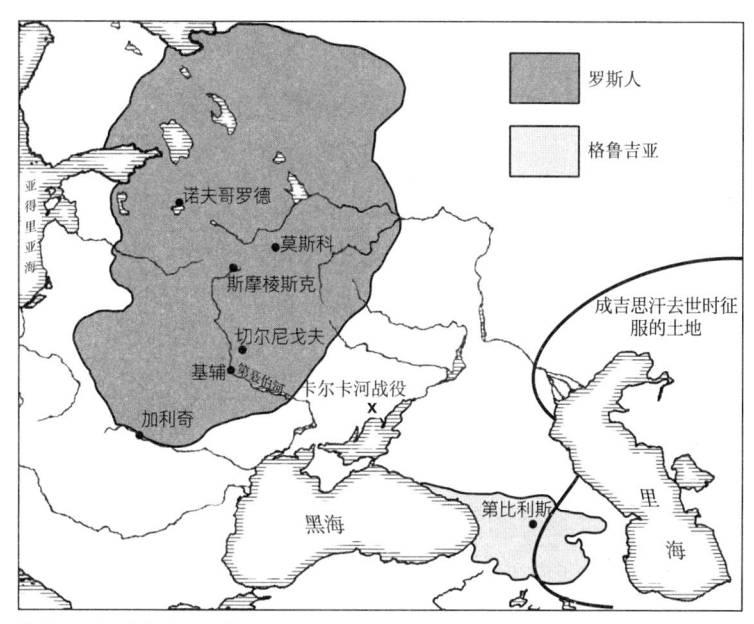

地图 42-2　卡尔卡河之战

死：蒙古人逼迫他与一同被俘的人躺在木板下面，蒙古人则"坐在上面吃晚饭，他们的生命就这样终止了"。[12]

尤赤向西追赶撤退的罗斯幸存者，一路边走边杀。追到第聂伯河河岸时，他停止了追捕，转身向东，准备回家。他已经完成了任务：惩罚了花剌子模，成功地掠夺了西方，成吉思汗在此方向已没有进一步的打算。

成吉思汗掉转方向，准备完成对西夏的毁灭。可世事难料，他在征战的途中去世了。1225年，他在打猎时从马上摔下，从此便一直饱受发烧与肌肉痉挛的折磨，每况愈下。1227年的一天，在六盘山南部的某座营帐里，权倾天下的蒙古大汗咽下了最后一口气。遵照其遗愿，在 1227 年 9 月蒙古攻下西夏最后一个要塞前，他的死讯一直没有公开。[13]

他把西至里海，南到兴都库什山的所有征服的土地留给了儿子们。

术赤在父亲去世前便去世了，于是赏给他的土地——他自己打下来的西方沃土——被分给了他的两个儿子。成吉思汗的小儿子拖雷得到了可汗故乡的土地。察合台，可汗的二儿子，得到了父亲在中亚的领土。

征服者的三儿子窝阔台继承了汗位。

这是成吉思汗的遗愿。他常和术赤争吵不休，又怀疑二儿子察合台不能胜任这项工作，志费尼写道："成吉思汗知道他天性嗜血、恶毒、残暴，便没有把汗位传给他。"[14]

这样的安排虽然产生了一定的分歧，但到 1229 年，蒙古人同意承认窝阔台为成吉思汗的合法继承者。新可汗上任的第一举动就是向西进军。所有成吉思汗认为尚待侵袭的土地，儿子们都将其视为新的战场。在父亲的训练之下，他们知道如何击败西方人。

42 向西进发

时间线 42

英格兰	西法兰克	教皇	宋	蒙古人	金	格鲁吉亚	花剌子模	罗斯人
						建造者大卫 (1089—1125)		
			高宗 (1127—1162)					
无序时代 (1139—1154)					熙宗 (1135—1150)			
					海陵王 (1150—1161)			
托马斯·贝克特，坎特伯雷大主教 (1162—1170)	亚历山大三世 (1159—1181)		孝宗 (1162—1189)	铁木真诞生 (1162)				
			《隆兴和议》(1165)					
	彼得·韦尔多召集追随者							
亨利二世诸子叛乱开始 (1173)								
	腓力二世·奥古斯都 (1180—1223)							
	犹太人被驱逐 (1182)					塔马 (1184—1213)		
狮心王理查 (1189—1199)	西莱斯廷三世 (1191—1198)		光宗 (1189—1194)		章宗 (1189—1208)			
	图卢兹的雷蒙六世 (1194—1222)		宁宗 (1194—1224)					
约翰王 (1199—1216)	英诺森三世 (1198—1216)							
反对约翰王的起义 (1200—1203)				札木合成为古儿汗 (1201)			摩诃末 (1200—1220)	
	多明我·德·古斯曼向迦他利派传教			成吉思汗 (1206—1227)				
教皇对英格兰宣布禁行圣事令 (1207)								
	阿尔比派十字军 (1209—1229)				卫绍王 (1208—1213)			

时间线 42（续表）

英格兰	西法兰克	教皇	宋	蒙古人	金	格鲁吉亚	花剌子模	罗斯人
在英格兰的犹太人遭囚禁（1210）	西蒙·德·蒙福尔围攻图卢兹的雷蒙六世（1211）				宣宗（1213—1223）	乔治四世（1213—1223）		姆斯季斯拉夫三世，基辅大公（1212—1223）
	布汶战役（1214）							
《大宪章》（1215）	第四次拉特兰公会议（1215）			蒙古占领金中都（1215）				
贵族对抗国王的战争（1215—1217）		洪诺留三世（1216—1227）						
亨利三世（1216—1272）	路易王子侵入英格兰（1216）			蒙古入侵花剌子模（1219）				
				印度河战役（1221）			札兰丁（1220—1231）	
	图卢兹的雷蒙七世（1222—1249）							
	路易八世（1223—1226）		理宗（1224—1264）		哀宗（1223—1234）			卡尔卡河战役（1223）
				成吉思汗去世（1227）				
	路易九世（1226—1270）			蒙古征服西夏（1227）				
	《巴黎条约》（1229）			窝阔台（1229—1241）				
	图卢兹宗教会议							

/ 43
南印度

> 1215年至1283年，印度教与佛教国王瓜分僧伽罗，南方的潘地亚终结了朱罗王朝。

1215年，印度贵族摩伽（Magha）沿印度东海岸逃往南方。德里的苏丹从北方施压；他便离开了自己在奥里萨的土地，带着私人军队出发寻找新的国度。

几个继承了朱罗王室血统的强大印度教国王统治着奥里萨，那儿并不适合有野心的士兵建立政权。正南方的朱罗王朝也不适合，这个国家虽无法企及其12世纪的高度，但依旧强大。摩伽继续南下，横穿保克海峡，来到僧伽罗海岸。

波罗迦罗摩巴忽精心打造的王国水源丰富、经济繁荣，人民信仰佛教，所有入侵者看了都会垂涎欲滴。3年前，一位来自印度南部的新人到来，夺取了王位；这个新来的佛教徒虽然是异国的入侵者，但其统治［套用僧伽罗的以巴利语（Pali）编写的王国和佛教编年史《小史》（Culavamsa）里面的词］"从不逾矩"。但他无法聚集足够的力量抵抗摩伽,通过招募南印度的雇佣兵,摩伽的私人军队规模已经达到2万人。

摩伽的野蛮力量席卷了岛屿北部。他摧毁佛教圣地,破坏神圣的佛教经卷,强迫其俘虏改信印度教,没收沿途所有土地,将粮食、牲畜与财富据为己有。用佛教史书《小史》中的话来说:"他是个坚持错误信条的人,他以无脑的政治手段为乐,就像一锅粥里的老鼠屎。"他夺取了首都波隆纳鲁沃,焚毁了部分城市,抓住了国王,挖出了他的眼睛。随后他自立为王,利用成千上万的军队控制当地居民。[1]

但他并没有掌控整个岛屿。

"在这个异邦人统治的时期,"《小史》记载,"一些善良正直的人在几个人迹罕至的山里新建了村庄,他们分散在各处保护佛教信众与佛教宗派,以使其免受战乱的威胁。"面对异邦人的统治,僧伽罗人退守遥远的南部山区,摩伽的雇佣兵想在那里抓到他们就不那么容易了。难民中有一个人继承了王室的名号,叫毗阇耶巴忽三世(Vijaya Bahu III),他自称是4世纪因道德崇高被后人景仰的国王瞿他婆耶王(Sirisamghabodhi)的后代。这是能凝聚民心的血统;瞿他婆耶王曾平息叛乱,为人民牺牲了自己。[2]

毗阇耶巴忽将分散于各和平地区的僧伽召集起来,并取得了残存的僧伽罗人的支持。他的指挥中心位于檀巴德尼耶(Dambadeniya)山中,那儿成了他的首都。在发现几名僧人从僧伽罗的战斗中拿回了佛牙时*,他下令上交圣物,并安排了一场盛大的庆典以庆祝自己成为僧伽罗真正的国王。他的努力使自己征服的领地与印度教入侵者的领地形成双雄争霸之势,把整个岛屿分成两个

---

* 参见第21章。

国度：佛教王国檀巴德尼耶，以及印度教王国波隆纳鲁沃。[3]

1234 年，毗阇耶巴忽三世去世后，儿子继承伟大祖先的名字称波罗迦罗摩巴忽二世（Parakrama Bahu II）。在他的统治下，檀巴德尼耶这个反抗者的王国发展成有着浓厚学习氛围的地方，成了使用巴利语的人的避难所、僧伽罗的佛教中心。毗阇耶巴忽三世曾下令让那些"记忆力好"或"笔杆子好"的人记录下他们所记得的所有被破坏的佛教经文，他重建了一座巨大的图书馆；波罗迦罗摩巴忽二世更是完全投身于此项事业，并以好学为世人称赞。就像波罗迦罗摩巴忽一世那样，他淘汰掉不称职的僧人，"净化了完全开悟的原则"。他重启了伟大的宗教节日，使得仪式照常进行，并兴建庙宇。《小史》用大量笔墨详细记述了他的完美、成就、美德。檀巴德尼耶王国逐渐上升到过去的僧伽罗王国曾达到的高度。[4]

1255 年，摩伽去世。他在位 40 余载，这表明其统治并不仅仅是军事统治；但佛教编年史对他和他的印度教国度的记载里只有蔑视与仇恨，其成就则难寻踪迹。也不知道他是否有继承人。没人取代他在僧伽罗北部称王。北方分裂成小片的私人势力，其首领被称为"梵尼"（vanniya）。[5]

于是北部地区成了冒险家的天堂，越来越多的人翻山越岭来到僧伽罗，带领当地人逐步向南推进。

其中有个人名叫旃陀罗婆拏（Chandrabhanu），好像是从东南亚而来；根据《小史》的记载，他是"阇伐迦（Javaka，即马来人）的一位君王"，"他与一群可怕的阇伐迦军队登陆，并谎称自己也是佛的追随者"。但大多数新人都来自南印度，那里的潘地亚王国成功地摆脱了朱罗王朝的统治。[6]

在阇多跋摩·孙陀罗（Jatavarman Sundara）的带领下，潘地亚

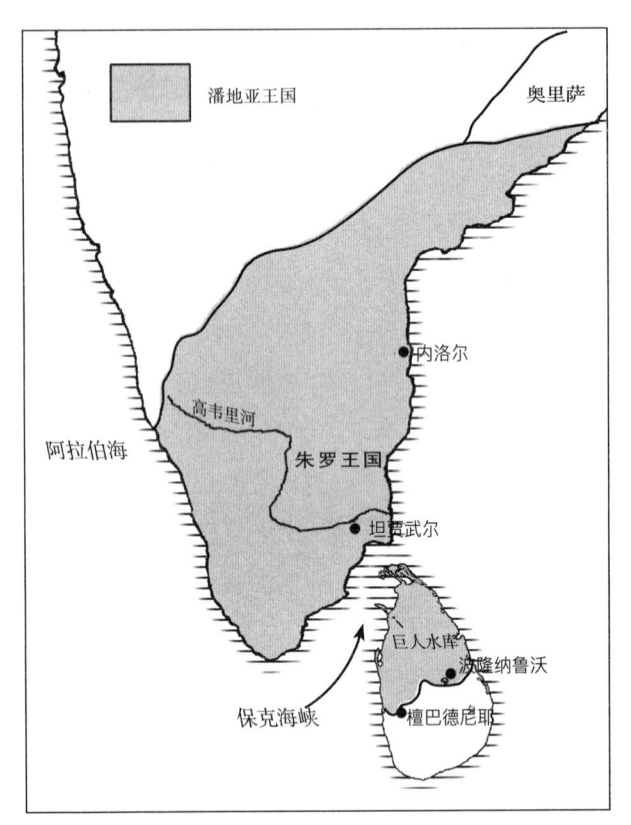

地图 43-1 潘地亚王国的复兴

势力的复兴从中部沿海城市内洛尔（Nellore）一直延伸到印度洋。现在阇多跋摩把潘地亚王国的领土延伸到了岛屿的北部。1263年，他把刚得到僧伽罗王位的"阇伐迦之王"旃陀罗婆挐赶下了台，该岛北部完全成为潘地亚王朝的一部分。"三个世界的皇帝，"阇多跋摩的碑文这样称呼他；其领土包含岛屿北部、潘地亚王国以及朱罗王朝的西部。[7]

时间线 43

宋	蒙古人	金	格鲁吉亚	花剌子模	罗斯人	僧伽罗	印度南部
	铁木真诞生(1162)						
							(卡拉丘里)婆密室伐罗(1167—1176)
							(卡拉丘里)商迦摩(1176—1181)
							(西遮娄其王朝)婆密室伐罗四世(1184—1189)
			塔马(1184—1213)				
				摩诃末(1200—1220)			
	札木合成为古儿汗(1201)成吉思汗(1206—1227)						
		卫绍王(1208—1213)					
			乔治四世(1213—1223)		姆斯季斯拉夫三世,基辅大公(1212—1223)		
	蒙古占领金中都(1215)					摩伽统治北部(1215—1255)	
	蒙古入侵花剌子模(1219)						
	印度河战役(1221)			札兰丁(1220—1231)		(檀巴德尼耶)毗阇耶巴忽三世(1220—1234)	
理宗(1224—1264)		哀宗(1223—1234)			卡尔卡河战役(1223)		
	成吉思汗去世(1227)						
	蒙古征服西夏(1227)						
	窝阔台(1229—1241)						
						(檀巴德尼耶)波罗迦罗摩巴忽二世(1234—1269)	
							(潘地亚)阇多跋摩·孙陀罗(1251—1268)
	蒙哥(1251—1259)						
						北方分裂(1255)	
						旃陀罗婆挐统治北部(约1255—1263)	
							潘地亚占领僧伽罗北部
							潘地亚灭朱罗王国(1279)
						檀巴德尼耶使团到达开罗(1283)	

仅剩首都坦贾武尔（Thanjavur）周围一小圈土地的朱罗王朝不久便消失了。1279年后再没有任何有关朱罗国王的记载，潘地亚占据其领土成为南印度的主人。

但无论是潘地亚王国，还是他们带来的泰米尔口音，都没有完全征服僧伽罗。在岛南部，檀巴德尼耶王朝和巴利语都存留下来。

1283年，一名檀巴德尼耶王朝使臣抵达埃及，希望能与开罗的苏丹达成贸易协定。"他们抵达奥玛斯（Ormus）王国的港口，"根据当时阿拉伯人的记载，"沿幼发拉底河直上到达巴格达，再从那里前往开罗。"

> 国王给苏丹写了一封信，装在金制的盒子里，外面包着一片像树皮似的东西。信本身也是用本国文字书写在一片树皮上。由于开罗没人看得懂这封信，使臣口头解释了其中的内容，说他的主人拥有无数珍珠，因为渔业资源是其领土资源的重要组成部分，还有各种宝石、船舶、大象、纺织品，其余像巴卡姆树、肉桂等也应有尽有……[8]

波罗迦罗摩巴忽二世的继任者仍然统治着檀巴德尼耶王朝；在这个不起眼的印度洋岛屿南部，他们逐渐将触手伸向世界其他地区。

/ 44

第五次十字军东征

> 1217年至1221年,十字军前往埃及的东征再告失败。

随着阿尔比派十字军战争在法国接近尾声,第四次拉特兰公会议计划的十字军正朝埃及跌跌撞撞地前进。

半个多世纪以来,征服埃及都是十字军的夙愿。1217年,由萨拉丁的兄弟阿迪勒(al-Adil,自己霸占阿尤布苏丹之位从而终结了萨拉丁诸子之间的争夺)统治的埃及仍然控制着耶路撒冷。阿迪勒72岁了,身体状况欠佳,但仍能组织有力防守。

文多弗的罗杰写道:"上帝的军队在阿卡聚集成一股强大的力量,由耶路撒冷、匈牙利与塞浦路斯三位国王指挥。*响应号令的还有奥地利和波希米亚的公爵,以及来自德意志王国的大批骑士、一

---

* 文多弗的罗杰所说的"耶路撒冷"指的是以阿卡为中心残存的耶路撒冷王国,越来越多的人把它称为阿卡王国。

些伯爵和其他有身份的人。"那些欧洲更强大的力量却不见踪影：英格兰与法兰西的国王；德意志那尚未登基成为罗马皇帝的国王，年轻的腓特烈二世（尽管他曾许诺只要皇位保住他就参战）；以及所有西班牙统治者。[1]

匈牙利的安德烈二世（Andrew II），这个十字军中最强大的君主很不愿参战，他来的主要原因是履行自己在20年前参加十字军的誓言。不过他也没待多久。1217年夏末他抵达阿卡，在意识到根本没有足够的兵力对敌人造成威胁后，对穆斯林地区发动了几次断断续续的袭击，便称誓言已履行，打道回府了。

势单力薄的十字军一直苦等到1218年春，因为德意志的腓特烈二世曾信誓旦旦地说会加入他们。当年4月，万众期待的德意志十字军终于到了，但腓特烈没来。他还在德意志与被罢黜的奥托四世的支持者抗争，于是再次找借口推脱。

由耶路撒冷国王约翰一世[John I，此时是作为他小女儿约兰德（Jolande）的共治者，但仍然是当时参战集团中最强大的君主]带领的十字军，决定进军埃及港口城市杜姆亚特，该城由阿迪勒的长子卡米勒（al-Kamil）统治。征服杜姆亚特会为他们提供一个有力的大后方以进攻开罗。

他们于5月航行至杜姆亚特，但等待他们的却是铜墙铁壁般的城防。杜姆亚特无法被攻破，只能围城困之。为该城提供食物与水源的是尼罗河的一条支流，河边还有一座高大坚固的防御塔保护；在塔和杜姆亚特城墙之间，阿拉伯历史学家伊本·艾西尔说，"粗大的铁链横贯河流……防止海上的船舶顺尼罗河而上直抵埃及"。[2]

整个夏天，十字军都在奋力突破铁链并阻断尼罗河。8月底，他们终于爬上塔楼切断了铁链。随即，卡米勒在城前凿沉货船，阻

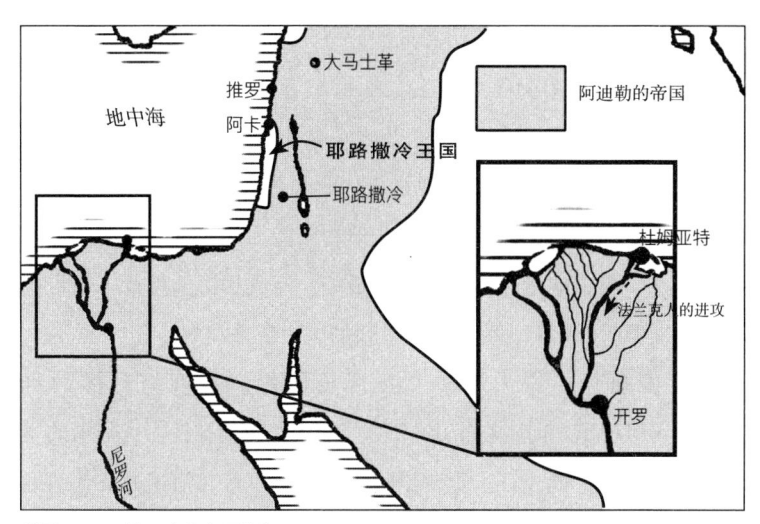

地图 44-1 第五次十字军东征

止十字军乘船而来。

这意味着,十字军不得不在这个冬天挖出一条运河以绕过沉船。这是件费力不讨好的艰苦工作,十字军中开始出现逃兵,而增援又迟迟未到。另一方面,伊本·艾西尔说,杜姆亚特"不断收到援军与补给","城市安然无恙,城门大开"。[3]

后来好运一下砸到了十字军头上。老苏丹中风而死,把阿尤布的君位留给了儿子;但开罗的一位贵族企图篡夺苏丹之位,他聚集其支持者反对卡米勒。卡米勒放弃杜姆亚特直奔开罗。没了主心骨,城市的防御力大幅削弱。十字军想方设法绕过了沉船和暗礁,到 1218 年 2 月,他们阻断了杜姆亚特的供给线。他们希望封锁物资能让城市投降,但即使城内人民在挨饿,杜姆亚特也依旧奋力抵抗。

夏末的一天,一位来访者抵达尼罗河上十字军的营帐:阿西西的方济各,小兄弟会的创始人。13 世纪为他写传记的波纳文图拉(Bonaventure)说,方济各前来传教有两个原因:一是他传播福音的愿望如火一般强烈,二是他也有如此强烈的愿望要为基督殉道。他曾两次试图前往穆斯林的土地,但均未能如愿;第一次被海上风暴难阻止,第二次则是因为疾病。最终,他成功抵达埃及,他希望通过转变苏丹的信仰为受十字军摧残的国家带来和平。

曾在废弃的意大利教堂发现英诺森三世腐烂尸体的雅克·德·维特里当时也在十字军的军队;3 年前他被任命为阿卡的主教,与十字军一同出征。他曾给阿卡的同事写信,描述方济各的到来。"他对信仰已达到狂热的地步,毫不畏惧地穿过敌人的封锁线。"他写道,"一连几天,他都给萨拉森人传播上帝福音,并取得了一点进展。"

方济各随后出发前往开罗,并最终赢得了一批听众,其中就包括卡米勒。这时,卡米勒已在担任叙利亚副总督的兄弟穆阿扎姆(al-Mu'azzam)的帮助下成功镇压了首都叛乱。他对方济各以礼相待,倾听他的布道。("其实,"雅克·德·维特里补充说,"只要方济各会的人别说穆罕默德是个骗子,是个恶人,萨拉森人还是愿意听他们宣讲基督信仰与福音教义的。")新苏丹没有听进去一个字,但他依旧彬彬有礼地送走了阿西西的方济各,护送他安全抵达杜姆亚特的营帐。方济各试图劝说无聊的士兵不要用嫖妓、赌博的方式打发时间,但收效甚微。[4]

到 10 月下旬,杜姆亚特已无人防守。十字军于 11 月 4 日冲进城市,他们期待财富和荣耀。但城市已然变成了坟墓。

5/6 的市民死于饥饿与瘟疫。"不仅遍地饿殍,"十字军成员帕德博恩的奥利弗（Oliver of Paderborn）写道，"房子里、卧室里、床上都躺着尸体……小孩子乞讨面包但没人能分给他们，婴儿在母亲胸前挂着，在死人的怀抱里张着嘴。"十字军战士——阿西西的方济各和雅克·德·维特里仍在他们当中——被眼前的惨状震惊，并没有像征服君士坦丁堡时那样付诸暴力。当时的记载证实，他们允许幸存者离开城市，甚至给饥饿的孩子喂食（并施洗）。[5]

征服杜姆亚特成了第五次十字军东征的最大胜利。已完全掌控苏丹国的卡米勒，整合兄弟的军队后进一步加强了阿尤布的军力。但十字军却断了后援。杜姆亚特的军队无力进军开罗。在接下来的一年里，它仍驻扎在城中，不愿离开也无法前进。阿西西的方济各，在改变埃及人信仰与殉道两方面都"毫无进展"，遂动身前往伯利恒（Bethlehem），然后回家去了。雅克·德·维特里则专心记录十字军的一切。虽然在1220年腓特烈二世以立即参加十字军东征为条件，说服洪诺留三世加冕其为神圣罗马帝国皇帝，但他并没有履行诺言。[6]

到了1221年7月，十字军已不想再继续留守杜姆亚特。随十字军出征的高级教皇使节伯拉纠（Pelagius）不顾老兵的意见，奋力劝说军队离开杜姆亚特进军开罗。

漫长且不顺的进军被卡米勒前线部队的不断攻击拖延。十字军依靠来自杜姆亚特的船队顺尼罗河向他们提供食物，但随着他们离开罗越来越近，卡米勒的船阻断了这条供给线。到8月底，十字军饥渴难耐，士气衰竭。他们决定撤回杜姆亚特，但这时正是尼罗河汛期，卡米勒下令开启十字军撤退路线上的所有水闸。大水泛滥无法通行，仅有的一条小路还被卡米勒的军队封堵。十字军被困，第五次十字军东征以此收尾。[7]

卡米勒本可以屠杀手足无措的十字军，但他接受了以杜姆亚特换命的提议。为了保证杜姆亚特投降，十字军向苏丹移交了 20 名人质（包括高级教皇使节伯拉纠，他当时很不受待见）。他们回到杜姆亚特，收拾行囊，然后回家了。

战败的责任全都被怪罪在了相关人的头上。伯拉纠也领受了自己的罪过。"一旦让外行领导内行"，法兰西学者教士威廉（William the Clerk）写道，灾难性的后果是可想而知的。曾听信伯拉纠的首领受到了严厉的指责，但他们又转而指责教皇，洪诺留三世则谴责腓特烈二世从未露面。[8]

整个惨淡景象中的唯一亮点是由雅克·德·维特里带回的传言，他说坚不可摧的穆斯林军队并没有跟来。传言来自印度，德·维特里解释道，在那片未知土地的腹地有一位基督教国王正在逼近巴格达，他会扫除所有阻挡他的穆斯林。他被称作大卫王（King David）或祭司王约翰（Prester John），（德·维特里在给洪诺留三世的信中写道）他"就像大卫，以色列的神圣国王那样……接受上帝的旨意而加冕"。大卫王统治过一个迄今为止仍未被发现的庞大基督教王国，拥有众多子民。他曾击败花剌子模，现在正马不停蹄地前往圣地拯救神圣的遗迹。[9]

但那不是什么大卫王，也没有什么来自印度的基督教军队，远方更不会有任何援助。雅克·德·维特里听到的故事是经过篡改的东方蒙古人的故事，而可汗到来的那天绝不会是基督教的被拯救之日。

时间线 44

僧伽罗	印度南部	突厥王国	十字军国家	神圣罗马帝国	拜占庭	匈牙利	教皇
			埃及苏丹萨拉丁 (1174—1193)				
	(西遮娄其王朝) 娑密室伐罗四世 (1184—1189)				安德洛尼卡 一世·科穆宁 (1183—1185) 伊萨克 二世·安格洛斯 (1185—1195)		
			第三次十字 军东征 (1189—1192)	亨利六世 (1190—1197, 1191年加冕)			西莱斯廷三世 (1191—1198)
			萨拉丁去世 (1193)				
			萨拉丁诸子 之间的战争		阿历克塞 三世·安格洛斯 (1195—1203)		
						埃默里克 (1196—1204)	
				腓力 (1198—1208, 未加冕)			英诺森三世 (1198—1216)
			埃及苏丹阿迪勒 (1200—1218)	奥托四世 (1198—1215, 1209年加冕)			
			第四次十字 军东征 (1202—1204)		伊萨克 二世·安格洛斯/ 阿历克塞 四世·安格洛斯 (1203—1204)		
					阿历克塞 五世·杜卡斯 (1204)		
					十字军占领 君士坦丁堡 (1204)	安德烈二世 (1205—1235)	
				腓特烈二世 (1215—1250, 1220年加冕)			
			耶路撒冷的约兰德 (1212—1228)				

时间线 44（续表）

僧伽罗	印度南部	突厥王国	十字军国家	神圣罗马帝国	拜占庭	匈牙利	教皇
摩伽统治北部（1215—1255）							第四次拉特兰公会议（1215）
			第五次十字军东征（1217—1221）				洪诺留三世（1216—1227）
			埃及苏丹卡米勒（1218—1238）				
（檀巴德尼耶）毗阇耶巴忽三世（1220—1234）							
			第六次十字军东征（1228—1229）				格列高利九世（1227—1241）
（檀巴德尼耶）波罗迦罗摩巴忽二世（1234—1269）				康拉德四世（1237—1257，未加冕）			
							英诺森四世（1243—1254）
	（潘地亚）阁多跋摩·孙陀罗（1251—1268）						
北方分裂（1255）							
旃陀罗婆婆挐统治北部（约1255—1263）							
	潘地亚占领僧伽罗北部						
	潘地亚灭朱罗王国（1279）						
檀巴德尼耶使团到达开罗（1283）							

/ 45

从金玺诏书到波罗的海远征

> 1218年至1233年，匈牙利国王被迫承认贵族的权利，条顿骑士团踏上了漫长的征服普鲁士之路。

在第五次十字军东征中露了个面便打道回府的匈牙利国王安德烈二世，回国后发觉国内有种力量正蠢蠢欲动。

这种不安在他前往圣地之前便初现端倪。到1218年已经在位13年的安德烈二世称王之路并不光彩。14年前，真正的王位继承人是前任国王埃默里克4岁的儿子，本应做摄政的安德烈却决定将王位据为己有。他的嫂子带着孩子逃到奥地利，男孩1205年因病夭折为王权争夺画上了句号。

幼主夭折的3个星期后，安德烈安排匈牙利大主教将他加冕为匈牙利的合法国王。为了巩固统治，他把王室的土地肆意分给支持者。村庄、城堡、要塞⋯⋯任何由他掌控的王室土地都被用于分封。

安德烈将此举称为"新体制"（novae institutiones），只要君主高兴，想怎样慷慨就怎样慷慨。但这种慷慨却导致国家动荡不安。

他分封的土地之间没有纽带连接；如果你是安德烈二世的党羽之一，以忠心换来了一座村庄后，你与国王之间就两清了；不用再上交粮食什一税，或者是不用服役；你统治的村民生活好坏也不受任何人监督。

这已经够糟了，但更糟的是土地分配不均。那些不在国王核心圈子的匈牙利的公爵与伯爵们要承担不同程度的课税和兵役。安德烈向驻扎在匈牙利的德意志骑士抛金撒银也引起了国内不满。[1]

这些问题在他第一次结婚时就出现了。他的第一任妻子格特鲁德（Gertrude）是梅拉尼亚公爵（Duke of Merania）的女儿，也是查理大帝的后裔。安德烈在 1203 年左右与她喜结连理，这也是让自己当上匈牙利国王的筹码之一；与德意志贵族联姻为他带来更多同盟者，但同时也带来了众多贵族家臣与亲戚。在安德烈二世的早期统治中，很多德意志骑士霸占了匈牙利的城堡与村庄。

另一大批德意志骑士于 1211 年来到匈牙利。条顿骑士团（Teutonic Knights），一支由日耳曼十字军组成的军团，于 1192 年获得了教皇认可。组建这支骑士团的初衷是保护位于耶路撒冷的德意志朝圣者圣玛丽医院；但医院于 1187 年被萨拉丁摧毁，条顿骑士团也失去了存在的目的。安德烈二世请他们到匈牙利帮助抵挡边境库曼人（Cuman）的侵袭，库曼人是一支由突厥人、蒙古人及其他中国北方民族组成的游牧部落联盟，他们的铁蹄一步步向西方迈进。作为交换，安德烈把匈牙利东部的一片土地赏给了他们，那片地区树林茂密，人称"密林"（Erdő-elve），拉丁语叫"特兰西瓦尼亚"（Transylvania）。条顿骑士团可以在那里居住，自我管理，并抵御库曼人；他们本应对安德烈尽君臣之义，却不用交税也不用上贡。[2]

1219 年，安德烈二世从第五次十字军东征回来的后一年，他宣布所有国王赐予的土地都可由被赏赐者永久保留,并可作为遗产传给子孙后代。这把匈牙利分割成了许多难以识别的邦国,其中还有不少在日耳曼人手里,匈牙利的骑士与伯爵们觉得国王这次的做法太过分了。在洪诺留三世的鼓动下(他认为安德烈对提高国内教会收益的事并不上心),他们起草了一份宪章保护自己与匈牙利基督教神父的权利。

由于忌惮群起而攻之的威胁,也担心贵族真的有可能让他十几岁的儿子贝拉(Béla)取代他,安德烈二世只好屈服。1222年的圣乔治节,他同意签署贵族提交的宪章。此宪章被称为《金玺诏书》(Golden Bull,因卷轴上挂着金质印信),宪章充满尖锐的谴责:"贵族及这片国土上其他人的自由,……都因某些国王的专制而遭受巨大损害与限制,邪恶的内心与无尽的贪婪让他们失去自我。"[3]

《金玺诏书》如同《大宪章》,保护了贵族的财富与权利,不涉及平民百姓。国王不能向匈牙利贵族随意征税,不能强制贵族参加对外战争,也不能通过赏赐土地册立新的贵族。

《金玺诏书》规定之细,连普通农民都受其保护和约束。"在没有收到法律传票,司法调查也没有开展的情况下,"条款第二条写道,"一个人即使犯了罪也不能遭受指责、逮捕、监禁或惩罚。"与《大宪章》一样,《金玺诏书》明确了其地位高于国王。如果安德烈二世不遵守,"主教及国内的男爵与贵族,不论是特殊情况还是普遍情况……都可以抵制、控诉我们及我们的继承人,且不会受到叛国罪的指控"。[4]

《金玺诏书》签订两年后,条顿骑士团——也许是看匈牙利国王失去了太多支持已经变得软弱无能——便想把特兰西瓦尼亚独立出去。他们向洪诺留三世递交请愿书,请求把他们直接纳入罗马的管辖，只对教皇负责——这将免除他们应对国王履行的义务。

洪诺留痛快地答应了，但此举明显是在分裂匈牙利。安德烈二世暴跳如雷。据国王的一位史官记载，条顿骑士团已成为"国王的眼中钉，肉中刺，一群忘恩负义的混蛋"。他召集军队，进军特兰西瓦尼亚，于 1225 年把条顿骑士团赶了出去。[5]

没了匈牙利的落脚地，条顿骑士团无所适从。但此次冒险也使他们有了新的目标：国内十字军运动，专门对付国内的异教徒。他们的新定位恰逢其时。洪诺留三世追随英诺森三世的脚步，而且比之前任何教皇都更热衷于召集十字军对抗穆斯林，他认为这样的召集（及其所得的回报）对十字军来说是值得的。

在匈牙利北部边境，罗斯的西部住着一群人，他们在周边国家的势力角逐中一直默默无闻。波兰人属于西斯拉夫部落，两个世纪以来他们占据着喀尔巴阡山脉与波罗的海之间的肥沃土地。1115 年匿名人士编写的《波兰王公行纪》（Gesta Principum Polonorum）首次记录了他们的存在；据《波兰王公行纪》记载，他们由皮亚斯特王朝（Piast）统治，在 10 世纪的某个时期改信基督教。1025 年，皮亚斯特王公鲍莱斯瓦夫（Boleslaw）将自己加冕为波兰的第一位国王，但国王的称号并没有带来统一。皮亚斯特家族的兄弟们为了王位钩心斗角，各部落首领则反对任何称王的人。到 13 世纪初，波兰分裂成一些公国，各自独立但也欣欣向荣、井然有序：小波兰（Little Poland）、马佐夫舍（Mazovia）、库亚维（Kujawy）、大波兰（Greater Poland）、西里西亚（Silesia）。[6]

位于北方的波兰公爵马佐夫舍的康拉德（Konrad of Mazovia），意图征服其领土以北的土地。这些土地属于另一个部落，他们被称为讲立陶宛语的人；这些人又分为三种，每种都说着不同的立陶宛方言。最北边是拉脱维亚人（Letts），濒临波罗的海，东部与罗斯人的土地接壤。在维斯瓦河（Vistula）盆地居住的是第二种说立陶宛语的人，他们被称为普鲁士人（Prussian）。在他们之间是人数最多的称自己为立陶宛人（Lithuanian）的群体。[7]

在欧洲人眼中，立陶宛人都生活在文明的边缘。根据帕德博恩的奥利弗记载，他们"崇敬流水、树木、山丘与洞穴……崇拜各种神话中的生物"。"他们火葬死者，焚烧马、武器与华丽的衣服"，13世纪匿名作者写作的编年史《世界概览》（*Descriptiones Terrarum*）中记载，"因为他们相信人死后会在另一个世界用上这些烧掉的东西。"这些都是异教的标志。洪诺留三世已经派出传教的主教到立陶宛的土地，试图让那里的部落转信基督教。但是他的努力并没有取得太大的成功：普鲁士的"邪恶、充满罪恶的邪恶"，德意志历史学家尼古拉·冯·哲罗辛（Nicolaus von Jeroschin）写道，"让他们无比固执，没有任何教诲或劝告，或是祝福，可以让他们摆脱错误"。[8]

但普鲁士人有个优点，尼古拉·冯·哲罗辛补充道，他们"与生活在一起的基督徒友好相处"。可好景不长。

波兰比立陶宛稍微发达一些，将立陶宛人视作好欺负的人。马佐夫舍的康拉德给了条顿骑士团一个机会：他们可以进入他的公国打击住在维斯瓦河沿岸的基督教之敌。作为交换，他答应把公国北部的一大片土地"永远"给他们，"……此外，在上帝的帮助下，今后征服的土地也归他们所有"。[9]

相对来讲这样做成本并不高，因为康拉德由此便可以得到装备精良、热情高涨、经验丰富的边境武装力量。条顿骑士团获得了战备基地，并有机会去征服一个王国，此外还有圣战的全部好处：

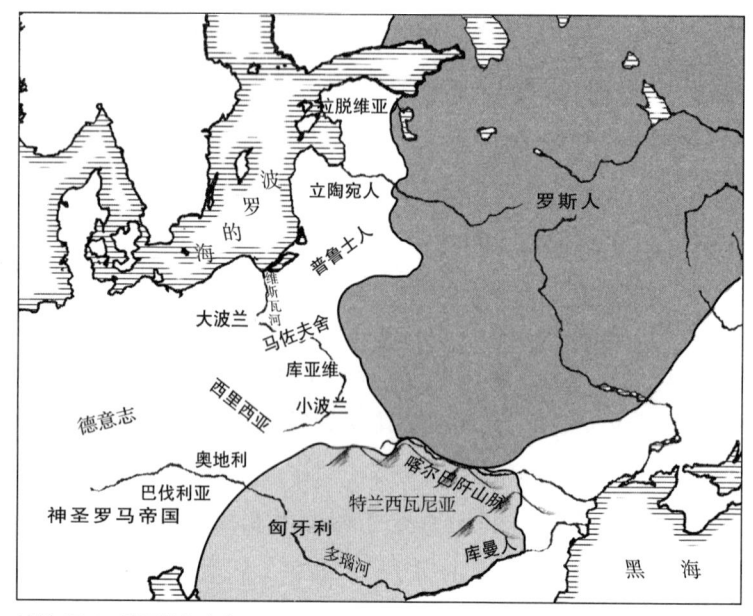

地图 45-1　波罗的海十字军

1226 年，洪诺留三世宣布新一批十字军将远征讲立陶宛语的人，远征结束后所有参加远征的人都可得到原罪赦免。

条顿骑士团准备了一番后，于 1233 年横跨维斯瓦河，开始了对普鲁士的首次入侵。这场战争一打就是几十年。"波罗的海十字军运动"成了一场邪恶、血腥、漫长的煎熬［历史学家肯尼斯·塞顿（Kenneth Setton）如此形容］，"为了抵抗占优势的西方势力，没有共同政治组织的原始部落不得不绝望地保护自己的性命、农场、部落的独立与宗教"。没多久，战争分成了两个战场，一个针对异教徒立陶宛人，另一个针对想从波罗的海东部抢块肉的附近的基督徒。[10]

时间线 45

突厥王国	十字军国家	神圣罗马帝国	拜占庭	教皇	匈牙利	波兰
埃及苏丹萨拉丁（1174—1193）						
			安德洛尼卡一世·科穆宁（1183—1185）			
			伊萨克二世·安格洛斯（1185—1195）			
	第三次十字军东征（1189—1192）					
萨拉丁去世（1193）		亨利六世（1190—1197，1191年加冕）				
萨拉丁诸子之间的战争			阿历克塞三世·安格洛斯（1195—1203）		埃默里克（1196—1204）	马佐夫舍公爵康拉德（1194—1247）
		腓力（1198—1208，未加冕）		英诺森三世（1198—1216）		
埃及苏丹阿迪勒（1200—1218）		奥托四世（1198—1215，1209年加冕）		承认条顿骑士团（1200）		
	第四次十字军东征（1202—1204）		伊萨克二世·安格洛斯／阿历克塞四世·安格洛斯（1203—1204）			
			阿历克塞五世·杜卡斯（1204）			
			十字军占领君士坦丁堡（1204）		安德烈二世（1205—1235）	
	耶路撒冷的约兰德（1212—1228）	腓特烈二世（1215—1250，1220年加冕）			条顿骑士团进入匈牙利（1211）	
				第四次拉特兰公会议（1215）		
	第五次十字军东征（1217—1221）			洪诺留三世（1216—1227）		
埃及苏丹卡米勒（1218—1238）						
					《金玺诏书》（1222）	
					条顿骑士团被逐出匈牙利（1225）	
						波罗的海十字军运动开始（1233）

"悲伤肆虐,到处都是苦战,"十字军成员尼古拉·冯·哲罗辛写道,"……在充满恐惧与野蛮之地……基督教的侠义之剑贪婪地吞噬着罪人的血肉。"在接下来的 50 年里,条顿骑士团把立陶宛人的土地变为废墟——也许他们是为了基督而战,但想要得到自己的王国无疑也是他们的目标。[11]

/ 46

湖岸、高地、山顶

> 1221年至1290年的非洲,所罗门的后代推翻摩西后裔,一位穆斯林国王开疆扩土,马蓬古布韦的国王移居山顶。

1221年,非洲最伟大的教堂建造者去世。

大约800年前,一位名为埃扎纳(Ezana)的东非国王受罗马皇帝君士坦丁的影响皈依了基督教。* 他的王国阿克苏姆(Axum)在10世纪中叶解体前一直信仰基督教。首都陷落后,王国的幽灵留了下来:修道院和女修道院星罗棋布,被征服、被迫改变信仰的人民散落各地,在尼罗河源头的高地与红海海岸之间继续过着默默无闻的生活。[1]

12世纪中叶,一位名叫马拉(Marar)的地方首领再次称王,自基督教王国统治瓦解后,已经很久没有人用国王这个名号了。他住在过去阿克苏姆土地的南部边缘;他的人民,阿高人(Agau),900多年前被迫向阿克苏姆人称臣。但他自称是阿克苏姆王座的合

---

* 参见第3册,第34章。

法继承者。他以南部小镇阿达发（Adafa）为都，统治着阿克苏姆人的后代。他的（阿高人的）扎格维王朝（Zagwe）几乎没有留下任何历史记载，没有编年史，没有碑文，甚至连铸币也没有。[2]

但他们留下了用体积巨大的岩石雕刻而成的教堂。

马拉的侄孙，格伯拉·马斯卡尔·拉里比拉（Gebra Maskal Lalibela）是到目前为止扎格维王朝最杰出的教堂建造者。据阿拉伯旅行家艾布·萨利赫（Abu Salih）记载，他自称是摩西（Moses）与其埃塞俄比亚妻子的后代。*他的祖先是《圣经》所崇敬的长老，那么他拥有阿克苏姆王室血统便顺理成章了。宗教在扎格维王国政治中的重要作用从王国精心安排的加冕仪式也能看出一二：国王由一位神父加冕，地点在一座刻有天使米迦勒名字的教堂内；他站在天使的雕像下，削发以代表蒙受其精神的召唤，他身着宗教服装而没有戴王冠。[3]

在13世纪的第一个25年，拉里比拉建成了约十几座教堂，教堂是从红色火山岩中凿出来的。一条狭窄的盘石河穿过首都；流过人工改造的河道后变得更深更窄，其名曰约旦河（Yordanos）。约旦河两岸陡峭的岩石经过水流冲刷变成巨大的地表岩和河岸上的大石块，这些巨石经过技艺精湛的工匠雕刻、掏空、打磨后变成教堂里的穹顶、柱子、拱门。橄榄山（Mount of Olives）教堂在北，变形山（Mount of Transfiguration）教堂在南。通过这些新的神圣景观，福音中遥远又难以接近的以色列，被刻在了非洲的土地上。[4]

我们对扎格维再无更多了解；只是在1270年，一个名为叶库诺·阿姆拉克（Yekuno Amlak）的高地居民娶了扎格维最后一任国

---

* 《圣经·民数记》第12章第1节。

王的女儿，然后篡夺了岳父的王位。其实他也没有继承阿克苏姆王室衣钵的资格——他是第三种人，阿姆哈拉人（Amhara）——但他也自称是长老的后裔。在他的说辞中，其尊贵的祖先是所罗门王；据一个神乎其神的传说描述，西方阿拉伯半岛的示巴（Sabea）王国的女王面见过所罗门，她在返程时便怀孕了；她的儿子孟尼利克（Menelik）后来从所罗门那里偷走了约柜（Ark of the Covenant），带到了非洲。于是，叶库诺·阿姆拉克成了国王的后代与约柜（尚未发现）的守护者，阿克苏姆王座当之无愧的继承人。[5]

这也让他获得了修道院和女修道院的支持。有了他们的承认，阿姆拉克将首都迁到谢瓦（Shewa）。以谢瓦为首，他的后代统治的所罗门王朝，将持续两个半世纪。

在非洲大陆中心，加奈姆王国正处于全盛时期。

第一位皈依伊斯兰教的王室成员杜纳马，并没能让所有人民都归顺于他。他的后代，与他同名的杜纳马·迪巴拉米（Dunama Dibalemi），在13世纪20年代初到1259年的执政期间采取了更为直接的方法。他逐步迫使人民放弃传统，按照穆斯林的方式行事；之后为了表明立场，他摧毁了加奈姆最珍贵的宗教圣物。[6]

据阿拉伯人记载："在塞富瓦王朝的所有国宝中，有件宝贝被层层包裹并藏匿起来，他们在战争中获胜全靠这件宝贝。它被称为'穆内'（mune），没有人敢打开它。后来，苏丹杜纳马……想把它打开。人民警告他，但他置之不理。他一打开，里面的东西倏然而逝。"[7]

穆内的真面目永远不得而知，但这只是其力量的一部分。这个圣物只有隐藏起来才能发挥真正实力。隐藏则有力，暴露则无力。而迪巴拉米扯掉了它的包裹。

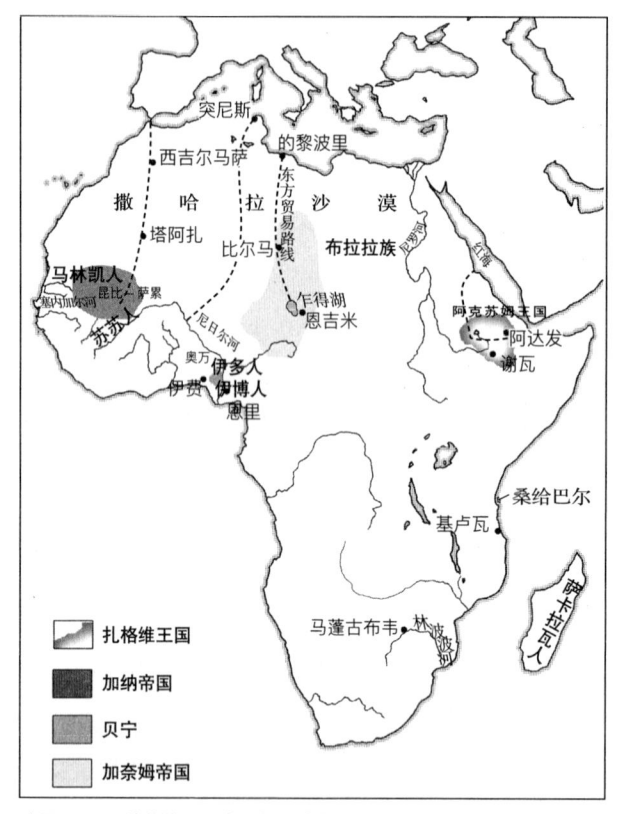

地图 56-1　扎格维、加奈姆与马蓬古布韦

　　他不需要法宝给他带来战争的胜利。迪巴拉米擅长战争。在当权的头几年他组建了骑兵部队，后来在战争中能一次调动 4 万名士兵上前线。他在乍得湖北岸建立了一座相当大的兵工厂；阿拉伯地理学家伊本·赛义德（Ibn Sa'id）说，他经常从那里派出舰队从海上劫掠"异教徒的土地或乍得湖湖岸……（他）攻击船只，囚杀俘虏"。[8]

　　迪巴拉米在位 30 年，用船与骑兵扩大了自己在乍得湖盆地的领地。他可以控制东方贸易路线的南部,并保证北方贸易路线的安全。

在某种程度上,这也限制了他传播伊斯兰教的热情。他不相信穆内的秘密证明了他对伊斯兰教深信不疑。他依伊斯兰教的指示生活,去麦加朝觐了两次,还接济穷人;伊本·赛义德说,他因"宗教战争与慈善行为"为世人所知。[9]

但和前人一样,他将俘虏的非穆斯林奴隶当作主要货币,把他们卖到北方以换取马匹与中非短缺的其他物资。也正因为如此,乍得湖南部的土地仍是非伊斯兰的,那儿成了猎取奴隶的盈利场所,伊斯兰教对此并未加以禁止。[10]

对附近部落和小国快速、大规模的同化没有为加奈姆带来和平。在王国统治末期,叛乱之势暗流涌动。有史料把当时的动荡归因于布拉拉(Bulala)氏族,他们是非洲的传统主义者,抵制伊斯兰教,曾对迪巴拉米亵渎圣物穆内惊诧万分。也有人认为,动荡的原因是随着王朝扩张,迪巴拉米让儿子们管理扩张的土地,最后不得不面对他们想要独立的迫切愿望:加奈姆国王年表简洁地记载道,"统治者的儿子在不同的地区各自为政。"[11]

无论什么原因,迪巴拉米死时王朝依旧统一,笃信伊斯兰教,武力强盛,是中非最强大的国家;但动荡的种子却已萌芽。

在加奈姆与加戈威(Kagwe)南部的林波波河(Limpopo)边,有个非基督教也非伊斯兰教的王国。由于没有让伊斯兰学者和基督教僧侣写编年史的传统,马蓬古布韦(Mapungubwe)王国没有留下君王世系表,只留下了黄金与象牙,玻璃珠与中国青瓷,这些标志着这个王国曾与东方有紧密的贸易往来。

马蓬古布韦早先是一群不断寻找肥沃土地的游民,大约两个世纪前他们来到林波波河谷。定居后，人口增长到几千人，他们的地里种植着小米、豆类、南瓜和甜瓜，还圈养着牛羊。他们猎杀大象，顺林波波河而下在海岸用象牙同阿拉伯商人做交易。坐拥肥沃的土地且有象牙贸易的收入，他们变得越来越富有。[12]

但财富的分配并不均匀。1220年前后，一座新的建筑突然出现在附近的山顶：那是一座陡边平顶的山丘，四条几乎无人管理的小路直通而上。一座新的宫殿、一处宽敞的新家园矗立山顶；大约30年后，厚重的石墙从四面立起。近5000人居住的小屋簇拥在山脚。[13]

这种设计并非出于安全的考虑。当时没有战争，也没有针对马蓬古布韦袭击的迹象；政府官员、法官与收税人都住在山脚。为王室饲养的牛羊也在山脚。王国的蓬勃发展远远超出预期，国王似乎已经远离人民，将他们甩在身后。

巨大的贫富差距与社会地位差距成了非洲的新事物。但马蓬古布韦在巨大的两极分化中似乎依旧繁荣了一段时间。马蓬古布韦人定居的土地面积超过3.1万平方千米，到处都散落着与埃及、中国、印度贸易交往的痕迹。在山顶，王室坟墓里装满了金珠，王室成员的尸体穿着贵重的长袍，戴着黄金手镯笔直地坐在坟墓中。雕花的楼梯取代了原来的一条小路，围墙与飞檐，以及一切奢侈品都只供王室使用。[14]

后来林波波河变得难以捉摸，有时干涸成一条小溪，有时却泛滥成灾。气温下降，降雨在减少，住在山脚的人逐渐迁走。许多马蓬古布韦的居民迁到了东北部城市大津巴布韦（Great Zimbabwe）；在接下来的几个世纪，贸易路线也将转移到津巴布韦。[15]

没有了山脚的平民，国王失去了财富的来源。纳税人走了，农民走了，身为王室贵胄的骄傲也荡然无存。到1290年，国王也消失了，空留其遗弃的宫殿趴在山顶。

时间线 46

突厥王国	十字军国家	神圣罗马帝国	拜占庭	教皇	匈牙利	波兰	扎格维布韦	马蓬古	加奈姆
埃及苏丹萨拉丁（1174—1193）									
			安德洛尼卡一世·科穆宁（1183—1185）						
			伊萨克二世·安格洛斯（1185—1195）				拉里比拉（1181—1221）		
	第三次十字军东征（1189—1192）								
		亨利六世（1190—1197，1191年加冕）		西莱斯廷三世（1191—1198）			扎格维布岩石教堂开始兴建		
萨拉丁去世（1193）萨拉丁诸子之间的战争		阿历克塞三世·安格洛斯（1195—1203）			马佐夫舍公爵康拉德（1194—1247）				
		腓力（1198—1208，未加冕）		英诺森三世（1198—1216）	埃默里克（1196—1204）				
		奥托四世（1198—1215，1209年加冕）							
埃及苏丹阿迪勒（1200—1218）				承认条顿骑士团（1200）					
	第四次十字军东征（1202—1204）		君士坦丁堡被十字军占领（1204）		安德烈二世（1205—1235）				
					条顿骑士团进入匈牙利（1211）				
	耶路撒冷的约兰德（1212—1228）								
		腓特烈二世（1215—1250，1220年加冕）							
				第四次拉特兰公会议（1215）					
				洪诺留三世（1216—1227）					
	第五次十字军东征（1217—1221）								

时间线 46（续表）

突厥王国	十字军国家	神圣罗马帝国	拜占庭	教皇	匈牙利	波兰	扎格维	马蓬古布韦	加奈姆
埃及苏丹卡米勒（1218—1238）								马蓬古布韦国王的山上宫殿	
								杜纳马·迪巴拉米（约1220—约1259）	
	第六次十字军东征（1228—1229）			格列高利九世（1227—1241）	《金玺诏书》（1222）条顿骑士团被逐出匈牙利（1225）				
		康拉德四世（1237—1257，未加冕）			波罗的海十字军运动开始（1233）				
								林波波河改道叶库诺·阿姆拉克（约1270—1285）马蓬古布韦的衰落	

/ 47
第六次十字军东征

> 1223年至1229年,腓特烈二世和平夺回耶路撒冷,有人向他投掷猪肠以示"感谢"。

1221年,十字军在杜姆亚特投降时,匈牙利的安德烈二世与神圣罗马皇帝腓特烈二世都不在场;安德烈提前退场,腓特烈则根本没有出席。

虽然一再承诺要光荣地加入十字军,最后德意志军队也确实前来支援,但腓特烈二世总能找到自己无法离开德意志的理由。第五次十字军东征已经结束,可腓特烈曾保证他会参加十字军,这神圣的承诺必须兑现。1223年,他向洪诺留三世保证,他将在1225年实现诺言。到了1225年,东征的计划又被他推迟了两年。[1]

腓特烈刚与第二任妻子耶路撒冷的约兰德完婚,但计划推迟不是因为他们喜结良缘。当时他31岁,约兰德13岁,婚礼已委托给代理人。她是耶路撒冷国王约翰的女儿(约翰的王国版图以阿卡为首都,实际上并不包括耶路撒冷城),同时也是王位的合法继承人;

约翰虽然有王的名号但只是摄政王。在过去的两年里，约翰甚至都没在阿卡待过。他曾走遍法国、英格兰、西班牙与德意志，试图掀起东征的热潮，帮助他夺回耶路撒冷。*

约翰答应这门婚事是希望女婿能为他提供一支军队。没承想，腓特烈二世却把"耶路撒冷国王"的王冠戴在了自己头上。他争辩说约兰德的丈夫比她父亲更有权担任摄政王。

约翰大发雷霆却又无能为力，他在意大利，手无寸铁，而腓特烈却有洪诺留三世的支持，教皇十分希望这顶王冠最终能让腓特烈跨过地中海。但腓特烈让他失望了。洪诺留于 1227 年 3 月去世；腓特烈在那年 8 月才首次参加东征。"他去了地中海，"文多弗的罗杰说，"同一小队随从上了船假装前往圣地；3 天后，他说自己突患疾病……于是改变航线，3 天后又回到了登船的港口。"[2]

当时很多人不相信腓特烈二世真的得病。**洪诺留的继任者，被选为教皇格列高利九世（Gregory IX）的意大利枢机主教随即将腓特烈逐出教会，原因是他未能遵守誓言。新任教皇格列高利九世担心自己"看起来像只不敢叫的狗"。他要全世界都知道自己不是纸老虎，他向欧洲所有统治者公布了将腓特烈逐出教会的消息。[3]

由此，教皇与皇帝间长达 20 年的角力开始了。敌对的火药味十足，冲突一触即发，仿佛回到了腓特烈二世伟大的前辈亨利五世（Henry V）的时代。腓特烈要攥住所有能攥住的皇帝特权。他明目

---

* 约兰德过世的母亲是耶路撒冷 1163 年至 1174 年的国王阿马里克（Amalric）的外孙女，安茹伯爵、金雀花王朝国王亨利二世之祖父富尔克（Fulk）的曾外孙女；约兰德的父亲布里耶纳的约翰（John of Brienne）是个法国人，布里耶纳（香槟地区）伯爵的次子。

** 腓特烈说辞的真伪一直备受争议。最有成就的腓特烈二世传记作家之一大卫·阿布拉菲亚（David Abulafia），指出腓特烈的同伴之一图林根伯爵也患了晕船症，而且死在了海上（*Frederick II: A Medieval Emperor Frederick II*, pp.165—166）。但很多人同格列高利九世一样，根本不相信腓特烈病了。

张胆地表达对教皇的蔑视,程度之重让人们以为他是反基督者。13世纪的方济各会神父萨林贝内(Salimbene)讲述了一则故事:菲奥雷(Fiore)修道院院长是一位年长且虔诚的人,他曾把书都藏了起来,因为担心腓特烈一怒之下将整个乡村夷为平地:"他认为所有罪恶都已灌注于皇帝腓特烈体内,腓特烈与教会间有不可逾越的鸿沟。"[4]

腓特烈二世紧紧攥住皇帝在过去这几个世纪的谈判中保留下的所有权利。他"任命主教、大主教以及其他高级教士",意大利编年史家乔瓦尼·维拉尼(Giovanni Villani)解释道,"驱逐教皇派来的人,提高关税与神职人员交纳的税额"。他宣称自己有权直接统治意大利。他没有与格列高利九世谈判,而是给欧洲所有基督教国王与贵族写信,指责罗马教会的贪婪。文多弗的罗杰说,那些信警告大家,教皇为了以儆效尤,下一步将继续剥夺"皇帝、国王和贵族的"继承权。"在信的最后,他用'唇亡齿寒'一词警告各国贵族,提议他们联合起来抵制教皇的邪恶与贪婪。"[5]

此时,约兰德尽了妻子的职责。1226年,刚满14岁的她生下了第一个孩子,这是个女孩,她在9个月大时夭折。约兰德之后再次怀孕。她的儿子出生于1228年4月末,但是她死于难产。那是在她16岁生日后没多久,她被安葬在意大利南部的安德里亚大教堂。

她的死让人们对腓特烈的耶路撒冷国王地位产生了质疑。他是继承人的鳏夫,无法再代替继承人的父亲占据王位。但刚出生的儿子康拉德(Conrad)显然是王位继承人,他的监护人是腓特烈而不是约翰。[6]

现在,腓特烈二世终于能光明正大地去耶路撒冷了。

1228年9月初,皇帝只带了600名骑士来到阿卡。这是第六次十字军东征的开端。不幸的是，由于曾将腓特烈二世逐出教会，教会很难在此事上邀功，这让格列高利九世十分恼火，于是再次将腓特烈二世逐出教会。他厉声指责道，腓特烈的那小股军队看上去更像一群海盗而不是一支国王的军队。[7]

腓特烈对此充耳不闻。他已全盘计划好了出奇制胜的计谋，不需要庞大的军队就能实现目标。

南边，埃及的卡米勒与兄弟——叙利亚总督穆阿扎姆起了冲突，叙利亚宣布起义。腓特烈二世已经与卡米勒商量好了计划。以耶路撒冷为交换条件，他承诺调用德意志与意大利军队帮助卡米勒夺回叙利亚。但当他抵达时，局势却变了。曾效忠于卡米勒的阿拉伯外交官、历史学家伊本·瓦绥勒（Ibn Wasil）记录了当时的两难境地：

> 皇帝抵达阿卡时，卡米勒便有些尴尬，他请腓特烈来是想让他帮忙对付马利克·穆阿扎姆，但现在穆阿扎姆已经死了，卡米勒不需要腓特烈帮他了。但他又不能把腓特烈赶回去，因为他们事先有协议，这与他当时的既定目标不符。于是，他与腓特烈又达成了一项协议，给了他极大的好处。接下来的事稍后告知，如果情况允许的话……皇帝驻军阿卡，使者在他与卡米勒之间来来往往直到年底。[8]

腓特烈二世不肯离开，卡米勒又不想打仗。最后，两人在耶路撒冷投降问题上达成妥协。这座城市荒凉破败，叙利亚起义时城墙被穆阿扎姆夷为平地，多数居民都已逃离此地。城里没有驻军，只有零零散散的士兵，还有些一心想调岗的官员以及少数顽固的家庭。卡米勒把城市交给腓特烈，同时开出了几个条件：他不能重建城墙，附近的村庄还要保留穆斯林信仰，圣殿山（包括圆顶清真寺）依旧属于穆斯林，基督徒只能参观，穆斯林的礼拜也不能中断。[9]

兵不血刃，腓特烈二世完成了十字军从 1100 年就想完成的目标，而且还是以一个死不悔改、被逐出教会之人的身份完成的。对此，罗马教廷可是高兴不起来。其实，这份协议谁都不满意。阿拉伯历史学家伊本·艾西尔悲叹道："今年，法兰克人（真主诅咒他们）有条件地接管了耶路撒冷。愿真主赶紧让它回到伊斯兰的怀抱！""消息在整个穆斯林世界迅速传开，"伊本·瓦绥勒写道，"众人对失去耶路撒冷感到无比悲痛，并强烈反对卡米勒这种可耻的行为。"基督徒的反应也几乎同样强烈：腓特烈二世与异教徒达成了神圣的协议，这绝不是基督教皇帝应该做的事。（格列高利九世很会说简短的俏皮话，他严厉地说"基督与恶魔做了笔交易"。）[10]

无视公众的哗然，腓特烈二世南下接收战利品，并于 1229 年 3 月 18 日进入耶路撒冷。由于他还身处教会之外，耶路撒冷的主教试图阻止他进入圣墓教堂；但腓特烈完全不理会他。"我们虔诚地拜谒了永生神的墓，就像公教的皇帝那样，"他记录道，"第二天，周日，我们带着皇冠到那儿向上帝致敬。"他想以神圣罗马帝国皇帝的身份进入教堂，但愤怒的主教指责他盗用襁褓中儿子的名号，还用邪恶的双手将自己加冕为耶路撒冷国王，谣言四散传播。

腓特烈二世从没打算永远留在耶路撒冷，他任命了两名有法兰克血统的叙利亚人，西顿的贝利安（Balian of Sidon）与加尼耶·阿莱曼（Garnier l'Aleman）为耶路撒冷的摄政，之后便回到了阿卡。5 月 1 日，他前往港口，准备登船回家。他为基督教世界收复了圣城，却没有得到英雄般的欢送。谣言已传到阿卡，人民对他自己加冕为王愤怒至极，在他出城时民众向他投掷猪下水泄愤。[11]

时间线 47

匈牙利	波兰	扎格维	马蓬古布韦	加奈姆	突厥王国	十字军国家	神圣罗马帝国	教皇
					埃及苏丹萨拉丁 (1174—1193)			
		拉里比拉 (1181—1221)						
		扎格维岩石教堂 开始兴建				第三次十字军东征 (1189—1192)		
							亨利六世 (1190—1197, 1191年加冕)	
	马佐夫舍公爵 康拉德 (1194—1247)				萨拉丁去世 (1193) 萨拉丁诸子 之间的战争			西莱斯廷 三世 (1191— 1198)
埃默里克 (1196—1204)						腓力(1198— 1208,未加冕) 奥托四世(1198— (1198—1215, 1209年加冕)	英诺森 三世	
					埃及苏丹阿迪勒 (1200—1218)			承认条顿骑 士团(1200)
						第四次十字军东征 (1202—1204)		
安德烈二世 (1205—1235)								
条顿骑士团进入 匈牙利(1211)						耶路撒冷的约兰德 (1212—1228)		
							腓特烈二世 (1215—1250, 1220年加冕)	
						第五次 十字军东征 (1217—1221)	第四次拉特兰 公会议(1215) 洪诺留三世 (1216—1227)	
			马蓬古布韦国王 的山上宫殿		埃及苏丹卡米勒 (1218—1238)			
《金玺诏书》 (1222)			杜纳马·迪巴拉米 (约1220—约1259)					
条顿骑士团 被逐出匈牙利 (1225)								格列高利 九世 (1227—1241)

时间线 47（续表）

匈牙利	波兰	扎格维	马蓬古布韦	加奈姆	突厥王国	十字军国家	神圣罗马帝国	教皇
						约兰德去世（1228）		
						第六次十字军东征（1228—1229）		
						耶路撒冷向腓特烈二世投降（1229）		
	波罗的海十字军运动开始（1233）							
			林波波河改道				康拉德四世（1237—1257，未加冕）	
			叶库诺·阿姆拉克（约1270—1285）					
				马蓬古布韦的衰落				

/ 48

陈朝

> 1224年至1257年，新的王室统治大越，新的国家脱离高棉，占婆试图主宰南方。

大越王室的情况不容乐观。

李朝的惠宗在位14年。他的登基之路困难重重；不到15岁时，其父高宗因宫廷叛乱被赶下王位。王室逃到南定，寄居在沿海豪族陈氏家族那里避难，陈氏家族世世代代靠熟练的捕鱼技巧兴旺发达。在流亡期间，当时还是太子的惠宗娶了陈家的小女儿。这让整个陈氏家族坚定地站在了王室这边，在他岳父与妻子兄弟的帮助下，太子同国王最终得以回到首都升龙。

1210年，高宗驾崩，惠宗继承大越王位。只有16岁的他不得不依赖姻亲的支持与指导，妻子家里的男性亲属在朝廷中官越做越大。1224年，惠宗已30岁了，他身边的将军是陈家的人，大臣是陈家的人，贵族也是陈家的人，陈家的利益与他有着千丝万缕的联系。

但他没有儿子。

陷入忧郁的李惠宗在绝望的迷雾里越走越远。他的精神状态在大越官方的记录中丝毫不见踪影，但宫廷中的传言却沸沸扬扬。有种传言说，由于病弱无力，李惠宗将退位，隐居乡间寺庙。他最终把皇位留给了6岁的女儿李佛金，她成为李昭皇。[1]

小昭皇在朝廷上没有发言权，由她的陈氏母亲及其家族辅政，所以惠宗1224年退位实际上是把国家交到了陈氏手上。王室护卫长，小女王的舅舅陈守度，安排她嫁给自己的侄子，也就是女王的一个表兄陈煚。婚礼后，昭皇乖乖地把统治权交给了她的小丈夫。1226年1月，陈煚宣布称王大越。[2]

仅仅几个月后，惠宗死于佛寺之中。传言陈守度曾看望过他，对他建议说如果想让女儿平平安安，就要放弃一切反陈复李的想法。故事的结尾是，谈话后没几天，李惠宗"自缢于寺后园"。[3]

除了建议李惠宗自杀外，陈守度可能还做了些别的手脚。但不管发生了什么，李惠宗之死宣告200多年的李朝统治结束了。陈煚年幼继位，叔叔陈守度随即被封为太师。

32岁的陈守度野心勃勃，直到1264年去世，他一直都是国家的实际统治者，大越的无冕之王，陈朝的真正创始人。他处心积虑地清除残存的李氏王族。根据当时的史书记载，他在一个巨大的深坑上筑了一座祠堂，邀请李氏家族前来祭拜祖先，然后伺机把整座祠堂全部沉到坑里将他们活埋。而《大越史记全书》还记载说，陈守度"遣风水者遍观天下山川有王气之处，用方术厌胜之"。[4]

在陈守度和基本处于傀儡状态的陈煚的指挥下，*大越政府进行

---

* 陈煚的庙号"太宗"更为人们所熟知。

了彻底的改革。全国被划分为十二路；增加新的税种以扩充军队、建造堤坝；进行准确的人口普查；仿照中国建造了太学，以中国古典著作培养学者与后备官员。陈氏家族虽尊崇儒家教育，却完全保留了大越的方式。后来的一位陈氏国王写道："先朝立国，自有法度，不遵宋制。"[5]

年轻的国王很早就发现自己有点多余。1236 年，他试图放弃王位进入寺院，但陈守度打消了他的想法逼他回宫。困在王位上的陈煚投身于佛教哲学著述。他写道：

> 一个不花时间进行彻底的自我认知的人，
> 会始终在生活中徘徊，像一个没有根的人
> 他远离家乡流浪天涯……
> 不必走那么远！
> 人是可以回家的。[6]

1240 年他的儿子出生，这给了陈煚一丝希望，他希望有一天也能退位隐居佛教寺院。但此时离此夙愿实现还有近 20 年。

在这近 20 年中，他尽到了对国家的责任，其中包括在 1252 年袭击南部邻国。

高棉曾经是大越最大的敌人，现在则油尽灯枯。征服者苏耶跋摩的后代眼睁睁看着国土一点一点被蚕食。1238 年，面积不断缩小的高棉又丢了一块土地，这块土地位于湄南河肥沃的西部河谷，其地有数条小河流经，中间有群山穿过。住在那儿的人被高棉人与占婆人称为暹罗人（Syam）；根据吴哥窟上浅浮雕描述的战争场景，

暹罗人的军队曾和高棉国王的军队一同作战，但他们分开行军，穿着自己的军服。[7]

有段时间，高棉统治者因陀罗跋摩二世（Indravarman II）——一位名不见经传的国王——取得了河谷上游暹罗人的忠心，他向暹罗人的一名首领保证，授予其王室的名号，并且让一个暹罗公主成为他的王妃。但在1238年，这名首领——帕孟（Pha Mueang）与另一位从未受高棉统治的暹罗族首领联盟了。二人协力向河谷最大的城市素可泰（Sukhothai）发起犀利的攻势，将城里面所有高棉官员赶了出去。

也许是意识到违背向高棉国王许下的誓言降低了自己的威信，帕孟宣布其盟友邦克朗刀（Bang Klang T'ao）为河谷之王。这是暹罗人建立的第一个独立王国，也是泰国（Thai）的起源。[8]

在东边，饱受压迫的占婆人也摆脱了高棉的枷锁。国家当时虚弱不堪，但在阇耶波罗密首罗跋摩二世（Jaya Paramesvaravarman II）的领导下又重新崛起。

他于1220年统治占婆，并立即开始大规模重建寺庙、宫殿、堤坝，建造船只。占婆的船只开始侵袭大越海岸，夺取商品与奴隶。"他重新安置了南北方所有林伽像"，其统治时期的铭文记载道；他重申国家由印度教统治，推翻了曾不可一世的高棉神王。[9]

一时间，占婆将胜利的天平压向自己这边，成为东南亚最繁荣的国家。占婆的船舶载着沉香木、象牙和犀牛角向北航至中国港口，带回丝绸和瓷器。阇耶波罗密首罗跋摩二世沉浸在珠宝与黄金的海洋里，他把它们镶嵌在王室的服装上以彰显国力。[10]

1252年前后，阇耶波罗密首罗跋摩二世要求大越归还位于两国间、曾被李朝占领的三个地区。这三个地区是两国间战争的导火索，

地图 48-1　东南亚的四个王国

陈晛和他的叔叔趁机反扑。大越的军队冲进占婆北部；在随后的战斗中，阇耶波罗密首罗跋摩二世作战失利，他的妻子布耶罗（Bo La Gia）被掳回升龙。

东南亚的四个王国之间现在战乱不休。占婆的侵略已被制止。陈晛的儿子日渐长大成人，他几乎马上就能隐退了。但不等王太子年满 18 岁，四个王国都将面临前所未有的威胁。

蒙古人正在袭来。

时间线 48

扎格维	马蓬古布韦	加奈姆	突厥王国	十字军国家	神圣罗马帝国	大越	占婆	暹罗人	高棉
				埃及苏丹萨拉丁（1174—1193）		李高宗（1175—1210）			
拉里比拉（1181—1221）									
扎格维岩石教堂开始兴建				第三次十字军东征（1189—1192）					
					亨利六世（1190—1197，1191年加冕）				
				萨拉丁去世（1193）					
				萨拉丁诸子之间的战争					
					腓力（1198—1208，未加冕）				
					奥托四世（1198—1215，1209年加冕）				
				埃及苏丹阿迪勒（1200—1218）					
				第四次十字军东征（1202—1204）					
				耶路撒冷的约兰德（1212—1228）		李惠宗（1210—1224）			
					腓特烈二世（1212—1250，1220年加冕）				
				第五次十字军东征（1217—1221）					
	马蓬古布韦国王的山上宫殿			埃及苏丹卡米勒（1218—1238）					
		杜纳马·迪巴拉米（约1220—约1259）							阇耶波罗密首罗跋摩二世（1220—约1252）
						李昭皇（1224—1225）			
				约兰德去世（1228）		陈太宗（1226—1258）			

时间线 48（续表）

扎格维	马蓬古布韦	加奈姆	突厥王国	十字军国家	神圣罗马帝国	大越	占婆	暹罗人	高棉
				第六次十字军东征（1228—1229）					
				耶路撒冷向腓特烈二世投降（1229）				因陀罗跋摩二世（?—约1243）	
						陈煚试图退位（1236）			
								帕孟把素可泰城中的高棉人赶走（1238）	
	林波波河改道							邦克朗刀（约1238—1270）	
						大越侵略占婆王国（1252）			
叶库诺·阿姆拉克（约1270—1285）									
	马蓬古布韦的衰落								

/ 49

年轻的国王们

> 1227 年至 1242 年,法兰西的路易九世击退英格兰的亨利三世,莱昂-卡斯提尔与阿拉贡的国王几乎夺回西班牙全境。

1226 年,西方王国都掌控在年轻的国王的手中。

在法兰西,12 岁的路易九世与他摄政的母亲——卡斯提尔的布兰奇,需要应付一些满肚子牢骚的法兰西贵族。路易的祖父,腓力·奥古斯都,把西法兰克一些松散的半独立的贵族领地收归己有,将其并入法兰西王室领地。法兰西比曾经的西法兰克更繁荣、更强大、领土也更广阔。

但此举的代价是牺牲法兰西贵族的权力。

腓力·奥古斯都的儿子路易八世久经沙场,但在短短 3 年的统治之后于 1226 年死于痢疾。他的英年早逝让法兰西贵族趁机反击。路易九世的朋友、传记作家、十字军骑士让·德·儒安维尔写道:"法兰西贵族们看到国王只是个孩子,王太后也是个外国女人,便推举国王的叔叔布洛涅伯爵(Count of Boulogne)作为领袖，把他当成国王一样看待。国王加冕后，他们中有人要求王太后给他们大片领地；但王太后没有答应，所有的贵族便聚集在科尔贝（Corbeil）。"[1]

科尔贝就在巴黎南边。那时，年轻的路易九世正在返回巴黎的途中；他一直在进行加冕之旅，四处看望臣民并接受他们的敬意。他在科尔贝以西几千米的蒙莱里（Montlhéry）停下了。被拒绝的贵族打算绑架年轻的国王，但消息传到了布兰奇耳朵里。她派军队包围了贵族聚集的地方，让国王一行人赶紧回到巴黎。[2]

对已继位的国王采取这种敌对方式是前所未有且骇人听闻的，更令人不安的消息接踵而至：英格兰国王正盘算着利用贵族的叛乱夺回被约翰国王丢掉的法兰西领地。

亨利三世现在快20岁了，准备废除左右他11年的摄政。老威廉·马歇尔于1219年去世，那时年幼的国王刚登基3年；接任的摄政肯特伯爵（Earl of Kent）上任没多久就被解除职务。大力整顿政府以让其适应自己的亨利在法兰西除了阿基坦南部地区外再没有其他领地，但名义上他仍是诺曼底公爵以及安茹伯爵，他想收复这两个地区的土地。为了进一步鼓动针对年轻的路易九世的叛乱，他派信使给法兰西贵族们送信："如果他们能对他以诚相待……并承认他本来就是他们的主子，"文多弗的罗杰说，"他就给他们丰厚的好处。"[3]

亨利三世第一次向法兰西贵族示好没有得到任何回应；卡斯提尔的布兰奇重新审视了自己拒绝贵族们请求的决定之后，"把大量王室掌管的土地与城堡分给他们"。她设法贿赂并说服大部分不满的贵族，成功让他们发誓忠于她的儿子，亨利的信使无功而返。

亨利三世对王权十分看重。他倾向于独裁，大肆炫耀自己的伟大，并攥紧特权，不想放弃法兰西的土地。最终，他说服布列塔尼伯爵叛变，让他向英格兰国王效忠，给他的好处是封他为里士满伯爵（Earl of Richmond），以及将他从布列塔尼伯爵升为布列塔尼公爵。就这样，亨利有了登陆的港湾；1230年5月，他率军从朴次茅斯出航，在布列塔尼的港口城市圣马洛（Saint-Malo）登陆。[4]

他曾预想着与法兰西军队进行一场伟大而光荣的战争，但5个月后他依旧没能走出布列塔尼。他们经验不足，囊中羞涩，忌惮于法兰西的激烈反击，这些因素让他们在布列塔尼南部停滞不前。"这段时间，"文多弗的罗杰写道，"英格兰国王与军队待在南特，除了花钱什么也做不了。"10月，意识到攻入失地已没有任何可能，亨利三世只好放弃，回家去了。不久之后，布列塔尼伯爵又宣称自己效忠于路易九世。[5]

两位年轻的国王都没什么作为。亨利三世在接下来的几年中都在尽力安抚男爵们，他们对国王专制的行径（他回到伦敦的第一件事就是命令男爵们预缴免除兵役税，以弥补战争失利的损失）和国王向法兰西贵族提供好处的行为愤怒不已。而路易九世必须依靠布兰奇才能让心怀不满的男爵们守规矩，为了寻求和平他不得不答应他们大多数的请求。

越过英格兰南部的水域，再穿过法兰西西部的山脉，在那里，西班牙的国王们比他们幸运得多。

阿拉贡的海梅一世5岁便开始统治了，1230年，这个曾在西蒙·德·蒙福尔手中当人质的孩子现在已经22岁了。在他统治的头14年里，阿拉贡就是个阴谋的大熔炉，每个贵族都试图取代这个孩子获得权力。海梅一世在统治的记录中写道："阿拉贡的贵族中

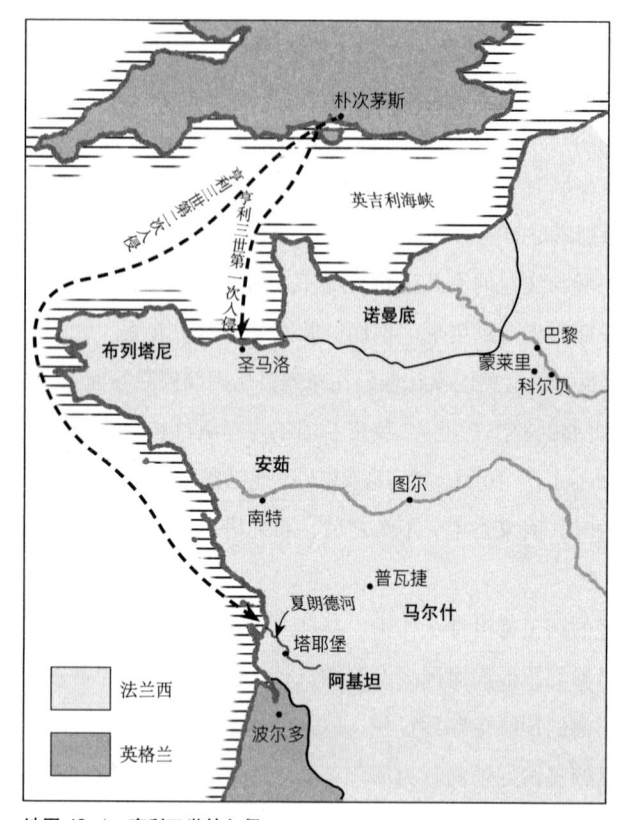

地图 49-1　亨利三世的入侵

帮派林立……我们无法做出决定,也没有任何可以信任的人。"海梅一世的摄政在海梅 10 岁时辞职了,此后整个国家几乎就靠他自己管理;长大后他深谙人心,懂得让贵族们自相残杀以保护自己。[6]

　　海梅一世有着惊心动魄的童年:9 岁全副武装第一次上战场,11 岁指挥围城,12 岁结婚("我们在一起一整年而不能行男女之事,因为我们还不够成熟")。1227 年,19 岁的他终于让所有相互攻伐的贵族达成停火协议：《阿尔卡拉和平协议》（the Peace of Alcalá），这份协议总算让阿拉贡的城镇有了喘息的机会来修补城墙，复苏经济。[7]

海梅一世既精明又有雄心壮志；一次，他召集所有好战的贵族让他们致力于一个目标，让他们进攻穆斯林的土地。

穆瓦希德王朝的哈里发已撤到北非，留下一些独立的总督管理南部小国。这些人中实力最强的是伊本·胡德（Ibn Hud），起初他是穆瓦希德王朝在穆尔西亚的官员，后来借穆瓦希德王朝衰落之势发展起来：16 世纪的历史学家马卡里（al-Maqqari）曾在今已散逸的记录中记载了穆斯林统治时代的西班牙，他写道："伊本·胡德的党羽逐渐发展起来，在力量足够强大时他便号召手下将自己推为国王。"他向远在巴格达的阿拔斯哈里发宣誓效忠，作为回报，他被授予"信徒领袖"的称号；不久，他又控制了塞维利亚、科尔多瓦与格拉纳达。[8]

海梅一世没有进攻南方的伊本·胡德，而是瞄准了与东部海岸隔海相望的由穆斯林统治的马略卡岛（Majorca）。他说服由阿拉贡贵族组成的立法机构——议会（cortes），让他们新加了一个税种以便为战争提供军饷；他说服阿拉贡的教皇使节为所有参战的人提供十字军赎罪券（indulgences）[*]。他乘船穿过肆虐的风暴，最后在马略卡岛的海岸登陆；1230 年 12 月，他带领军队洗劫了岛国首都帕尔马（Palma）并宣布占领该岛。这是他的第一次重大胜利，这为加强阿拉贡在地中海的贸易往来提供了条件。[9]

在西边，卡斯提尔国王斐迪南三世（Ferdinand III）的统治也蒸

---

[*] "赎罪券"是一种官方证明，由教皇的权威做保证，它可以减轻原罪之人在死后受到的惩罚。

蒸日上。

斐迪南是莱昂国王第二任妻子的儿子,所以不能直接继承莱昂王位。他在 18 岁得到了卡斯提尔的王位,他的母亲从她哥哥那里接过卡斯提尔的统治权后就立刻把王位传给了他。1230 年,在海梅一世从马略卡凯旋时,莱昂国王去世了。几乎同时,斐迪南宣布继承莱昂王位;他的两个同父异母的姐姐无法召集到足够的支持者把他赶下台,于是三人最终相互妥协。斐迪南由此一统莱昂与卡斯提尔两个王国,两国之前虽有分分合合,但从此不再分裂。

次年,斐迪南三世率两国军队南下征讨伊本·胡德。两年的战争让伊本·胡德跪地求饶;因为除了斐迪南,他还要同时面对来自阿尔霍纳(Arjona)的穆斯林总督伊本·艾哈迈尔(Ibn al-Ahmar)的威胁。艾哈迈尔在 1232 年称王阿尔霍纳,科尔多瓦与哈恩(Jaén)两城随即投靠他。"穆斯林头领还在安达卢斯各自为营或自相残杀的时候,"马卡里悲叹道,"基督徒……正疯狂地进攻伊斯兰的领地。"多条战线削弱了穆斯林王国的力量,这给了斐迪南一个好时机:他在伊斯兰领土上稳步推进,到 1236 年科尔多瓦已被他收入囊中。[10]

1237 年年末,伊本·胡德失去了太多土地从而导致支持者越来越少,最终被副官阿尔梅里亚(Almería)的总督暗杀。据马卡里记载,两人都深深地爱上了同一个女人,一个基督徒囚犯("有史以来最美丽的女人之一")。伊本·胡德的副官雇用了四个人在其情敌睡着后用枕头捂死了他。伊本·胡德一死,艾哈迈尔立刻拿下了阿尔梅里亚。1238 年,他在格拉纳达称王,开始建造坚固的宫殿:阿尔罕布拉宫(Alhambra),又称"红色宫殿"(Red One),因为建造者最先使用的是红砖。那里将成为奈斯尔王朝(Nasrid dynasty)后继者的居所,以及格拉纳达王国的统治中心。[11]

地图 49-2　1248 年的伊比利亚半岛

在接下来的 10 年里，莱昂-卡斯提尔的斐迪南三世与阿拉贡的海梅一世几乎攻克了所有残余的穆斯林土地。海梅一世随后出兵巴伦西亚："既然上帝已经允许你征服海外的土地，"一位贵族对他说，"你也应该征服自家门前的土地。那可是世界上最好的、最美丽的地方。"这花了他 13 年的时间，到 1245 年巴伦西亚也是他的了。斐迪南在 1243 年拿下了穆尔西亚，1246 年拿下了哈恩，1248 年拿下了塞维利亚。只有格拉纳达王国在基督教的猛攻中幸存下来，成为穆斯林在西班牙的最后一片土地。[12]

亨利三世就没那么幸运了。

他还没有放弃进军法国的计划。耻辱地回到英格兰后，他就处心积虑地挑拨路易九世的贵族。他的新盟友是雨果·德·吕西尼昂（Hugh de Lusignan），小伯国马尔什（Marche）的伯爵，就在普瓦捷的南边。40年前，雨果与亨利的母亲昂古莱姆的伊莎贝拉（Isabella of Angoulême）订婚，英王约翰却把她带走并娶了她。1220年，约翰死后4年，伊莎贝拉又返回家乡。雨果见到她后再次坠入爱河，这对被拆散的鸳鸯终于结婚了。此时伊莎贝拉34岁，雨果将近40岁；她已经给约翰生了5个孩子，1221年至1234年，她又生了9个，这些同母异父的兄弟有的属于英格兰国王，有的属于马尔什伯爵。

伊莎贝拉劝丈夫易主而侍（据说，如果他不同意她就不和他同床），雨果·德·吕西尼昂在假装效忠路易九世的同时又秘密起兵反对法兰西国王。1242年5月，亨利三世率300名英格兰骑士横渡英吉利海峡加入继父的军队；这比亨利预想的军队规模小得多，但英格兰的男爵们拒绝交纳更多的兵役免除税，他已经尽力了。[13]

路易九世召集3万人应战，驻军于夏朗德（Charente）河岸，马尔什西边的塔耶堡（Taillebourg）。亨利三世的表现与之前入侵时一样，毫无战略可言，他让自己同雨果的军队——差不多2000人——与法兰西军队隔河正面对战。过河的唯一路径是一座窄浮桥，也许亨利觉得这会缩小两方的差距。但法兰西人早已备好船队，直接横渡了夏朗德河。

7月22日，战斗开始不久便结束了。让·德·儒安维尔写道："我们的人在城堡的支援下奋力厮杀，冒着危险通过船只和浮桥过河，冲向英格兰人。"亨利三世逃跑了；陪他一起来的那几个贵族，包括小西蒙·德·蒙福尔（那个臭名昭著的十字军首领的儿子），在打了一场绝望的后卫战后四散而逃。雨果·德·吕西尼昂与伊莎贝拉被俘。路易九世给了他们改过的机会，但把马尔什大部分土地据为己有，外加伯爵的所有财产。[14]

亨利三世逃到了波尔多，但已无力反抗；小西蒙·德·蒙福尔的盛怒溢于言表，说应该把亨利像"糊涂查理"（Charles the Simple）那样关起来，别让他再出来害人了。一切已无法挽回。在法兰西的败北不断发酵；接下来的一个世纪里，亨利撒下的仇恨之种会逐渐演变成一场百年战争。[15]

时间线 49

大越	占婆	暹罗人	高棉	英格兰	西法兰克	基督教西班牙	穆瓦希德
						（葡萄牙）桑丘一世 （1185—1212）	
				狮心王理查 （1189—1199）		（莱昂）阿方索四世 （1188—1230）	
				理查被 释放 （1194）	图卢兹的 雷蒙六世 （1194— 1222）	（纳瓦拉） 强壮的桑丘 （1194—1234） （阿拉贡） 佩德罗二世 （1196—1213）	
				约翰王 （1199—1216）			穆罕默德·纳西尔 （1199—1213）
				反对约翰王 的起义 （1200—1203）			
					多明我·德·古斯曼 向迦他利派传教		
				教皇对英格兰 宣布禁行圣事令 （1207）			
					阿尔比派十字军 （1209—1229）		
李惠宗 （1210—1224）				在英格兰 的犹太人 遭囚禁 （1210）	西蒙·德·蒙福 尔围攻图卢兹的 雷蒙六世 （1211）		
						托洛萨的那瓦斯 战役（1212）	
						（阿拉贡） 海梅一世 （1213—1276）	优素福二世 （1213—1224）
				《大宪章》 （1215）	布汶战役 （1214）		
				贵族对抗 国王的战争 （1215—1217）			
				亨利三世 （1216— 1272）	路易王子侵入 英格兰（1216）		

时间线 49（续表）

大越	占婆	暹罗人	高棉	英格兰	西法兰克	基督教西班牙	穆瓦希德
						（卡斯提尔）斐迪南三世（1217÷1252）	
	阇耶波罗密首罗跋摩二世（1220—约1252）			威廉・马歇尔去世（1219）			
					图卢兹的雷蒙七世（1222÷1249）		
李昭皇（1224—1225）					路易八世（1223÷1226）		
陈太宗（1226—1258）					路易九世（1226÷1270）		穆瓦希德在西班牙的权力衰败
					《阿尔卡拉和平协议》（1227）		
			因陀罗跋摩二世（?÷约1243）			（穆尔西亚）伊本・胡德（1228÷1237）	
					《巴黎条约》（1229）		
				入侵布列塔尼（1230）	图卢兹宗教会议	（莱昂-卡斯提尔）斐迪南三世（1230÷1252）	
						（阿尔霍纳）伊本・艾哈迈尔（1232÷1244）	
陈煚试图退位（1236）	帕孟把索可泰城中的高棉人赶走（1238）						
		邦克朗刀（约1238—1270）					
					塔耶堡战役（1242）		
						斐迪南三世占领塞维利亚（1248）	
大越侵略占婆王国（1252）							

/ 50

蒙古铁蹄

> 1229 年至 1248 年，蒙古人震慑世界。

　　1227 年，那个称霸天下的大汗死了，他将征服的土地分给了儿子：小儿子拖雷在中心地区，平坦的蒙古大草原；二儿子察合台在中亚，阿姆河和草原西北部之间；已故大儿子朮赤的两个儿子在西方，咸海的另一边。三儿子窝阔台是所有儿子的首领，即大汗，在克鲁伦河（Kherlen）旁的家乡统治着（至少在理论上）整个帝国。

　　成吉思汗死后，蒙古大军从西方撤军；一小部分兵力还象征性地留在里海一带，那儿的基辅罗斯士兵早已投降，大部分的蒙古兵力现在开始东移。十几年前，他们轻而易举地将金朝北部收入囊中。但对剩余地区的征服，情况却完全不同。金朝将都城从被洗劫一空的中都南迁至开封，并重建了政府。他们的领土面积越来越小，大片耕地落入敌人手中；所以在过去的几年里，他们一直在向南抢夺宋朝的土地。

窝阔台大汗的位子坐稳后,增派部队加强对金朝的攻势。蒙古人是勇猛的战士,但也并非战无不胜;1230 年,窝阔台的大将军速不台就被金朝打败。

在他奋勇向前的同时,另一支蒙古军队,由撒礼塔大将指挥,向高丽进发。1231 年夏,他们到达鸭绿江畔,准备进攻。

这不是蒙古人第一次兵临鸭绿江了。早在 1218 年成吉思汗向西推进时,一股蒙古军队就把逃离草原的契丹人(后辽)追到了高丽半岛。契丹人龟缩在高丽的江东城,蒙古人要求高丽西北面元帅赵冲给他们援助。

赵冲小心翼翼地答应了。他手下的一名官员说蒙古人是最没有人性的北方蛮子。而西北兵马使也警告说:"若违彼意,后悔何及。"为了避免报复,赵冲命人送出了补给品:1000 袋大米。[1]

击败契丹后,蒙古人要求高丽人进贡以回报他们为高丽解除契丹的威胁。随后蒙古人离开了,但他们将 41 人留在了边境的义州。蒙古将军哈真对这些人下达命令:"尔等习高丽语,以待吾复来。"[2]

现在,1231 年,蒙古人回来了。9 月,撒礼塔大将命令部下越过鸭绿江,吞并高丽的战争开始了。

崔忠献于 1219 年去世,他的儿子崔瑀随后得到了高丽的军政大权。有名无实的君主高丽高宗依然坐在王位上,而崔瑀则要抵御蒙古人入侵。

蒙古人大军压境,沿途的城镇全部成了空城,民众或投降或逃跑。崔瑀出动高丽常备军奋起抵抗。让他没有想到的是,藏身于鸭绿江边臭名昭著的马山土匪头子送来了 5000 名土匪,高丽军由此展开了出人意料的激烈抵抗。西北部城市龟州的顽强抵抗让蒙古人也不得不赞赏,据记载撒礼塔手下的一员老将在事后说:"吾结发从军，历观天下城池攻战之状，未尝见被攻如此而终不投者。"蒙古人用上了投石机、攻城塔、隧道、人油浸泡的蒿草；最终，在崔瑀下令投降后守将才打开城门。出于钦佩，撒礼塔饶他不死。[3]

蒙古人的入侵席卷了高丽北部，越来越接近首都开城；1231年年底，崔瑀决定求和。他用数量惊人的贡品（2万匹马、1万张水獭皮，以及数不清的财富）暂停了蒙古人入侵的步伐。多数蒙古军队撤回，只留下一些官员镇守掠夺的土地。他们计划与高丽当局在开城合作统治。可担惊受怕的高宗、崔瑀以及所有重臣都逃离了开城。1232年，他们从高丽海岸乘船来到离陆地最近的江华岛，并在那儿重建了政权。蒙古人要求他们返回却遭到拒绝。船只可以从南方未被征服的地区运来补给，他们在那里生活得很舒适。蒙古指挥官没有水上作战经验，只能口头威胁，徒劳地命令他们回来。[4]

在接下来的几年里，高丽人与蒙古人就这样僵持着，既不战，也不和；而在大陆，蒙古人的征服依旧进行着。

1232年，速不台的军队与金朝都城开封相距咫尺。在进攻金的过程中，他们得到了南宋的帮助。速不台知道金仍然拥有一支强大的军队，并将把主要的防守力量放在北面，于是和宋朝密谋打通通往开封南部的道路，这样他就能派一部分兵力从城市防守最薄弱的地方进攻。

大量兵力绕道南方很快引起了金的注意。金朝皇帝金哀宗提醒南宋，不要忘了中国那句古话——唇亡齿寒。蒙古人已经"灭国四十"，他警告说，如果金陷落，宋会是下一个目标。[5]

但宋充耳不闻。大批金军立刻从黄河转向，本应抵挡北方攻击的军队，现在都转移到都城南部。但速不台又把大半军队调了回来。蒙古军队从南方出现的同时，预留的军队从北方倾泻而下。金哀宗

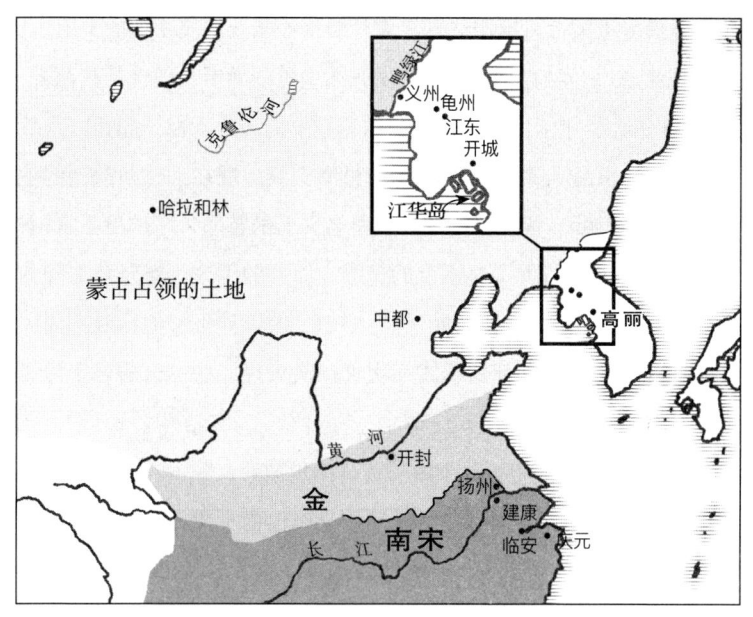

地图 50-1　蒙古占领东方

出逃至蔡州，开封守军随后投降蒙古。[6]

1234 年，蒙古军与宋军合围蔡州；城市中，金人吃掉马匹，然后是草，之后又用马鞍和军鼓的鼓皮煮汤喝。不久，他们便开始吃死人。饥饿与随后而来的瘟疫拖垮了防线。速不台的军队涌进城市，金哀宗自杀。[7]

但速不台没有立即攻打南宋。窝阔台于 1235 年将他召回北方，负责接下来的战事：向西 5000 千米，蒙古的西方领土。

这些土地是赏给术赤的两个儿子拔都和斡儿答的。哥哥斡儿答拥有咸海北部锡尔河（Syr Darya，即忽章河）下游已被征服的地区。拔都的领地横跨伏尔加河，跨越里海：那里名义上是分给他的遗产，但实际尚未被蒙古人征服。现在大汗要帮侄子夺取属于他的土地。[8]

现年50多岁的速不台从17岁开始为可汗效劳。他曾征战西方，于1223年在卡尔卡河帮助尤赤打败基辅罗斯。他吸取了与西方人战斗的经验，并在与东方人的战争中付诸实践。现在，重回欧洲的他站在了人生巅峰。拔都只是这场战争名义上的首领，一位甩手掌柜，欧洲之战到处都留下了速不台的身影。犀利的围攻，对轻装上阵的高度机动的军队的狡猾调动，深思熟虑又凶悍异常，他让对手闻风丧胆：对阵高丽与金朝的模式一次又一次重现，速不台的名字深深地烙在了欧洲的土地上。

1237年年末，速不台与拔都越过伏尔加河。蒙古人习惯在严寒的地方战斗，寒冷的乡村地区对他们来说也构不成任何挑战。老将绰儿马罕带领突击部队转向南部，越过高加索山脉进入格鲁吉亚。1219年就深受蒙古蹂躏的格鲁吉亚失去了首都第比利斯以及东部大部分土地，格鲁吉亚贵族被迫进入蒙古的等级体系。[9]

同时，速不台与拔都第一次向罗斯人亮出了獠牙。12月21日，就在圣诞弥撒前夕，他们占领了梁赞（Riazan）。据《沃斯克列先斯克纪事》(*Voskresensk Chronicle*)记载："他们烧光了一切，杀了亲王和公主，掳掠男人、女人、儿童、僧侣、修女以及祭司；其中有些人死在了剑下，有些人则被弓箭射杀后扔进了火堆。"莫斯科随后陷落，经过10周的围攻后，基辅也于1240年惨遭厄运。众多惶恐不安的基辅人挤到什一税教堂祈求平安，由于人数太多，二楼塌陷，教堂从内部坍塌了。6年后，一名旅行者在途经基辅时发现当时死去人的骸骨仍堆在冷清的街道上。[10]

到1240年，除位置偏远的诺夫哥罗德外，罗斯所有公国都归拔都统治，那些口头承诺的遗产现在终于被拔都实打实地握在了手里。

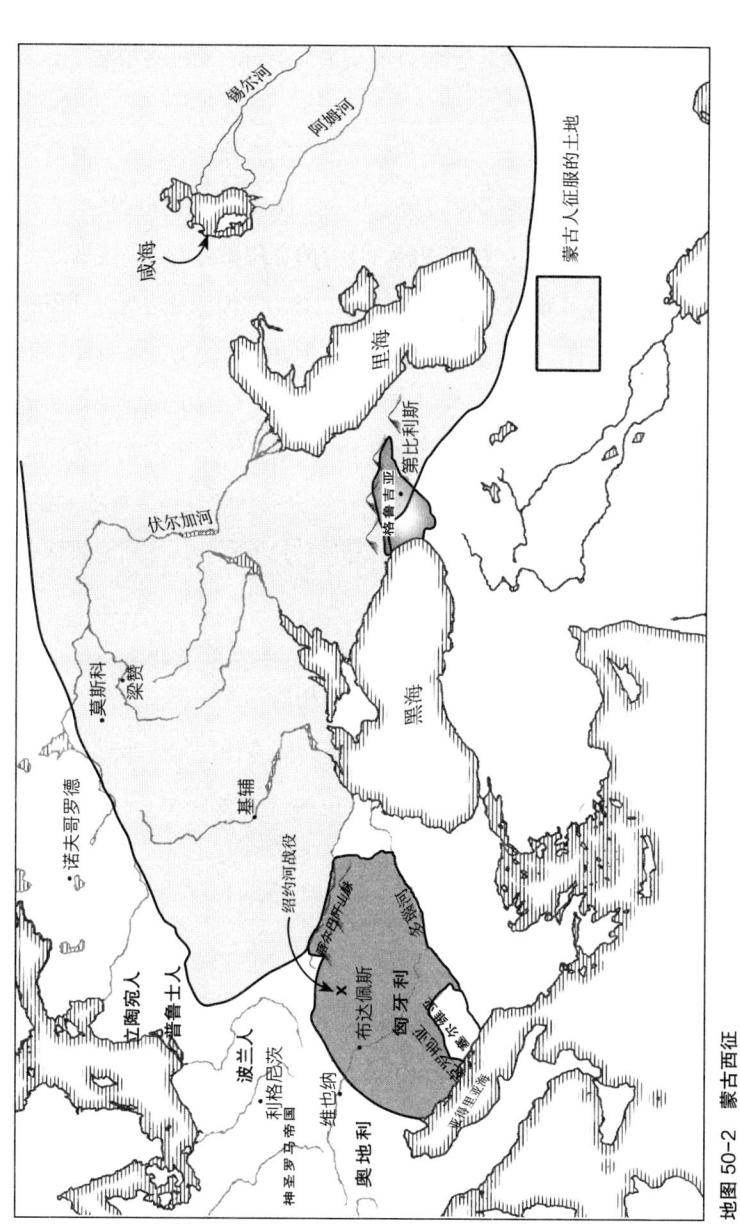

地图 50-2 蒙古西征

速不台休整了一段时间后于 1241 年春继续前进：翻过喀尔巴阡山脉进入匈牙利。

对多数欧洲人来说，罗斯仍是一个遥远而神秘的地方，但匈牙利就在他们家门口。5 万蒙古勇士从山上倾泻而下，同时还有 2 万名士兵从侧路进军波兰拦截增援。波兰的克拉科夫大公，虔诚的亨利二世（Henry II the Pious）尽全力抵挡攻击，但他身边受过训练的士兵数量太少了，纵然条顿骑士团前来助其一臂之力，基督徒的军队依旧寡不敌众。4 月 9 日，他们在利格尼茨（Liegnitz，今称莱格尼察）附近遭遇蒙古军，亨利的骑士惨遭屠杀，用来扩充军队的农民和铁匠也难逃一死。亨利在军中阵亡。幸存者打扫战场的时候，亨利的妻子认出了他那伤痕累累、身首异处的尸体；亨利能被认出的唯一原因是他的左脚有六个脚趾。[11]

两天后，在 600 多千米以外的南方，速不台率剩下的蒙古军与匈牙利军队在绍约河（Sajo）畔正面相遇。匈牙利安德烈二世的儿子贝拉四世（Béla IV）策马在阵前领军，6 年前父亲去世后他成了国王。匈牙利军队全副武装，准备战斗，多瑙河两岸的城镇布达（Buda）和佩斯（Pest）为他们提供了充足的补给。速不台让己方军队缓缓撤军，然后在匈牙利军进攻时包围了他们。[12]

也许在速不台诱敌之前，匈牙利的败局就已经确定了。蒙古人进军之前，难民越过喀尔巴阡山脉逃到匈牙利，他们受到了贝拉四世的欢迎。匈牙利的贵族对外国人大量涌入并不满意。在国王的召集下，匈牙利贵族出兵参战，僧侣阿普利亚的罗杰留斯（Rogerius of Apulia）因藏在附近的沼泽地而逃过一劫，事后他指出那些贵族"都很不满，而且……他们缺乏必要的意志和激情。他们甚至希望国王战败，这样能让他们看起来更加重要"。[13]

蒙古人则斗志昂扬。他们战争手段残酷,用投石机向匈牙利弩手投掷巨石,朝骑士投掷中国的爆竹和灌有焦油的小型炸弹。6万匈牙利士兵战死沙场;和基辅如出一辙,几年后一个路人说那里"遍地白骨"。贝拉四世逃过一劫,但速不台派了一名将军追击他:合丹(Kadan),窝阔台的小儿子。合丹曾率军辅佐速不台战胜了波兰的亨利二世,之后又快马加鞭来到南方出现在第二战场。[14]

他尾随贝拉四世经奥地利公国转至克罗地亚,但在发现贝拉渡过亚得里亚海到一座小岛上避难后,他就放弃了;蒙古人一般不喜欢漂洋过海,即使他们的猎物就在眼前。合丹转身回到将军身边。

速不台又将一支侦察兵派往西方更远处:腓特烈二世的神圣罗马帝国边界。他们在帝国的边界上看到了维也纳。敌军将至的传言迅速扩散,震慑着每一个听到传言的人。匈牙利的一位神父声称,蒙古人就是基督的敌人。一名波兰的方济各会成员在给他兄弟的信中写道:"先知苦难的预言已降临到我们身上……《圣经》的证词已描述了这种凶残。""他们是上帝的愤怒之剑,用以惩罚基督徒的罪恶。"萨克森的巴拉丁伯爵(Count Palatine)在给一位公爵的信中如此悲叹道。[15]

世界末日似乎就要到来。但乌云刚刚聚集便被风暴吹散了。

维也纳对速不台来说触手可及,但窝阔台大汗命不久矣。就在这位伟大的蒙古将军集结军队准备进攻神圣罗马帝国时,他收到了老朋友、他的主子去世的噩耗。他毫不迟疑地集结部队,回家了。

拔都留在西方,统治着征服的土地,他的王国被称为金帐汗国(Golden Horde),都城是位于伏尔加河下游的萨莱(Sarai)。而在蒙古腹地,蒙古大汗的继承引发了一场家族内部的争斗。速不台想在那里等待下任蒙古大汗的选举。[16]

时间线 50

英格兰	西法兰克	基督教西班牙	金	高丽	蒙古人的进攻	波兰	罗斯人	格鲁吉亚	匈牙利
约翰王（1199—1216）反对约翰王的起义（1200—1203）				崔忠献掌权（1196—1219）	札木合成为古儿汗（1201）成吉思汗（1206—1227）				安德烈二世（1205—1235）
教皇对英格兰宣布禁行圣事令（1207）	多明我·德·古斯曼向迦他利派传教		卫绍王（1208—1213）						
在英格兰的犹太人遭囚禁（1210）	阿尔比派十字军（1209—1229）西蒙·德·蒙福尔围攻图卢兹的雷蒙六世（1211）								
		托洛萨的拉纳瓦战役（1212）（阿拉贡）海梅一世（1213—1276）		高宗（1213—1259）			姆斯季斯拉夫三世，基辅大公（1212—1223）	乔治四世（1213—1223）	
	布汶战役（1214）		蒙古占领金中都（1215）						
《大宪章》（1215）贵族对抗国王的战争（1215—1217）亨利三世（1216—1272）	路易王子侵入英格兰（1216）（卡斯提尔）斐迪南三世（1217—1252）			高丽向蒙古进贡（1218）崔瑀掌权（1219—1249）					
威廉·马歇尔去世（1219）	图卢兹的雷蒙七世（1222—1249）路易八世（1223—1226）路易九世（1226—1270）		哀宗（1224—1234）				卡尔卡河战役（1223）		《金玺诏书》（1222）

时间线 50（续表）

英格兰	西法兰克	基督教西班牙	金	高丽	蒙古人的进攻	波兰	罗斯人	格鲁吉亚	匈牙利
		《阿尔卡拉和平协议》（1227）			成吉思汗去世（1227）蒙古征服西夏（1227）				
		（穆尔西亚）伊本·胡德（1228—1237）							
	《巴黎条约》（1229）				窝阔台（1229—1241）				
入侵布列塔尼（1230）	图卢兹宗教会议	（莱昂-卡斯提尔）斐迪南三世（1230—1252）	金打败速不台（1230—1231）						
		（阿尔霍纳）伊本·艾哈迈尔（1232—1244）		高宗撤退到江华岛（1232）					
			开封陷落（1233）						
									贝拉四世（1235—1270）
							莫斯科沦陷（1238）	第比利斯沦陷（1237）	
							虔诚的亨利二世，克拉科夫大公（1238—1241）		
	塔耶堡战役（1242）				利格尼茨战役（1241年4月9日）绍约河战役（1241年4月11日）窝阔台去世（1241）				
		斐迪南三世占领塞维利亚（1248）							

他再也没有回到西方。在哈拉和林（Karakorum），他发现并不是所有蒙古部族都支持成吉思汗的孙子贵由；随后而来的 4 年明争暗斗暂停了蒙古人扩张的步伐。

/ 51

仇恨的债务

> 1229年至1250年,神圣罗马帝国皇帝腓特烈二世帮助教皇建立宗教裁判所,之后被逐出教会。

神圣罗马帝国皇帝腓特烈二世躲避着大堆抛来的猪下水离开了耶路撒冷。他于1229年回到意大利,并从官员的报告中得知:帝国即将分裂。

神圣罗马帝国这个打着罗马复兴的幌子组合在一起的帝国正在分崩离析。德意志从10世纪起就拥有强烈的民族认同。意大利北部城市与德意志各公国之间隔着阿尔卑斯山,他们重新组成了12世纪时曾对抗腓特烈二世祖父的伦巴第联盟(Lombard League)。西西里能够成为帝国一部分的唯一原因就是腓特烈二世从他母亲康斯坦茨那里继承了西西里的王位,西西里王国实际上就是个独立的王国。

腓特烈二世不在的时候,教皇格列高利九世为了报复这个顽固不化、被逐出教会的皇帝,不断怂恿帝国分裂。他允许布里耶纳的约翰,也就是腓特烈亡妻的父亲进攻西西里,并承诺将支持伦巴第

/ 51 仇恨的债务

联盟,更有甚者:"教皇……四处宣扬我们死亡的假消息,并让红衣主教发誓不说破,"腓特烈刚到意大利就给卡米勒写信道,"所以,听信了这些鬼话……这群傻子和罪犯的乌合之众都被牵着鼻子走。我们抵达时……约翰国王和伦巴第人已经对我们的领土发起进攻,红衣主教的誓言甚至让他们不相信我们回来了。"[1]

在伦巴第人和国王约翰发现腓特烈的死讯为假后,他们丧失了信心;而当腓特烈出现在德意志军队排头时,两伙人抱头鼠窜。格列高利九世失去了支持者,不得不接受停战协议。他解除了将皇帝逐出教会的教令;作为回应,腓特烈不会报复那些煽动者。[2]

腓特烈二世的下一个问题是德意志的自家事。

他已经十多年没有回帝国的核心德意志了。他把国家留给了儿子亨利,1222年亨利被加冕为德意志国王,但他只是在王位上做了近10年虚君。没有父亲照顾的亨利已经长大了。现在他18岁了,急于独立。

意识到亨利野心勃勃,腓特烈给他写了封信,命令他于1231年出席在拉韦纳召开的帝国议会(德意志所有贵族集会,由皇帝主持)。伦巴第联盟立即联合起来封锁了亨利穿越阿尔卑斯山的道路。亨利没有表现出有多么遗憾,只给他父亲写了封道歉信。[3]

腓特烈二世的回复尖锐严厉。他对亨利奢侈的生活方式,以及向敌视皇帝的朝中大臣示好的倾向十分不满。他命令儿子1232年到意大利北部见他。与此同时,他颁布了一系列诏书取消亨利近来的一些决定。[4]

亨利觉得暂时还不能把他父亲惹急了。他面见了腓特烈并宣誓效忠。但这两人已经形同陌路,誓言就是空头支票。

腓特烈认为这件事应当到此为止。他让亨利回到德意志,自己准备前往三个王国中的最后一国：西西里。那是他出生的地方，整个帝国唯一一个让他感觉像家的地方。但他在离开意大利之前又采取了另一项策略以解决意大利问题——这项策略全凭直觉，同时也进一步缓和了与格列高利九世的矛盾。

腓特烈二世一直觉得异端是帝国巨大的威胁。他曾在 1220 年写道："侵犯上帝的威严，比侵犯皇帝的威严更严重。"这里的"更严重"指的是更具破坏性，也更致命，至少应和叛国罪同等量刑。[5]

在统治初期，他颁布法令规定领土内的异端都要被流放且终生不得回国，他们的财产也要被没收。前几任皇帝也曾实行过这些刑罚。在他统治的最初 10 年，曾在法兰西南部名噪一时的阿尔比派十字军运动给了他对付异端的灵感。

就在两年前，图卢兹宗教会议决定在各教区组建针对平信徒和神父的审判委员会，委员会的职责是调查异端，并把嫌疑人移送世俗当局法办。皇帝和教皇又一起进一步发展了这种机制。多明我会，这个由多明我·德·古斯曼建立的旨在向朗格多克的异端传道的修会，接受指派到西西里、德意志以及意大利对异端进行搜查。根据教皇 1231 年颁布的《绝罚通谕》（Excommunicamus），任何被多明我会指认的人都要被帝国官员羁押（"放到世俗之手中"），等待进一步的审查；这些人之后会被判以满足处罚（animadversio debita）："仇恨之债"，用以处罚那些既违抗国王又违抗上帝的人。[6]

格列高利九世没有明确满足处罚的最高量刑，但那些悔改的异端仍要被判处终身监禁。顽固不化的异端下场就要惨得多。虽然火刑极少执行，但这种刑罚在德意志由来已久；腓特烈二世已经宣布火刑在帝国内的所有伦巴第城市中是合法的。现在，他又把这项刑罚写进了法律。1231 年颁布的《西西里法典》（Sicilian Code）是西西里

第一部成文宪法，该法将异端与叛国视为同等罪行，应判处死刑。[7]

现在，在腓特烈帝国的三个王国中，被搜寻、监禁、审讯、处决的阴云笼罩在异端头上。图卢兹会议建立了宗教法庭，但腓特烈和格列高利九世让其更为血腥。

1231年至1240年，两人又合作颁布了一系列法令，使得宗教法庭的触角越伸越远，同时，两人的目标也越拉越近。他们都担心在自己的领地出现动荡和骚乱，格列高利更是坚信这种骚乱就来自超自然的世界。他在1233年所写《罗马之声》（Vox in Rama）一信中解释道，异端用秘密的方式向一只黑猫行礼来获得力量，然后他们会召唤出一只让他们臣服的恶魔生物：它就是显灵的路西法（Lucifer），"一个最受诅咒的恶魔，他的下半身毛茸茸的像一只猫"。"遇到这种恶魔和恶魔的信徒，任谁都想把它们除掉，"他在信的结尾处写道，"……对付他们就要用最残忍的方式。"[8]

他们的方式也着实残忍。在维罗纳、米兰甚至罗马，异端都被活活烧死。特里尔大主教的一本官方记录记载道："在主的1231年，整个德意志掀起了一场针对异端的迫害运动……许多人被烧死……消灭异端的意愿已经狂热到了盲目的程度，有的人仅仅是有嫌疑，他们的申辩和反驳却毫无用处……没有任何反抗的机会……他们必须立刻承认自己有罪。"[9]

腓特烈二世尽可能与罗马合作，但和儿子却依旧明争暗斗。

1234年年末，亨利与父亲开战。他将大本营建在莱茵河畔的德意志城市科布伦茨（Koblenz）南边。但这次叛乱如昙花一现。为了同时防备意大利北部的敌对势力，腓特烈在亚得里亚海北岸安营，然后穿过德国东部的卡林西亚公国（Duchy of Carinthia）率军直上。

卡林西亚公爵和洛林公爵与腓特烈合兵一处，进军沃尔姆斯。对人民来说，离开多年的国王再度回国就有如基督再临；一抵达沃尔姆斯，亨利的支持者就逃之夭夭了。"皇帝……抓住了国王亨利以及亨利的两个儿子，两个小伙子，"佛罗伦萨的编年史家乔瓦尼·维拉尼对腓特烈并不欣赏，他写道，"他把他们押到阿普利亚，关进监狱……并在那里活活饿死了亨利。"事实上，亨利并非死于饥饿。8年的牢狱生活让他忍无可忍，1242年初，在卫兵的看管下骑马迁到马尔蒂拉诺（Martirano）附近一所监狱的途中，他纵马越过一个陡峭的悬崖时坠崖身亡。[10]

1235年，腓特烈在美因茨再次召开皇室晚宴时亨利还活着。他安排推选自己的二儿子，7岁的康拉德（Conrad）为德意志的新国王（两年后加冕）。之后他开始谋划对伦巴第的战争。现在家族里上下一心，他决定重现"帝国的统一"。[11]

就在宗教法庭大行其道时，腓特烈二世——不顾格列高利九世希望意大利和平的再三请求——发动了对伦巴第的战争。维罗纳为其大开城门；维琴察（Vicenza）负隅抵抗，后被洗劫一空；费拉拉（Ferrara）投降；曼图阿（Mantua）陷落。米兰一连数月顽强抵抗。腓特烈向后撤离，把米兰人引出家门骗到东部的科尔泰诺瓦（Cortenuova）后将其包围。1237年11月27日，超半数的米兰军队被皇帝的军队消灭或俘虏，几乎所有的马匹、马车和补给都被抢光。

其余的人四散逃离，腓特烈借胜利之势要求米兰无条件投降。然而米兰拒绝了。"我们害怕你的残酷，"他们回信说，"这点我们亲身体会过；我们宁愿反抗到生命的最后时刻，也不愿受你的折磨而死。"整个冬天他们都积极作战，而他们的顽强抵抗也激励着伦巴第的其他城市重返战场。[12]

格列高利九世逐渐意识到，腓特烈二世望向意大利的贪婪目光最终也会落在罗马身上。两方的临时停火协议只是白纸一张，作为共同纽带，对抗异端的合作也到此为止。格列高利九世调停皇帝和伦巴第人的尝试也毫无效果。1239年年初，腓特烈驻军撒丁岛，教皇曾声明该岛是他的领土，格列高利九世暴跳如雷，强烈谴责皇帝的野心。英格兰史家马修·帕里斯（Matthew Paris）记录道："教皇和皇帝之间的仇恨就像一处化脓的旧伤。"4月，格列高利九世宣布将腓特烈二世逐出教会并剥夺其皇位。[13]

伤口再次破裂。教皇和皇帝往来的信件中的火药味越来越浓，腓特烈二世把自己的控诉告知了欧洲每一位加冕的君主。（"各国现在都在竭力无视意大利的统治者和皇权！"他如此控诉道，并巧妙地把自己和格列高利的不同以及平息伦巴第反叛的愿望结合到一起。）最终，腓特烈二世留下一部分军队继续攻打伦巴第，自己南下进军罗马。1241年8月，就在他将要抵达罗马城下时，格列高利九世由于不堪忍受罗马夏天的高温，去世了。[14]

腓特烈立即撤兵，声明他只是和格列高利九世的意见不合，并不针对教会。格列高利的继任者上任17天后便因病去世了，罗马陷入混乱。新任教皇直到1243年才上任：热那亚枢机主教西尼巴尔多·菲耶斯基（Sinibaldo Fieschi），曾经的教会律师现在成了教皇英诺森四世（Innocent IV）。

腓特烈二世和枢机主教菲耶斯基的关系不错，但他有他的顾虑。"这次选举，"他对他的密友说，"对我们来说是场挑战；他任枢机主教时是我们的朋友，但现在他是教皇，就会成为我们的敌人。"他的预言很快变成了现实。[15]

英诺森四世有着律师的头脑，不久便将罗马法律和教规结合在

地图 51-1　腓特烈在意大利的战争

一起变成自己的武器。他写道：教会的法律，高于世俗的法律；在罗马的法律体系中，国君高于法律，所以教皇也应高于教会的法律，不受其限制，可修改其内容，脱离其体系，甚至将其废除。这是典型的教皇君主制（Absolute Papal Monarchy）：英诺森四世动用教皇权力修改、维护这一体系，几乎就是为了激怒皇帝。[16]

5年前，格列高利九世将腓特烈逐出教会后，腓特烈又征服了大量土地，而英诺森四世一继位便要求他全交出来。腓特烈拒绝后，英诺森四世来到法国城市里昂——此地不在意大利境内，也不受皇帝控制。在那里，他重申将腓特烈逐出教会和废黜的决定。[17]

又是一场口水战，教皇和皇帝都在向其他国家陈述自己的辩词。"是上帝给了我皇位；不是教皇，不是大公会议，任何恶棍都别想从我手中夺走它！"腓特烈愤怒地写道，"教皇如此放肆，怎能不让各位国王担心？""一个用温和的疗法无法治愈的病人就要接受开刀和烧灼的治疗，"英诺森四世一本正经地回应道，"他因精神上的痛苦而对医生发怒……如果腓特烈这个曾经的皇帝仍要指责……普世教会神圣的判决……他就和那个病人别无二致。"[18]

口水战不可避免地变成了战争。英诺森四世宣布让腓特烈的一个德意志下属亨利·拉斯佩（Henry Raspe）代替小康拉德任德意志国王。亨利向康拉德出兵却死在了战场上，于是英诺森把砝码押在了另一个候选人荷兰的威廉（William of Holland）身上。康拉德在德意志作战的同时，腓特烈二世开始失去在意大利的立足点。忠于教皇的主教和枢机劝说西西里和伦巴第的皇帝臣属反叛。1248年2月初，腓特烈的军队在围攻帕尔马时意外失利，皇帝不得不逃往克雷莫纳，用来充当军饷的黄金和珠宝都落入了伦巴第人手中。米兰人带领着伦巴第联盟收复了摩德纳（Modena），科摩（Como）也被攻陷；1250年，战争仍在持续，一名士兵下药，让腓特烈二世得了痢疾。[19]

"曾经的皇帝腓特烈死在了阿普利亚，"方济各会的萨林贝内写道，"尸体腐烂的臭气让人难以忍受，无法被运到安葬西西里国王的巴勒莫（Palermo）。"萨林贝内是个北方人，其他意大利北方人都相信他耸人听闻的故事。事实上，腓特烈的遗体经过防腐处理，由

时间线 51

金	高丽	蒙古人的进攻	波兰	罗斯人	格鲁吉亚	匈牙利	意大利北部	十字军国家	神圣罗马帝国	教皇
		崔忠献掌权 (1196—1219)								腓力（1198—1208，未加冕）
									奥托四世 (1198—1215，1209年加冕)	
										英诺森三世 (1198—1216)
										承认条顿骑士团 (1200)
		札木合成为古儿汗 (1201)					第四次十字军东征 (1202—1204)			
		成吉思汗 (1206—1227)			安德烈二世 (1205—1235)					
卫绍王 (1208—1213)										
	高宗 (1213—1259)			姆斯季斯拉夫三世，基辅大公 (1212—1223)					腓特烈二世 (1212—1250，1220年加冕)	
蒙古占领金中都 (1215)					乔治四世 (1213—1223)				第四次拉特兰公会议 (1215)	
									洪诺留三世 (1216—1227)	
	高丽向蒙古进贡 (1218)						第五次十字军东征 (1217—1221)			
	崔瑀掌权 (1219—1249)									
哀宗 (1224—1234)			卡尔卡河战役 (1223)							
		成吉思汗去世 (1227)					伦巴第联盟重新建立 (1226)			格列高利九世 (1227—1241)
		蒙古征服西夏 (1227)					第六次十字军东征 (1228—1229)			
		窝阔台 (1229—1241)					耶路撒冷向腓特烈二世投降 (1229)			图卢兹会议 (1229)

时间线 51（续表）

金	高丽	蒙古人的进攻	波兰	罗斯人	格鲁吉亚	匈牙利	意大利北部	十字军国家	神圣罗马帝国	教皇
金打败速不台（1230—1231）								拉韦纳帝国议会（1231）		《绝罚通谕》（1231）
	高宗撤退到江华岛（1232）									《罗马之声》（1233）
开封陷落（1233）						贝拉四世（1235—1270）			亨利七世的反叛（1234）	
				莫斯科沦陷（1238）	第比利斯沦陷（1237）		腓特烈二世占领米兰（1237）		康拉德四世（1237—1254，未加冕）	
			虔诚的亨利二世，克拉科夫大会（1238—1241）						腓特烈二世被教皇废黜（1239）	
			利格尼茨战役（1241年4月9日）绍约河战役（1241年4月11日）窝阔台去世（1241）							
									英诺森四世（1243—1254）	
									德意志内战开始（1246）	
		贵由（1246—1248）					腓特烈二世在帕尔马的失败（1248）			
									腓特烈二世去世（1250）	

船运到西西里，卫兵护送其遗体穿过大街小巷，最后葬于巴勒莫的蒙雷阿莱（Monreale）教堂。皇帝驾崩了，而待在里昂的英诺森四世仍旧孤立无援，腓特烈的儿子康拉德击退了荷兰的威廉，宗教法庭像杂草一样在欧洲四处蔓延。[20]

/ 52

真主的影子

> 1236年至1266年,德里的王位从伊勒图特米什家族传到了一位后来一手遮天的突厥奴隶手中。

1236年,德里的苏丹伊勒图特米什去世。他那几个儿子正"醉心于青春的欢乐",没一个配得上王位,于是伊勒图特米什把王位留给了女儿拉齐亚。据《纳昔儿史话》记载:"她是一位伟大的君主,聪慧而有远见,公正,仁慈……有战争天赋,并且拥有一个君王所需的那些令人钦佩的特点和资质;但性别决定了她无法和男人相提并论,她那些过人的资质又有什么用呢?"[1]

他父亲的官员意见不一。德里的维齐尔以及他的支持者希望把苏丹百无一用的儿子推上王座,他们预谋袭击宫殿;同时,几个边远省份的总督则率军前往德里为拉齐亚而战。女王的支持者赢了,他们把不满者赶出了城。

但反对派的实力并未完全消亡。拉齐亚任命了一位名叫马利克·哈库特(Malik Hakut)的非洲士兵为马厩总管(一个军官称谓,负责调度马匹和大象），此人生于尼罗河南部高地。随即，她的突厥诋毁者开始散播谣言说马利克·哈库特一定是她的情人。不然，为什么她不选别人而选了一个非突厥人做这份美差？为了平息流言，拉齐亚抛弃了传统的女性穿着，每次出宫，都骑着战象而不骑马，穿着男人的盔甲，留着男人的发型。[2]

但这无济于事。她去拉合尔平息了一场严重的叛乱，刚回到德里就听说她十分信赖的南方城市巴廷达（Bathinda）的总督马利克·阿图尼亚（Malik Altuniah）也叛变了。拉齐亚并不知道，第二次的叛乱有朝廷上的突厥官员做内应。她再次离开德里进军巴廷达，但她刚到，身边和马利克·阿图尼亚一伙的随从就杀了马厩总管，她自己也沦为阶下囚。

拉齐亚被关在巴廷达的吉拉穆巴拉克（Qila Mubarak）要塞，她无能的哥哥巴赫拉姆（Bahram）宣布自己为德里之王，他有40名突厥官员和贵族的支持。但马利克·阿图尼亚想将王位据为己有。他和拉齐亚联姻（显然没有询问她的意见），将自己从反叛者变为她的拥护者，然后逼她回到德里，他将从那里向巴赫拉姆发起进攻。

根据《纳昔儿史话》记载，巴赫拉姆的40位支持者和他们的随从不久便将袭击者打得溃不成军。1240年10月13日，拉齐亚和她的新丈夫被俘；两人在第二天早上被处决。她是印度历史上第一位穆斯林女苏丹，在位3年6个月零6天。[3]

巴赫拉姆仅在位两年便被手下的士兵暗杀。此后数年，他的支持者——40人集团，德里最强大的马穆鲁克战士和臣子——彼此间争权夺利。他们口头上都效忠于一位傀儡苏丹：起初是拉齐亚的醉鬼侄子，后来是她另一个侄子纳西尔丁（Nasiruddin）。[4]

纳西尔丁在1246年当选德里的苏丹，由于没想掌握实权，他得以在位 20 年。据《纳昔儿史话》记载，他专心于禁食、祈祷以及圣词的研究。他是所有美德的典范：同情、宽容、谦卑、毫无恶意。毫无恶意的人也就毫无收获。他致力于学习和慈善事业，把国家的管理都交给突厥官员。14 世纪的诗人和史学家伊萨米（Isami）解释道："没有他们的允许苏丹不能发表任何观点，他的一举一动都要听从他们的指挥，连喝水睡觉都要经过他们同意。"[5]

这些官员的领头人是御前大臣突厥人巴勒班（Balban）。他在蒙古人侵略其部落时被俘，后来被当作壮丁卖到了巴格达的奴隶市场，最终在 30 岁出头时被伊勒图特米什买下。巴勒班以一个奴隶的身份度过了整个成年时期，但在德里，这并不妨碍他升迁。他以自己的方式获得了伊勒图特米什的青睐，曾以猎犬总管的身份为拉齐亚服务。到 1246 年，他已成为最有经验的战士之一，并跻身 40 人集团。纳西尔丁将他选为维齐尔，德里的实际掌权人，伊萨米说："国王住在宫殿，巴勒班却统治着整个帝国。"[6]

德里的连年内斗威胁了苏丹的防御能力。在东南方，饱受穆斯林侵犯的奥里萨邦印度教国王开始对外侵略，他的名字叫纳兰马西姆哈·德瓦（Naramasimha Deva）。1238 年，他开始向外扩张，夺取了被伊斯兰教统治的孟加拉的部分土地；1243 年，德里控制的勒克瑙（Laknaur）也被纳兰马西姆哈攻陷；次年，恒河沿岸爆发了一场大战，最终仍是以奥里萨邦大胜而告终。奥里萨邦庆祝胜利的铭文中写道："恒河水被北方和西方穆斯林女人的泪水染黑了，她们的丈夫死在了纳兰马西姆哈军队的铡刀下。"[7]

在北方，蒙古人虎视眈眈。1241 年，拉合尔被蒙古人洗劫一空；他们强取豪夺，屠杀所有反抗的人后扬长而去。接下来可能还有更持久的入侵。

面对威胁，巴勒班组织起一年一次的军事行动抵抗印度教和蒙古的军队。第一次战斗发生在纳西尔丁继位后的 1246 年。纳西尔丁亲征、巴勒班指挥，德里的军队进入信德河以北的区域进攻散落的蒙古要塞。巴勒班的编年史家记录道："在真主的青睐与帮助下，他攻上了山头……山上异教徒蒙古人的军队四散逃窜……满心恐惧。"次年，巴勒班领导了同样的一次战斗，袭击了在根瑙杰（Kannauj，即曲女城）东部塔尔桑达（Talsandah）安营扎寨的印度教武装并将其地收归德里。[8]

《纳昔儿史话》中列举了这些远征的成果：每年一次远征、守卫德里的边境、击退边境的敌人。战斗的胜利提升了巴勒班的威信。到 1249 年，他已经成为朝中不可或缺的一员，他把自己的女儿嫁给了纳西尔丁。术兹札尼说："正因为巴勒班是苏丹王朝的守护者、军队的支柱以及王朝的力量，他的女儿才能有幸嫁入王室。"

他可能本想成为下一任苏丹的外祖父，但他女儿为丈夫生下的唯一一个男孩夭折了，此后再无子嗣。[9]

1260 年，巴勒班领导了一场针对山地王国梅瓦尔的大规模血腥报复，梅瓦尔是德里南部的一个拉其普特王国；拉其普特烧杀掳掠让苏丹头痛不已：在马穆鲁克眼中，那就是个贼窝。伊勒图特米什曾袭击过梅瓦尔，但没能掌控此地。现在，在一系列浴血奋战后，巴勒班把梅瓦尔的抵抗力量消灭殆尽。成千上万的梅瓦尔士兵死在刀下，或惨死于大象脚下；平民被屠杀，俘虏被活活剥皮后挂在城门上。森林游击战依旧持续，巴勒班把斧子分给军队，命令他们把 160 千米内的树全部砍掉，留出空地："不计其数的印度教徒倒在了圣战士冰冷的剑下，"《纳昔儿史话》记载道。[10]

这是巴勒班目前最辉煌的胜利。苏丹纳西尔丁统治第十五年的

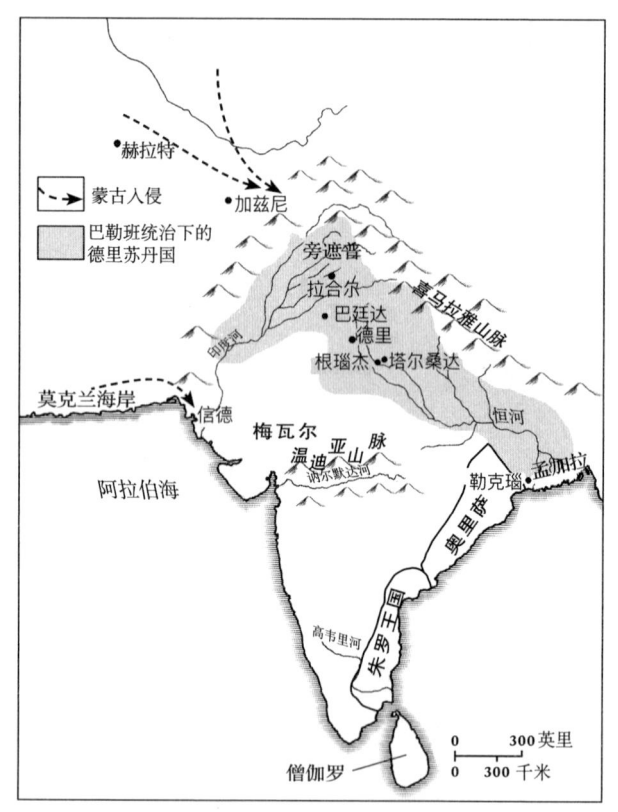

地图 52-1　巴勒班的战争

那场胜利是《纳昔儿史话》对他的最后记载；纳西尔丁又统治了 6 年，但历史对其后的功绩鲜有记述。巴勒班——对当外祖父不再抱希望，而现在又大权在握——已经完全取代了苏丹。

1266 年，纳西尔丁去世。13 世纪的史家没有任何一位描述他的死亡；半个世纪后，伊萨米坚持认为巴勒班毒死了他的女婿。不管怎样，纳西尔丁去世时没有留下子嗣，其遗孀之父——巴勒班将德里的苏丹之位据为己有。[11]

20年来一直在为傀儡皇帝巩固江山的巴勒班现在急需巩固自己的权威。作为大臣，他曾以一己之力保住了德里苏丹的领土；现在作为苏丹，他要想办法把手中的权力冠以真主之名。他是"真主的影子"（Zil-i-llahi）：真主在尘世间的副摄政。他的做法和腓特烈二世如出一辙，都称自己的君权来自神授；他和英诺森四世别无二致，都高于所有成文法律。他不对任何人负责，不受任何法律约束，不受任何挑战威胁。[12]

以前没有任何苏丹敢做出如此大胆的声明，但巴勒班早就想好如何让民众相信他就是真主选定的人。他不在公众面前饮酒，给人的感觉遥远、冷漠、肃穆。他组建了一支威风凛凛的武装警卫，让他们时刻不离其身。他穿着华丽，坐在镶满钻石的宝座上；在接见室，他制定了一个新的规矩：臣子在君王面前要匍匐在地亲吻他的脚，在君王面前不准开口大笑。[13]

他还进行了一些实用的创新。那些残余的40人集团成员被赶出德里，巴勒班将他们发配到领土最边远的角落，越荒凉越危险越好。对那些还能活下来的，他会有选择性地用毒药赐他们一死。巴勒班在整个帝国都有眼线，他们不断向德里报告那些远在边疆的官员的行为。有个眼线，由于未能提供当地总督的最新情况，被巴勒班当众处决，尸体就被挂在当地的城门上。[14]

从伊勒图特米什开始，时局变得动荡不安，巴勒班的传记作者齐亚丁·巴拉尼（Ziauddin Barani）解释道，德里的人民变得"摇摆不定、不守规矩、顽固任性"。巴勒班在德里的铁腕统治让一切重回平静，巴拉尼写道："他恢复了政府的尊严和权威，优秀的政府建立在人民对统治阶级的畏惧之上……这种畏惧曾一度在人民心

时间线 52

意大利北部	十字军国家	神圣罗马帝国	教皇	印度北部
		腓力（1198—1208，未加冕）	英诺森三世（1198—1216）	
		奥托四世（1198—1215，1209年加冕）	承认条顿骑士团（1200）	
	第四次十字军东征（1202—1204）			古尔王国占领犀那（1202）
				穆罕默德·古尔（1202—1206）
				库特卜丁在拉合尔（1206—1210）
				阿拉姆·沙（1210—1211）
		腓特烈二世（1215—1250，1220年加冕）		伊勒图特米什（1211—1236）
				（梅瓦尔）贾特拉·辛格（1213—1261）
			第四次拉特兰公会议（1215）	
	第五次十字军东征（1217—1221）		洪诺留三世（1216—1227）	
伦巴第联盟重新建立（1226）			格列高利九世（1227—1241）	
	第六次十字军东征（1228—1229）			
	耶路撒冷向腓特烈二世投降（1229）		图卢兹会议（1229）	
		拉韦纳帝国议会（1231）	《绝罚通谕》（1231）	
			《罗马之声》（1233）	
		亨利七世的反叛（1234）		
腓特烈二世占领米兰（1237）		康拉德四世（1237—1254，未加冕）		拉齐亚（1236—1240）
		腓特烈二世被教皇废黜（1239）		纳兰马西姆哈·德瓦（1238—1264）

52 真主的影子

时间线 52（续表）					
意大利北部	十字军国家	神圣罗马帝国	教皇		印度北部
					巴赫拉姆（1240—1242） 蒙古攻陷拉合尔（1241）
			英诺森四世 （1243—1254）		马苏德（1242—1246） 纳兰马西姆哈·德瓦占领勒克瑙（1243）
腓特烈二世 在帕尔马的 失败（1248）		德意志内战 开始（1246）			纳西尔丁 （1246—1266） 巴勒班任维齐尔 德里进攻蒙古
		腓特烈二世 去世（1250）			德里征服梅瓦尔（1260） 巴勒班（1266—1287）

中消失，国家陷入了悲惨的境地。但从巴勒班执政开始，人民变得驯服、听话、顺从。"这位升至苏丹的突厥奴隶，让人民又进入了他自己曾忍受过的状态：一群听话又顺从的奴隶。[15]

/ 53

第七次十字军东征

> 1244年至1250年，埃及易主，十字军东征再次失败。

1244年12月，圣诞前夕的巴黎。法兰西国王路易九世一下子病倒了，他是如此接近死亡，可能不会说话也不会移动，甚至他的呼吸也已经停止。他的朋友、传记作者让·德·儒安维尔写道："他的情况很危险；据说有位照顾他的女士甚至以为他已经死了，想用床单盖住他的脸。"[1]

路易九世12岁加冕国王，20岁之前由母亲主掌朝政，此时30岁的他刚刚击退入侵法兰西西部的英格兰国王亨利三世。现在他大权在握却没有男性子嗣，他的死将让法兰西陷入危机。整个王宫悲痛不已。医生离开了，他的房门大开等待送葬者前来，神父前来"赞扬他的灵魂"。突然，国王深吸了一口气，又缓缓地吐了出来。[2]

他从昏迷中醒来，等恢复到可以坐起来说话后，他宣布为了感谢上帝，他要继续十字军东征的事业。

所有人都对这一宣布高兴不已,除了他的母亲布兰奇;她劝他不要东征,甚至愿意出钱让雇佣兵代他去。但路易不为所动。他已经做了神圣宣誓,他不是腓特烈二世,他不会食言。[3]

也许在生病之前,路易九世就已经开始考虑东征了。1244年的秋天,东部传来灾难性的消息:耶路撒冷再度落到穆斯林手中。

引起这场灾难的是长达5年中的一系列复杂事件。腓特烈二世与苏丹卡米勒的和约于1239年到期,因为伊斯兰法律规定穆斯林与异教徒签订的条约有效期不能超过10年。多数情况下,条约基本每10年更新一次。但卡米勒在1238年去世了,他的两个儿子争夺王位。

哥哥萨利赫·阿尤布(Salih Ayyub)最终取胜(将弟弟终身监禁)。然而,短暂而激烈的内战给了萨利赫·伊斯梅尔(Salih Ismail)反叛的机会;他是阿尤布的叔叔,卡米勒的兄弟,卡米勒苏丹国统治下的大马士革总督。他宣称自己统治阿尤布帝国半壁江山的叙利亚,将萨拉丁的帝国一分为二。伊斯梅尔现在成了耶路撒冷的霸主。

于是,阿尤布招募雇佣兵进攻叔叔的叙利亚领地,希望能将其据为己有。

成吉思汗于1220年摧毁了突厥王国花剌子模,这些雇佣兵都是幸存下来的流亡者。花剌子模的最后一个国王札兰丁被成吉思汗的手下赶到了印度,他的军队和家人尽皆殒命,他自己却侥幸活了下来。他花了十几年的时间打游击对抗蒙古侵略者,最终于1231年在一场殊死搏斗中死在了蒙古人手上。他的追随者并没有作鸟兽散,而是聚在一起成立了花剌子模雇佣兵团(Khwarezmiyya),他们宣称要保护花剌子模文化的最后火种,谁能付得起钱他们就跟谁干。[4]

1244年,1万名花剌子模雇佣兵受埃及苏丹雇用,横扫叙利亚。8月11日,他们冲进耶路撒冷。他们在街头屠杀穆斯林和基督徒,闯入圣墓教堂，把埋在地下的耶路撒冷十字军国王的骨骸挖了出来。埃及的阿尤布占领了该城，虽然此时该城比废墟好不了多少。[5]

耶路撒冷陷落的消息让西方悲痛万分，为夺回该城，十字军东征再次开始酝酿。现在，身体逐渐康复的路易九世已经准备好了。

他用了3年筹备安排。他征收了一种特殊的十字军税以支付军费，并雇用法国贵族和他们的骑士参军。他在热那亚购买了大批船只，包括30艘有两层或三层甲板的帆船、运输船，还有战船。他将补给运到塞浦路斯，在那里，他将和其他十字军骑士会合；"大堆的酒桶，"儒安维尔说（他抵达塞浦路斯时发现国王的补给已经到了），"小麦和大麦……在空地上堆成小山……连绵的雨让外面的谷子都发芽了。"尽管如此，粮食依旧是新鲜的。[6]

在准备就绪，粮饷充足之后，路易九世的船队于1248年8月25日从艾格莫尔特（Aigues-Mortes）起航，开始了第七次十字军东征。他的王家旗舰在前面领航，后边跟着38艘帆船和20艘平底运输船。他的王后，普罗旺斯的玛格丽特（Margaret of Provence）与他同行；还有他的弟弟查理和罗伯特。他们于9月初抵达塞浦路斯，准备踏上似乎必然成功的东征之旅。[7]

这是一场惨败。

领导十字军的有路易九世及其兄弟、圣殿骑士团团长、让·德·儒安维尔、英格兰的索尔兹伯里伯爵，以及亨利三世不幸的继父，灰头土脸的马尔什伯爵。和以前一样，他们在战术方面各执己见。路易想进攻目前控制着耶路撒冷的埃及；圣殿骑士团团长认为十字军首先应该设法取得某些有争议的叙利亚土地；有的法国男爵说秋天不适合航行，他们很有可能碰到了恶劣的天气。最后，十字军在塞浦路斯一直待到1249年5月，士气逐渐衰弱，食物也快吃完了。[8]

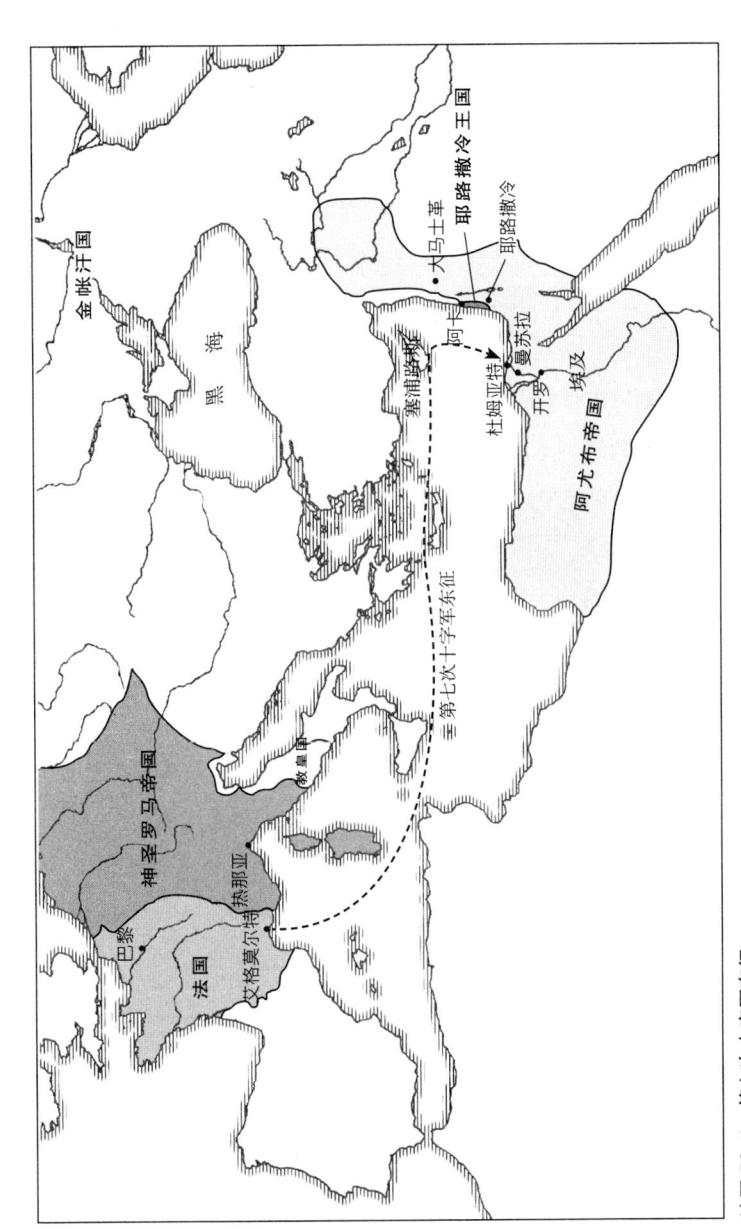

地图 53-1 第七次十字军东征

这给了阿尤布充足的时间准备埃及的防御。十字军的船队于 6 月初抵达杜姆亚特附近的海岸时,阿尤布早已加固了城防,并且在尼罗河东部、开罗东北方 120 千米的曼苏拉镇(Mansurah)设立了第二道防线。

6 月 5 日上午,十字军开始了第一次进攻。大批小船载着十字军来到岸边,他们奋勇作战;到午后,突厥守军撤退到杜姆亚特。那天晚上,杜姆亚特守军决定在夜色的掩护下撤退。第二天早上,十字军发现城市基本成了一座空城,于是扬扬得意地将其占领。

阿尤布对这种不战而降的行为怒不可遏,处决了下令撤军的将军。他得了一种类似进行性坏疽(progressive gangrene)的病,脾气暴躁。

路易九世希望十字军立即进军。但尼罗河眼看就要进入汛期,路易也从灾难性的第五次十字军东征中吸取了教训。"11 月 1 日圣餐节之前我们不会离开,因为河水上涨……,"他的管家约翰·萨拉森(John Sarrasin)在寄回法国的信中写道,"河水在埃及漫溢的时候,亚历山大港、巴比伦或者开罗这些地方根本去不了。"他们在城市停驻,将一座座清真寺变成大教堂,挖掘更多的防御工事,等待尼罗河水退去。[9]

11 月 20 日,路易带领一支十字军——外加第三位王室兄弟带来的增援——离开杜姆亚特,前往苏丹在曼苏拉的营地。他们到达时,阿尤布已经去世了。

阿尤布的儿子兼继承人突兰沙(Turanshah)正在叙利亚作战,老将军法赫尔丁(Fakhr ad-Din)肩负起埃及的防御任务。十字军在曼苏拉的河流两岸驻扎,准备进攻。1250 年 2 月 7 日,路易的弟弟罗伯特带领一队十字军涉水奇袭城镇外围的穆斯林营地。取得大胜后，罗伯特没有按原计划返回支援本阵而是决定率领骑兵直取曼苏拉。结果，先遣队与埃及大军正面相遇，被杀得片甲不留。

失去了罗伯特一军，十字军力量大减，无法攻取曼苏拉。他们只得在城外驻扎。此时，突兰沙意外赶到，切断了十字军的后路，拦截了来自杜姆亚特的补给。

饥饿开始折磨十字军。据推罗的威廉所著史书记载，开始时他们吃马、驴还有骡子；后来"吃的东西就没这么好了。狗肉或猫肉对他们来说都是美味佳肴"。疾病接踵而来："被埃及守军杀掉的十字军的尸体浮在水面，"儒安维尔写道，"……溪流中全是死人，岸边堆满了尸体……由于这个国家卫生条件极差……当地人的疾病开始侵袭我们的身体……腿上的肉变得僵硬，皮肤上也满是黑色、土色的斑点，看着就像只旧靴子；牙龈也开始溃烂。"[10]

到复活节时，形势已经十分明确，连路易九世也觉得是时候逃跑了。他率军北上，但士兵饥饿、虚弱，而且随时都会遭到穆斯林的袭击。行军3个星期后，由于周围不断有人死去，路易派特使给突兰沙送信，请求投降。[11]

突兰沙接受了投降，派卫兵看守国王和贵族。出人意料的是，他无情地下令将所有生病和受伤的人杀掉；儒安维尔对此震惊不已，看管他的卫兵告诉他这么做是为了防止瘟疫蔓延。[12]

杜姆亚特也不得不开城投降。路易九世不在时，妻子玛格丽特为他生下了一个儿子；由于城中没有助产士，她只能请求一名80岁高龄的老骑士为她接生。投降之前，她和新生儿一起被赶出城，押到了阿卡等待丈夫的消息。

突兰沙同意释放俘虏，但条件是80万"萨拉森拜占庭金币"（Saracen bezant，约合180吨黄金），现场缴纳一半；还要释放所有穆斯林囚犯。这笔交易差点作废，因为大批突厥士兵突然起义，杀掉了突兰沙。

和印度的穆斯林古尔王朝一样，埃及的阿尤布统治者长期依靠马穆鲁克、突厥奴隶兵加强军力；法赫尔丁的军队里可能一半都是马穆鲁克。埃及军队中最精锐的战斗力是 1000 名强壮的马穆鲁克，他们被称为巴赫里军团（Bahri Regiment），最初是阿尤布苏丹的贴身侍卫。（"他购买的突厥马穆鲁克数量超过家族中的任何人，"伊本·瓦绥勒说，"直到他们变成军队的主要力量。"）但突兰沙抵达埃及后，专横地将自己赏识的人安排在关键岗位，没有提拔巴赫里军团中的高级马穆鲁克。在一次晚宴上，喝醉的他无意说出要裁掉父亲的马穆鲁克的想法，还说那就像拔剑砍断蜡烛一样容易。愤怒不已的巴赫里军团指挥官突厥人拜巴尔（Baibars），开始谋划暗杀突兰沙。[13]

突兰沙一死，埃及群龙无首。但突兰沙在埃及待的时间也不长，没什么群众基础。事实上，他的尸体躺在营地外三天，已经变得腐烂肿胀后才被人埋葬；事后也没有人报复拜巴尔。拜巴尔和他的同伙在开罗成立了军政府，决定让阿尤布的遗孀担任开罗名义上的统治者，而政府的实权则由他们掌控。

他们承认了之前差点作废的交易，同意了突兰沙的安排。5 月 5 日，路易九世交付一半赎金并获得自由，同时获释的还有他两个幸存的兄弟以及大部分男爵。他立即启程返回阿卡，并于 5 月 14 日抵达。"阿卡全城出动，在海边列队欢迎他回来，所有人都欣喜万分。"儒安维尔写道。[14]

国王活了下来，但他却没有大难不死的喜悦。上千名十字军士兵仍被囚禁在埃及。路易交出了所有财产但仍凑不够赎金。东征已然失败：耶路撒冷仍在穆斯林的手中。

时间线 53

印度北部	西法兰克	十字军国家	突厥王国	神圣罗马帝国	教皇
				奥托四世（1198—1215，1209年加冕）	
古尔王国占领犀那（1202）	第四次十字军东征（1202—1204）				
穆罕默德·古尔（1202—1206）					
库特卜丁在拉合尔（1206—1210）					
阿拉姆·沙（1210—1211）	阿尔比派十字军（1209—1229）				
伊勒图特米什（1211—1236）				腓特烈二世（1212—1250，1220年加冕）	
（梅瓦尔）贾特拉·辛格（1213—1261）	布汶战役（1214）				第四次拉特兰公会议（1215）
	第五次十字军东征（1217—1221）				洪诺留三世（1216—1227）
		埃及苏丹卡米勒（1218—1238）			
	路易八世（1223—1226）				
	路易九世（1226—1270）				
	第六次十字军东征（1228—1229）				格列高利九世（1227—1241）
	耶路撒冷向腓特烈二世投降（1229）				图卢兹会议（1229）
				拉韦纳帝国议会（1231）	《绝罚通谕》（1231）
				亨利七世的反叛（1234）	《罗马之声》（1233）
拉齐亚（1236—1240）				康拉德四世（1237—1254，未加冕）	

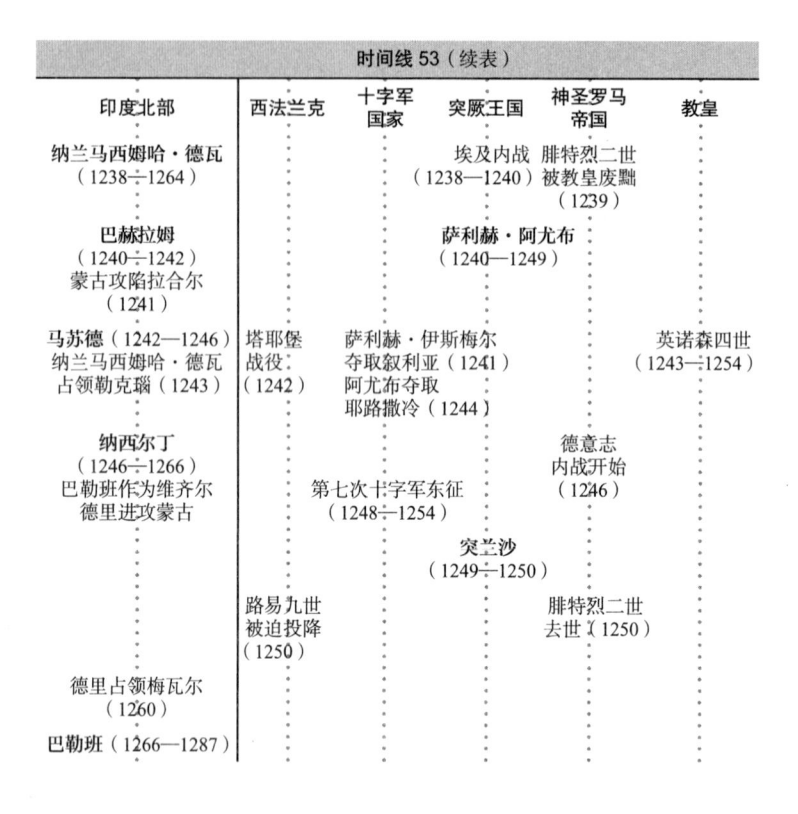

时间线 53（续表）					
印度北部	西法兰克	十字军国家	突厥王国	神圣罗马帝国	教皇
纳兰马西姆哈·德瓦（1238—1264）			埃及内战（1238—1240）	腓特烈二世被教皇废黜（1239）	
巴赫拉姆（1240—1242）蒙古攻陷拉合尔（1241）			萨利赫·阿尤布（1240—1249）		
马苏德（1242—1246）纳兰马西姆哈·德瓦占领勒克瑙（1243）	塔耶堡战役（1242）	萨利赫·伊斯梅尔夺取叙利亚（1241）阿尤布夺取耶路撒冷（1244）			英诺森四世（1243—1254）
纳西尔丁（1246—1266）巴勒班作为维齐尔德里进攻蒙古		第七次十字军东征（1248—1254）		德意志内战开始（1246）	
			突兰沙（1249—1250）		
	路易九世被迫投降（1250）			腓特烈二世去世（1250）	
德里占领梅瓦尔（1260）巴勒班（1266—1287）					

/ 54

分裂的蒙古汗国

> 1246年至1264年，蒙古人东征西讨，最后却目睹帝国一分为四。

1246年，蒙古部族首领聚集在离哈拉和林几千米的失剌斡耳朵*，将贵由推选为大汗。

窝阔台的大儿子贵由历经4年才达到这一顶峰。1242年窝阔台死后，其遗孀乃马真后坚持推选贵由为大汗。但蒙古首领中的另一股强大势力则支持成吉思汗的另一个孙子——蒙哥，他是成吉思汗的小儿子拖雷的长子。

此时，成吉思汗的几个儿子都去世了。尤赤在父亲死前就离世了，拖雷于1232年因饮酒过度而死，察合台比窝阔台早走了几个月。三个孙子等着继承汗位：蒙哥、贵由以及在西方的拔都，拔都

---

* 失剌斡耳朵为蒙古大汗的行宫。蒙语"失剌"意为"黄"，"斡耳朵"意为"宫帐"。——编者注

是成吉思汗的长子术赤的次子。

贵由不太被人看好,部分原因是他的父亲不喜欢他;大汗曾多次建议不要把汗位传给贵由。但在新可汗选出之前,贵由的母亲、摄政的乃马真后拥有蒙古法律赋予的权力;蒙古人虽在战场上冷酷无情,但对本族的律法坚守不移。乃马真后将选举推迟了4年,她用这4年软硬兼施地让部族首领支持他的儿子。[1]

1246年8月24日,在一顶白色天鹅绒帐篷下,在身穿金甲的部族首领的环绕中,贵由坐在镶嵌着珍珠、黄金和象牙的宝座上,成为新一任大汗。参加仪式的有来自莫斯科、开罗、高丽、宋朝、巴格达、格鲁吉亚、奇里乞亚—亚美尼亚和罗马的使者。罗马外交官,方济各会修士柏朗嘉宾(Giovanni de Plano Carpini)记录道:"4000多名使臣送来的礼物不计其数,看起来蔚为壮观——丝绸、锦绣、天鹅绒、锦缎、镶金丝绸腰带、上等的皮草……500多辆马车装满了金银和丝绸衣服。"[2]

这些礼物既是贡品,也是一种绥靖手段,献礼的国家不是已经被蒙古人征服就是担心被蒙古人征服。教皇英诺森四世没有送礼,而是送来了一封信,由柏朗嘉宾修士交给新大汗。英诺森四世写道:"我们告诫、请求并衷心恳请你,今后彻底放弃侵略的想法……你已多次严重冒犯了我们,你应该虔诚地忏悔以缓和上帝的愤怒……承认耶稣基督是上帝之子,尊重他光辉的名字并践行基督教的活动。"[3]

贵由对此嗤之以鼻。他回信说:"你这个教皇,连同所有的君王,都要亲自来服侍我们。"

长生天已经毁灭了那些被征服的土地,消灭了那些土地上的人,因为他们既不服从成吉思汗也不服从大汗,这二人是长生天派到人间执行上天之命令的人……你说的话怎么会是上天的惩罚？从日出的地方到日落的地方，所有阳光照耀过的土地都臣服于我。如果不是上天的旨意谁又能做到这点？……马上过来等候我们发落！那时我便允许你俯首称臣。不服从上天，不服从我，你便是我的敌人。[4]

贵由和下一任统治者都可以发动圣战；作为生活在基督教世界之外的人，他是少数几个强大到能恣意质疑教皇权威的统治者。

贵由当选大汗时40岁，受蒙古人爱喝烈酒传统的影响，他看起来年纪比较大。据柏朗嘉宾记载，贵由的加冕仪式刚结束，"他们就开始喝酒；而且按照他们的习俗，在夜幕降临之前，喝酒是不能停歇的"。1248年4月，贵由打算去找兄弟拔都谈心，就在他前往金帐汗国的路上，死神降临了。[5]

虽然只在位两年，但贵由让蒙古重新回到征服世界的道路上。到1248年，蒙古军队已重返西方并完全征服鲁姆苏丹国，清除了格鲁吉亚残存的抵抗势力；奇里乞亚-亚美尼亚现在是贵由的附庸；他死前一直都在准备对南宋的战争，并打算让老速不台打头阵。

他一死，战争再次搁置，而部族对选谁接班又争论了3年。拔都和金帐汗国支持蒙哥，拖雷之子终于得到了迟来的宝座。1251年7月1日，他正式上任，加冕仪式没有贵由的那么隆重辉煌；拔都亲自组织这场集会。虽然蒙哥的反对者拒绝参加，但拔都依旧劝说蒙哥，不管来多少人仪式都要进行。[6]

这是首次与会人数不全的大汗加冕仪式。蒙哥独揽帝国大权8年（之所以能做到这一点，部分是源于他对反对者及其子嗣的无情屠杀），但部分成员的胜利动摇了蒙古大家族的根基，裂缝正在逐渐蔓延。[7]

蒙哥当选大汗时42岁，这个老兵参加过对金朝、罗斯人、保加利亚的战争；从小由严厉的基督徒母亲抚养长大的他从不饮酒。在他的指挥下，蒙古的征服又开始了。他将军队同时派往两个方向：根据当时的史家拉施特丁（Rashid al-Din）的记载，他让弟弟忽必烈负责征服东方，灭掉南宋；让最小的弟弟旭烈兀重燃西方的战火。拉施特丁解释说："这两人将率领军队，成为他的左膀右臂。"[8]

从这一刻起，无论哪个国家，无论在西方还是东方，所有复杂又详细的故事都要归于一个大背景下：蒙古人的征服。

忽必烈打算从西部入侵宋朝。他率领蒙古大军南下，来到西南小国大理的边境。*1253年，忽必烈从一个意想不到的方向进攻，把大理的守军打回了都城羊苴咩城（今称大理），并将其围困。次年其国王被擒，大理投降。

后来的历史记录告诉我们，忽必烈一直在研究中国哲学，并把儒家学说代表人孟子的一句话当作箴言：国君好仁，天下无敌焉。两年后大理才在蒙古的控制下再次完全统一，这个由蒙古总督统治的王国一安定下来，就成了忽必烈进攻宋朝的大本营。[9]

在高丽，朝廷在江华岛观望、蒙古人在北方割据的半战半和状态结束了。蒙古人接二连三的进攻让独立的南方死伤无数，《高丽史》记载："是岁（1254年）蒙兵所虏男女无虑二十万六千八百余人，杀戮者不可胜计，所经州郡皆为烬。"最后，1249年，崔瑀去世，高宗随即就派一个儿子到蒙哥的营帐和谈。1259年，高丽向蒙古投降。

---

* 参见第4册，第16章。

忽必烈派出另一支军队进攻大越。1257年,蒙古人攻占首都升龙,但后来他们又撤退了,没有推翻陈煚的统治。次年,40岁的陈煚退位,18岁的儿子陈晃加冕为王。官方的说法是,在下次蒙古入侵前的空档期进行权力交接可以避免争夺王位引起的内斗。尽管陈煚害怕蒙古人打回来,但好在他得到了一直等待的机会:放弃王位,投身寺院,停止战斗并反思自我。[11]

与此同时,借着拔都从金帐汗国向其北部目标提供的增援,旭烈兀改变了以往蒙古入侵西方的方向。他计划先推进至地中海,然后转向南方进攻埃及。

1256年,旭烈兀越过阿姆河开始围攻第一个目标:"刺客"的堡垒,尼查里派的山城。此时尼查里派的首领是鲁克那丁(Rukn al-Din),旭烈兀兵临城下时他刚统治一年。13世纪的穆斯林学者阿布-法拉杰(Abu'l-Faraj)记录了鲁克那丁的恐慌;他想投降,但被其他尼查里派成员阻止了。堡垒外的围攻阵势搞得他的手下人心惶惶,鲁克那丁趁乱逃了出来,向旭烈兀投降,唯一的条件是要允许他到东方面见大汗。旭烈兀照约将他送往东方,但在抵达蒙哥的营地后,大汗下令将其暗杀。[12]

旭烈兀的军队迅速将尼查里派的驻地夷为废墟,之后继续稳步推进,来到了阿尤布王朝的地盘。1258年,他横扫巴格达,最后一位阿拔斯哈里发也因此殒命。1260年,他将最后一位阿尤布总督赶出了大马士革和阿勒颇。

在抵达开罗前,大汗去世的消息传来。和之前所有蒙古将领一样,他立刻掉头前往哈拉和林出席下一届蒙古大汗的选举。

蒙哥让自己最小的弟弟阿里不哥守卫家园,自己亲自加入忽必烈一方,攻打南宋。两人对南方的攻击势不可当,但中国南方8月的酷热让蒙哥得了痢疾。在围攻四川东南部城市合州的过程中，蒙哥一病不起，1259年8月11日，大汗去世了。

在剩下的候选人中，最年长的忽必烈本该成为下一任大汗。但他正跟宋朝酣战，舍不得放弃对鄂州的围攻。旭烈兀留下1万名精兵守卫前线后立即回家，但他有很远的路要走。

他们不在的时候，阿里不哥争取到了偏远地区蒙古首领的支持——那些人怀疑忽必烈对中国文化过分热衷，并且对帝国边疆扩大到埃及持保守态度。阿里不哥在两位哥哥都还没回家时，在哈拉和林召集了一个不成样子的大会，将自己选为大汗。

弟弟继位大汗的消息传到忽必烈耳朵里，他立即召集起随他出征的部族首领将自己选为大汗。根据蒙古法律，两个集会都是完全不符合规定的。阿里不哥没有给所有部族首领聚集起来的时间，忽必烈的集会未在蒙古人的土地上举行，所以都是无效的。但两兄弟都遵循了蒙哥竞选时建立的模式：他们都把部分人的支持当作自己足够胜任大汗的证明。[13]

他们的行为，让蒙古帝国分崩离析。

忽必烈的妻子请求他返回，以防别人将帝国从他手中夺走，他同意了妻子的请求，终于停止了对宋朝的进攻，率领身经百战的军队返回哈拉和林。阿里不哥和忽必烈的军队打了4年。但忽必烈的战士更有经验，将领也更优秀。1264年8月，阿里不哥终于答应投降。忽必烈饶了他一命（但他把大部分能找到的阿里不哥的支持者都杀了）。

现在忽必烈成了大汗，但反对之声依旧存在。

忠于蒙哥的拔都于1256年去世；他的兄弟别儿哥目前掌控着金帐汗国，他反对忽必烈一族成为他的主子。在阿姆河以东，察合台的孙子阿鲁忽和窝阔台的孙子海都，都是阿里不哥的支持者，他们联合起来反抗忽必烈，形成了独立的察合台汗国和窝阔台汗国。而旭烈兀由于担心无论自己发誓效忠于谁，争斗的结果都对自己不利，便全身而退了。

忽必烈仍旧统治着东方，但金帐汗国、察合台汗国和窝阔台汗国将继续保持独立。旭烈兀自己征服的土地也逐渐与其他蒙古征服的土地分离，成为伊利汗国（Il-khanate），一个独立存在于中东的蒙古汗国。这个曾东起中国海岸西至黑海的帝国一分为五，之后便走向瓦解了。

时间线 54

西法兰克	十字军国家	突厥王国	神圣罗马帝国	教皇	蒙古人
			奥托四世（1198—1215，1209年加冕）		
	第四次十字军东征（1202—1204）				札木合成为古儿汗（1201）
					成吉思汗（1206—1227）
阿尔比派十字军（1209—1229）					
布汶战役（1214）			腓特烈二世（1215—1250，1220年加冕）		
				第四次拉特兰公会议（1215）	蒙古占领金中都（1215）
				洪诺留三世（1216—1227）	
	第五次十字军东征（1217—1221）				
		埃及苏丹卡米勒（1218—1238）			高丽向蒙古进贡（1218）
路易八世（1223—1226）					卡尔卡河战役（1223）
路易九世（1226—1270）				格列高利九世（1227—1241）	成吉思汗去世（1227）蒙古征服西夏（1227）
	第六次十字军东征（1228—1229）				
	耶路撒冷向腓特烈二世投降（1229）			图卢兹会议（1229）	窝阔台（1229—1241）
			拉韦纳帝国议会（1231）	《绝罚通谕》（1231）	金打败速不台（1230—1231）
					高丽高宗撤退到江华岛（1232）
				《罗马之声》（1233）	蒙古攻陷开封（1233）
			亨利七世的反叛（1234）		
			康拉德四世（1237—1254，未加冕）		蒙古攻陷第比利斯（1237）

54 分裂的蒙古汗国

时间线 54（续表）

西法兰克	十字军国家	突厥王国	神圣罗马帝国	教皇	蒙古人
		埃及内战（1238—1240）			蒙古攻陷莫斯科（1238）
			腓特烈二世被教皇废黜（1239）		
		萨利赫·阿尤布（1240—1249）			利格尼茨战役（1241年4月9日）
	萨利赫·伊斯梅尔夺取叙利亚（1241）				绍约河战役（1241年4月11日）
塔耶堡战役（1242）					窝阔台去世（1241）
	阿尤布夺取耶路撒冷（1244）			英诺森四世（1243—1254）	
			德意志内战开始（1246）		贵由（1246—1248）
	第七次十字军东征（1248—1254）				
		突兰沙（1249—1250）			
路易九世被迫投降（1250）			腓特烈二世去世（1250）		蒙哥（1251—1259）
			亚历山大四世（1254—1261）		蒙古征服大理（1253）
					蒙古围剿尼查里派（1256）
					蒙古入侵大越（1257）
					蒙古攻陷巴格达（1258）
					高丽向蒙古投降（1259）
					蒙古攻陷大马士革和阿勒颇（1260）
					阿里不哥（1260—1264）
					忽必烈（1260—1294）

/ 55

埃及的马穆鲁克

> 1250年至1268年，巴赫里军团控制着开罗，蒙古人首次战败。

马穆鲁克现在控制着埃及，苏丹之位则在一个女人手中。

突兰沙遇刺后，巴赫里军团接管了埃及。军团首领知道自己没有合法的统治权，便遵循伊斯兰传统将阿尤布的遗孀谢杰莱·杜尔（Shajarah al-Durr）捧上苏丹之位；但实权依旧被紧紧地握在他们手中。

谢杰莱·杜尔是阿尤布的小妾（突兰沙的母亲很早就去世了）；显然，她很讨阿尤布的欢心，成了他的妻子。她为他生了个儿子，名叫卡里尔（Khalil），但不久便夭折了。作为埃及苏丹，谢杰莱·杜尔的名字印在了硬币上，周五的祈祷也以她的名义举行，但她不仅仅代表她自己。她一直自称为"穆斯林的女王与卡里尔的母亲"。只有拥有阿尤布儿子之母的身份，她才能拥有接管王位的权力。[1]

这种权力也岌岌可危。一听说埃及政变，谢杰莱·杜尔便接管王位，巴格达的阿拔斯哈里发给巴赫里军团送来了封信，讽刺道："你们那儿要是没有男人了就告诉我们一声，我们给你送一个。"女人永远也坐不稳开罗的苏丹之位。即位后两个月，谢杰莱·杜尔为了自保，嫁给了马穆鲁克指挥官艾伯克（Aybak），之后将苏丹之位让给了他。[2]

艾伯克并不属于巴赫里军团，众人不看好谢杰莱·杜尔的选择。巴赫里军团的一位成员后来说，艾伯克不是"埃及的统治者"："他只是我们中的一员，我们又把他选为长官，仅此而已，我们的人里有更年长、更有资质、更有能力的人，他们更当得起苏丹的名号。"军团中大批人支持另一名候选人：阿什拉夫（al-Ashraf），阿尤布家族的小男孩，他是卡米勒小儿子的孙子。他们声称这个男孩才是阿尤布苏丹的合法继承人。[3]

艾伯克想了想——意识到自己没什么合法地位，愿意承认阿什拉夫为共治苏丹（co-sultan）。但这并没有带来和平。在艾伯克7年的统治中，开罗混乱动荡，马穆鲁克之间纷争不断，政治暗杀时有发生。1254年，艾伯克谋杀了他最得力的干将，巴赫里军团将军法里斯丁·阿克泰（Faris al-Din Aktai），正是他让路易九世的法兰西军队铩羽而归。这场在开罗城堡由艾伯克和他忠实的副官古突兹（Qutuz）计划实施的暗杀导致了巴赫里军团的分裂。阿克泰的朋友向北逃到混乱的叙利亚，刺杀突兰沙的拜巴尔也在其中。艾伯克之后流放了共治小苏丹。小苏丹的家臣带他北上，在尼西亚帝国找到了避难所。[4]

战胜反对派的短暂胜利只持续到1257年。谢杰莱·杜尔对丈夫越来越失望；她曾希冀这场婚姻能让她保留一些权力，但艾伯克坚持让她做局外人。4月，她派家臣到王家浴场伏击艾伯克，他们在那里扼死了手无寸铁的苏丹。

宫廷上下分崩离析。艾伯克的警卫一直追到王宫南端才抓住谢杰莱·杜尔，他们将她拖回艾伯克的住处。根据伊本·瓦绥勒的记载，艾伯克的第一任妻子命令仆人用木鞋将她活活打死。[5]

艾伯克的马穆鲁克同僚将他13岁的儿子曼苏尔·阿里（al-Mansur Ali）推举为埃及的下一任苏丹。他们从未想让阿里掌握实权；他只是个过渡苏丹，作用是确保开罗依旧稳定有序。在王位背后，马穆鲁克之间为了争夺领土打得不可开交。

获胜者是艾伯克的副手兼杀手古突兹，他于1259年11月12日让手下将自己奉为苏丹，而让阿里退位。不久后，艾伯克时期逃亡的巴赫里军团成员逐渐返回埃及。古突兹欢迎他们回来，他需要他们抵挡蒙古人。[6]

旭烈兀暂时放弃了远征，返回哈拉和林，他将大将怯的不花和1万精兵留在西方。怯的不花继续征服大业，先后占领了阿勒颇、霍姆斯、哈马和加沙。到1260年年初，蒙古前锋的铁蹄几乎就要踏到约旦河岸；怯的不花和埃及之间相距咫尺。[7]

8月下旬，怯的不花向开罗派出特使，命令古突兹投降。这位新任苏丹杀死蒙古特使，把他的头钉在了城门上。

这种蔑视引发了战争。古突兹知道蒙古人留下的是精锐部队，他确信真主安拉会保佑他粉碎伊斯兰教的敌人；而和旭烈兀的母亲一样，怯的不花也皈依了基督教。古突兹甚至给阿卡送信，让十字军前来助阵。回想起10年前在杜姆亚特的屠杀，十字军被这个邀请吓了一跳；他们最后决定放弃出兵，但在埃及军队进攻蒙古军队时他们为埃及提供了补给。[8]

1260年9月3日，双方军队进入艾因·贾鲁谷（valley of Ain

Jalut）：那是"歌利亚的春天"，年轻的大卫杀死巨人歌利亚故事的翻版。蒙古人第一次掉进了他们经常为别人设计的陷阱里。古突兹的军队人数超过怯的不花，但古突兹把多数人藏到了艾因·贾鲁谷周围的山里，只留了一小部分由拜巴尔带领直面蒙古军。怯的不花感觉胜利在望便让全军进攻，而拜巴尔转头就跑进了山里，蒙古人追到半路时，早已埋伏好的马穆鲁克蜂拥而出将他们包围。[9]

蒙古人的凶猛名副其实，被困的军队差一点就突破包围了。但马穆鲁克和蒙古人一样擅长骑马打仗。战斗进行了几个小时后，怯的不花阵亡。指挥官战死让蒙古军队没了主心骨，他们开始撤退，随后便飞奔逃命。在13千米外的贝珊镇（Beisan），幸存下来的蒙古军想重新集结，但追杀而来的马穆鲁克不给他们留一个活口。

蒙古军首次在会战中惨败。马穆鲁克大胜的喜讯传回埃及，一同回来的还有怯的不花那插在矛尖的头颅。蒙古人战败的消息传遍四方。事实证明，蒙古人并不是不可战胜的。被他们击败并不是必然的命运。世界的其他力量可以开始反击了。[10]

古突兹以胜利者的姿态进入大马士革，赶走了蒙古守军，将其划进埃及的地盘。一个月内，他接连夺回阿勒颇、霍姆斯和哈马。埃及和叙利亚终于又统一到了开罗苏丹的疆域中。开罗的伊斯兰帝国和深受基督教影响的蒙古人结下了梁子；先是旭烈兀的母亲，现在又是他的妻子。[11]

尽管开罗人民打算大张旗鼓地欢迎英雄与征服者古突兹，但他再也没能回到开罗。巴赫里军团没有忘记6年前他谋杀了法里斯丁·阿克泰。在拜巴尔的带领下，他们谋划了凶残的复仇。1260年10月，在返回埃及的路上，拜巴尔和古突兹带领一小队人去放鹰打猎。两人站在一起，拜巴尔弯下腰吻苏丹的手。这是给同伙的信号：

他们一拥而上,杀了古突兹。

古突兹的尸体被弃荒野。他们骑马回到营地,颐指气使地看着等候古突兹最高官员。那名官员双臂交叉,与凶手四目相对。"你们哪一个杀了他?"他问。"我。"拜巴尔回答。"那就坐上他的宝座。"那人说完便退下了。[12]

巴赫里军团终于出了一位苏丹。*拜巴尔等了那么久,现在终于统治了一个统一的、士气正盛的苏丹国,他们打败了令人毛骨悚然的世界最强军队。

在他统治的 17 年中,中东地区的新边界线有过些许变动,之后便深深地刻在了坚硬的土地上。旭烈兀从忽必烈的统治下独立,以里海西部城市蔑剌哈(Maragheh,今称马拉盖)为伊利汗国的都城。为了让自己免受伊利汗国的报复,拜巴尔派特使北上金帐汗国与统治着罗斯诸国的别儿哥达成同盟。别儿哥已经皈依伊斯兰教,在放弃效忠大汗后,他也急于保护边疆,使其免受旭烈兀的入侵。[13]

金帐汗国与巴赫里苏丹国之间的友谊也保护了奴隶贸易路线。每年有成千上万的奴隶被蒙古军队掳去,从黑海(目前由别儿哥控制)运到埃及;不断壮大的奴隶军团依旧是拜巴尔最强大的武器。[14]

1261 年,接纳了一名阿拔斯难民的拜巴尔得到了"忠诚者的领袖"的称号,这名难民从蒙古人控制的巴格达逃到开罗,拜巴尔称他为新任阿拔斯哈里发,受巴赫里军团的保护。旭烈兀曾摧毁了伊斯兰教的根基,现在拜巴尔则以救世主的身份出现。14 世纪阿拉伯历史学家伊本·赫勒敦(Ibn Khaldun)写道,"异教徒鞑靼人摧毁

---

* 一般来说,"巴赫里苏丹国"的起止时间是 1250 年至 1382 年,虽然前五位苏丹并不是巴赫里军团的人。

了哈里发宝座……无信仰取代了信仰",但拜巴尔夺回了这把将熄的火炬:

> 那真是真主的仁慈……他让埃及境内的穆斯林重新团结起来,救活了奄奄一息的信仰……他从这个突厥国家,从国中那些不计其数的伟大的、保护穆斯林的部族和统治者,以及忠实的助手那里,向从动荡之地来到由奴隶统治的伊斯兰国度的穆斯林发出信息……按照天意和真主的怜悯,他们中有人被选为苏丹,管理穆斯林的事务。[15]

这项决定的正面影响是让圣城麦加最强大的圣裔(sharif)直接效忠于开罗的苏丹国。为了进行麦加朝觐,大部分穆斯林都要穿过拜巴尔的土地;现在他们可以放心去朝觐了。拜巴尔因此又获得了一个新称号:"两圣地的仆人"(khadim al-haramayn al-sharifayn),意为麦加和麦地那的守护者。在之后的几年里,他以穆罕默德的名义出钱翻新了麦地那的清真寺,并督查了伊斯兰法律在苏丹国的执行情况(包括禁酒令)。[16]

他重启了对抗十字军国家的战争,现在只剩下两个战场:仍拼命守着地中海海岸线不放的阿卡的耶路撒冷王国,以及从1201年就包围的黎波里的安条克公国。绕过阿卡,拜巴尔向北进军安条克。仅过了4天,安条克就陷落了。1.7万人被俘,10多万人被卖到奴隶市场;安条克的君主博希蒙德六世(Bohemund VI)手里只剩下的黎波里。[17]

攻城时博希蒙德不在安条克,但拜巴尔故意给他写了封信描述征服的场景。他写道:

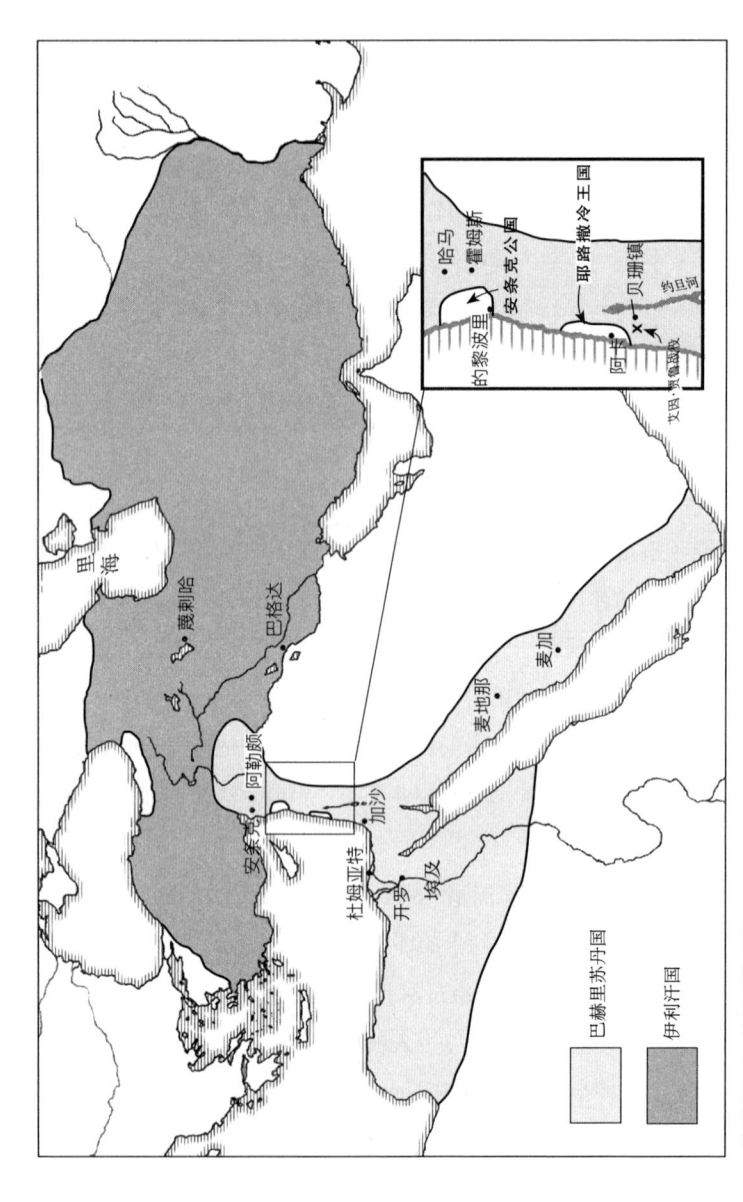

地图 55-1 巴赫里苏丹国

55 埃及的马穆鲁克

时间线 55

蒙古人	十字军国家	马穆鲁克埃及
成吉思汗（1206—1227）		
蒙古占领金中都（1215）		
高丽向蒙古进贡（1218）	第五次十字军东征（1217—1221）	埃及苏丹卡米勒（1218—1238）
卡尔卡河战役（1223）		
成吉思汗去世（1227）	第六次十字军东征（1228—1229）	
蒙古征服西夏（1227）		
窝阔台（1229—1241）	耶路撒冷向腓特烈二世投降（1229）	
金打败速不台（1230—1231）		
高丽高宗撤退到江华岛（1232）		
蒙古攻陷开封（1233）		
蒙古攻陷第比利斯（1237）		
蒙古攻陷莫斯科（1238）		埃及内战（1238—1240）
利格尼茨战役（1241年4月9日）	萨利赫·伊斯梅尔夺取叙利亚（1241）	萨利赫·阿尤布（1240—1249）
绍约河战役（1241年4月11日）		
窝阔台去世（1241）		
	阿尤布夺取耶路撒冷（1244）	
贵由（1246—1248）	第七次十字军东征（1248—1254）	突兰沙（1249—1250）
		谢杰莱·杜尔（1250）
		艾伯克（1250—1257）
蒙哥（1251—1259）	安条克的博希蒙德六世（1251—1275）	
蒙古征服大理（1253）		
蒙古围剿尼查里派（1256）		
蒙古入侵大越（1257）		曼苏尔·阿里（1257—1259）
蒙古攻陷巴格达（1258）		古突兹（1259—1260）
高丽向蒙古投降（1259）		
蒙古攻陷大马士革和阿勒颇（1260）	马穆鲁克重新征服叙利亚	艾因·贾鲁谷战役（1260）
阿里不哥（1260—1264）		拜巴尔（1260—1277）
忽必烈（1260—1294）		
蒙古帝国分裂（1265年左右）		
伊利汗国：旭烈兀 / 金帐汗国：别儿哥 / 察合台汗国：阿鲁忽 / 大汗国：忽必烈	拜巴尔重新占领安条克（1268）	

你的女人一下就被卖出了四个……教堂里的十字架被砸了，谎言满篇的《旧约》被撕掉了，长老的坟墓被挖了……你的穆斯林敌人践踏着你庆祝弥撒的地方，他们在祭坛上割断了僧侣、神父和助祭的喉咙……赠予你安条克的那个神又把它拿回去了；赠予你要塞的那个主又把它抢走了，就这样把它从地图上抹去了。[18]

现在只有的黎波里和阿卡还在十字军手中：的黎波里是安条克公国的最后一点残余，姑且叫它小安条克；阿卡是耶路撒冷王国的都城，耶路撒冷王国无法再控制耶路撒冷了。拜巴尔重塑了穆斯林在地中海东部的霸主地位，一家独大的状况将延续好几代。"这样，人们陆续前来，一代接着一代，"伊本·赫勒敦说，"伊斯兰国家享受着他们带来的利益，王国的诸分支因青年饱满的精神而朝气蓬勃。"[19]

/ 56

圣路易

> 1250 年至 1267 年,牧人起义者攻击教会,法兰西国王对此无能为力。

征服埃及之战失败 4 年后,法兰西的路易九世仍留在东方。

他于 1250 年 5 月下旬抵达阿卡,活着跟他回来的只有不到 100 人。6 月初,他把他们叫到一起,摆明了自己的困境。"王太后,我的母亲给我写信,"他告诉他们,"恳求……返回法兰西,我的王国危机四伏,因为我没有和英格兰休战或签订和约。我已经和那些阿卡人谈话了,他们说,如果我离开,这片土地就不再是我的了……大家好好考虑一下,8 天后告诉我你们认为应该怎么办。"[1]

这 8 天真是难熬的 8 天。多数幸存的贵族希望国王回国,保证王国的安全后再找适当的时机东征。而像让·德·儒安维尔这样的士兵则不愿放弃远征,也不愿放弃留在开罗的人质。

综合所有意见后,路易决定留下来。他总结说,他的母亲、王太后兼摄政布兰奇有"足够的人力保卫法兰西";但"如果我离开这里，耶路撒冷王国将陷落，因为我走了之后没有人敢留在这儿"。于是，他派两个幸存的弟弟带着一封信回家，向人民解释他留在阿卡是为了"保证所有囚犯都得到释放，保存耶路撒冷王国的城堡并保护其他基督教的利益。"在信的最后他写下了一段明确而又鼓舞人心的话：十字军东征还没有结束，法国的骑士仍可为圣地而战。

> 那么，来吧，基督的骑士，永生上帝的教皇的士兵，拿起你们的武器，向那些施加暴行和侮辱的人还以颜色……那些为我们提供帮助或来圣地加入我们的人，除了应得的赎罪券外，他们还将得到上帝以及人民的尊重和感激……事不宜迟，容不得半点耽搁。[2]

但对此作出回应的人却不怀好意。

路易九世还在忙着加固阿卡城墙的时候，一个疯狂的匈牙利僧侣开始在法兰西北部宣扬说，圣母玛利亚曾出现在他面前并给了他一个启示：减轻国王路易负担的不会是男爵和骑士，而是身份卑微的穷人。他的话里暗含对特权和强势阶级，即贵族和骑士的不满。诺曼的教士威廉十几年前就曾写道："穷人……支付着领主的所有战争开销，他们常常哭泣叹息。"

那名僧侣向那些和牧人、农民及其他贫穷的人保证"他们因谦逊和单纯得到了上帝赐予的拯救圣地的力量……而法兰西士兵的骄傲让上帝讨厌"。这番话得到了大家的认同，那名僧侣将自己称为"匈牙利大师"（Master of Hungary），并迅速拥有了成千上万名追随者。这些人——农民、养猪人、养牛人、杀人犯、小偷、流浪汉——把自己打扮成牧人，此次事件便被称为"牧人"

（Pastoureaux）起义。[3]

起初，他们的积极性广受好评，摄政的王太后布兰奇亲自欢迎他们来到首都，倾听"大师"的话语。但运动很快就变味了。不久后，"大师"就开始宣扬反教会的言论，其行径甚于几十年前的韦尔多派和迦他利派。"他谴责自己之外的所有教派"，马修·帕里斯写道；方济各会是些盲流，熙笃会贪婪无度，神父和主教"眼里只有钱"。他的怨恨越来越深，不仅针对富裕骑士，还包括所有那些在穷人苦苦挣扎时却衣食无忧的人。"我想掐死所有贵族和神职人员，"13世纪一部法国讽刺作品中有这样一句话，"所有锦衣玉食都只有他们能够享用。"[4]

1251年1月，"牧人"进入奥尔良，手持"剑、斧、飞镖、匕首和长刀"（"他们对战争的渴望好像比对基督的崇敬更甚，"帕里斯说），他们席卷了整座城市，攻击杀害神职人员，一路烧杀掳掠。类似的行为在图尔和布尔日再次上演。布兰奇立即改变态度。"我相信他们以纯粹和虔诚是可以赢得整个世界的，"她宣称，"但既然他们是骗子，那么就把他们逐出教会、抓起来、消灭掉。"王室开始搜捕"牧人"。年内，一场场短兵相接的战斗让"牧人"成了一盘散沙，他们或被捕，或被绞死，或被直接扔到河里淹死；"大师"被一名好战的巴黎屠夫挥斧砍死，"他一斧子砍中了他的脑袋，让他成了一个地狱里的无头鬼"。[5]

法兰西既有内忧也有英格兰这个外患，没过多久，摄政的王太后也去世了。1252年11月，已过花甲之年的布兰奇得了一场病，随后去世了。听到母亲的死讯，路易九世把自己关在房里两天，不和任何人说话。最终，他决定准备返回法兰西。

1254年9月7日他返回巴黎。他去国6年，曾成功地解救了一

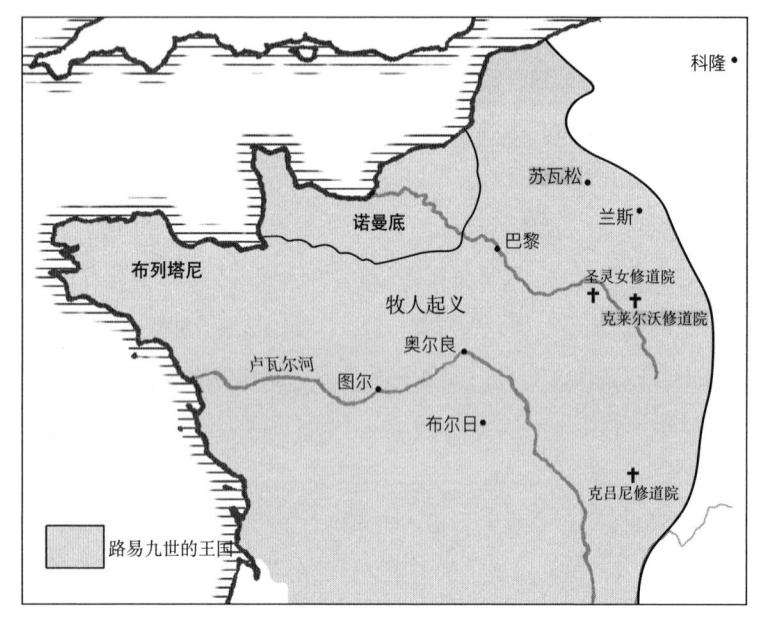

地图 56-1 牧人起义

些被抓的追随者，并围绕基督教城市的东部建立了新的防御工事，但他未能收复耶路撒冷。第七次十字军东征的失败改变了他。"国王从海外归来后，过上了十分简朴的生活，他不穿皮草……不穿鲜红的衣服，也不用镀金的马镫和马刺。"让·德·儒安维尔写道。他戒了酒，拒绝奢华筵席，穿衣吃喝都很节俭；平日里，他把越来越多的收入分给穷人，不断祷告，熬夜学习《圣经》。[6]

他的虔诚对法国有直接影响。在注意个人修行的同时，路易也十分重视社会的公正。回国后的两年里，他颁布了多条约束王室官员的法令。他们不得咒骂，不能经常出入酒馆，对待法兰西人和外国人要一视同仁，不能行贿受贿，不能随便抓人、无故囚禁他人，不能无故使用暴力。他还禁止将决斗作为解决法律纠纷的方式,卖淫嫖娼,赌博以及公开亵渎都被归为违法行为。[7]

和已故的腓特烈二世一样,他限制了法兰西主教们逐渐膨胀的权力;但和腓特烈二世不同,他这么做是因为他坚信国王是教会的仆人。每当有人请求他逮捕并"控制"那些被逐出教会的人,以让他们尽快忏悔时,他都会拒绝。他对他们说,有可能教皇认为这些人是无辜的。法兰西王室的权力不能用来支持地方主教的决定,因为他们可能是错的。王室的权力只能代表上帝(通过教皇)行使。[8]

国王是教会的仆人:在这一点上,路易和多明我会学者托马斯·阿奎那(Thomas Aquinas)的观点是一样的。快30岁的阿奎那刚刚结束在科隆的第一份教学工作。他于1252年抵达巴黎,在法兰西首都授课和写作。像12世纪初的安瑟伦,以及后来的皮埃尔·阿伯拉尔、皮埃尔·隆巴尔德和沙特尔的贝尔纳一样,阿奎那致力于研究古希腊大师,以及他们的学说与基督教思想的结合。他最伟大的神学著作此时尚未成书,但在路易九世的有生之年他写出一个大纲,里面有大量将亚里士多德学派的思想与基督教启示相结合的理念。[9]

在《政治学》(*The Politics*)这部已被译成拉丁语的著作中,亚里士多德认为一位公正的统治者应该为所有臣民谋共同利益。亚里士多德所说的"共同利益"涵盖公正和共同富裕,从他的定义来看,路易九世的确是一个合格的君主:儒安维尔写道:"国王……最关注的,是政府管理得怎么样,以及人民的权利和财产是否得到了保护……正义是否是社会的主流风气……状况大大改善,货物和财产都能翻倍。"[10]

阿奎那吸取了亚里士多德的定义并将其扩展。国王要为臣民谋正义、谋福利,但带领他们获得最终的救赎则超出了君主的能力范围。"人类靠自身无法抵达最终归宿,那是上帝的权力,要靠神力,"阿奎那总结道,"因此,带领人民走向最终救赎的……不是尘世的国王,而是……祭司长、圣彼得的继承人、耶稣基督的代理人,即罗马教皇。"阿奎那认为,国王和教皇之间没有冲突,自然法和上帝之法没有冲突,理性和启示间也没有冲突。他们携手,国王管理尘世事务,教皇则主持神圣的事务。但毋庸置疑,只有一个人拥有最后的发言权:"所有基督教人民的国王都要臣服于罗马教皇,"阿奎那总结道,"也就是臣服于我们的主,耶稣基督本人。"[11]

反教权论的"牧人起义"是钟摆的一端,路易又把它拉向了另一端。"要关爱、尊重为神圣教会服务的每一个人,"他在临终前对儿子这样说,后面又补充说,即使教会错了,国王也要管住自己的嘴。想想"上帝赐予我们的好处吧",就算放弃王室特权,也不要反对那个权力神授的权威。[12]

时间线 56

十字军国家	马穆鲁克埃及	西法兰克	教皇	神圣罗马帝国	英格兰
		阿尔比派十字军（1209—1229）			在英格兰的犹太人遭囚禁（1210）
				腓特烈二世（1215—1250, 1220年加冕）	
		布汶战役（1214）			
			第四次拉特兰公会议（1215）		《大宪章》（1215）
					贵族对抗国王的战争（1215—1217）
第五次十字军东征（1217—1221）			洪诺留三世（1216—1227）		亨利三世（1216—1272）
	埃及苏丹卡米勒（1218—1238）				
		路易八世（1223—1226）			
		路易九世（1226—1270）			
第六次十字军东征（1228—1229）			图卢兹会议（1229）		
			《绝罚通谕》（1231）	拉韦纳帝国议会（1231）	入侵布列塔尼（1230）
			《罗马之声》（1233）	亨利七世的反叛（1234）	
	埃及内战（1238—1240）			康拉德四世（1237—1254, 未加冕）	
	萨利赫·阿尤布（1240—1249）			腓特烈二世被教皇废黜（1239）	
萨利赫·伊斯梅尔夺取叙利亚（1241）		塔耶堡战役（1242）			
			英诺森四世（1243—1254）		
阿尤布夺取耶路撒冷（1244）					
				德意志内战开始（1246）	

十字军国家	马穆鲁克埃及	时间线 56				
		西法兰克	教皇	神圣罗马帝国	英格兰	
第七次十字军东征（1248—1254）						
	突兰沙（1249—1250）					
	谢杰莱·杜尔（1250）	路易九世被迫投降（1250）		腓特烈二世去世（1250）		
	艾伯克（1250—1257）					
安条克的博希蒙德六世（1251—1275）		牧人起义（1251）				
		布兰奇王太后去世（1252）				
		路易九世返回法国（1254）	亚历山大四世（1254—1261）			
	曼苏尔·阿里（1257—1259）					
	古突兹（1259—1260）					
马穆鲁克重新征服叙利亚	艾因·贾鲁谷战役（1260）					
	拜巴尔（1260—1277）					
拜巴尔重新占领安条克（1268）						

注 释

前言

1. Richard A. Fletcher, *Moorish Spain* (New York: Henry Holt & Co., 1992), p. 151.

01 北宋灭亡

1. Ruth W. Dunnell, *The Great State of White and High* (1996), p. 37.
2. Ibid., pp. 38–39.
3. Patricia Ebrey, ed., *Chinese Civilization*, 2d ed., (1993), pp. 140–141.
4. Peter Lorge, War, *Politics and Society in Early Modern China* (2005), p. 45.
5. Ibid., p. 46.
6. Jacques Gernet, *A History of Chinese Civilization*, 2d ed., trans. J. R. Foster and Charles Hartman (1996), pp. 310–311; Joseph Needham et al., "Chemistry and Chemical Technology," in *Science and Civilization in China* vol. 3, part 3 (1976), pp. 93–94.
7. Denis Twitchett et al., *The Cambridge History of China*, vol. 6 (1994), pp. 216, 219.
8. Peter H. Lee et al., eds., *Sourcebook of Korean Civilization,* vol. 1 (1993), p. 275; Ki-baik Lee, *A New History of Korea*, trans. Edward W. Wagner (1984), p. 126.
9. Lee, *A New History of Korea*, pp. 127–128.
10. Twitchett et al., p. 222.
11. Stephen Eskildsen, *The Teachings and Practices of the Early Quanzhen Taoist Masters* (2004), pp. 192–193.
12. Lorge , pp. 50–51.
13. David R. Olson and Michael Cole, *Technology, Literacy and the Evolution of Society* (2006), pp. 60–61.
14. Lorge, pp. 53–54.
15. Ebrey, p. 170.

02 卡诺萨觐见

1. Horst Fuhrmann, *Germany in the High Middle Ages*, c. 1050–1200, trans. Timothy Reuter (1986), p. 52.
2. Ian S. Robinson, *Henry IV of Germany* (2000), p. 43.
3. Oliver J. Thatcher and Edgar Holmes McNeal, eds., *A Source Book for Medieval History* (1905), pp. 417–418.
4. Robinson, *Henry IV of Germany* (2000), pp. 110–111.

5. Ibid., p. 111.
6. R. W. Southern, *Western Society and the Church in the Middle Ages* (1970), p. 102; H. E. J. Cowdrey, *The Register of Pope Gregory VII, 1073–1085* (1998), p. 557.
7. Uta-Renate Blumenthal, *The Investiture Controversy* (1988), pp. 110–113; Cowdrey, pp. 130–131.
8. Cowdrey, pp. 133–134.
9. Ibid., p. 134.
10. Ibid., p. 137.
11. Ibid., p. 138.
12. Ibid., p. 141.
13. Fuhrmann, p. 65.
14. Ibid., p. 156.
15. Fuhrmann, pp. 65–66.

03 上帝的感召

1. Michael Psellus, *Fourteen Byzantine Rulers*, trans. E. R. A. Sewter (1966), p. 369 and n. I, pp. 369–370; George Ostrogorsky, *History of the Byzantine State*, rev. ed., trans. Joan Hussey (1969), pp. 347–348.
2. Saunders, *History of Medieval Islam*, pp. 149–150.
3. Armstrong, *Jerusalem*, pp. 268–269.
4. Ostrogorsky, pp. 348–349.
5. Anna Comnena, *The Alexiad of Anna Comnena*, trans. E. R. A. Sewter (1969), 3.8–9.
6. Robinson, *Henry IV of Germany*, pp. 194–196.
7. Ibid., p. 204.
8. Comnena, 3.10.
9. Robinson, *Henry IV of Germany*, pp. 229–231.
10. Cowdrey, p. 446.
11. Dante, *Inferno*, trans. Allen Mandelbaum (1982), canto 28, lines 13–16.
12. Daftary, *A Short History of the Ismailis*, p. 125.
13. Thomas Asbridge, *The First Crusade* (2004), p. 32.
14. Thatcher and McNeal, pp. 513–517.

04 为耶路撒冷而战

1. Comnena, 10.5–6.
2. William of Tyre, *A History of Deeds Done Beyond the Sea*, vol. 1, trans. Emily Atwater Babcock and A. C. Krey (1976), pp. 98–99.
3. Comnena, 10.5.
4. Ibid., pp. 105–106; John France, *The Crusades and the Expansion of Catholic Christendom, 1000–1714* (2005), pp. 65–66.
5. William of Tyre, *A History of Deeds Done Beyond the Sea*, vol. 1, trans. Emily Atwater Babcock and A. C. Krey (1976), p. 109.
6. Comnena (1969), 10.9–10.
7. Asbridge, p. 158; France, pp. 76–77.
8. William of Tyre, pp. 214–215; France, p. 77.

9. Ibn al-Qalanisi, *The Damascus Chronicle of the Crusades*, trans. Hamilton Gibb (2003), p. 43; Jean de Joinville and Geoffrey de Villehardouin, *Chronicle of the Crusades*, trans. M. R. B. Shaw, p. 8; Asbridge (2004), pp. 150–151; William of Tyre, pp. 239–240.
10. Steven Runciman, *A History of the Crusades*, vol. 1 (1951), pp. 227–228.
11. France, p. 79; Comnena, 10.11.
12. William of Tyre, p. 258.
13. Ibid., pp. 270–274.
14. William of Tyre, p. 281; Runciman, *History of the Crusades*, vol. 1, pp. 244–245.
15. France, p. 84.
16. William of Tyre, pp. 352–353; France, pp. 86–87.
17. William of Tyre, p. 368; France, pp. 88–89.
18. Ibn al-Qalanisi, p. 48.

05 余震

1. Clay Stalls, *Possessing the Land* (1995), p. 37.
2. Olivia Remie Constable, *Medieval Iberia* (1997), pp. 156–157.
3. Comnena, 9.8.
4. Malcolm Barber and A. K. Bate, eds., *The Templars* (2002), p. 27; William of Tyre, pp. 524–525.
5. Barber and Bate, p. 32.

06 逻辑和妥协

1. William of Malmesbury, *The Deeds of the Bishops of England (Gesta Pontificum Anglorum)*, trans. David Preest (2002), p. 575.
2. Guy Carleton Lee, *Sourcebook of English History* (1900), pp. 125–127; David Charles Douglas,*William the Conqueror: The Norman Impact upon England* (1964), pp. 265–266.
3. Douglas, pp. 273–274.
4. William of Malmesbury, *The Deeds of the Bishops of England*, p. 98.
5. Jaroslav Pelikan, *The Growth of Medieval Theology (600–1300)* (1978), p. 98.
6. William of Malmesbury, *The Deeds of the Bishops of England*, p. 26.
7. Saint Anselm, *Proslogion*, in *A Scholastic Miscellany: Anselm to Ockham*, ed. and trans. Eugene R. Fairweather (1956), p. 69.
8. Ibid., p. 100.
9. Uta-Renate Blumenthal, *The Investiture Controversy* (1988), p. 156.
10. William of Malmesbury, *Gesta Regum Anglorum (The History of the English Kings)*, trans. R. A. B. Mynors, R. M. Thomson, and Michael Winterbottom, vol. 1 (1998), p. 749.
11. Henry White, *History of Great Britain and Ireland* (1849), p. 114.
12. Gerd Tellenbach, *The Church in Western Europe from the Tenth to the Early Twelfth Century* (1993), p. 273.
13. Horst Fuhrmann, *Germany in the High Middle Ages, c. 1050–1200*, trans. Timothy Reuter (1986), p. 88.
14. Ibid., pp. 88–89; Karl F. Morrison, ed., *The Investiture Controversy* (1971), pp. 69–70.
15. Morrison, pp. 69–70.

07 十字军敌人

1. Anna Comnena, *The Alexiad of Anna Comnena*, trans. E. R. A. Sewter (1969), X.9–10.
2. Ibid., X.11.
3. Ibid., XI.11–12.
4. The "Historia belli sacri (Tudebodus imitatus et continuatus)," cited by Aleksandr A. Vasiliev, *History of the Byzantine Empire, 324–1453*, 2nd ed., vol. 2 (1952), p. 410.
5. George A. C. Sandeman, *Metternich* (1911), p. 168.
6. Christopher Duggan, *A Concise History of Italy* (1994), p. 40.
7. Thomas F. Madden, *Enrico Dandolo and the Rise of Venice* (2003), p. 8.
8. Vasiliev, p. 413; Frederic Chapin Lane, *Venice, a Maritime Republic* (1973), pp. 33–34.
9. Donald M. Nicol, *Byzantium and Venice* (1988), p. 79.
10. Simon Payaslian, *The History of Armenia* (2007), p. 82.
11. In *Fontes rerum byzantinarum*, quoted by Vasiliev, p. 416.

08 无序时代

1. Henry of Huntingdon, *The Chronicle of Henry of Huntingdon*, trans. Thomas Forester (1853), p. 244; William of Malmesbury, *Gesta Regum Anglorum*, pp. 761–763.
2. William of Malmesbury, *Gesta Regum Anglorum*, p. 745; Judith A. Green, *The Government of England under Henry I* (1986), p. 5.
3. T. A. Archer and Charles Lethbridge Kingsford, *The Crusades* (1914), p. 15; John Richard Green, *A Short History of the English People*, rev. ed. (1894) p. 99.
4. William of Tyre, *A History of Deeds Done beyond the Sea*, trans. and ed. Emily Atwater Babcock and A. C. Krey, vol. 2 (1976), bk. 14.2, p. 51.
5. Simeon of Durham, *The Historical Works of Simeon of Durham*, trans. Joseph Stevenson (1855), p. 617.
6. Henry of Huntingdon, *The Chronicle of Henry of Huntingdon*, trans. and ed. Thomas Forester (1853), bk. 7, pp. 259–260.
7. Ibid., pp. 269–271.
8. M. J. Swanton, trans. and ed., *The Anglo-Saxon Chronicle* (1998), pp. 264–265.

09 丢失的家园

1. *Li Qingzhao ji jiazhu*, quoted in Simon Leys, *The Hall of Uselessness* (2011), pp. 255–256.
2. Patricia Buckley Ebrey, ed., *Chinese Civilization*, 2nd ed. (1993), p. 169.
3. Ebrey, p. 171; Jacques Gernet, *A History of Chinese Civilization*, 2nd ed. (1996), p. 357.
4. Yuan-Kang Wang, *Harmony and War* (2001), p. 80.
5. Peter Allan Lorge, *War, Politics and Society in Early Modern China, 900–1795* (2005), p. 55.
6. Jung-Pang Lo, "The Emergence of China as a Sea Power during the Late Sung and Early Yuan Periods," *Far Eastern Quarterly* 14, no. 4 (1955): 502, 491.
7. Wang, p. 89.
8. Alexander Woodside, *Vietnam and the Chinese Model* (1971), pp. 7, 299.
9. James Anderson, *The Rebel Den of Nùng Trí Cao* (2007), p. 143.

10. Michael E. Brown and Sumit Ganguly, *Fighting Words* (2003), p. 222; Nicholas Tarling, ed., *The Cambridge History of Southeast Asia*, vol. 1 (1999), pp. 147–148.
11. George Coedès, *The Indianized States of Southeast Asia*, ed. Walter F. Vella, trans. Sue Brown Cowing (1968), pp. 99–100, 159.
12. Georges Maspero, *Royaume de Champa*, quoted in Coedès, *The Indianized States of Southeast Asia*, pp. 159–160.
13. Victor B. Lieberman, *Strange Parallels*, vol. 1 (2003), pp. 348–350.
14. Oscar Chapuis, *A History of Vietnam* (1995), p. 52.
15. John K. Whitmore, *Essays into Vietnamese Pasts* (1995), p. 65.
16. Chapuis, p. 42.
17. Milton Osborne, *The Mekong* (2000), p. 31.
18. Charles Higham, *The Civilization of Angkor* (2001), pp. 115–117.
19. Ian Shaw and Robert Jameson, *A Dictionary of Archaeology* (1999), p. 63.

10 十字军复兴

1. Carole Hillenbrand, *The Crusades* (2000), p. 113; William of Tyre, p. 105.
2. Martin Sicker, *The Islamic World in Decline* (2001), p. 72.
3. Nicholas N. Ambraseys, "The 12th Century Seismic Paroxysm in the Middle East," *Annals of Geophysics* 47, nos. 2–3 (April–June 2004): 743–744; Ibn al-Athir, *The Chronicle of Ibn al-Athir for the Crusading Period*, trans. D. S. Richards (2006), pt. 1, p. 351.
4. Josef W. Meri, *Medieval Islamic Civilization* (2006), vol. 1, p. 219; *The Qur'an*, trans. Thomas Clancy (2004), p. 299.
5. Ibn al-Athir, pt. 1, p. 283; Jonathan C. Phillips and Martin Hoch, eds., *The Second Crusade* (2001), p. 126.
6. Christopher Tyerman, *God's War* (2006), p. 188.
7. William of Tyre, p. 143.
8. Hillenbrand, p. 115.
9. Jacques P. Migne, *Patrologia Cursus Completus* (1855), cols. 1064–1066.
10. Thomas F. Madden, *The New Concise History of the Crusades*, updated ed. (2005), p. 50.
11. Otto of Freising, *The Deeds of Frederick Barbarossa*, trans. Charles Christopher Mierow (2004), p. 70; Jonathan Phillips and Martin Hoch, eds., *The Second Crusade* (2001), p. 3.
12. Thomas F. Tout, *The Empire and the Papacy, 918–1273* (1899), p. 284.
13. Madden, *The New Concise History*, p. 52; Ralph V. Turner, *Eleanor of Aquitaine* (2009), pp. 66–67.
14. Michael Frassetto, ed., *Medieval Purity and Piety* (1998), pp. 118–119; Ralph V. Turner, *Eleanor of Aquitaine* (2009), p. 47.
15. William of Tyre, pp. 171–172; Madden, *The New Concise History*, p. 58.
16. William of Tyre, pp. 176–177.
17. Ibid., p. 80.
18. Turner, p. 93.
19. Thomas S. Asbridge, *The Crusades* (2010), p. 242.
20. Bernard of Clairvaux, *Five Books on Consideration*, trans. John Douglas Anderson and Elizabeth T. Kennan (1976), p. 49; William of Tyre, p. 193.

11 收复失地运动和再发现

1. Roger Le Tourneau, *The Almohad Movement in North Africa in the Twelfth and Thirteenth Centuries* (1969), p. 25; Olivia Remie Constable, *Medieval Iberia* (1997), p. 186.
2. Donald J. Kagay and L. J. Andrew Villalon, eds., *The Circle of War in the Middle Ages* (1999), pp. 26–27; *Chronica Adefonsi Imperatoris*, II.50, in *The World of El Cid*, trans. Simon Barton and Richard Fletcher (2000), p. 225.
3. *Chronica Adefonsi Imperatoris*, II.58, in Barton and Fletcher, p. 228.
4. Ibid., II.92, in Barton and Fletcher, p. 241.
5. Keith J. Devlin, *The Man of Numbers* (2011), p. 21; Chris Lowney, *A Vanished World* (2005), p. 149.
6. Edward Grant, *A Source Book in Medieval Science* (1974), p. 35; B. F. Reilly, *The Contest of Christian and Muslim Spain* (1992), pp. 127–128.

12 对权威的质疑

1. Peter Abelard, *Historia Calamitatum*, in *The Letters of Abelard and Heloise*, trans. Betty Radice (1974), p. 3.
2. Ibid., 11.
3. James Burge, *Heloise and Abelard* (2003), pp. 127–131; Abelard, *Historia Calamitatum*, p. 17.
4. Gillian Rosemary Evans, ed., *The Medieval Theologians* (2001), pp. 109–110; Peter Godman, *The Silent Masters* (2000), pp. 67–68.
5. Abelard, *Historia Calamitatum*, 21.
6. Godman, 79–80.
7. Otto of Freising, p. 82.
8. Ibid., p. 84.
9. Heinrich Fichtenau, *Heretics and Scholars in the High Middle Ages, 1000–1200*, trans. Denise A. Kaiser (1998), pp. 297–298.
10. Radice, p. 228.
11. John of Salisbury,*The Metalogicon of John of Salisbury*, trans. Daniel D. McGarry (1955), pp. 68, 167.
12. R. N. Swanson, *The Twelfth-Century Renaissance* (1999), p. 74; Alan Charles Kors and Edward Peters, *Witchcraft in Europe, 400–1700* (2001), pp. 72–73.
13. Marcia L. Colish, *Peter Lombard*, vol. 1 (1994), pp. 16–17, 25.
14. Ibid., pp. 30–31, 77ff.; Evans, pp. 181–182.

13 南宋

1. Frederick W. Mote, *Imperial China, 900–1800* (1999), p. 298.
2. Helaine Selin, ed., *Encyclopedia of the History of Science, Technology, and Medicine in Non-Western Cultures* (2008), p. 959; Chen Kelun, *Chinese Porcelain* (2004), p. 13; Wenhua Li, *Agroecological Farming Systems in China* (2001), pp. 28–29.
3. Alfreda Murck, *Poetry and Painting in Song China* (2000), p. 219.
4. Yang Xianyi and Gladys Yang, trans., *Poetry and Prose of the Tang and Song* (1984), pp. 273–274.

5. Steven Warshaw, *China Emerges: A Concise History of China from Its Origins to the Present* (1987), p. 60; P. J. Ivanhoe, *Confucian Moral Self-Cultivation* (2000), pp. 47–49.
6. Ebrey, p. 173; Godman, p. 80.
7. Mote, pp. 232–233; Herbert Franke and Denis Twitchett, eds., *The Cambridge History of China*, vol. 6 (2007), pp. 239–240.
8. Franke and Twitchett, pp. 240–241.
9. Harold Miles Tanner, *China* (2009), pp. 219–220.
10. Lorge, p. 63.
11. Yuan-Kang Wang, *Harmony and War* (2011), p. 92.
12. Lu Yu, "To Show to My Sons," trans. Burton Watson, in *The Shorter Columbia Anthology of Traditional Chinese Literature*, ed. Victor H. Mair (2000), p. 124.

14 平治之乱

1. George Sansom, *A History of Japan to 1334* (1958), p. 197; Delmer M. Brown and Ichirō Ishida, trans. and eds., *The Future and the Past* (1979), p. 72.
2. Reinhard Bendix, *Kings or People* (1978), pp. 76–77; Stephen R. Turnbull, *The Samurai* (1977), pp. 25–27.
3. Brown and Ishida, p. 78; John W. Hall, Jeffrey P. Mass, and David L. Davis, *Medieval Japan* (1974), pp. 69–70.
4. William Wayne Farris, *Japan to 1600* (2009), p. 86.
5. Brown and Ishida, p. 317.
6. Donald H. Shively and William H. McCullough, eds., *The Cambridge History of Japan*, vol. 2 (1999), p. 609.
7. Brown and Ishida, p. 99.
8. Wm. Theodore de Bary et al., eds., *Sources of Japanese Tradition*, 2nd ed., vol. 1 (2001), p. 269; Turnbull, *The Samurai*, pp. 34–35.
9. De Bary, p. 275; Brown and Ishida, p. 104; Turnbull, *The Samurai*, p. 37.
10. Brown and Ishida, p. 107.
11. Ibid., pp. 115–116.

15 一支军队的覆灭

1. Ki-baik Lee, *A New History of Korea*, trans. Edward W. Wagner with Edward J. Shultz (1984), p. 138.
2. Martina Deuchler, *The Confucian Transformation of Korea* (1992), p. 32.
3. Edward J. Shultz, *Generals and Scholars* (2000), pp. 11–12.
4. Ki-baik Lee, p. 136.
5. Peter H. Lee, ed., *Sourcebook of Korean Civilization*, vol. 1 (1993), p. 332; Shultz, p. 16.
6. Shultz, pp. 13–14.
7. Ki-baik Lee, p. 139; Shultz, pp. 15, 17.
8. Michael J. Seth, *A History of Korea* (2011), p. 104.
9. Peter H. Lee, p. 332.
10. Ki-Baik Lee, p. 140.
11. Peter H. Lee, p. 334.
12. Shultz, pp. 20–21, 28–29.

13. Ki-baik Lee, p. 140; Shultz, p. 34.
14. Ki-baik Lee, p. 142.
15. Peter H. Lee, pp. 334–336.
16. Ki-baik Lee, p. 145; Peter H. Lee, p. 340.
17. Shultz, pp. 55–56; Seth, pp. 104–105.

16　金雀花王朝新王

1. Swanton, p. 264.
2. John D. Hosler, *Henry II* (2007), pp. 5–6; William of Newburgh, *Chronicles of the Reigns of Stephen, Henry II, and Richard I*, ed. Richard Howlett, vol. 3 (1886), p. xvii.
3. Malcolm Barber, *The Two Cities* (1992), p. 267.
4. Quoted in Turner, p. 109.
5. Hosler, pp. 44–45.
6. William of Newburgh, *The History of English Affairs, Book I*, ed. P. G. Walsh and M. J. Kennedy (1988), p. 127.
7. Ibid., p. 15.
8. Peter of Blois, *Epistolae*, ed. J. A. Giles (1847), pp. 50, 193–194.
9. Christopher Harper-Bill and Nicholas Vincent, eds., *Henry II* (2007), pp. 311–312; Rebecca Fraser, *The Story of Britain* (2006), pp. 128–129.
10. Hosler, p. 49.

17　腓特烈一世

1. Eric Christiansen, *The Northern Crusades*, rev. ed. (1997), p. 53; Madden, *The New Concise History*, pp. 55–56.
2. France, pp. 132–133.
3. Otto of Freising, pp. 332–333.
4. Quoted in Colin Morris, *The Papal Monarchy* (1989), pp. 188–189.
5. Ibid., p. 190.
6. Otto of Freising, pp. 150–152.
7. Ibid., p. 127.
8. Morris, p. 267.
9. Patrick J. Geary, *Living with the Dead in the Middle Ages* (1994), pp. 244–245.
10. Quoted in Robert Sallares, *Malaria and Rome* (2002), p. 225.
11. Morris, p. 195.

18　西班牙的穆瓦希德王朝

1. Kagay and Villalon, p. 27.
2. Joseph F. O'Callaghan, *A History of Medieval Spain* (1975), p. 232.
3. Michael Gerli, *Medieval Iberia* (2003), p. 82; David Luscombe and Jonathan Riley-Smith, eds., *New Cambridge Medieval History*, vol. 4 (2004), p. 615.
4. O'Callaghan, p. 236.
5. Luscombe and Riley-Smith, p. 615.

6. Norman Roth, *Jews, Visigoths, and Muslims in Medieval Spain* (1994), p. 119.
7. Jamil M. Abun-Nasr, *A History of the Maghrib in the Islamic Period* (1987), pp. 93–94.
8. Luis Vaz de Camões, *The Lusiads*, trans. Landeg White (2002), p. 161 (canto 8, stanza 29).
9. H. P. Livermore, *A New History of Portugal* (1966), p. 64.
10. Luscombe and Riley-Smith, p. 617.
11. Ibid., pp. 617–618; Uri Rubin and David J. Wasserstein, eds., *Dhimmis and Others* (1997), p. 166.

19 众多民族

1. Nehemia Levtzion and Jay Spaulding, eds., *Medieval West Africa* (2003), p. 7; Muhammad Fasi and Ivan Hrbek, *Africa from the Seventh to the Eleventh Century* (1988), p. 449.
2. "The Bornu Girgam," translated in *Journal of the African Society* 12, no. 45 (Oct. 1912): 75.
3. E. W. Bovill and Robin Hallett, *The Golden Trade of the Moors*, 2nd ed. (1995), pp. 160–161.
4. Paul E. Lovejoy, *Transformations in Slavery* (1983), pp. 15–16.
5. Levtzion and Spaulding, p. 7; Humphrey J. Fisher, *Slavery in the History of Muslim Black Africa* (2001), p. 238.
6. J. D. Fage and R. A. Oliver, eds., *Papers in African Prehistory* (1970), pp. 259–260.
7. Richard Gray, ed., *The Cambridge History of Africa*, vol. 4 (1975), pp. 202–203.
8. G. S. P. Freeman-Grenville, "Some Recent Archaeological Work on the Tanganyika Coast," *Man* 58 (July 1958): 106.
9. Ibid., pp. 107–108.
10. Elizabeth Allo Isichei, *A History of African Societies to 1870* (1997), p. 251.
11. Jeffrey Brodd, *Primary Source Readings in World Religions* (2009), pp. 34–35; Jacob Kehinde Olupona and Terry S. Reynolds, eds., *Òrìsà Devotion as World Religion* (2008), pp. 151–152.
12. Kevin Shillington, ed., *Encyclopedia of African History* (2005), pp. 226–227; Dmitri M. Bondarenko and Peter M. Roese, "Between the Ogiso and Oba Dynasties: An Interpretation of Interregnum in the Benin Kingdom," *History in Africa* 31 (2004): 103–115.
13. Roger Blench and Matthew Spriggs, eds., *Archaeology and Language*, vol. 3 (1999), p. 313.
14. Nehemia Levtzion and J. F. P. Hopkins, eds., *Corpus of Early Arabic Sources for West African History*, trans. J. F. P. Hopkins (1981), pp. 79–80.
15. Djibril Tamsir Niane and Joseph Ki-Zerbo, *Africa from the Twelfth to the Sixteenth Centuries* (1997), pp. 124–125; Abiola Irele and Biodun Jeyifo, eds., *The Oxford Encyclopedia of African Thought*, vol. 1 (2010), pp. 406–407.

20 法蒂玛王朝末代哈里发

1. Asbridge, p. 242.
2. Maya Shatzmiller, *Crusaders and Muslims in Twelfth-Century Syria* (1993), p. 169.
3. H. A. R. Gibb, ed. and trans., *The Damascus Chronicle of the Crusades* (2002), p. 341.

4. William of Tyre, p. 293.
5. Ibid., p. 294.
6. William Heywood, *A History of Pisa, Eleventh and Twelfth Centuries* (2010), pp. 112–113.
7. William of Tyre, p. 305.
8. Ibn al-Athir, pt. 2, p. 163.
9. Ibid., p. 172.
10. Asbridge, p. 273; Ibn al-Athir, pt. 2, p. 174.
11. Ibn al-Athir, pt. 2, p. 175.
12. Ibid., p. 183; William of Tyre, pp. 367–368.
13. Ibn al-Athir, pt. 2, pp. 196–197.

21 僧人和婆罗门

1. *The Mahavansa, Part II*, trans. L. C. Wijesinha (1889), p. 126; H. W. Codrington, *Short History of Ceylon* (1926), pp. 58–59.
2. Wijesinha, p. 59.
3. Ibid., p. 148; Joseph Needham, *Science and Civilisation in China*, vol. 4 (1954), p. 371.
4. Wijesinha, p. 149.
5. S. K. Verma, *Political History of Ancient India* (2010), p. 146.
6. Hannah Chapelle Wojciehowski, *Group Identity in the Renaissance World* (2011), p. 179.
7. Ilana Friedrich-Silber, *Virtuosity, Charisma, and Social Order* (1995), p. 113.
8. Ibid., p. 105; Heinz Bechert, "Theravada Buddhist Sangha," *Journal of Asian Studies* 29, no. 4 (Aug. 1970): 765.
9. Friedrich-Silber, pp. 84–85; Bechert, p. 766; Richard Francis Gombrich, *Theravada Buddhism* (2006), p. 159.
10. J. F. Fleet, "Inscriptions at Ablur," in E. Hultzsch, ed., *Epigraphia Indica and Record of the Archaological Survey of India*, vol. 5 (1898–99), p. 240.
11. Bharati Ray, *Different Types of History* (2009), pp. 251–252; Dale Hoiberg and Indu Ramchandani, *Students' Britannica: India*, vol. 3 (2000), p. 286.
12. R. S. Sharma, *Early Medieval Indian Society* (2001), p. 195; Stanley Wolpert, *A New History of India* (2004), pp. 112–113; Ray, p. 251.
13. Ray, pp. 253–254.
14. Colin Metcalfe Enriquez, *Ceylon, Past and Present* (1927), pp. 40–41.
15. Hoiberg and Ramchandani, p. 163.

22 意志的征服

1. Hermann Kulke and Dietmar Rothermund, *A History of India*, 3rd ed. (1998), p. 111.
2. Tso-kha-pa Blo-bza-grags-pa and Gareth Sparham, *The Fulfillment of All Hopes* (1999), pp. 2–4.
3. Tansen Sen, *Buddhism, Diplomacy, and Trade* (2003), pp. 107–108.
4. Salahuddin Ahmed, *Bangladesh* (2004), p. 59.
5. Bauer, *The History of the Medieval World*, pp. 231–232.
6. Richard Maxwell Eaton, *The Rise of Islam and the Bengal Frontier, 1204–1760* (1993), pp. 16–17.
7. Sharma, pp. 102, 278, 283.

注　释

8. Minhaj Siraj Juzjani, *Tabakat-i-Nasiri*, trans. H. G. Raverty (1881), p. 352.
9. J. A. Boyle, ed., *The Cambridge History of Iran*, vol. 5 (1968), p. 160.
10. *Tabakat-i-Nasiri*, p. 115.
11. Sir William Wilson Hunter, *Imperial Gazetteer of India, 1833–1962*, vol. 2 (1909), p. 309; Bauer, *The History of the Medieval World*, pp. 554–555.
12. Raj Kumar, ed., *Essays on Medieval India* (2003), pp. 275, 277.
13. Ahmed, p. 59.

23　主教之死

1. "Writ of William I," quoted in Derek Baker, *England in the Early Middle Ages*, rev. ed. (1993), p. 173.
2. Fraser, p. 130.
3. Henry William Carless Davis, *England under the Normans and Angevins, 1066–1272* (1949), pp. 210–211.
4. Michael Staunton, *The Lives of Thomas Becket* (2001), p. 45.
5. Frank Barlow, *Thomas Becket* (1986), pp. 44–45; Staunton, pp. 52–53.
6. Fraser, p. 131; Staunton, pp. 67–68.
7. Ernest F. Henderson, ed. and trans., *Select Historical Documents of the Middle Ages* (1896), pp. 11–16; Fraser, p. 132.
8. Thomas Becket, "Letter 82," in *The Correspondence of Thomas Becket, Archbishop of Canterbury 1162–1170*, ed. and trans. Anne J. Duggan, vol. 1 (2000), pp. 329, 333.
9. Henderson, pp. 16–20.
10. Ibid.
11. James J. Spigelman, *Becket & Henry* (2004), pp. 229–230.
12. Ibid., p. 251.
13. Ibid., p. 255; Fraser, p. 134.
14. Edward Potts Cheyney, *Readings in English History Drawn from the Original Sources* (1922), pp. 155–158.
15. Fraser, p. 135.

24　对外关系

1. Svat Soucek, *A History of Inner Asia* (2000), pp. 98–99.
2. Sicker, p. 58.
3. Madden, *The New Concise History*, pp. 64–65; John Julius Norwich, *Byzantium* (1996), p. 120.
4. Norwich, *Byzantium*, p. 121; William of Tyre, p. 235.
5. Stephen Runciman, *A History of the Crusades*, vol. 2 (1951), p. 348.
6. Norwich, *Byzantium*, p. 122; Vasiliev, p. 426; Runciman, *A History of the Crusades*, vol. 2, p. 352.
7. Vasiliev, p. 427.
8. Alicia Simpson and Stephanos Efthymiadis, *Niketas Choniates* (2009), p. 113.
9. Pál Engel, *The Realm of St. Stephen*, trans. Tamás Pálosfalvi, ed. Andrew Ayton (2005), p. 36.
10. Paul Magdalino, *The Empire of Manuel I Komnenos, 1143–1180* (1993), p. 7.

11. John Van Antwerp Fine, *The Late Medieval Balkans* (1987), pp. 2–4.

25　威尼斯的难题

1. Nicol, *Byzantium and Venice*, p. 96.
2. Madden, *The New Concise History*, p. 54.
3. Ibid.
4. John Cinnamus, quoted in Nicol, *Byzantium and Venice*, p. 99.
5. Norwich, *Byzantium*, pp. 140–141.
6. Fine (1987), p. 6; Nicol, *Byzantium and Venice*, p. 107.
7. Norwich, *Byzantium*, p. 144.
8. Nicetas Choniates, *O City of Byzantium*, trans. Harry J. Magoulias (1984), pp. 192–193.

26　怨怼

1. Gerald of Wales, "The History of the Conquest of Ireland," in *The Historical Works of Giraldus Cambrensis*, trans. Thomas Wright (1894), p. 184.
2. Ibid., p. 186; Ruth Dudley Edwards and Bridget Hourican, *An Atlas of Irish History* (1973), pp. 184–185.
3. Gerald of Wales, p. 227.
4. Sean Duffy, Ailbhe MacShamhrain, and James Moynes, *Medieval Ireland* (2005), pp. 30–31; Hosler, p. 72.
5. Hosler, p. 65; Gerald of Wales, pp. 252–253.
6. Turner, pp. 224–225.
7. William of Newburgh, *The History of English Affairs, Book II*, ed. and trans. P. G. Walsh and M. J. Kennedy (2007), p. 117.
8. Wilfred Lewis Warren, *Henry II* (1973), p. 124.
9. Turner, pp. 226–227.
10. William of Newburgh, *Book II*, p. 153; Warren, pp. 135–136; Hosler, pp. 217–218; John Gillingham, *Richard I* (1999), p. 50.
11. Robert Fawtier, *The Capetian Kings of France* (1966), p. 110.
12. W. H. Jervis, *A History of France* (1869), p. 143.
13. Jerome A. Chanes, *Antisemitism* (2004), p. 153.
14. Robert Chazan, *Medieval Stereotypes and Modern Antisemitism* (1997), p. 14; Jervis, p. 144.

27　萨拉丁

1. Baha' al-Din ibn Shaddad, *The Rare and Excellent History of Saladin*, trans. D. S. Richards (2002), pp. 18–19, 28.
2. Ibn al–Athir, pt. 2, p. 199.
3. Ibid., p. 225.
4. Ibn Shaddad, p. 51.
5. Ibn al–Athir, pt. 2, p. 234; Yaacov Lev, *Saladin in Egypt* (1999), p. 105; Stanley Lane-Poole, *Saladin and the Fall of the Kingdom of Jerusalem* (1898), pp. 141–142.

6. Lane-Poole, *Saladin*, p. 372; Lev, p. 168; ibn Shaddad, p. 55.
7. Madden, *The New Concise History*, pp. 73–74.
8. Ibn al-Athir, pt. 2, pp. 316–317; Madden, *The New Concise History*, pp. 73–74.
9. Ibn al-Athir, pt. 2, p. 321.
10. Peter W. Edbury, trans., *The Conquest of Jerusalem and the Third Crusade* (1998), pp. 158–159.
11. Ibn al-Athir, pt. 2, pp. 323–324.
12. Ibid., pp. 324–325, 334; ibn Shaddad, p. 78.
13. Edbury, p. 73; Jervis, p. 144; Madden, *The New Concise History*, p. 79.
14. Edbury, p. 76.

28 源平合战

1. Jeffrey P. Mass, *Yoritomo and the Founding of the First Bakufu* (1999), pp. 19–21.
2. Shively and McCullough, p. 697.
3. Burton Watson, trans., *Tales of the Heike*, ed. Haruo Shirane (2006), p. 16.
4. Brown and Ishida, p. 129.
5. Turnbull, *The Samurai*, pp. 56–57.
6. Ibid., pp. 57, 59.
7. James Sequin De Benneville, *Saito Mussashi-bo Benkei (Tales of the Wars of the Gempei)* (1910), pp. 96, 166, 171.
8. Marius B. Jansen, ed., *Warrior Rule in Japan* (1995), p. 19.

29 国王的十字军东征

1. Roger of Hoveden, *The Annals of Roger de Hoveden*, trans. Henry T. Riley, vol. 2 (1853), p. 86.
2. Ibid., pp. 63–64; Gillingham, *Richard I*, p. 84.
3. Gillingham, *Richard I*, pp. 95, 98.
4. Ibid., pp. 98–99; Roger of Wendover, *Flowers of History*, trans. J. A. Giles, vol. 2 (1849), p. 75; Roger of Hoveden, p. 109.
5. Roger of Hoveden, pp. 110–111.
6. *Itinerarium Regis Ricardi*, in Thomas Andrew Archer, *The Crusade of Richard I, 1189–1192* (1888), p. 6.
7. Roger of Wendover, p. 87; Archer, p. 14.
8. Frederick I and Graham A. Loud, *The Crusade of Frederick Barbarossa* (2009), pp. 46–47; Vasiliev, pp. 446–447.
9. Edbury, p. 88.
10. Ibn al-Athir, pt. 2, pp. 375–376.
11. Edbury, p. 98; Madden, *The New Concise History*, pp. 83ff.; Ibn al-Athir, pt. 2, p. 386.
12. Archer, pp. 81–82.
13. Ibn al-Athir, pt. 2, p. 387; Jervis, p. 145; Edbury, p. 105.
14. Roger of Hoveden, p. 256.
15. Madden, *The New Concise History*, pp. 89–90; ibn Shaddad, p. 175; Roger of Wendover, p. 108.
16. Madden, *The New Concise History*, p. 94; Ibn al-Athir, pt. 2, pp. 401–402; ibn Shaddad, p.

195.
17. Madden, *The New Concise History*, pp. 94–95; ibn Shaddad, p. 231.
18. "The letter of Richard, King of England, to Queen Eleanor, his mother, and his justiciaries in England," in Roger of Hoveden, pp. 291–292.
19. Roger of Hoveden, p. 297.
20. Roger of Wendover, p. 178.

30 君士坦丁堡的陷落

1. Nicetas Choniates, p. 294.
2. Innocent III, "Register 1:336, 15 August 1198," in Alfred J. Andrea and Brett E. Whale, *Contemporary Sources for the Fourth Crusade*, rev. ed. (2008), pp. 11–12; Vasiliev, pp. 451–452.
3. Geoffroy de Villehardouin, "The Conquest of Constantinople," in *Joinville and Villehardouin: Chronicles of the Crusades*, trans. M. R. B. Shaw (1963), pp. 31–33.
4. Villehardouin, pp. 43ff.; Vasiliev, pp. 452–454.
5. Nicetas Choniates, p. 295.
6. Villehardouin, p. 50.
7. Ibid., p. 52.
8. Ibid., pp. 70–71.
9. Madden, *The New Concise History*, pp. 110–114; Vasiliev, pp. 459–461.
10. Villehardouin, pp. 92–93.
11. Ibn al-Athir, pt. 3, p. 76; Jonathan Phillips, *The Fourth Crusade and the Sack of Constantinople* (2004), p. 267.
12. Phillips, *The Fourth Crusade*, pp. 265–267.
13. Madden, *The New Concise History*, p. 119.

31 大陆西侧

1. Juan José Hoil, *The Book of Chilam Balam of Chumayel*, trans. Ralph Loveland Roys (1967), p. 129; Robert J. Sharer and Sylvanus G. Morley, *The Ancient Maya* (1994), p. 168.
2. Hanns J. Prem, *The Ancient Americas*, trans. Kornelia Kurbjuhn (1997), p. 25; Sharer and Morley, p. 169.
3. Hoil, p. 170; Richard E. W. Adams, *Prehistoric Mesoamerica*, rev. ed. (1991), p. 75.
4. Charles H. Southwick, *Global Ecology in Human Perspective* (1996), pp. 109–110.
5. Adams, pp. 108–109; Nicholas J. Saunders, *Ancient Americas: The Great Civilisations* (2004), p.157; George Kubler, *The Art and Architecture of Ancient America* (1962), p. 421.
6. Kubler, p. 421; Saunders (2004), p. 157.
7. Saunders (2004), p. 138.
8. Adams (1997), p. 105; David Keys, *Catastrophe* (2000), p. 219.
9. Adams (1997), p. 111; Keys, p. 221.
10. Saunders (2004), pp. 145–146, 148.
11. Jacques Malengreau, *Sociétés des Andes* (1995), p. 85.
12. Adams (1997), p. 114; Saunders (2004), pp. 193–196.
13. Adams (1997), p. 118.

14. Pedro Sarmiento de Gamboa, Brian S. Bauer, and Vania Smith, *The History of the Incas* (2007), pp. 60–61.
15. Ibid., pp. 70–74.

32 蒙古人的战争

1. John Joseph Saunders, *The History of the Mongol Conquests* (1971), pp. 44–45; *The Secret History of the Mongols*, trans. Igor de Rachewiltz, vol. 1 (2004), p. 1.
2. Saunders, pp. 45–46; *The Secret History*, p. 13.
3. Saunders, p. 48; John Man, *Genghis Khan* (2005), pp. 73–74.
4. *The Secret History*, p. 43.
5. Ibid., pp. 122, 132–133.
6. Franke and Twitchett, pp. 199, 203; Man, pp. 119–120, 204.
7. Christopher I. Beckwith, *Empires of the Silk Road* (2009), p. 415, n. 45（其中讨论了"成吉思汗"的意思）; Franke and Twitchett, p. 345; *The Secret History*, p. 155; David Christian, *A History of Russia, Central Asia, and Mongolia* (1998), pp. 398–399。
8. Alison Behnke, *The Conquests of Genghis Khan* (2008), p. 104.
9. Christian, p. 410.
10. Quoted in Dinah Shelton, *Encyclopedia of Genocide and Crimes against Humanity*, vol. 2 (2005), p. 703.

33 约翰王

1. Roger of Wendover, p. 179.
2. Roger of Hoveden, p. 112.
3. Roger of Wendover, pp. 205–206.
4. Kate Norgate, *John Lackland* (1902), pp. 90–91; John Gillingham, *The Angevin Empire*, 2nd ed. (2001), pp. 92–93; Gervase of Canterbury, *The Historical Works of Gervase of Canterbury*, vol. 2 (1880), p. 93.
5. Jervis, pp. 150–151.
6. Norgate, pp. 123–124.
7. James Fosdick Baldwin, *The Scutage and Knight Service in England* (1897), pp. 4–5.
8. The Waverley Annals, quoted in Norgate, p. 126.
9. Norgate, p. 127; Roger of Wendover, p. 241.
10. Norgate, pp. 129–131.
11. Gillingham, *The Angevin Empire*, p. 103.
12. Michael Van Cleave Alexander, *Three Crises in Early English History* (1998), pp. 84–85; Roger of Wendover, p. 247; Antonia Gransden, *Historical Writing in England* (1973), p. 343.

34 马里的松迪亚塔

1. Gordon Innes, *Sunjata* (1974), p. 275.
2. Levtzion and Hopkins, pp. 110, 117.
3. J. D. Fage with William Tordoff, *A History of Africa*, 4th ed. (2002), pp. 73–74; Niane and

Ki- Zerbo, pp. 125–127.
4. Niane and Ki-Zerbo, p. 125.
5. Innes, pp. 218–219.
6. Niane and Ki-Zerbo, pp. 125–126; Fage and Oliver, pp. 351–352.
7. D. T. Niane, *Sundiata*, trans. G. D. Pickett (1965), pp. 54–55, 68–70; Junius P. Rodriguez, ed., *The Historical Encyclopedia of World Slavery*, vol. 2 (1997), p. 424.
8. Niane, p. 54.

35　承久之乱

1. Jansen, p. 1.
2. Mass, *Yoritomo*, pp. 72–73.
3. Jansen, pp. 6–7.
4. Brown and Ishida, p. 155.
5. Brown and Ishida, p 178.
6. Ibid., p. 179.
7. Ibid., p. 182.
8. Ibid., p. 156.
9. Ibid., p. 160; Peter Martin, *The Chrysanthemum Throne* (1997), p. 5.
10. Brown and Ishida, p. 194; George W. Perkins, trans. and ed., *The Clear Mirror* (1998), pp. 37–38, 50–51.
11. Perkins, p. 51.
12. Ibid., pp. 51, 53.
13. Jeffrey P. Mass, *The Development of Kamakura Rule, 1180–1250* (1979), p. xiv; Patricia B. Ebrey, Anne Walthall, and James B. Palais, *Pre-Modern East Asia: to 1800* (2006), p. 185.
14. Quoted in John S. Brownlee, *Political Thought in Japanese Historical Writing* (1991), p. 98.

36　无人想要的皇位

1. Jean de Joinville and Geoffrey de Villehardouin, *Chronicles of the Crusades*, trans. Frank T. Marzi- als (2007), p. 70.
2. Gunther of Pairis, *The Capture of Constantinople*, ed. and trans. Alfred J. Andrea (1997), pp. 111– 112; R. W. Southern, *The Making of the Middle Ages* (1953), pp. 60–61; Phillips, *The Fourth Crusade*, p. 270.
3. Joinville and Villehardouin, p. 57.
4. J. M. Hussey and Andrew Louth, *The Orthodox Church in the Byzantine Empire* (2010), pp. 191–192.
5. Joinville and Villehardouin, pp. 62–63.
6. István Vásáry, *Cumans and Tatars* (2005), p. 34.
7. Joinville and Villehardouin, p. 65.
8. George Akropolites, *The History*, trans. and ed. Ruth Macrides (2007), pp. 139–140.
9. Donald MacGillivray Nicol, *The Last Centuries of Byzantium, 1261–1453*, 2nd ed. (1993), pp. 12–13; Akropolites, p. 17.
10. Vasiliev, p. 517.
11. Warren T. Treadgold, *A History of the Byzantine State and Society* (1997), p. 723.

37 第一个德里苏丹国

1. *Tabakat-i-Nasiri*, pp. 402–405.
2. Carl F. Petry, ed., *The Cambridge History of Egypt*, vol. 1 (1998), pp. 245–249.
3. Farhad Daftary, *The Assassin Legends* (1995), pp. 67–70; Joinville and Villehardouin, pp. 129–130.
4. Daftary, pp. 31–37, 54–55.
5. Wolpert, p. 110; Hasan Nizami, *Taju-l Ma-asir*, in *The History of India, as Told by Its Own Historians*, ed. H. M. Elliot and John Dowson, vol. 2 (1869), p. 217.
6. Peter Jackson, *The Delhi Sultanate* (1999), p. 26.
7. Wolpert, p. 10; Jaswant Lal Mehta, *Advanced Study in the History of Medieval India*, vol. 1 (1979), p. 148; Nizami, p. 241.
8. *Journal of the Asiatic Society of Bengal* 55, pt. 1 (1887): 39–40.
9. Alain Daniélou, *A Brief History of India*, trans. Kenneth Hurry (2003), pp. 202–203; Peter Jackson, *The Delhi Sultanate*, p. 45; Wolpert, p. 110.
10. Daniélou, p. 203.
11. Peter Jackson, *The Delhi Sultanate*, p. 47.
12. Radhey Shyman Chaurasia, *History of Medieval India* (2002), pp. 11–12.

38 异端

1. John W. Baldwin, *The Government of Philip Augustus* (1986), pp. 201–202.
2. Augustine of Hippo, *The Correction of the Donatists*, 5.19–20, 6.21, 23–24, in *A Select Library of the Nicene and Post-Nicene Fathers of the Christian Church*, vol. 4, ed. Philip Schaff (1887), pp. 633–651.
3. Clyde Pharr, *The Theodosian Code and Novels, and the Sirmondian Constitutions* (1952), p. 450.
4. Jennifer Kolpacoff Deane, *A History of Medieval Heresy and Inquisition* (2011), pp. 28, 34–36; Edward Peters, ed., *Heresy and Authority in Medieval Europe* (1980), pp. 66ff.; Malcolm Lambert, *Medieval Heresy*, 3rd ed. (2002), pp. 23–24; Walter L. Wakefield and Austin P. Evans, *Heresies of the High Middle Ages* (1991), p. 130; Reinerius Saccho, "Of the Sects of Modern Heretics," in S. R. Maitland, *History of the Albigenses and Waldenses* (1832), pp. 407–413.
5. William of Puylaurens, *Chronica*, quoted in Peters, p. 107.
6. Peters, p. 123; Deane, p. 39.
7. Peters, p. 124; Lambert, pp. 116–118.
8. Philip Smith, *The History of the Christian Church during the Middle Ages* (1885), pp. 372–373; Jervis, p. 152.
9. William of Tudela, *The Song of the Cathar Wars*, trans. Janet Shirley (1996), p. 13.
10. Jervis, pp. 151–152.
11. William of Tudela, pp. 18–19; Pierre des Vaux de Cernay, *The History of the Albigensian Crusade*, trans. W. A. Sibly and M. D. Sibly (1998), p. 50.
12. Caesarius of Heisterbach, *Dialogus Miraculorum* (1851), p. 302.
13. Pierre des Vaux de Cernay, p. 50; William of Tudela, pp. 21–22.
14. Pierre des Vaux de Cernay, pp. 78–79.

39 收复与失败

1. Damian J. Smith, *Innocent III and the Crown of Aragon* (2004), p. 44.
2. Ibid., pp. 84–85.
3. William of Tudela, pp. 38–39; William of Puylaurens, *The Chronicle of William of Puylaurens*, trans. W. A. Sibly and M. D. Sibly (2003), pp. 37–38.
4. Damian J. Smith, p. 98; O'Callaghan, p. 246.
5. *Continuatio Lambacensis*, quoted in Damian J. Smith, p. 99, translation mine.
6. Ibid., pp. 99–103; O'Callaghan, p. 246.
7. Harry W. Hazard, ed., *A History of the Crusades*, 2nd ed., vol. 3 (1975), pp. 423–424; O'Callaghan, pp. 248–249; Niane and Ki-Zerbo, pp. 53–54; William of Puylaurens, p. 43.
8. William of Puylaurens, p. 46.
9. Jervis, p. 153; William of Tudela, pp. 70–71.
10. O'Callaghan, p. 251.

40 从布汶到《大宪章》

1. Roger of Wendover, pp. 259–260.
2. John W. Baldwin, pp. 209–210; Jervis, p. 154; Roger of Wendover, pp. 259–260.
3. Christopher Harper-Bill and Ruth Harvey, *The Ideals and Practice of Medieval Knighthood* (1986), p. 119; Helena M. Chew and Lucy C. Latham, *Europe in the Middle Ages, 843–1494* (1936), p. 202.
4. John W. Baldwin, pp. 214–215; Matthew Bennett, *Fighting Techniques of the Medieval World* (2006), pp. 112–114; Roger of Wendover, pp. 299–300.
5. Roger of Wendover, p. 300; John W. Baldwin, pp. 216–271; Bennett, pp. 112–113; Robert W. Jones, *Bloodied Banners* (2010), pp. 51, 78.
6. Jones, p. 44; John W. Baldwin, pp. 218–220.
7. Roger of Wendover, p. 303; Alexander, pp. 97–98.
8. "The 'Unknown' Charter of Liberties," in Harry Rothwell, ed., *English Historical Documents*, vol. 3 (1975), pp. 301–302.
9. *The Chronicle of Melrose*, trans. Joseph Stevenson, in *The Church Historians of England*, vol. 4, pt. 1 (1856), p. 158.
10. Alexander, pp. 100–101; Roger of Wendover, p. 307–308.
11. Roger of Wendover, p. 309.
12. Alexander, pp. 108–109.
13. L. Elliott-Binns, *Innocent III* (1931), pp. 84–85; "Letter of Innocent III, 24 August 1215," in Rothwell, p. 317.
14. Roger of Wendover, pp. 335–336.
15. Ibid., pp. 357–358.
16. Stevenson, p. 162.
17. Roger of Wendover, p. 378.
18. John W. Baldwin, p. 334.

41 宗教法庭的诞生

1. Saint Bonaventure, *The Life of St. Francis* (2005), pp. 25, 29–31.

2. William of Tudela, p. 79; Elaine Graham-Leigh, *The Southern French Nobility and the Albigensian Crusade* (2005), pp. 44–45.
3. Roger of Wendover, pp. 344–345; William of Tudela, pp. 83–85.
4. Pierre des Vaux de Cernay, pp. 259, 270–271.
5. Jacques de Vitry, *The Exempla* (1890), p. xxviii.
6. William of Tudela, pp. 167, 172.
7. Jervis, p. 157.
8. Joseph R. Strayer, *The Albigensian Crusades* (1992), p. 118.
9. Puylaurens, p. 65; Strayer, p. 119.
10. Peters, p. 194.

42　向西进发

1. Soucek, p. 100.
2. Scott C. Levi and Ron Sela, eds., *Islamic Central Asia* (2010), pp. 125–126.
3. Ibid., p. 126.
4. Ibid., p. 127.
5. Saunders, pp. 56–57.
6. Ibid., p. 57; 'Alā'-ad-Dīn Guwainī, John A. Boyle, and Muhammad Qazwīnī, *Genghis Khan* (1997), pp. 92–93; Boyle, pp. 307–308.
7. Ronald Grigor Suny, *The Making of the Georgian Nation* (1994), pp. 35–37.
8. René Grousset, *The Empire of the Steppes* (1970), pp. 245–246.
9. Boyle, pp. 313–315; Guwainī, Boyle, and Qazwīnī, pp. 96ff., 131.
10. Boyle, p. 320; Guwainī, Boyle, and Qazwīnī, pp. 131–135.
11. Peter Jackson, *The Mongols and the West, 1221–1410* (2005), p. 39.
12. Grousset, p. 246; *The Chronicle of Novgorod, 1016–1471*, trans. Robert Michell and Nevill Forbes (1914), p. 66.
13. George Vernadsky, *Kievan Russia* (1948), pp. 236–238; Franke and Twitchett, p. 365.
14. Levi and Sela, p. 136.

43　南印度

1. Chelvadurai Manogaran, *Ethnic Conflict and Reconciliation in Sri Lanka* (1987), p. 25; John Clifford Holt, *Buddha in the Crown* (1991), p. 96; *Culavamsa*, trans. Wilhelm Geiger (1929), p. 132.
2. *Culavamsa*, p. 135; John Clifford Holt, ed., *The Sri Lanka Reader* (2011), pp. 42–43.
3. *Culavamsa*, pp. 138–139, 154.
4. Richard Gombrich and Gananath Obeyesekere, *Buddhism Transformed* (1988), pp. 137–138.
5. John Clifford Holt, *Buddha in the Crown*, p. 96.
6. *Culavamsa*, p. 151.
7. Hultzsch, p. 307.
8. C. Rasanayagam, *Ancient Jaffna* (1984), pp. 352–353.

44 第五次十字军东征

1. Roger of Wendover, p. 383; Madden, *The New Concise History*, p. 145.
2. Francesco Gabrieli, ed. and trans., *Arab Historians of the Crusades* (1969), p. 256.
3. Ibid., p. 257.
4. Bonaventure, pp. 98–101; Regis J. Armstrong, ed., *Francis of Assisi*, vol. 1 (1999), pp. 580, 584.
5. Gabrieli, pp. 258–259; Madden, *The New Concise History*, p. 151.
6. Bonaventure, p. 102; Armstrong, p. 581.
7. Jonathan P. Phillips, *Holy Warriors* (2010), p. 226.
8. Ibid., p. 227.
9. L. N. Gumilev, *Searches for an Imaginary Kingdom*, trans. R. E. F. Smith (1967), p. 167.

45 从金玺诏书到波罗的海远征

1. Engel, pp. 91–92; Miklós Molnár, *A Concise History of Hungary* (1991), p. 33.
2. Charles W. Ingrao and Franz A. J. Szabo, eds., *The Germans and the East* (2008), p. 37; Vásáry, p. 28; Nicolaus von Jeroschin, *Chronicle of Prussia*, trans. Mary Fischer (2010), p. 29.
3. Quoted in Rossiter Johnson, Charles Horne, and John Rudd, eds., *The Great Events by Famous Historians*, vol. 6 (1905), p. 194.
4. Engel, pp. 94–95; Johnson, Horne, and Rudd, p. 194.
5. David Abulafia, ed., *The New Cambridge Medieval History*, vol. 5 (2008), p. 744; Engel, p. 90.
6. Malcolm Barber, *The Two Cities*, p. 341.
7. T. Norus and Jona Zilius, *Lithuania's Case for Independence* (1918), p. 9.
8. Alan V. Murray, Anne Huijbers, and Elizabeth Wawrzyniak, *The Clash of Cultures on the Medieval Baltic Frontier* (2009), pp. 29, 31; Nicolaus von Jeroschin, pp. 44, 47.
9. Jean W. Sedlar, *East Central Europe in the Middle Ages, 1000–1500* (1994), p. 409.
10. Hazard, p. 570; Christiansen, pp. 102–103.
11. Nicolaus von Jeroschin, pp. 63, 76.

46 湖岸、高地、山顶

1. Roland A. Oliver and Anthony Atmore, *Medieval Africa, 1250–1800* (2002), p. 116.
2. Richard Pankhurst, *The Ethiopians* (2001), pp. 45–46.
3. Verena Boll, ed., *Studia Aethiopica* (2004), p. 179.
4. Stuart C. Munro-Hay, *Ethiopia* (2002), pp. 190–191.
5. Oliver and Atmore, p. 118.
6. Robert O. Collins and James McDonald Burns, *A History of Sub-Saharan Africa* (2007), p. 90.
7. Nehemiah Levtzion and Randall L. Pouwels, eds., *The History of Islam in Africa* (2000), p. 81.
8. Collins and Burns, p. 90; Levtzion and Hopkins, pp. 187–188.
9. Levtzion and Pouwels, p. 80; Levtzion and Hopkins, p. 188.
10. Levtzion and Pouwels, p. 5.

11. Niane and Ki-Zerbo, p. 101; Roland A. Oliver and Brian M. Fagan, *Africa in the Iron Age* (1975), p. 153.
12. Philip Harrison, *South Africa's Top Science Sites* (2004), p. 56; David Fleminger, *Mapungubwe Cultural Landscape* (2006), p. 24–25.
13. Fleminger, pp. 35–36.
14. Ibid., p. 40; Deborah Fahy Bryceson, Judith Okely, and Jonathan Webber, eds., *Identity and Networks* (2007), p. 165; Martin Hall, *Farmers, Kings, and Traders* (1990), p. 84.
15. Fleminger, p. 41.

47 第六次十字军东征

1. Rebecca Rist, *The Papacy and Crusading in Europe, 1198–1245* (2009), p. 98; David Abulafia, *Frederick II* (1992), p. 151.
2. Roger of Wendover, pp. 492–493.
3. Ibid., p. 499.
4. G. G. Coulton, *From St. Francis to Dante*, 2nd ed. (1907), p. 79.
5. Giovanni Villani, *Villani's Chronicle*, trans. Rose E. Selfe (1907), p. 130; Roger of Wendover, p. 505.
6. Abulafia, *Frederick II*, p. 172.
7. Archer and Kingsford, p. 381.
8. Gabrieli, pp. 268–269.
9. Ibn al-Athir, pt. 3, pp. 293–294; Karen Armstrong, *Jerusalem* (1996), p. 302; Gabrieli, pp. 269–270.
10. Ibn al-Athir, pt. 3, p. 293; Gabrieli, pp. 270–271; Abulafia, *Frederick II*, pp. 182–184; T. K. Kington-Oliphant, *History of Frederick the Second*, vol.1 (1862), p. 330.
11. Kington-Oliphant, p. 330.

48 陈朝

1. Keat Gin Ooi, ed., *Southeast Asia* (2004), p. 801, condensed from Clotilde Chivas-Baron, *Stories and Legends of Annam*, trans. E. M. Smith-Dampier (1920), pp. 175–176.
2. George Coedès, *The Making of South East Asia*, trans. H. M. Wright (1966), p. 86.
3. Chivas-Baron, p. 179.
4. Oscar Chapuis, *A History of Vietnam* (2000), p. 80; Walter H. Slote and George A. De Vos, eds., *Confucianism and the Family* (1998), pp. 151–152.
5. Chapuis, p. 80; Coedès, *The Making of South East Asia*, pp. 123–124; David C. Kang, *East Asia before the West* (2010), p. 39; Slote and De Vos, p. 95.
6. Tài T. Nguyễn and Chi Minh, *History of Buddhism in Vietnam* (1992), pp. 132–134.
7. Coedès, *The Making of South East Asia*, p. 101.
8. Ibid., p. 125.
9. Kenneth R. Hall, *A History of Early Southeast Asia* (2011), p. 240. 10. Ibid., p. 241.

49 年轻的国王们

1. Jean Sire de Joinville, *The History of St. Louis*, ed. Natalis de Wailly and trans. Joan Evans

(1938), p. 22.
2. M. Guizot and Madame Guizot de Witt, *The History of France*, trans. Robert Black, vol. 1 (1884), pp. 426–427; Fawtier, p. 28.
3. Wilfred Lewis Warren, *The Governance of Norman and Angevin England, 1086–1272* (1987), pp. 174–176; Roger of Wendover, pp. 483–484, 487.
4. Michael Prestwich, *Plantagenet England, 1225–1360* (2005), pp. 294–295.
5. Roger of Wendover, p. 538.
6. Damian J. Smith, pp. 27, 33.
7. Ibid., p. 34; Francis Darwin Swift, *The Life and Times of James the First* (1894), p. 33.
8. Ahmad Ibn-Muhammad al-Maqqari, *The History of the Mohammedan Dynasties in Spain*, trans. Pascual de Gayangos, vol. 2 (1843), pp. 327–328.
9. O'Callaghan, p. 343.
10. Ibid.; al-Maqqari, p. 328.
11. O'Callaghan, p. 345; al-Maqqari, p. 337.
12. Hazard, pp. 428–430; Damian J. Smith, p. 137.
13. Prestwich, *Plantagenet England*, p. 295.
14. Joinville, pp. 31–32; Jervis, p. 166.
15. J. R. Maddicott, *Simon de Montfort* (1994), p. 32.

50 蒙古铁蹄

1. William E. Henthorn, *Korea* (1963), p. 14.
2. Ibid., p. 22.
3. Ibid., pp. 62–63; Peter H. Lee, and Wm. Theodore de Bary, eds., *Sources of Korean Tradition* (1997), pp. 202–203.
4. Carter J. Eckert and Ki-baek Yi, *Korea, Old and New* (1990), p. 91; Andrew C. Nahm, *Korea* (1988), pp. 90–91.
5. Henry H. Howorth, *History of the Mongols* (1876), p. 124.
6. Richard A. Gabriel, *Subotai the Valiant* (2004), pp. 61–62. 65.
7. Ibid., p. 66; Howorth, p. 124.
8. Janet Martin, *Medieval Russia, 980–1584* (1995), p. 135.
9. Grousset, p. 263; David Christian, *A History of Russia, Central Asia, and Mongolia* (1998), p. 408.
10. Christian, p. 410; Janet Martin, pp. 138–139.
11. Man, p. 270.
12. Ibid., pp. 271–272.
13. Peter F. Sugar, ed., *A History of Hungary* (1994), p. 26.
14. Armin Vambery and Louis Heilprin, *The Story of Hungary* (1886), p. 142.
15. Matthew Paris, *Matthew Paris's English History*, trans. J. A. Giles, vol. 3 (1854), p. 450.
16. Janet Martin, p. 140.

51 仇恨的债务

1. Gabrieli, pp. 281–282.
2. David G. Einstein, *Emperor Frederick II* (1949), p. 278; Abulafia, *Frederick II*, pp. 199–200; Hazard, p. 365.

3. Einstein, p. 279.
4. Ibid., pp. 280–281.
5. Elphège Vacandard, *The Inquisition*, trans. Bertrand L. Conway (1908), pp. 76–78.
6. Einstein, p. 284; Peters, pp. 178–179.
7. Vacandard, p. 80.
8. Alan Charles Kors and Edward Peters, eds., *Witchcraft in Europe, 400–1700*, 2nd ed. (2001), p. 116; Donald W. Engles, *Classical Cats* (1999), p. 186.
9. Scott L. Waugh and Peter Diehl, eds., *Christendom and Its Discontents* (1996), p. 47; Wakefield and Evans, p. 267.
10. Einstein, pp. 301–303; Villani, p. 133; Abulafia, *Frederick II*, p. 241.
11. Skinner, *The Renaissance* (1978), p. 5; Villani, p. 133.
12. Kington-Oliphant, pp. 55, 68; Einstein, p. 336.
13. Paris, vol. 3, p. 163.
14. Einstein, p. 365; Paris, vol. 3, p. 191.
15. Henry Hart Milman, *History of Latin Christianity*, vol. 6 (1883), p. 460.
16. Klaus Schatz, *Papal Primacy* (1996), pp. 93–94.
17. Einstein, pp. 377–378, 381–382.
18. Milman, vol. 6, p. 480; Brian Tierney, *The Crisis of Church & State, 1050–1300* (1964), p. 147.
19. Einstein, pp. 409–410; Skinner, p. 5; Kington-Oliphant, p. 461; Villani, p. 147.
20. James Bruce Ross and Mary Martin McLaughlin, eds., *The Portable Medieval Reader* (1977), p. 365; Villani, p. 152.

52 真主的影子

1. *Tabakat-i-Nasiri*, pp. 637–638.
2. Ibid., pp. 642–643; Satish Chandra, *Medieval India* (1997), p. 49.
3. Chandra, p. 50; *Tabakat-i-Nasiri*, pp. 647–648; Mehta, p. 105. Mehta 指出纳西尔丁实际有可能是伊勒图特米什长子（死于1229年）的遗腹子，伊勒图特米什收养了他，使其成为直系继承人。
4. Wolpert, p. 110.
5. *Tabakat-i-Nasiri*, p. 674; Mehta, p. 107.
6. Radhey Shyman Chaurasia, *History of Medieval India* (2002), p. 15; Mehta, p. 107.
7. 对译文稍作改写。原译者 Kulke and Rothermund, p. 173。
8. Quoted in Agha Hussain Hamadani, *The Frontier Policy of the Delhi Sultans* (1986), p. 87; *Tabakat-i-Nasiri*, p. 679.
9. *Tabakat-i-Nasiri*, p. 685.
10. Shail Mayaram, *Against History, against State* (2003), pp. 80–82; *Tabakat-i-Nasiri*, p. 713.
11. Clifford E. Bosworth et al., eds., *The Encyclopædia of Islam*, vol. 6 (1986), p. 48.
12. Mehta, p. 116.
13. Ibid., p. 117; Chandra, pp. 53–54.
14. Mehta, pp. 119–120.
15. Chandra, pp. 55–56; Ziauddin Barani, *Tarikh-i Firoz Shahi*, in *The History of India, as Told by Its Own Historians*, ed. H. M. Elliot and John Dowson, vol. 2 (1871), pp. 99–100.

53 第七次十字军东征

1. Joinville, p. 33.
2. Peter Jackson, *The Seventh Crusade, 1244–1254*(2007), pp. 18–19.
3. Ibid., p. 19.
4. Janet Martin, p. 39.
5. Stephen Runciman, *A History of the Crusades*, vol. 3 (1951), p. 225.
6. Abulafia, *The New Cambridge Medieval History*, p. 434; Joinville, p. 39.
7. Jervis, pp. 168–169.
8. Runciman, *A History of the Crusades*, vol. 3, pp. 259–261.
9. William of Tudela, p. 87.
10. Ibid., p. 99; Joinville, pp. 86–87.
11. Madden, pp. 174–175.
12. Ibid., p. 175; Joinville, p. 98.
13. Jervis, p. 169; Sherman A. Jackson, *Islamic Law and the State* (1996), pp. 42–43; Peter Jackson, *The Seventh Crusade*, p. 134.
14. Joinville, p. 121.

54 分裂的蒙古汗国

1. Saunders, p. 93; Robert Marshall, *Storm from the East* (1993), pp. 140–141.
2. Marshall, p. 149; quoted in George Lane, *Genghis Khan and Mongol Rule* (2004), pp. 139–140.
3. Quoted in Sangkeun Kim, *Strange Names of God* (2004), p. 133.
4. "Guyuk Khan's Letter to Pope Innocent IV (1246)," in Christopher Dawson, *Mission to Asia* (1980), pp. 85–86.
5. George Lane, p. 141; Marshall, p. 160.
6. Saunders, p. 99.
7. Ibid., p. 100.
8. Quoted in Thomas T. Allsen, *Mongol Imperialism* (1987), p. 47; George Lane, pp. 49–50.
9. Mote, pp. 452–453.
10. Kang, p. 132.
11. Stephen R. Turnbull, *Genghis Khan and the Mongol Conquests* (2003), p. 83; Nhung Tuyet Tran and Anthony Reid, *Viet Nam* (2006), p. 48.
12. Daftary, p. 175.
13. Saunders, pp. 113–114.

55 埃及的马穆鲁克

1. Nasser O. Rabbat, *The Citadel of Cairo* (1989), p. 90.
2. Sherman A. Jackson, p. 43.
3. Ibid., p. 45.
4. Ibid.; John Bagot Glubb, *Soldiers of Fortune* (1988), p. 50.
5. Rabbat, p. 95.
6. Peter M. Holt, Ann K. S. Lambton, and Bernard Lewis, eds., *The Cambridge History of Islam*, vol. 1A (1977), pp. 210–211.

7. Ibid., p. 212; Sherman A. Jackson, pp. 46–47.
8. Marshall, p. 192.
9. Ibid., pp. 192–193; Runciman, *A History of the Crusades*, vol. 3, pp. 312–313.
10. Marshall, pp. 193.
11. Runciman, *A History of the Crusades*, vol. 3, p. 314.
12. Holt et al., p. 213.
13. Petry, p. 278.
14. Bertold Spuler, *A History of the Muslim World* (1994), p. 23.
15. Quoted in Petry, pp. 242–243.
16. Holt et al., pp. 216–217; Sherman A. Jackson, p. 51.
17. Jervis, p. 172.
18. Gabrieli, pp. 311–312.
19. Quoted in Petry, p. 243.

56 圣路易

1. Joinville and Villehardouin, p. 155.
2. Ibid., pp. 157–158; Jaroslav Folda, *Crusader Art in the Holy Land* (2005), p. 245.
3. Rodney Howard Hilton, *Bond Men Made Free* (1973), pp. 99–100; Mary Morton Wood, *The Spirit of Protest in Old French Literature* (1917), p. 20; Matthew Paris, *Matthew Paris's English History*, trans. J. A. Giles, vol. 2 (1853), p. 451.
4. *Le Roman de Renart*, quoted in Norman R. C. Cohn, *The Pursuit of the Millennium*, rev. ed. (1970), p. 82; Paris, vol. 2, p. 453.
5. Norman R. C. Cohn, pp. 96–98; Paris, vol. 2, p. 455.
6. Joinville and Villehardouin, pp. 195–197; Jervis, p. 170.
7. Fawtier, pp. 32–33; Joinville and Villehardouin, pp. 221–223; Georges Duby, *France in the Middle Ages, 987–1460*, trans. Juliet Vale (1991), p. 251.
8. Joinville and Villehardouin, p. 216.
9. Mandell Creighton, *A History of the Papacy during the Period of the Reformation* (1882), vol. 1, pp. 29–30; Brian Davies, ed., *Thomas Aquinas* (2002), pp. 325–326.
10. Joinville and Villehardouin, pp. 341–342.
11. Saint Thomas Aquinas, *De Regimine Principum*, in *Main Currents of Western Thought*, ed. Franklin Le Van Baumer (1978), pp. 76–77.
12. Joinville and Villehardouin, p. 358.

授权声明

The Lusiads, by Luis Vaz de Camões, translated by Landeg White (Oxford University Press, 2002). Reprinted with permission of Oxford University Press.

"The Simonie," edited by James Dean. From *Medieval English Political Writings*, edited by James M. Dean. Copyright © 1996 Medieval Institute Publications. Reprinted with permission of the publisher.

"To Show to My Sons," by Lu Yu, translated by Burton Watson. From *The Shorter Columbia Anthology of Traditional Chinese Literature*, edited by Victor H. Mair. Copyright © 2000 Columbia University Press. Reprinted with permission of the publisher.

Foreign Languages Press: Nine lines from *Poetry and Prose of the Tang and Song*, translated by Yang Xianyi and Gladys Yang. Copyright 1984 FLP.